西南戦争の
考古学的研究

高橋信武

吉川弘文館

目　　次

第1章　研究史と戦争の概要 ………………………………………………………… 1
1　研究の背景と目的 ………………………………………………………………… 1
（1）研究の背景 ………………………………………………………………… 1
（2）研究の目的 ………………………………………………………………… 4
2　西南戦争の経過と両軍の兵力・装備 …………………………………………… 5
（1）戦争の経過 ………………………………………………………………… 5
（2）両軍の兵力と装備 ………………………………………………………… 7
①官軍の兵力　7／②官軍の装備　8／③薩摩軍の兵力　9／④薩摩軍の装備　10
3　当時の主要小銃 ………………………………………………………………… 10
（1）主　要　小　銃 ………………………………………………………… 10
①ミニエー銃　10／②エンフィールド銃　11／③ウィットオース銃　11／④ウェストリー・リチャード銃　12／⑤アルビニー銃　12／⑥スナイドル銃　12／⑦スペンサー銃　14／⑧ドライゼ銃　14／⑨ヘンリー・マルチニー銃　14
（2）官軍が使用した小銃の数量 ……………………………………………… 14

第2章　戦跡の状況 …………………………………………………………………… 16
1　熊本県内の戦跡 ………………………………………………………………… 16
（1）熊本県中部・北部の戦跡 ………………………………………………… 16
①熊本市熊本城跡　17／②玉名郡玉東町半高山　20／③玉名郡玉東町吉次峠　23／④玉名郡玉東町横平山　24／⑤玉名郡玉東町二俣瓜生田官軍砲台跡　25／⑥熊本市植木町田原坂　27／⑦熊本市三の岳　29／⑧熊本市大多尾越　30／⑨合志市鳥巣　31／⑩熊本市健軍町　32
（2）熊本県南部の戦跡 ………………………………………………………… 33
①葦北郡佐敷町屋敷野越　34／②球磨郡山江村山田城跡　35／③八代市若宮官軍墓地跡・横手官軍墓地跡　36
（3）熊本県内のまとめ ………………………………………………………… 38
2　鹿児島県内の戦跡 ……………………………………………………………… 39
（1）鹿児島県北西部の戦跡 …………………………………………………… 39
①伊佐市高熊山　39／②伊佐市鳥神岡西方　40
（2）鹿児島県内のまとめ ……………………………………………………… 41
3　大分県内の戦跡 ………………………………………………………………… 41
（1）竹田市の戦跡 ……………………………………………………………… 43

①竹田市古城　43
　　(2)　臼杵市の戦跡……………………………………………………………………44
①臼杵市諏訪山　45
　　(3)　豊後大野市の戦跡……………………………………………………………45
①豊後大野市三重町三国峠から旗返峠の周辺（豊後大野市三重町・佐伯市宇目）　46
　　(4)　佐伯市の戦跡…………………………………………………………………49
①佐伯市宇目榎峠・重岡集落北西部　49／②佐伯市宇目赤松峠・豆殻峠・水越峠・大原越ほか　51／③佐伯市直川陸地峠から宇目椎葉山周辺　66／④佐伯市蒲江　78
　　(5)　大分県内のまとめ……………………………………………………………83

第3章　戦跡・史料による戦闘推移の検討……………………………………85

1　和田越・可愛岳の戦いの検討……………………………………………………85
　　(1)　8月14日の和田越丘陵………………………………………………………87
　　(2)　8月15日の和田越の戦いとその後の事態…………………………………89
①長尾山一本松　92／②高畑山・小橋山　93／③北川東岸山地　95／④老田岳から北側尾根筋まで　96／⑤老田岳の北西側山間部　98／⑥内谷峯　98／⑦家田山　102／⑧川坂山　103／⑨まとめ　104
　　(3)　可愛岳の戦い………………………………………………………………105
①会五山一帯　105／②可愛岳北側尾根　108／③可愛岳北西尾根（八水山・宮ケ谷山）　109／④広野山・白木山　110／⑤烏帽子岳　112／⑥六首山・小幡山　112／⑦長井山（日の谷南側尾根）　114／⑧8月17日からの可愛岳一帯の動向　117／⑨六首山一帯および官軍第一・第二旅団本営への襲撃　120／⑩官軍本営襲撃前後の動静　132／⑪まとめ　138

2　可愛岳の戦い後の戦跡…………………………………………………………138
　　(1)　延岡市長野越・黒原越……………………………………………………139
　　(2)　延岡市矢立峠………………………………………………………………144
　　(3)　西臼杵郡日之影町の戦跡…………………………………………………145
①杉ケ越　145

3　和田越・可愛岳の戦いのまとめ………………………………………………147

第4章　野戦構築物と銃砲・火箭の使用……………………………………148

1　戦跡にみられる遺構……………………………………………………………148
　　(1)　台　場　跡…………………………………………………………………148
①弧状・弓状土塁の台場　148／②長大な塹壕跡　149／③稜堡系台場　151
　　(2)　稜堡系台場も築造した官軍工兵隊………………………………………152
①官軍工兵隊と築造物　152／②東京鎮台工兵隊の稜堡築造　156／③熊本鎮台工兵隊の稜堡築造　160／④別働第二旅団の稜堡築造　166／⑤塹溝堡築設教法略則　167
　　(3)　まとめ………………………………………………………………………171

2　戦争中の銃砲・火箭 …………………………………………………………172
（1）　官軍の小銃弾薬消耗と補給，海外からの調達 ……………………172
①戦争初期の弾薬（スナイドル銃）　172／②スナイドル弾薬の補充　174／③鹿児島属廠の弾薬・スナイドル弾薬製造器械　175／④官軍側の小銃弾薬製造と調達　187／⑤戦争後期の遺物　196／⑥スナイドル弾薬の実態　199／⑦戦争初期と後期のスナイドル銃弾の割合　208／⑧官軍のエンフィールド銃弾　210

（2）　薩軍の銃弾事情 …………………………………………………………211
①スナイドル銃弾　211／②薩軍銃弾材質の変遷　212／③まとめ…237

（3）　四斤砲の砲弾・摩擦管 …………………………………………………238
①信　管　238／②摩擦管　241

（4）　軍　用　火　箭 …………………………………………………………244
①江戸時代・明治初頭の火箭　244／②日本在来の火箭使用例　248／③戊辰戦争の火箭　248／④英国式火箭の導入・展開　249／⑤西南戦争時の軍用火箭　252／⑥火箭のまとめ　270

第5章　西南戦争の考古学的検証 …………………………………………272

1　戦跡と出土遺物からみた西南戦争の特徴 …………………………………272
（1）　戦場での対峙状態 …………………………………………………………272
①応急臨時の施設を築造し戦線を形成　272／②戦場での構築物　274

（2）　官軍・薩軍の弾薬 …………………………………………………………277
①小銃弾薬　277／②官軍のエンフィールド銃弾　277／③四斤砲砲弾・摩擦管　279

2　考古学的手法と史料から戦跡を解釈する …………………………………279
（1）　熊本城飯田丸跡について …………………………………………………280
（2）　玉東町の戦跡について ……………………………………………………281
①半高山・吉次峠　282／②横平山　287／③二俣官軍砲台跡　287

（3）　佐伯市宇目・直川の戦跡について ……………………………………287
（4）　台場跡・稜堡跡について …………………………………………………288
（5）　和田越・可愛岳一帯について ……………………………………………288

お わ り に ……………………………………………………………………289

引用・参考文献 ……………………………………………………………………300
あとがき ……………………………………………………………………………309

図 版 目 次

第1章 研究史と戦争の概要
- 図1 西南戦争の戦域の変遷と本文に登場する主な地名……………………………………7
- 図2 スナイドル弾薬（左）・シャープス弾薬（中）・スペンサー弾薬（右）…………9
- 図3 ミニエー弾（左）・エンフィールド弾（右）………………………………………10
- 図4 オランダ製ミニエー銃………………………10
- 図5 エンフィールド銃……………………………11
- 図6 ウィットオース銃……………………………12
- 図7 ウェストリー・リチャード銃………………13
- 図8 アルビニー銃…………………………………13
- 図9 スナイドル銃…………………………………13
- 図10 スペンサー銃…………………………………14
- 図11 ドライゼ銃……………………………………14

第2章 戦跡の状況
- 図12 熊本城飯田丸跡出土の砲弾…………………17
- 図13 熊本城飯田丸百間御櫓跡・百間御櫓跡出土の球形金属………………………………18
- 図14 飯田丸五階御櫓跡・出土の先込め銃弾各種類とスペンサー銃の薬莢……………19
- 図15 用途不明の陶器壺……………………………19
- 図16 田原坂調査地と周辺の戦跡…………………20
- 図17 半高山の遺物分布図…………………………21
- 図18 半高山出土のスナイドル銃弾………………22
- 図19 半高山出土の雷管，スペンサー銃の弾薬と銃弾…………………………………………23
- 図20 半高山出土のミニエー銃弾…………………23
- 図21 横平山頂上の塹壕平面図と断割り図（下）…………………………………………24
- 図22 横平山出土の薩軍先込め銃弾，火縄銃弾，刀の鍔………………………………24
- 図23 二俣瓜生田官軍砲台跡検出の轍跡，硬化面……………………………………………25
- 図24 二俣瓜生田官軍砲台跡出土の摩擦管，刀の鍔……………………………………………26
- 図25 田原坂二ノ坂そばの遺物分布図……………28
- 図26 田原坂三ノ坂・船底遺跡採集遺物…………28
- 図27 三の岳周辺の台場跡分布……………………29
- 図28 三の岳北部の官軍台場跡……………………29
- 図29 三の岳頂上尾根北部の薩軍台場跡…………30
- 図30 三の岳頂上稜線北部の薩軍台場跡…………30
- 図31 大多尾越の薩軍台場跡………………………31
- 図32 合志市二子山石器製作址の円墳上の台場跡…………………………………………32
- 図33 熊本市健軍町の薩軍側が築いた堀跡………33
- 図34 屋敷野越の薩軍台場群跡と官軍の攻撃進路…………………………………………34
- 図35 屋敷野越の薩軍陣地跡………………………35
- 図36 山田城跡の台場跡……………………………35
- 図37 若宮官軍墓地跡発掘区の平面図……………36
- 図38 若宮官軍墓地跡出土の銃弾・薬莢…………37
- 図39 横手官軍墓地跡出土の銃弾・薬莢…………38
- 図40 高熊山の台場跡………………………………40
- 図41 鳥神岡西方の台場跡…………………………41
- 図42 鹿鳴越城跡の台場跡…………………………41
- 図43 大分・宮崎県境の西南戦争時の路線図と主要戦跡………………………………42
- 図44 竹田市古城の薩軍台場跡……………………43
- 図45 諏訪山の銃弾採集場所・下山古墳…………44
- 図46 臼杵市下山古墳の台場跡……………………45
- 図47 諏訪山の薩軍銃弾……………………………45
- 図48 三国峠・旗返峠周辺の対峙状況……………47
- 図49 旗返峠付近の薩軍の台場跡と塹壕跡………48
- 図50 榎峠・重岡の対峙状況を示す台場跡の分布…………………………………………50
- 図51 6月20日以降の官軍守備線…………………51
- 図52 城之越から赤松峠東部の台場跡分布図……………………………………………53
- 図53 エゴオノ山・宗太郎越付近の台場跡分布図…………………………………………54
- 図54 観音山の台場跡………………………………56
- 図55 観音山の台場跡分布図………………………57
- 図56 観音山・宗太郎越周辺の攻防図……………58
- 図57 城之越・長峰の台場跡分布図………………59
- 図58 黒土峠の台場跡分布図………………………60
- 図59 7月3日の最終的な両軍の対峙状態………61
- 図60 梓山北西尾根（薩軍）・大峠（官軍）の台場跡…………………………………………62
- 図61 梓山の台場跡分布図…………………………63
- 図62 梓山北西尾根の薩軍台場跡群………………64

図63	7月27日～8月14日の対峙状態………64	図97	烏帽子岳の台場跡……………………112
図64	陸地峠周辺……………………………66	図98	烏帽子岳の遺物………………………112
図65	陸地峠周辺台場跡分布図……………67	図99	六首山の台場群跡……………………114
図66	旗山口の官軍台場跡群………………68	図100	長井山の台場跡分布図………………116
図67	背中合わせの両軍の台場跡…………68	図101	可愛岳北側尾根（推定官軍本営跡）採集の遺物………………………………122
図68	陸地峠中央の台場跡…………………69		
図69	多稜堡塁群跡と椎葉山の位置関係…70	図102	可愛岳北側尾根採集等の摩擦管……123
図70	大原越の台場群跡分布図……………71	図103	「工兵操典巻之八　野堡之部」の布幕…………………………………………123
図71	椎葉山の官軍遺物分布と官軍の推定進路……………………………………76		
		図104	8月19日関係地名……………………139
図72	椎葉山の薩軍遺物分布と陣地前方に設置した鹿柴・木柵の推定位置………77	図105	長野越・黒原越の台場跡分布図……141
		図106	長野越1～5号台場跡…………………142
図73	豊後水道沿岸の県境稜線の主要戦跡…79	図107	黒原越1号・2号台場跡………………142
図74	萱場台場跡（1）・明石峠台場跡（2）・明石峠南台場跡（3）の位置……………80	図108	黒原越3～6号台場跡…………………143
		図109	北川町の字図…………………………143
図75	萱場（左）・明石峠（右）の台場跡……80	図110	矢立峠の台場跡位置図………………144
図76	明石峠南の台場跡……………………81	図111	矢立峠の台場跡………………………145
図77	津島畑山の台場群跡…………………81	図112	杉ケ越の台場跡………………………146
図78	松尾山の台場跡………………………83		

第3章　戦跡・史料による戦闘推移の検討

第4章　野戦構築物と鉄砲・火箭の使用

図79	和田越・可愛岳周辺地図……………86	図113	植木町中心部の北東側にあった塹壕推定位置…………………………………151
図80	和田越付近第一山から第三山想定地…89		
図81	和田越東にある官軍台場跡…………91	図114	1873年「工兵操典」挿図1……………154
図82	長尾山一本松付近の台場跡分布図…92	図115	1873年「工兵操典」挿図2……………155
図83	一本松頂上の台場跡…………………93	図116	舟の尾凸角堡跡の位置………………157
図84	長尾山一本松の官軍本営台場跡……93	図117	舟の尾の「凸角形ノ野堡」……………158
図85	高畑山・小橋山の台場跡分布図……94	図118	舟の尾凸角堡採集の薩軍銃弾………158
図86	老　田　岳……………………………96	図119	「工兵操典　巻之八　野堡之部」の野堡断面…………………………………………159
図87	北川東側の戦跡………………………97		
図88	川島背後山地の台場跡………………99	図120	大原越の多稜堡塁群跡位置図………162
図89	内谷峯の台場群跡……………………100	図121	大原越の多稜堡塁群跡分布状態……162
図90	内谷峯の円墓と台場群跡……………101	図122	大原越18号多稜堡塁跡………………163
図91	家田城跡の台場跡……………………102	図123	戊辰戦争時に旧幕府軍工兵隊が築造した四稜郭跡…………………………………163
図92	川坂山の台場跡………………………104		
図93	会五山・曽立ケ峯・橋岸背後の台場跡分布図……………………………………106	図124	大原越20号多稜堡塁跡………………163
		図125	大原越21号多稜堡塁跡………………163
図94	可愛岳北側尾根・北西尾根・六首山等の台場跡分布………………………………109	図126	大原越22号多稜堡塁跡………………164
		図127	大原越23号多稜堡塁跡………………164
図95	可愛岳北側尾根・北西尾根（八水山・砲廠部跡）の戦跡……………………110	図128	大原越24号多稜堡塁跡………………165
		図129	大鳥圭介「築城典刑」挿図……………166
図96	八水山（左）・宮ケ谷山（右）の台場跡分布図……………………………………111	図130	長尾山一本松の官軍本営台場跡……167
		図131	「火工教程第二篇」表紙………………178
		図132	「火工教程第一篇附図」………………179

図133　「火工教程第二篇附図」1……………179
図134　「火工教程第二篇附図」2……………180
図135　東京砲兵工廠員小林清太郎砲兵大尉の
　　　　講義資料…………………………184
図136　東京砲兵工廠員小林清太郎砲兵大尉の
　　　　講義資料…………………………185
図137　東京砲兵工廠員小林清太郎砲兵大尉の
　　　　講義資料2………………………187
図138　「明治十年中鹿児島征討ニ際シ兵器弾薬
　　　　出納表　砲兵支廠」1………………189
図139　「明治十年中鹿児島征討ニ際シ兵器弾薬
　　　　出納表　砲兵支廠」2………………189
図140　「明治十年中鹿児島征討ニ際シ兵器弾薬
　　　　出納表　砲兵支廠」3………………189
図141　玉東町二俣に伝来したスナイドル弾薬
　　　　ラベル………………………………195
図142　スナイドル銃弾A1類・A2類・B類・
　　　　C類…………………………………197
図143　スナイドル銃の薬莢…………………197
図144　ドライゼ銃弾…………………………198
図145　スペンサー銃の銃弾・薬莢とシャープ
　　　　ス銃の銃弾・薬莢…………………198
図146　官軍のエンフィールド銃弾……………199
図147　信管部品………………………………200
図148　四斤砲弾（1～3）・臼砲弾（4）………200
図149　ボクサー弾薬の各部名称……………201
図150　スナイドル弾薬Ⅰ型……………………202
図151　スナイドル弾薬Ⅱ型……………………203
図152　スナイドル弾薬Ⅲ型……………………204
図153　スナイドル弾薬Ⅳ型……………………204
図154　スナイドル弾薬Ⅴ型……………………205
図155　スナイドル弾薬Ⅵ型……………………205
図156　スナイドル薬莢Ⅶ型……………………206
図157　スナイドル弾薬Ⅷ型……………………206
図158　スナイドル弾薬Ⅸ型……………………207
図159　五稜郭出土遺物………………………208
図160　銃弾再利用のスナイドル弾薬…………213
図161　各種銃弾の蛍光Ｘ線分析1……………227
図162　各種銃弾の蛍光Ｘ線分析2……………228
図163　銅製銃弾の枝弾（右），同失敗品（左）
　　　　……………………………………229
図164　銅製銃弾の枝弾（上），同失敗品（下），
　　　　近接写真（左）………………………230
図165　銅製銃弾集成…………………………232
図166　小枝部分を叩いて潰した銃弾…………232
図167　小枝部分をヤスリで削り，痕跡を消し
　　　　た銃弾………………………………233
図168　小枝を折り取った後で痕跡を磨いた銃
　　　　弾……………………………………233
図169　鉄製銃弾集成図………………………234
図170　両軍銃弾の時間経過に伴う材質変遷……237
図171　田原坂採集の四斤砲榴弾の不発弾……239
図172　「火工教程第二篇附図」の紙製信管用亜
　　　　鉛管…………………………………239
図173　紙製信管と亜鉛管を組み合わせた状態
　　　　……………………………………240
図174　「砲兵学講本第一版」挿図……………240
図175　四斤榴弾（左）・四斤榴霰弾（右），下
　　　　は紙製信管の場合……………………241
図176　西南戦争戦跡発見の摩擦管と幕末以降
　　　　の摩擦管……………………………242
図177　二俣瓜生田官軍砲台跡出土の摩擦管……243
図178　津島岡大遺跡出土の棒火矢……………244
図179　薩英戦争での鹿児島市内焼失範囲……246
図180　ウイリアム・コングリーブ……………249
図181　コングリーブ火箭の陸上発射台………250
図182　コングリーブ火箭……………………250
図183　コングリーブ火箭の海上用発射台……250
図184　英軍がクリミア戦争（1855年）でロシ
　　　　アのタガンログ要塞を火箭で攻撃……250
図185　ヘール火箭の仕組み…………………250
図186　ヘール火箭の海上発射風景……………250
図187　ヘール火箭Ⅰ～Ⅶ式断面図……………252
図188　ヘール火箭の陸上（左上・下）・海上発
　　　　射台（右）…………………………252
図189　2月・3月の火箭攻撃関係地図…………259
図190　4月・5月の火箭攻撃関係地図…………267

第5章　西南戦争の考古学的検証

図191　戊辰戦争時に旧幕府軍が築造した北海
　　　　道の七飯台場跡……………………275
図192　半高山　薩軍の先込め銃弾・雷管の分
　　　　布……………………………………282
図193　半高山　スナイドル銃薬莢の分布……285

表 目 次

第1章　研究史と戦争の概要
　表 1　戦闘地域の変遷と本文で扱う箇所の対照表……………………………………………6
　表 2　「従明治十年二月廿四日至全年九月廿四日弾薬消耗表」（『征西戦記稿』）……………8
　表 3　「銃砲損廃表」（『征西戦記稿附録』）………14

第2章　戦跡の状況
　表 4　若宮官軍墓地跡・横手官軍墓地月別埋葬者集計…………………………………………36
　表 5　大分県内の西南戦争時の台場跡集計……42

第3章　戦跡・史料による戦闘推移の検討
　表 6　薩軍の可愛岳（第一・第二旅団本営，六首山等）攻撃に関する諸説……………131

第4章　西南戦争の遺構と遺物
　表 7　本邦製小銃弾薬一覧表………………186
　表 8　「征西戦記稿附録」と砲兵支廠の弾薬出納表の比較……………………………………188
　表 9　砲兵本廠から砲兵支廠への弾薬送付一覧……………………………………………190

　表 10　スナイドル弾薬Ⅰ型の諸元……………202
　表 11　スナイドル弾薬Ⅱ型の諸元……………203
　表 12　スナイドル弾薬Ⅲ型の諸元……………204
　表 13　スナイドル弾薬Ⅳ型の諸元……………204
　表 14　スナイドル弾薬Ⅴ型の諸元……………205
　表 15　スナイドル弾薬Ⅵ型の諸元……………205
　表 16　スナイドル弾薬Ⅶ型の諸元……………206
　表 17　スナイドル弾薬Ⅷ型の諸元……………206
　表 18　スナイドル弾薬Ⅸ型の諸元……………207
　表 19　スナイドル弾薬各型式の特徴一覧……207
　表 20　戦争初期と後期のスナイドル銃弾の割合………………………………………………209
　表 21　蛍光X線分析による銃弾分析結果1…225
　表 22　蛍光X線分析による銃弾分析結果2…226
　表 23　材質による銃弾の重量比較……………235
　表 24　図176：1～4上段の摩擦管計測値……242
　表 25　ヘールⅠ式火箭の寸法・重量…………251
　表 26　ヘール二十四斤火箭の性能表…………251
　表 27　ヘール火箭の開発時期・材料・塗料の変遷…………………………………………253
　表 28　西南戦争中の軍用火箭装備数…………256

第1章　研究史と戦争の概要

1　研究の背景と目的

（1）　研究の背景

　1873年（明治6年），明治新政府との交流を受け入れない朝鮮に対し，西郷隆盛を使節として派遣する閣議決定が岩倉具視・大久保利通・木戸孝允らに阻止され，西郷隆盛はじめ副島種臣・板垣退助・江藤新平・後藤象二郎ら五参議は下野した．欧米を1年半近く視察してきた大久保らは，発足したばかりの維新政庁は国力の充実に努めるべきときであり，外国と事を構えるべきではないと考えたのである．

　しかし，国内に存在した士族達の反政府的風潮は1874年には佐賀の乱（2月4日～3月29日）となって現れる．政府はその後も不平士族が武装蜂起するのではないかと憂慮していたが，同年5月・6月，先年漂着した宮古島島民多数が台湾住民に殺害された件で台湾征伐が行われた．外国と事を構えるべきでないとした主張とは相容れない出兵だったが，下野した西郷に同調し東京から鹿児島に帰郷していた薩摩士族を参加させることで，彼らの政府に対する不満のはけ口としたのである．同年6月，鹿児島県下に銃隊学校・砲隊学校・幼年学校などからなる私学校が創設された．その後，政府が実施した廃刀令（1876年3月28日）は士族の特権を奪い，秩禄処分（1876年8月5日）は士族の収入を激減させた．それらに対する反発は大きく，士族は1876年には神風連の乱（10月24日・25日），秋月の乱（10月27日～31日），萩の乱（10月28日～12月8日）を起こしたが，すぐに鎮圧された．政府はそれまでも鹿児島県士族の反乱を心配していたが，いよいよ現実のものとなりつつあると考えるようになる．

　陸軍砲兵支廠の属廠である鹿児島属廠には，薩摩藩時代以来のスナイドル弾薬製造機械があったとされているが，いつからあったのかは確認できていない．戊辰戦争後でかつ廃藩置県以前の段階にスナイドル弾薬製造器械を購入・設置したのではあるまいか．1870年に政府が行った全国的な銃砲調査では，鹿児島藩は元込銃（スナイドル・針打銃）を4,267挺もっていた（南坊1974）ので，いつの時点かに弾薬供給の自給を実行したのであろう．鹿児島士族の反乱を恐れた政府は，そのままにしておけば士族達が属廠の製造器械を使うであろうことを危惧し，1877年1月29日，汽船を鹿児島に派遣し弾薬製造機械の解体と弾薬の搬出を始めた．従来，属廠から火薬類を運ぶ際には日中に行うように鹿児島県と取り決めがあったが，この日の搬出は深夜に隠密裏に行われたため，私学校徒の疑惑と憤激を生じ，彼らは弾薬類を火薬庫から強奪し始めた．それ以前，大警視川路利良の指示で東京から帰郷していた薩摩出身の警官多数が捕らえられ，西郷刺殺の密命を帯びていることを自白していた．

　2月12日，私学校幹部達は政府に真相を糺すため兵を率いて上京することを決め，県令大山綱良に届け出，2月15日以降，10大隊約1万4,000人の薩摩軍（以下，薩軍と略す）が熊本方面に向

け出発した．薩軍は陸軍の九州の拠点である熊本鎮台を傘下に置くか一蹴するつもりであったが，籠城策をとられてしまう．熊本市南方の川尻町において19日夜には鎮台が先制攻撃を行い，戦闘が始まった．鎮台小倉分営からの部隊も熊本城に入ろうと合流を急ぎ南下していたが，北上する薩軍と熊本城の北約8 kmの植木で激突し，結局先行して出発していた一部のみが入城できた．また，長崎経由で来た東京警視隊約600人も20日には到着しており，熊本城には約3,500人の政府軍（以下，官軍と呼ぶ）を収容していたのである．

このようにして起きた西南戦争は，熊本・福岡・鹿児島・宮崎・大分各県を戦場として1877年2月15日の薩軍出発から9月24日の鹿児島市城山での戦闘終結まで続き，官軍に約7,000人，反政府軍（薩軍）に約8,000人前後の戦死者が生じた．士族による最後の反政府反乱となった．なお，3月に発生・終息した福岡の乱は薩軍に同調したものであり，西南戦争として扱う．

西南戦争は歴史としてどうとらえられてきたのか．長い間，西南戦争は近代史の一事象として扱われてきた．武力による士族の反政府活動は一連の士族反乱の終結後に途絶え，その後は言論による活動が盛んになった，と数行で要約され，近代史研究は戦闘に関する遺構や遺物にはほとんど触れてこなかった．西南戦争すなわち西郷隆盛であるとし，西郷を語る際に簡単に触れられることが多い．

西南戦争を戦跡・遺物という面で検討するのは戦史研究の部類に入るのだろうか．戦史として西南戦争を扱った書物は多い．陸軍の準公式記録として「征西戦記稿」全四巻（1887年）があり，海軍では「明治十年西南征討志」（1885年）が，警視隊については日本史籍協会の「西南戦闘日注並附録」全二巻（1976年・1977年）がある．全国6鎮台の中で熊本鎮台だけは「熊本鎮台戦闘日記」全三巻・附録（1882年）を刊行している．

個人的な記録としては，陸軍の第一旅団に従軍した会計担当幹部・川口武定が近親者に配るため著した「従征日記」は個人の記録の範囲を超え，官軍の消耗品・装備品の詳細までが記録されている．その他官軍では亀岡泰辰「西南戦袍誌　第三旅団」（1931年）があり，薩軍側では従軍した加治木常樹による「薩南血涙史」（1912年）が薩軍側の立場で全期間を対象に記述しており，熊本隊の佐々友房「戦袍日記」（1891年），同「硝雲弾雨一斑」（1884年），宇野東風「硝煙弾雨丁丑感旧録」（1927年），古閑俊雄「戦袍日記」（1986年）や，戦後懲役刑になった薩軍側の従軍者達が刑務所で記した多数の口供書類がある．黒龍会による「西南記伝」（1909年〜1911年）は薩軍側の立場を擁護しつつ官軍側の「征西戦記稿」などを参考にした部分が少なくない．市町村史や県史にも西南戦争に関する項目を扱う例が多い．玉東町による「玉東町史」（1996年）は防衛省防衛研究所が蔵する町内関係の史料を活字化している．鹿児島県維新史料編さん所による「鹿児島県史料西南戦争」（1978〜2008年）は全四巻で，薩軍関係者の上申書や日記など西南戦争に関する当時の史料を活字化していて情報量が多い．「新編西南戦史」（1962年）は自衛隊熊本駐屯地が編集し，戦争全体を両軍の装備・戦闘の推移について，時間を追って叙述している．最近では，落合弘樹の「西南戦争と西郷隆盛」（落合2013）が従軍者の記録や近年の研究を引用しつつ戦争全期間を扱っている．また，菖蒲和弘は西南戦争関係の文献を集成した私家版を継続して刊行している（菖蒲2004他）．

現在，我々が目にすることのできる西南戦争に関する印刷物は，戦跡の具体的な状態について，歴史に興味ある者が求めるほどには詳しく記していない．戦時に提出された膨大な戦闘報告類を基に戦後10年目に陸軍が発行した「征西戦記稿」は，今日でも西南戦争に関し基本となる書物であ

る．当時最も詳細な地図は，江戸時代の伊能忠敬による日本地図を基に作成された「21万分の1九州全図」であって，この程度の縮尺では細かな地形・地名の位置関係は記載されていない．「征西戦記稿」は，このような不十分な地理情報しかない状態で作成されたにしてはよくできているが，地理関係の間違いもみられ注意が必要である．また，当時の記録史料は，具体的にその場所のどの部分にどのような形の柵や塹壕，その他の防禦施設等を何個築いたのかなどについては記していない．したがってそれらの具体的状態については，現地を訪ね，その痕跡を探さねばならない．西南戦争に関するこれまでの研究書や解説書，さらに一般向けに平易に記された読み物などは，当時残された史料やその後に関係者が作成した記録などの史料を基に机上で構想・構築されたものであり，現地調査によるものではない．史料が記していないことは一切分からないのである．戦跡の実態を明らかにするためには，考古学的な発掘調査が有効である．それ以外でも，あまり行われてこなかったが現地を訪ね，戦跡の状態を明らかにすることも可能である．

　戦闘が行われたのは九州中部・南部であるが，これまで鹿児島県伊佐市の高熊山に関しては台場跡の写真が掲載された書物があり（高野1989），それによって当時の台場跡がそこに存在することは知っていた．それ以外にも戦跡がよく残っていることに気づいたのは，大分県南海部郡宇目町（現在は佐伯市宇目）の黒土峠に行ってみたときである．半円形に続く長さ1kmほどの尾根に100基ほどの台場跡が延々とある様を見て，もしかすると西南戦争ではこのような台場が普遍的に造られていたのではないか，これまで読んできた西南戦争に関する書物に具体的な台場の記述がみられないのは，現地を調べずに作成されただけだったのか，と考えるようになった．西南戦争に興味があり前述のような書物・史料を読んできたが，まさか戦場となった現場に戦闘の状態を残す遺構が黒土峠のようにこれほど沢山残っていようとは意外であった．これまで西南戦争は戦跡の存在が無視された状態で安易に語られ，記述され続けたのである．

　西南戦争に先立つこと10年ほど前に起きた戊辰戦争については，大山柏による戦史研究「戊辰役戦史」がある（大山1968）．大山の父は薩摩出身の大山巌元帥で，柏は大山史前学研究所を主宰した考古学者であり，抽象的な記述を超え全戦闘地域の両軍の対峙状況について史料と地図とを照合して事態の変化を図上で復元している．両軍の兵力・装備にも目を配り，戊辰戦争全体の戦闘地域を対象に記述しているという点で現在もこれを超える研究は存在しない．いわば「征西戦記稿」や「薩南血涙史」に多数の挿図が付いたようなものと位置づけることが可能である．

　両軍が戦地に築いたはずの台場類について大山がどう考えたのか，大山の記述を引用する．「当時は前装銃が多いので，装填等には立ったままの方が便利だから，胸墻は前に濠を掘って，その土で積み上げて造る．今日のように濠を掘って入るのとは違っている」とあるが，胸墻跡の図を1点も示していないので，これは想像で記述したようである．

　最近になって，戊辰戦争戦跡の状態が報告されるようになってきた（石田2007）．そこでは，東北地方の戦跡には当時の塹壕や台場の痕跡がまだ残っていて，それらが土塁部分とその内側の地面を掘り窪めた部分とからなることが紹介されている．大山が想定したような土塁の前方を掘り窪めた部分と内側の土塁とからなるものはみられない．大山は戦跡には近づいたが，地表面を熟視しなかったのであろう．石田明夫「国境に造られた攻守の遺構」（2007年 pp.160）によると「戊辰戦争で築かれた防塁跡や塹壕跡は，土塁の高さが1m，堀幅3mと小さく，地形に沿って造られる．小型の塹壕跡は三日月形をした5mから10mで，深さ0.8m，外側に低い土塁を伴うことが多い

特徴がある」という（同 pp.160）．今のところ，これ以外に他の地域では現地の状態を調べる作業がほとんど行われておらず，同様にその前に起きた長州戦争や大部分の戊辰戦争関係の戦跡等も実態が不明である．

(2) 研究の目的

　多数の台場跡を実見した黒土峠での経験から，戦跡の状態を記録しておきたいと考えるようになった．それからは「西南戦争を記録する会」を作って，休日を利用し現地踏査や測量，略図作成を繰り返してきた．その結果は第5号までを発行した「西南戦争之記録」に記録してきた．第4号を作製する頃には勤務していた大分県教育委員会の職員として，大分県内全域の西南戦争戦跡分布調査を行うことができた．

　熊本県の植木町田原坂戦跡はそれまで町指定の史跡であったが，2009年からは熊本県教育委員会の働きかけで，玉名郡玉東町と鹿本郡植木町で国指定史跡を目指し，西南戦争戦跡の発掘調査が開始された．同年，玉東町の吉次峠・半高山・横平山・二俣官軍砲台跡や，2010年に合併して熊本市となった植木町田原坂などが国指定史跡になった．吉次峠や田原坂など激戦地として知られる戦跡では継続的な発掘調査が行われた結果，銃弾・薬莢や刀の鍔，官軍兵士の帽子の徽章等々，両軍の激突を如実に反映する遺物が発見されつつある（宮本2012・2014，中原他2013等）．さらに，玉東町二俣官軍砲台跡においては大砲の轍の痕跡まで見つかっているのである．これらの地域は人口密集地周辺にあるため果樹園などになり，当時の塹壕は壊滅的であるが，それでも林や土地改変の少なかった畑地の部分では，銃弾・薬莢等が戦闘の状況を窺えるほどよく残っている場合がある．

　一方，人里離れた地域では当時の塹壕，胸壁（以下，台場と呼ぶ）の痕跡も多数残っていることが明らかになりつつあり，なかでも大分県内では880基を確認済みで（高橋・横澤2009他），さらに宮崎県・熊本県・鹿児島県でも確認数は増加中である（高橋2012，堀田2008，岡本2012他）．西南戦争に関する書物は多いが，これまで台場跡が各地に存在することに触れた書物はほとんど存在しなかった．しかし今や，全体で1,000基以上の台場について表面的な観察ではあるが，理解できるようになってきた（「西南戦争之記録」第1～5号）．西南戦争全体では数千基の台場が築かれたとみられる．まだ大分県以外では広範囲にわたっての戦跡の悉皆調査は行われていないが，関係する九州各県の戦跡調査と史料調査の現状については，籾木郁朗による集成作業がある（籾木2013）．

　戦争経過を検討したこれまでの書物では，当時戦場に両軍が築造した構築物はどこにどのようなものがあったのか，「征西戦記稿」が極めて簡単に記す以外全く触れていない．ここでは関係各県に所在する戦跡を対象に，西南戦争は戦場でどのように戦われたのか，戦跡に残る台場類の遺構から検討する．また，多量の銃砲弾が消費されたが，両軍がどのような弾薬を使ったのか，その供給状況はどうだったのか，弾薬の窮乏に陥った薩軍の場合などについて具体的遺物から検討する．さらに海軍が主に使用した自力推進ロケットである火箭について，現時点で可能な解釈を行ってみたい．

　古代駅伝制の研究により駅路や駅館が発掘されるようになり，また，地上からの観察により駅路がどこに存在したのかが研究対象になりうることが理解され研究が深化したように，都城，銭貨，中世都市，山城等々数え上げれば相当の紙数を要するほどの分野で，紙に書かれた史料ではなく地中や地上に残る遺構・遺物は，歴史を見直す材料を我々に提供してきた．西南戦争についてもそのような観点から見直し，具体的な遺跡・遺物などについて考古学の手法を取り入れるとともに，当

時の関係者の手になる史料も材料にして西南戦争を検討したい．

2　西南戦争の経過と両軍の兵力・装備

（1）戦争の経過

　1877年（明治10年）1月29日，政府が陸軍鹿児島属廠の弾薬・弾薬製造器械を大阪砲兵支廠に移設しようと作業を始めたことから，私学校徒が1月30日から2月1日まで連日弾薬掠奪を行い，事態は緊迫した．さらに鹿児島出身警官の鹿児島潜入や西郷暗殺計画などが発覚したとして，2月15日・16日，薩軍は政府に問い糾すことを掲げて鹿児島を出発した．東京への沿道各県に上京の目的を通知するため使者を先行させたが，彼らは熊本・長崎で拘留され，それ以上進むことはできなかった．政府は2月19日征討令を布告した．薩軍は当時九州において官軍の本拠であった熊本鎮台をまず傘下に置こうと一番大隊から七番大隊までの約1万4,000人の兵力で熊本平野に迫ったところ，熊本市南部の川尻において鎮台側の偵察部隊から先制攻撃を受け，当初の目標を熊本城占領に変えた．熊本城には鎮台兵，東京から急遽入城した警視隊など3,500人前後の官軍がおり，鎮台は籠城策を選んだのである．

　初め薩軍は蟻のように城壁に取り付き攻め入ろうと銃をもって攻撃していたが，高い石垣に遮られて城中に入り込むことができず，遅れて到着した大砲を南西に1.5 kmほど離れた花岡山などに置き城内を砲撃し始めたが，目覚ましい成果を得るに至らず，攻城側の人的損害は増え続けた．その間にも応援の官軍が次々に九州北部に上陸し，籠城軍を救おうと南下したため，薩軍は囲城の兵を残して北上した．2月25日から27日には熊本県北西部の高瀬付近で薩軍の北上は押さえられ，以後薩軍は山鹿方面に桐野利秋の四番大隊，吉次・田原方面に篠原国幹の一番大隊，木留方面に村田新八の二番大隊と別府晋介の六番・七番連合大隊を配置し，官軍の南下を食い止めようとした．

　両軍は熊本城から15 km以上離れた玉名市菊池川一帯，山鹿市，玉東町吉次峠，植木町田原坂，熊本市木留等でぶつかり，2月22日から4月15日まで幅8 kmほどの帯状の地帯で攻防を繰り返した．結局3月19日，官軍が八代海から薩軍の背後に上陸して熊本城に向かって北上し，薩軍はそれを撃退できずに囲城を解き，熊本鎮台は丸2ヶ月に及ぶ籠城の末に4月14日に解放された．薩軍本体とは別に，田原坂の戦いが終結した直後，福岡の乱が起き，福岡城や佐賀県境付近で戦闘があった．

　以後，薩軍は熊本平野東部に戦線を組み直し，北は大津から南は木山までの間で城東会戦を行い敗北した後，阿蘇外輪山南西側の矢部を経て熊本県南部の人吉盆地に移動し，ここでの長期割拠に方針を変えることにした．それまで戦闘地域ではなかった大分県や，当時は鹿児島県に編入されていた宮崎県に薩軍が侵入し戦場となったのは，この時からである．しかし，兵数と物量に優る官軍の追撃を押しとどめることはできず，早くも6月1日には本拠とした人吉を放棄，薩軍主力と官軍との戦闘は鹿児島県北西部・中央部から北東部へ，さらに宮崎県に移動し，戦線は九州東部を北上していった．

　8月15日，宮崎県延岡市北川町で包囲された薩軍は延岡市街への突出を目指し，和田越一帯で戦った．両軍共に戦争の最後が近いと考えていた．その日の敗戦後，西郷らは延岡市北川町俵野周

表1　戦闘地域の変遷と本文で扱う箇所の対照表（1877年2月15日～9月24日）

月　日	場　所	事　項	本文での記述
2月15日	鹿児島市	薩軍の出発（～17日）．	第1章2(1)
2月19日	熊本市	熊本鎮台は熊本城を自焼し熊本市街地を焼き払った．	第2章1(1)①
2月22日～4月14日	熊本城一帯	薩軍が熊本城を攻撃，官軍（熊本鎮台主体）は籠城した．	第2章1(1)①
2月22日	熊本市向坂	熊本鎮台小倉駐屯部隊（乃木希典）と薩軍の交戦．	第1章1(1)
2月25日～27日	熊本県玉名市高瀬	薩軍の北上を，本州から派遣された官軍が菊池川下流域で阻止した．高瀬付近の戦いが行われた．	第1章1(1)
2月26日～3月21日	熊本県山鹿市	福岡県への経路の一つ，熊本県北端域で行われた戦闘．	
3月3日～4月1日	熊本県玉名郡玉東町	吉次峠・半高山等の攻防．	第2章1(1)(②～⑤)
3月4日～4月20日	熊本市植木町	田原坂の戦い．官軍は玉東町の二俣砲台から砲撃した．	第2章1(1)⑥
3月19日～4月14日	熊本県八代市	洲口に上陸した官軍の衝背軍が北上を開始し，八代市・宇城市を攻略．14日に熊本城を解放した．	第2章1・2
3月23日～4月15日	熊本県合志市	植木東側の戦域．鳥巣（二子山石器製作址）の戦い．	第2章1(1)⑨
4月1日～15日	熊本市	吉次峠を奪った官軍は南側の三の岳を奪うが奪回された．	第2章1(1)⑦・⑧
4月15日～20日	熊本市	薩軍は熊本城北地域から撤収し，大津町・熊本平野東部・益城町木山等に移動．20日，両軍は熊本平野東部で会戦を行い，敗れた薩軍は人吉へ向かう．	第2章2(1)⑩
4月28日～6月1日	熊本県人吉市	薩軍は本営を人吉に移したが，官軍の攻撃により5月30日，西郷隆盛は宮崎に移動した．市街の戦闘は6月1日まで．	第2章1(2)①・②
5月9日～10日	熊本県芦北郡芦北町箙瀬	人吉西方の箙瀬に対し，佐敷町方面から官軍が攻撃．	第2章1(2)①
5月12日	大分県佐伯市宇目	薩軍の大分県進入（8月15日まで）．	第2章3
5月19日～29日	大分県竹田市	薩軍が占領する竹田（法師山・古城等）を官軍が奪取．	第2章3(1)
6月14日～17日	大分県豊後大野市三重町	三国峠・旗返峠の薩軍を官軍が撃退した．	第2章3(3)
6月17日～19日	大分県佐伯市宇目	榎峠・重岡集落北西側で両軍が対峙した．	第2章3(4)①
6月20日	鹿児島県伊佐市	薩軍の守る高熊山を水俣方面から進んだ官軍が奪取した．	第2章2(1)①
6月24日	大分県佐伯市宇目	薩軍が赤松峠・豆殻峠へ襲来するが，退けられる．	第2章3(4)②イ・ロ
6月25日	大分県佐伯市直川	薩軍が陸地峠一帯を奪う（～7月16日）．	第2章3(4)③イ
7月1日	大分県佐伯市宇目	薩軍の守る観音山・宗太郎越を官軍が攻め敗退．	第2章3(4)②ニ
7月3日	大分県佐伯市宇目	薩軍が黒土峠を奪取（～27日）．	第2章3(4)②ホ
7月16日	大分県佐伯市宇目	陸地峠一帯を奪回した官軍が大原越に多稜堡塁群を築造．	第2章3(4)③ロ
7月21日	大分県佐伯市宇目	官軍は黒土峠奪回を目指すが敗退．	第2章3(4)②ホ
7月23日	宮崎県日之影町	官軍が舟の尾に突角堡塁を築造した．	第4章(2)②イ
7月27日	大分県佐伯市宇目	官軍が板戸山・黒土峠を奪回し，薩軍は梓山に後退した．	第2章3(4)②ホ
8月6日	大分県佐伯市宇目	官軍が椎葉山（蛇葛山）を攻撃し，薩軍は敗退した．	第2章3(4)③ハ
8月15日	宮崎県延岡市北川町	両軍は和田越で総力戦となり，薩軍が敗退した．	第3章1(1)(2)
8月18日	宮崎県延岡市北川町	包囲されていた薩軍が可愛岳を奇襲して脱出．	第3章1(3)
8月19日	宮崎県延岡市北川町	逃走する薩軍が長野越の官軍を攻撃した．	第3章2(1)
9月1日～24日	鹿児島市	再度現れた薩軍が官軍を米蔵に包囲したが，官軍は薩軍が籠る城山に次第に集結，薩軍を総攻撃して戦争が終結した．	第1章2(1)

辺の狭い地域に取り囲まれてしまう．ところが，3日後には官軍の包囲網の一角を抜け出し，可愛岳の官軍二個旅団の本営を打ち破り，2週間後には鹿児島市にたどり着く．最後は9月24日，城山において西郷らの戦死により戦争は終結したのである（表1・図1）．

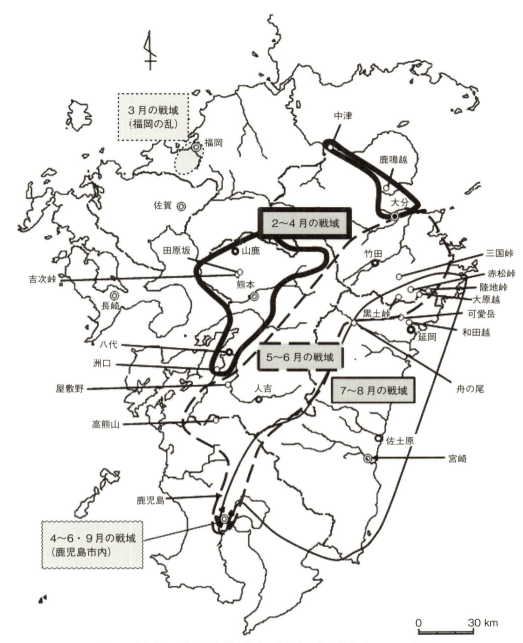

図1　西南戦争の戦域の変遷と本文に登場する主な地名 (中原 2012 に加筆)

(2)　両軍の兵力と装備

① 官軍の兵力

　陸軍最高責任者は西郷隆盛大将だったが，彼が反乱側にいたため，陸軍を指揮したのは山縣有朋中将となった．当時，陸軍は東京の陸軍省本省・近衛兵以外に主戦力としての歩兵部隊を第一聯隊から第十四聯隊まで擁しており，これ以外にも騎兵隊・砲兵隊・工兵隊等があり，次のように各鎮台に割り振っていた (「陸軍職員録　明治十年二月一日改」『征西戦記稿附録』)．東京鎮台 (第一・二・

三聯隊，騎兵隊，砲兵隊，第一・二・三師管後備軍），仙台鎮台（第四・五聯隊，函館砲隊，第四・五師管後備軍），名古屋鎮台（第六・七聯隊，第六・七師管後備軍），大阪鎮台（第八・九・十聯隊，砲兵第四大隊，予備砲兵第二大隊，工兵第二大隊，輜重兵第四小隊，第八・九・十師管後備軍），広島鎮台（第十一・十二聯隊），熊本鎮台（第十三・十四聯隊，砲兵第六大隊，豫備砲兵第三大隊，工兵第六小隊，輜重兵第六小隊，第十三・十四師管後備軍）．

陸軍は西南戦争に際し，反乱軍への寝返りを警戒し鎮台単位の出征を避け，近衛兵と各地の鎮台から抜き出した部隊を組み合わせて臨時に旅団を編制した．それらの名称と員数は次の通りである．第一旅団（6,348人）・第二旅団（6,325人）・第三旅団（5,009人）・第四旅団（2,461人）・別働第一旅団（4,241人）・別働第二旅団（5,244人）・別働第三旅団（2,764人）・別働第四旅団（1,732人）・新撰旅団（3,684人）・熊本鎮台（7,975人）．このうち，別働第三旅団は陸軍兵ではなく警視隊で編成された．以上総計は4万5,783人（「旅団編制表」『征西戦記稿附録』）であった．

これには，兵力増強のため開戦後に新たに府県単位で募集した士族から成る遊撃歩兵大隊5,786人を含む．内訳は次の通りである．遊撃歩兵第三大隊（山口県下で新規募集し，第四旅団に編入），遊撃歩兵第四大隊（山口県下で新規募集し，熊本鎮台に編入），遊撃歩兵第五大隊（和歌山県下で新規募集．最終的に熊本鎮台に編入），遊撃歩兵第六大隊（和歌山県下で新規募集．最終的に大阪鎮台に編入），遊撃歩兵第七大隊（山口県下で新規募集し，広島鎮台・第二旅団・別働第二旅団に分散編入），遊撃歩兵第八大隊（広島県下で募集し，第一旅団から広島鎮台へと編入），別働遊撃歩兵第一・第二中隊（山口県下で新規募集し，熊本鎮台に編入），遊撃別手組（大阪府下で募集し，大阪鎮台編入），遊撃歩兵第二小隊（和歌山県下で新規募集）．

当時，東京に砲兵第一方面内砲兵本廠，大阪に砲兵第二方面内砲兵支廠が置かれ，軍事物資の調達・製造を行い，京都行在所に陸軍事務所を設けて鳥尾小弥太中将が取り仕切った．

それ以外に海軍が出動している．海軍の最高責任者は川村純義中将で，兵員2,280人がおり，軍艦12隻（春日・筑波・龍驤・清輝・鳳翔・孟春・浅間・日進・丁卯・東・雷電・高雄）と民間船の借上げ約12隻で海上から武器・兵員の輸送や熊本・鹿児島・宮崎・大分各県の沿岸警備をし，あるいは海岸部攻撃に関わった．しかし，薩軍に軍艦がなかったため海上兵力同士の戦闘は行われず，西南戦争は陸上の戦いが主体となった．

② 官軍の装備

表2 「従明治十年二月廿四日至全年九月廿四日弾薬消耗表」
（『征西戦記稿』）

スナイドル実包	34,632,830発
マルチ子ー実包	2,280,528発
ツンナール実包	3,530,250発
スペンセル実包	1,563,326発
スタール実包	537,264発
エンヒール実包	19,530,850発
シャーフル実包	1,153,680発
ヒストール実包	27,159発
レカルツ実包	65,000発
計	63,320,887発

官軍が装備した銃はスナイドル銃，スペンサー（スペンセル）銃，シャープス（シャーフル）銃，ドライゼ銃，アルミニー銃，ヘンリー・マルチニー（マルチネー，マルチネ）銃などの後装銃や，前装銃であるエンフィールド（エンヒール，エンピール）銃などである．

陸軍の小銃弾薬消耗を一覧化した「征西戦記稿」の「従明治十年二月廿四日至全年九月廿四日弾薬消耗表」では，表2の8種の小銃（スナイドル，マルチネー，ツンナール，スペンサー，スタール，エンフィールド，シャープス，レカルツの各銃）の弾薬（実包ともいう）と1種の短銃弾薬が記載されている．最も多いのはスナイド

ル弾薬（図2左）の3,460万発余で，次がエンフィールド弾薬の1,950万発余である．その他は桁違いに少なく，この二つが官軍の主要な銃であったことは明白である．

　弾丸元込めの銃，後装銃であるスナイドル銃やスペンサー銃，ヘンリー・マルチニー銃の弾薬は金属製の筒である薬莢に弾丸を組み込んだものを使う．

　西南戦争時点のシャープス銃は金属薬莢を使い（図2中），口径はスペンサー銃と同一であるため両銃で使用でき，大分県佐伯市黒土峠などで銃弾・薬莢が発見されている．スナイドル弾薬は薬莢基部中央にある孔に雷管が埋め込まれており，その雷管に打撃を加えると薬莢内部の火薬に引火し激発，弾丸が飛び出す仕組みだった．戦前にスナイドル弾薬を製造できたのは東京の陸軍砲兵本廠と鹿児島属廠だけだった．戦争直前に政府は鹿児島に乗り込み，エンフィールド弾薬や火薬を運び出したが，スナイドル弾薬製造器械回収が主目的だった．

　スペンサー薬莢（図2右）は打撃すると発火する雷汞が薬莢内部基底縁に塗り込めうれており，筒内部の大部分には火薬が充塡されている．薬莢基部の縁辺を打撃する仕組みであり，実際の出土遺物も縁に打撃痕があり，なかには複数の打撃痕をもつものもあり，この薬莢の再利用は簡単だったとみられる．

図2　スナイドル弾薬（左）・シャープス弾薬（中）・スペンサー弾薬（右）

③　薩摩軍の兵力

　当初は一大隊約2,000人からなる七大隊を編成し，総員約1万4,000人弱で出陣した．これを一番立ちといい，その後追加した二番立ち，三番立ちが1万人以上あった．さらに旧日向国内から高鍋隊1,120人，延岡隊1,000人，飫肥隊800人，佐土原隊400人，都城隊150人，福島隊150人が加わり，熊本県内からは熊本隊1,500人，協同隊600人，瀧口隊200人，人吉隊150人が，大分県内からは中津隊158人（高橋2012「日記和帳」等），報国隊600人，新奇隊50人など，薩軍本隊以外が6,578人前後加わったが，正確な数は分からない．

　鈴木徳臣は「戦争直後の明治10年11月8日に作成された『賊徒処刑及免罪表』（『明治史要附録表』）によると鹿児島県3万6,197人，熊本県2,208人，大分県1,743人の合計4万148人が免罪になっている」という（鈴木2012）．この中に宮崎県がないのは当時行政上，鹿児島県に含まれていたためである．また，同表によると刑罰を受けたのは，斬22人，懲役10年31人，同7年11人，同5年126人，同3年380人，同2年1,183人，同1年614人，同100日130人，同70日2人，同30日2人，除族242人，棒鎖1人，贖罪収贖20人の合計2,764人がおり，免罪者と受刑者は合計4万2,912人である．この他，免罪者の中には山口県53人，福岡県21人，長崎県10人，東京府4人，愛媛県4人，和歌山県2人，三重・滋賀・長野・福島・山形・石川・岡山各県にそれぞれ1人ずつがいる（修史局1886 pp.176・177）が，これらが戦争参加者か否かは分からない．戦死者は

刑罰を受けた人の数値には含まれていない．友野春久によると薩軍側の戦死者は8,302人が数え上げられている（友野2014）ので，これらを加えれば約5万1,000人が薩軍側の従軍者・参加者ということになる．

④ 薩摩軍の装備

薩軍の場合は，幕末の争乱や戊辰戦争で使用した小銃にはどのような種類・数量があったのだろうか．兵部省が作成したらしい「明治3年調査　全国各藩石高，人口，大砲，小銃数の調査表」は鉄砲伝来以来，最初で最後の銃砲の全国的統計である（南坊1974）．それによると鹿児島藩には，施条銃（ミニー，エンフィルド，その他）1万6,015挺，元込銃（スナイドル，針打銃）4,267挺，連発銃（レミントン，スペンサー）1,150挺の合計2万1,432挺が存在した．元込銃の針打銃はドライゼ銃，シャスポー銃等を意味するものであろう．これらからみて，元込銃が全体の25％を占めていたことが分かり，ほぼこの構成で西南戦争に臨んだとみられる．

戦争中，薩軍の記録では，スナイドル弾薬も製作したとの記録があるが，少数なら手作業での製作も可能であるし，使用済み薬莢の雷管を抜き，新たに雷管を差し込み，火薬と弾丸を組み込むことは不可能ではなかったので，この程度の作業を継続的に行ったと思われる．戦争初期に熊本県北部で戦っていた頃は，官軍から銃や弾薬を分捕ることも多く，なかには数回の戦闘後には薩軍の装備は官軍と同じになる状態も生じている．しかし，銃は消耗品であり，次第に前装銃の比重が多くなっていった．

3　当時の主要小銃

我が国の軍隊が同種の銃で統一されるようになったのは，村田銃開発後の1880年（明治13年）からである．西南戦争当時は官軍も薩軍も，19世紀後半に欧米から購入した多種多様な銃を装備していた．

官軍が装備した銃はスナイドル銃，スペンサー銃，シャープス銃，ドライゼ銃，アルミニー銃，ヘンリー・マルチニー銃などの後装銃や，前装銃であるエンフィールド銃などである．「図解古銃事典」（所荘吉1971年初版）から当時の主な銃の概要を掲げる．銃の性能・特徴等については他の書に譲り簡単に触れるにとどめる．

(1)　主要小銃

① ミニエー銃（図3・4）

1846年にフランスのミニエー歩兵大尉が考案した銃弾を用いる銃の総称である．銃弾は鉛製の

図3　ミニエー弾（左）・
　　　エンフィールド弾
　　　（右）（所1996）

図4　オランダ製ミニエー銃（所1996）

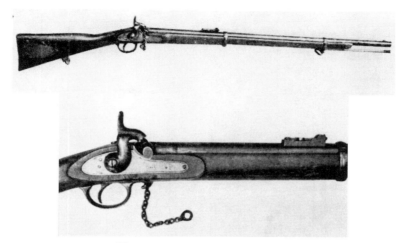
図5　エンフィールド銃（所1996）

椎の実形で底部に窪みがあり，栓（初期には鉄栓，後に木栓から陶栓になった）を嵌め，発射時のガス圧によって栓が弾丸中に押し込まれ，弾丸のスカートを拡張させて銃身内の腔綫（螺旋溝）に食い込むようにしていた．直進性と飛距離が従来の丸弾よりも向上し，命中精度がよくなったため，狙撃が可能となった．銃身上部に照尺という狙いを定める突起が用いられるようになり，性能・寸法はまちまちで，オランダ製ミニエー銃は口径16.6 mm，全長1,410 mm，腔綫4条，銃剣は断面三稜形．銃弾は39.23 g，装薬は5.03 gで紙製弾薬包である．

②　エンフィールド銃（図5）

　イギリスで開発された前装管打ち銃である．1851年式ミニエー銃を改良したもの．改良点は火門蓋が鎖で用心鉄に結ばれる点と，木栓を用いずガス圧のみによって基部が拡張するプリチェット弾を使用する点である．我が国ではエンピール銃と呼ばれ，戊辰戦争から西南戦争でこの銃が使われ，管打ち銃の代表的な銃であった．銃弾は33.6 g，装薬は4.43 g．歩兵銃・騎兵銃がある．歩兵銃は口径14.6 mm，全長1,250 mm，銃身内には5条の螺旋溝がある．照尺1,200ヤード（1,097 m）の目盛りがあるが，その距離までの狙い撃ちはできない．銃剣は断面三角のヤタガン式を装着する．

③　ウィットオース銃（図6）

　1862年にイギリスで開発された前装管打ち銃である．銃身断面が正六角形の特殊な腔綫をもち，横断面が六角形の専用銃弾を使用する．外観はエンフィールド銃に酷似するが，火門蓋はない．エンフィールド銃との命中比較試験では，ウィットオース銃は非常に優れた成績だったが，使用を続けると銃身内がはなはだしく摩耗する欠点があった．

　口径11.5 mm，全長1.265 mm，照尺1,000ヤード．エンフィールド銃に比べると流通数は少なかった．

図6　ウィットオース銃（所1996）

④　ウェストリー・リチャード銃（図7）

　イギリス製．我が国ではレカルツ銃と呼んでいた．弾薬を入れる薬室は引き金部分の上位にあり，銃身後端上部の把手を上に持ち上げて開放する．

　撃発は雷管外火式で，銃身上部の突起に雷管を被せて発火させる．

　口径11.5 mm，全長1,340 mm，腔綫4条，照尺1,000ヤード．

⑤　アルビニー銃（図8）

　ベルギーの制式軍用銃で，薬室は銃身上部にあり，弾薬の出し入れ時には蓋を前方に開ける方式である．我が国ではエンフィールド銃を後装式に改造するのに，スナイドル銃よりも簡単なため盛んに改造され，それもアルビニー銃と称していた．スナイドル銃と同じ弾薬を使用した．

　アルビニー銃には歩兵銃と騎兵銃がある．歩兵銃は，口径14.5 mm，全長1,240 mm，腔綫5条，照尺1,250 mである．

⑥　スナイドル銃（図9）

　1866年にイギリスで前装式のエンフィールド銃を後装式に改造し，エンフィールド・スナイドル銃と呼んだ．

　薬室の蓋が右側に開き，弾薬を出し入れする方式である．一部には左側を開くものもある．この銃は前装銃を後装銃に改造するのに適しており，多くのミニエー銃がこれに改造されたため，諸元（性能・寸法）は原銃によって異なる．弾薬はボクサー式という金属薬莢を使用する．銃弾はこの時期の銃と同じく鉛製で，初期の銃弾は頭部に木栓が嵌められ，その後は木栓ではなく頭部の内部に

3 当時の主要小銃　13

図7　ウェストリー・リチャード銃（所1996）

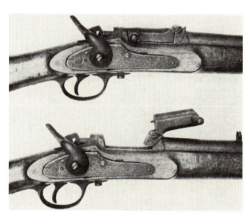

図8　アルビニー銃（所1996）

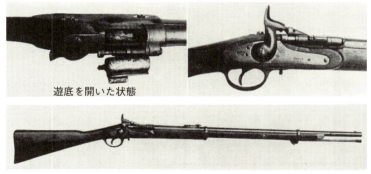

図9　スナイドル銃（所1996）

外から見えない空洞が設けられた．弾薬はイギリスでは9段階の変遷があった．
　スナイドル銃は数種類があるが，ここでは銃身と木部とを2個の帯で結合した二つバンド歩兵銃の諸元を示す．口径14.7 mm，全長1,232 mm，腔綫5条，照尺1,250ヤード．戊辰戦争で新政府軍側の長州軍・薩摩軍が少数を携帯し，前装管打ち式銃をもつ旧幕府方を圧倒した．西南戦争時に

図10 スペンサー銃（所1996）

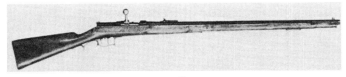

図11 ドライゼ銃（所1996）

は輸入量が増えており，官軍の主力銃として使われた．

⑦ スペンサー銃（図10）

1860年にアメリカで開発された連発銃で，南北戦争で活躍した．我が国には慶応年間に佐賀藩によって輸入され，弾薬製造器械も佐賀藩が唯一所有していた．戊辰役では元込7連発銃の名声が高かった．弾薬7発を一列に入れる鋼製の筒を銃尾に装填すると，バネの力で弾薬が順に薬室に送られる．歩兵銃と騎兵銃があり，歩兵銃は口径12.5 mm，全長1,187 mm，腔綫6条，照尺900ヤードであった．

⑧ ドライゼ銃（図11）

プロシアで開発された世界最初のボルト・アクション銃である．使用する弾薬はドライゼ式紙薬莢で，長い卵形の銃弾は紙で包まれた型式であったため銃弾直径は口径より小さく，銃弾後端を包んでいる紙が腔綫を通り抜けることにより回転する．

我が国ではドライゼ銃がツンナール銃と呼ばれたが，詳しくはこのドライゼ銃は銃身と薬室部が一体構造のデルシェウントフオンバウムガルテン式の銃と言われる（竹内2002）．藩籍奉還前の和歌山藩が約3,000挺を購入して藩兵の銃を統一しようとし，西南戦争ではこの銃で統一された部隊を編制して従軍した．

⑨ ヘンリー・マルチニー銃

当時，マルチネ銃とされたもので，金属薬莢を用いる後装銃である．口径12.5 mm，腔綫3条で，主に明治初年に海軍が使用した．桐野利秋が岩﨑谷で使用したのがこの銃である．

(2) 官軍が使用した小銃の数量

官軍が使用した銃の数量・割合はどうだったのか．

「征西戦記稿」の「銃砲損廃表」では，「福岡及長崎軍団砲廠ニ於テ砲兵本支廠ヨリ受領ノ總額」が示されている．銃はエンピール2万4,480挺，スナイドル8,287挺，アルミニー3,845挺，マルチネ2,902挺，ツンナール3,533挺，短スペンセル204挺，スタール375挺，短レカルツ70挺，長スナイドル143挺，長ツンナール300挺，長スペンセル1,000

表3 「銃砲損廃表」（『征西戦記稿附録』）

種類	挺数
エンピール銃	24,480
スナイドル銃	8,287
アルミニー銃	3,845
ツンナール銃	3,533
マルチネ銃	2,902
長スペンセル銃	1,000
スタール銃	375
長ツンナール銃	300
短スペンセル銃	204
長スナイドル銃	143
シャーフル銃	142
短レカルツ銃	70
計	45,281

挺，シャーフル142挺，ピストール440挺の13種類計4万5,721挺である（表3ではピストルは除外）．これ以外に初めから携帯装備した銃があるので実数はもっと多いが，その数は分からない．

　上記分の小銃合計は4万5,281挺あり，主な内訳はエンピール銃が54%と過半数で，次にスナイドル銃の18%，アルミニー銃の8%，ツンナール銃の8%，マルチネー銃6%と続く．

　先述のように，陸軍の小銃弾薬消耗を一覧化した「征西戦記稿」の「従明治十年二月廿四日至全年九月廿四日弾薬消耗表」（表2）では，8種の小銃（スナイドル，マルチネー，ツンナール，スペンサー，スタール，エンフィールド，シャーフル〔シャープスのことか？〕，レカルツの各銃）弾薬と1種の短銃弾薬が記載されている．最も多いのはスナイドル弾薬（実包）の3,460万発余で，次がエンフィールド弾薬の1,950万発余である．なお，スナイドル銃とアルミニー銃は同種の弾薬が使用できた．その他の弾薬は少なく，銃と消耗弾薬の数値からもスナイドル銃とエンフィールド銃の二つが官軍の主要な銃であったことは明白である．

第 2 章　戦跡の状況

　西南戦争では薩軍に海軍がなかったため海戦は行われず，ただ官軍の軍艦が陸上を砲撃したり，時には小舟を降ろして陸地に接近して火箭（ロケット）を発射したり，船舶で兵員を後方や敵の背後に上陸させたりしたが，陸上の戦いが中心となった．陸上の戦いの中では，要塞である熊本城の攻囲や籠城は全体の中では特殊であり，そのほかは野戦が行われた．

　第 2 章では熊本県・鹿児島県・大分県内の戦跡を検討する．地形，陣地の占地，戦記，遺物などを基にどのような戦闘が行われたのか，実態を明らかにしたい．対象とするのは現時点で判明しつつある一部の地域・戦跡に限る．熊本県内では県中部・北部が戦場となった戦争初期の段階と薩軍本営が南部の人吉に撤退した段階に分かれる．近年，西南戦争に関する発掘調査が熊本市の熊本城跡，同市の植木町，玉名郡玉東町で始まり，それぞれの戦跡における遺物の分布状況が明らかになってきた．人吉周辺や鹿児島県北部において，一部であるが分かってきた戦跡の分布状況について触れたい．大分県内は最も戦跡分布状況が判明している地域である．1877 年（明治 10 年）5 月から 8 月まで県中部から南部が戦場となっており，「西南戦争を記録する会」（高橋編 2002～2012）や大分県教育庁埋蔵文化財センター（高橋・横澤 2009）が分布調査・発掘調査を行ってきた．宮崎県内においては 8 月を中心とした段階の戦跡に限定し，県北部の戦跡を第 3 章で扱う．

1　熊本県内の戦跡

　熊本県では，1877 年（明治 10 年）2 月から 4 月まで薩軍本営が熊本市内にあり，熊本県中北部が戦場になった．その後，薩軍本営が人吉に移り，5 月から 6 月初めにかけて熊本県南部が戦場となった．

（1）　熊本県中部・北部の戦跡

　熊本県中部・北部は西南戦争としては初期段階の戦闘が行われた地域である．当時，陸軍の九州における本拠地であった熊本鎮台が熊本城に置かれていた．薩軍の出発を知り，鎮台は出撃して戦闘する策をとらず籠城準備を始めた．薩軍の攻撃は 2 月 22 日に始まり，4 月 14 日まで続いた．その間，玉名郡玉東町や熊本市の植木町・菊池市・山鹿市などは，熊本城に籠城する熊本鎮台の救援のため派遣され，南下する官軍とそれを阻止する薩軍とが 2 ヶ月間にわたり戦闘を繰り広げた．両軍は西は有明海から東は山鹿市まで延長約 30 km の戦線で対峙し，一時的に北西側の玉名市も戦場になった．

　薩軍は熊本城を陥落させれば全国各地での武装蜂起が起きるであろうと期待していた．陥落の後，福岡さらに本州へと進軍するつもりだったため，当初は南下する官軍を撃破することに全力を注いだ．しかし目論見とは異なり，西南戦争における天王山となった植木町田原坂は 3 月 20 日に，玉東町吉次峠は 4 月 1 日に官軍に突破され，薩軍の精鋭の多くはこの時点で失われていた．4 月 14

日には，八代海から熊本県中部に上陸した官軍が北上して熊本城を解放したため，北上していた薩軍は南北から包囲される状態となり，北部戦線を放棄した．

ここ数年，初期の戦場となった熊本城や玉東町・植木町の戦跡では発掘調査が継続的に実施され，発掘調査報告書が刊行され始めている．これら報告書により，戦跡の状態，特に出土遺物はどのようなものがあるのかみておきたい．玉名市・山鹿市では戦跡発掘調査が行われておらず，分布調査も今後の課題である．

① 熊本市熊本城跡

熊本鎮台は熊本城内に設置されていた．城内には天守閣をはじめ多数の櫓が林立していたが，鎮台が籠城を決めた直後の2月19日に城内から火が出て建物の多くは焼け落ち，宇土櫓その他若干の建物だけが焼失を免れる状態となった．鎮台は開戦に先立ち，城内各方面の守備を割り振り，柵を廻らせ，地雷を埋め，砲塁を築くなどの作業を行うとともに，「射界の清掃」のために市街地を焼き払った．戦闘の準備をしたのである（猪飼2001）．

西南戦争後，現在に至るまで熊本城内では各種の整備・修理に伴う発掘調査がたびたび行われてきた．しかし，これまでは西南戦争関係の遺物を報告書で見ることは少なかったが，2014年に刊行された報告書『熊本城跡発掘調査報告書1―飯田丸の調査―』（美濃口他2014）は，初めてまとまった形で西南戦争関係の出土遺物を取り扱っている．報告された調査区は城内南部にある飯田丸の中の五階御櫓跡・百間御櫓跡・隅櫓台と周辺部である．飯田丸には当時，四斤山砲と四斤野砲，臼砲が置かれていた．五階御櫓は，飯田丸という区域の南西部に位置した通常の城なら天守閣といえる五層の櫓だったが，当時これも焼失しており，そこから延びて飯田丸の西辺に続いていた

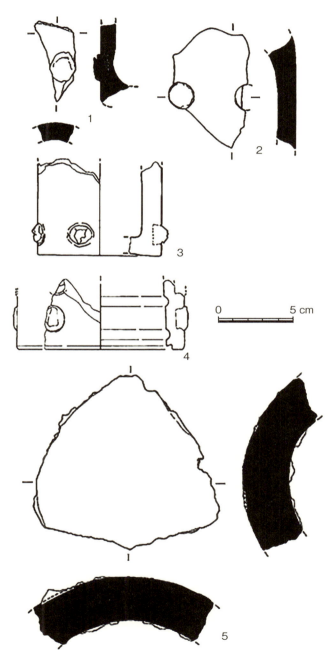

図12　熊本城飯田丸跡出土の砲弾（美濃口他2014）

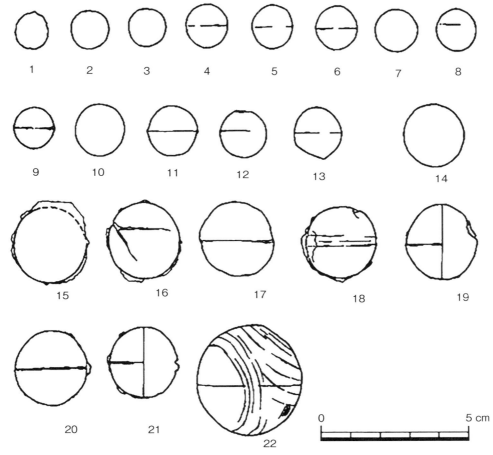

図13　熊本城飯田丸百間御櫓跡出土の球形金属（美濃口他2014を改変）

百間御櫓も焼失していた．隅櫓台は飯田丸の南東部に位置する．調査箇所ごとに出土遺物が報告されているが，飯田丸跡出土として一括する．

　砲弾関係は，直径約21 cmの尖頭形砲弾片1点（図12：4），四斤砲弾片3点（図12：1〜3），I字形の摩擦管が13点，L字形の摩擦管が3点，摩擦管の部品である摩擦子が1点報告されている．砲弾は破片であり，薩軍が放ったものとみてよい．薩軍は2月22日夜半から，飯田丸の南西1.9 kmの花岡山と北側の日向崎に四斤山砲6門ずつを置いて城中を砲撃し始めている．その後，大砲を何箇所かに移動し分散配置したので，出土した砲弾片がどこから発射されたのかは検討課題である．出土した砲弾本体片は四斤砲のものが3点あり，ほかに大口径砲弾片1点がある．薩軍の装備した椎の実形の尖頭形砲弾を使う砲は四斤砲のほかは十二斤野砲だけなので，直径約21 cmの方は十二斤野砲よりも大口径のようであり，砲を特定できない．その他，飯田丸で採集された臼砲弾は直径184 mmのもので，報告書では20ドイム臼砲弾とされている（図12：5）．破裂しているので薩軍が発射した砲弾であろう．

　その他，百間御櫓跡からは球形の金属製品が多数出土している．火縄銃弾あるいはゲベール銃弾とされたもの（図13：1〜22）だが，多くは破裂する砲弾に詰められたものであろう．図13：1〜12・22は鉛製，13〜21は鉄製である．変形したり錆びたりして完全な球形ではなく，同図：22を

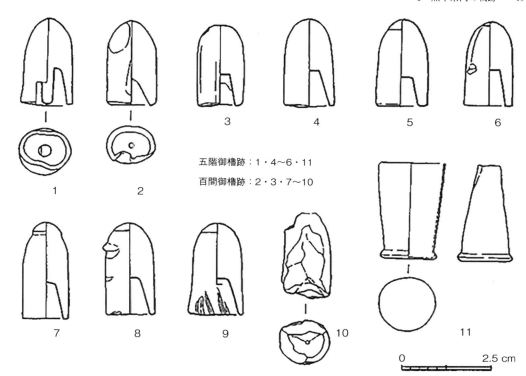

図14 飯田丸五階御櫓跡・百間御櫓跡出土の先込め銃弾各種類とスペンサー銃の薬莢（美濃口他2014）

除いて鉛製品は直径12〜16 mm，重さは12〜15 gである．鉄製品は同図：14が21〜22 mmで32 g，15〜21は24〜26 mm，重さは50 g前後である．四斤砲の榴霰弾に詰め込まれ，爆発時に四散する霰弾子は直径14.7 mmの鉛製で，四斤霰弾の弾子は直径26 mmの鉄製である（山本2015）．前者は同図：5〜13に近く，後者は15〜21に近似するので，これらは火縄銃などの銃弾ではなく四斤砲弾が爆発して飛び散った詰め物だと考えられる．

小銃弾薬関係がスナイドル銃薬莢19点，スペンサー銃薬莢2点（1点は図14：11），司弾薬1点，これ以外の先込め銃弾56点（図14に一部を掲載）もある．このうち内側基部に突起がある鉛製のミニエー銃弾（図14：1）は1点だけ出土したが，同種銃弾が江戸城跡の九段南一丁目遺跡で数千点出土している

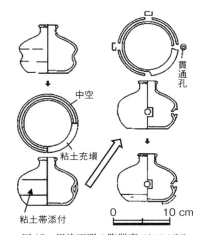

図15 用途不明の陶器壺（右下は遺物，他は製造過程模式図．美濃口2014）

（「千代田区立四番町歴史民俗資料館」後藤宏樹氏の御教示．遺物は地下10 mの井戸底から調査終了後の工事中に出土し，報告書には未掲載．数年前に銃弾を実見した．現在は日比谷図書文化館に保管している）．このように決して珍しい銃弾ではなく，薩軍が発射した銃弾であろう．竹内力雄の「東京砲兵工廠員小林清太郎砲兵大尉の講義資料」（第4章の図136）では同種の銃弾図が掲載されており，それによると1885年にベルギーのチンメルリン大佐が考案したことになっている銃弾に似ている．年代は合わないが，幕末頃にはミニエー弾の一種として存在したらしい．図14：3〜10は鉛製の先込め

銃弾で，エンフィールド銃に使用されたものである．長さや内側の窪みの有無，形状，先端の段差の有無により8種類を区別できる．

報告書によれば先込め銃弾のほとんどは鎮台側のもので，傷のついた1点以外は未使用弾だという．その根拠は「通常，銃弾は，鉛製については，銃腔を通る際の急激な摩擦により鋳バリ1は消失し，着弾のショックにより大きく変形する」としている．確かに先込め銃弾56点のほとんどは無傷に近い．しかし，傷ついて変形した銃弾は図14：2・6・8～10以外にもあるが，全体の中では少数で，その他の大部分は無傷に近い状態で出土している．図15右下は用途不明の壺で，胴側面を一周窪ませた上に粘土帯を貼りつけ，側面の1ヶ所だけに内部に達する穿孔がある．水筒，火薬入れ，あるいは西南戦争とは無関係なのか使い道不明の遺物で，同様の壺が複数出土している．

このように熊本城跡で西南戦争関係の報告がなされるようになったために，戦争初期の両軍の武器事情の一面が明らかになった．これについては第5章で改めて扱いたい．砲弾片は熊本城を攻撃した薩軍砲隊の使用した砲弾の実物資料であり，よく知られている四斤砲のほかに臼砲や大口径の尖頭弾が飯田丸に撃ち込まれていたのである．なお，熊本城は戦争中に薩軍が川を堰き止めて水攻めしたが，その際の堆積層とみられる砂層が城下南西部の高麗門付近で確認されている（甲元・坂田他2014）．将来さらに砂層の拡がりが確認できれば，水攻めのために湖水となった範囲も明確になるだろう．

② 玉名郡玉東町半高山

玉東町の南側に位置し，玉名市と熊本市の境界にある標高681mの三の岳から北方に続く尾根を下がって行くと，尾根筋の一番低い場所で

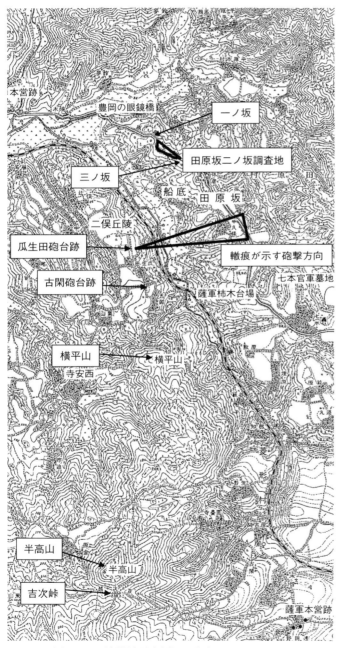

図16　田原坂調査地と周辺の戦跡（中原2014に加筆）

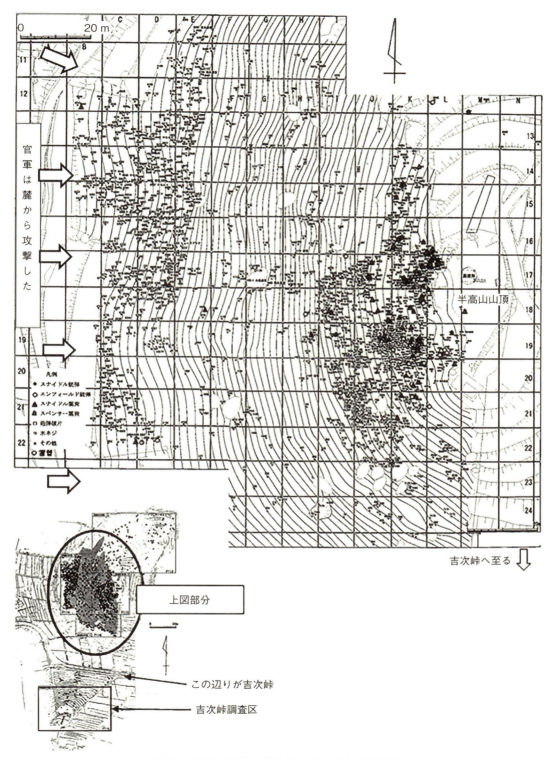

図17 半高山の遺物分布図（20m方眼．宮本2012を改変）

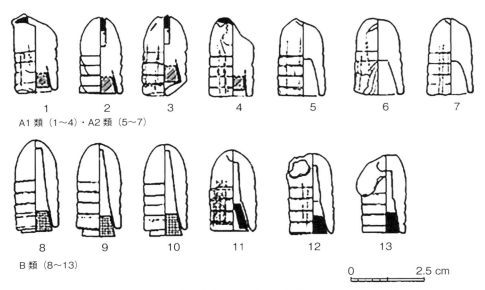

図18 半高山出土のスナイドル銃弾（宮本2012）

ある標高約245mの吉次峠となる．半高山は吉次峠の北側に続く標高293mの山である（図16）．現在，頂上には展望台があり，西側の有明海から北西の玉名方面をはじめ，360度の展望が開けている．この山の斜面も周辺丘陵部同様に相当開墾されてしまい，頂上をミカンの果樹園が階段状に取り巻き，西側だけに雑木林として旧地形が残る（図17）．この地の交通の要衝としての重要性に気づいた薩軍熊本隊は，2月下旬から守備を始めている．

3月3日，熊本城救援を目指し官軍第二旅団は西方から進撃し，立岩・原倉の薩軍を破り半高山・吉次峠に迫ったが，突破できなかった．翌4日の攻撃も失敗したため，官軍はこの方面に対し西側からの攻撃を弱め，新たに北側に続く二俣丘陵北端から南に前進することにした．二俣・横平山の順に奪い，4月1日には半高山北側から頂上を奪うと直ちに吉次峠を山頂方向から攻撃し，ここも占領した．

半高山では旧地形が残る場所で発掘調査が行われた（図17）．山の西部斜面である．その結果，銃弾1,349点，同薬莢152点，雷管12点，砲弾破片57点や，砲弾の先端に付属する紙管用亜鉛信管5点，榴霰弾破片である鉛の球形粒11点，また先込め銃の火門に被せる蓋1点，古銭14点，煙管7点，銃の掃除に使うという刺包針1点，その他が出土した．弾薬類を中心に一部を図示する（図18～20）．

遺物は，頂上部の縁部と西部斜面の途中部分において鉢巻状に集中する状態を示した．薩軍が半高山を守っていたのは3月初めから官軍に奪われた4月1日までの約1ヶ月間である．ほぼ薩軍が占有していた時期に戦闘が行われたといえる戦跡である．

遺物の分布はそのまま薩軍陣地のあり方を反映していると考えられる．図17に示す小さい黒点はスナイドル銃弾で，麓付近と頂上近くに密集して多量に分布し，白丸はエンフィールド銃弾である．量的にはスナイドル銃弾が圧倒的に多いが，半高山の斜面は官軍が射撃を加えた場所であり，それを反映している．他方，薩軍は官軍のいた調査区の外側に向けて射撃したから，出土した銃弾のうちで薩軍の銃弾は少量であると考えられる．山麓の外側範囲外に薩軍の射撃した銃弾が多量に

存在するはずである。図18：1〜4は先端に細い棒状の木を挿入したスナイドル銃弾で，発掘調査報告書ではA1類と分類されている。同図：5〜7はより新しい段階のスナイドル銃弾A2類である。先端に木を入れる穴はないが，頭部に外からは見えない空間をもつ。同図：8〜13はB類に分類されているスナイドル銃弾で，内側の長い窪みが特徴である。これらの先端部には細い穴や内部空間はない。図19はエンフィールド銃などの先込め銃の雷管（1），スペンサー銃の薬莢（2・3）と銃弾（5），未使用弾薬（4）である。雷管は半高山の頂上西縁に分布する傾向があった。玉東町では先込め銃は薩軍しか使わなかったので，雷管の分布は薩軍がこ

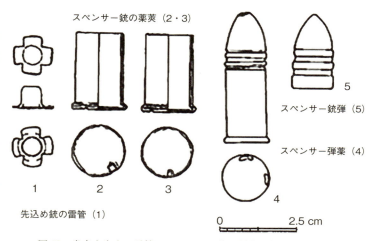

図19　半高山出土の雷管，スペンサー銃の弾薬と銃弾（宮本2012）

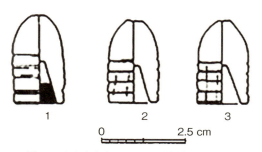

図20　半高山出土のミニエー銃弾（宮本2012）

こで射撃したことを示している。図20はスナイドル銃弾に似ているが，先端部が平たい点，溝より上部が丸みを帯びている点，内側の窪みが断面三角に近い点などから，先込め銃のミニエー弾とされた。幕末に使用された外面に溝のある銃弾には通常，3条の溝がある。

半高山については代表的な西南戦争初期の戦場であり，史料に加え発掘調査も行われているので，第5章でも触れることにする。

③　玉名郡玉東町吉次峠

吉次峠は熊本市街から玉名市に向かう最短路線であり，北方の玉名方面から熊本平野に向かうには，この吉次峠か，あるいは東側の田原坂のある丘陵を抜けるのが通りやすい路線であった（図16）。道路事情に明るい熊本隊が，ここを誰も守っていないことに気づき，2月27日から守っていた。3月3日，熊本城開放を目指す官軍が福岡県から南下し，最初に突破しようと攻撃したのがこの標高245m前後の吉次峠である。峠の南側には標高681mの三の岳の山塊が有明海際まで立ちはだかり，北側は標高293mの半高山が見下ろす一段低い峠道である。

現在，吉次峠の南側に大部分が階段状に造成され，ミカン畑となっている。峠に近い場所にわずかに公園として少しは旧地形が残っているような場所があり，発掘調査の対象となった（宮本2012）。

出土遺物はスナイドル銃弾12点，火縄銃弾1点，四斤砲弾破片3点，蹄鉄1点というように散

漫な分布状態だったが（図17），有名な戦跡として好事家により長年の間に遺物が拾われ続けてきた結果であり，本来は出土した量よりもはるかに多量に存在したと考えられる．調査可能な旧地形を残す場所が狭いのもこの数値となった要因である．火縄銃以外の銃弾は官軍が発射したものであろう．

④　玉名郡玉東町横平山

半高山の北北東約2kmの位置に丘陵地帯を挟んで存在するのが標高143mの横平山である（図16）．抜刀隊が初めて登場した戦跡として知られている．

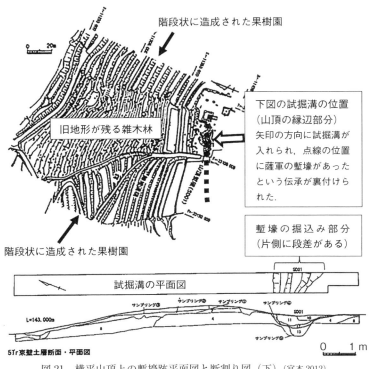

横平山はなだらかな山容で，頂上は公園となり，西側と北側斜面は雑木林で旧地形が残る．その他の場所は果樹園化した場所が多いが，頂上部には塹壕跡と伝えられる浅い溝状の窪みが残っている．この部分に直交する方向で試掘溝を設定し掘り下げたところ，塹壕の床面，床北部に足を置くための一段高まった部分が検出された（図21の下図）．この塹壕は北側に向かって設けられていたことが明確になり，薩軍が築いたことが判明した．この塹壕は本来約300mの長さがあったとされている．さらに溝部分の北側

図21　横平山頂上の塹壕跡平面図と断割り図（下）（宮本2012）

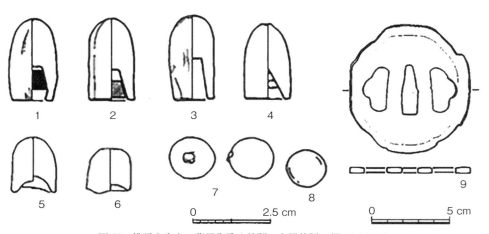

図22　横平山出土の薩軍先込め銃弾，火縄銃弾，鍔（宮本2012）

の少し高まりがある部分は盛土の痕跡であるという．横平山の北部斜面にわずかに雑木林として旧地形が残った部分では，多数の銃弾・薬莢や刀の鍔，弾薬箱の釘等が出土した（宮本2012）．銃弾はスナイドル銃弾378点（未使用22点を含む），先込め銃弾94点，シャープス銃弾3点が出土し，薬莢はスナイドル銃のもの108点，スペンサー銃のもの3点があった．銃弾の種類は半高山とほとんど同じであるが，図22：5・6の先込め銃用の短い銃弾2点は薩軍のものであろう．同図：7・8は火縄銃弾であろう．また，同図：9は刀の鍔である．薩軍も恒常的に抜刀攻撃を行っていたので，これがどちら側が使った鍔であるかは分からない．このほか，北側斜面には平坦面が数ヶ所あり，そのうちの1ヶ所の陣地遺構とされた場所で木製弾薬箱の鉄製ネジ釘7点，先込め銃の不発弾を銃身内から抜き取る鉄製工具1点，三つ叉状の鉄製工具1点のほか，スナイドル薬莢やスペンサー薬莢が出土している．ここは薩軍側が弾薬箱を利用して築いた防御施設だったと判断された．地表面観察だけでは，この結論は出なかっただろう．

　薩軍は頂上の長い塹壕だけでなく，北側斜面の途中にもわずかな平坦面として残る防御施設を築いて戦ったようであり，多数の銃弾の存在とともに激戦の様子が遺構・遺物の面から浮かび上がる．

⑤　玉名郡玉東町二俣瓜生田官軍砲台跡

　二俣から東側約700mにある田原坂方面に向け，官軍が大砲で攻撃したとされる畑の発掘調査が行われた（図16）．二俣と田原坂の間には谷水田しかなく，二つの台地は同じ程度の標高で向き合っている．二俣瓜生田砲台跡では先込め銃弾5点，スペンサー銃弾1点，同薬莢1点，スナイドル銃弾4点，同薬莢6点　榴弾の詰め物とみられる鉛玉，あるいは火縄銃1点などの武器のほかに，軍帽の徽章，木製弾薬箱の鉄製ネジ等も出土している．先込め銃弾は薩軍が放ったものであり，ここが銃弾の行き交う場所であったことを示す遺物が多く発見されている．

　二俣瓜生田砲台跡には最大8門の四斤砲が置かれていた．官軍は大砲を奪われることを危惧し，現地に大砲を設置したままにせず，付近の木葉集落から運び込むことを繰り返していたとされる．二俣から砲撃した当時は雨天の日が多く，重い大砲の車輪が地面にめり込んだことが発掘調査で明らかになった（図23）．田原坂の南方方向（図16）を向いた二条の浅い溝（SD01・SD02），すなわち大砲車輪の轍や四斤砲の点火装置である摩擦管・摩擦子（名称は，軍港堂「海軍掌砲学問答」1898年による）多数が発見された（宮本2012）．轍痕の東側には大砲を置いたと考えられる硬化面があり，周辺には摩擦管とその構成要素である摩擦子が散乱していた．

　四斤砲砲身基部の上面には火薬に点火するための直径5mmほどの貫通孔が一つある．孔に点火装置である筒状の摩擦管を差し込み，摩擦管に挿入したギザギザの摩擦子と呼ばれるもの，または

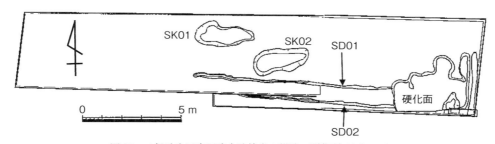

図23　二俣瓜生田官軍砲台跡検出の轍跡，硬化面（宮本2012）

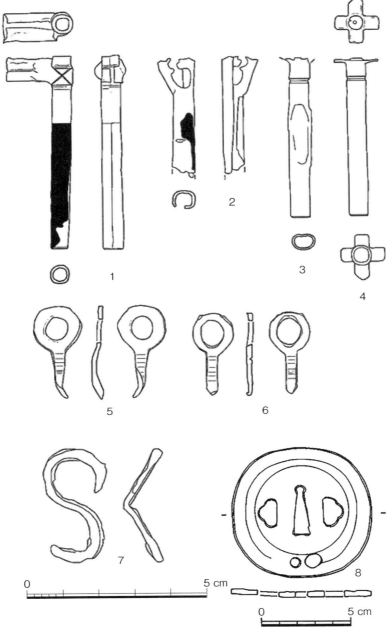

図24 二俣瓜生田官軍砲台跡出土の摩擦管，刀の鍔（宮本2012）

別種の針金を捻った摩擦子の環状部に引っかけた金属に結んだ紐を引っ張ると発火し，砲身基部に押し込んでおいた火薬に引火，発射する仕組みであった．摩擦管は発射すると猛烈な勢いで飛び出し，付近に落下した．出土した摩擦管には2種類がある．図24はその一部であるが，報告書で一つはL字型摩擦管と呼ばれ，直径5.5mmの銅製筒の上端に直角に銅筒を接合したものである（図24：1・2）．使用前には，短い胴筒内部には摩擦子という，一端は環状で他端には洗濯板状に刻みが入った細い板部分をもつ部品が差し込まれている（図24：5・6）．この環状部に紐を付けて引っ

張ると火を発し，砲身内部に詰めた火薬に点火する仕組みである．

　もう一つは報告書でＩ字型摩擦管（図24：3・4）と呼ばれるもので，筒上部は切り込みを入れて十字に折り曲げている．未使用品であれば摩擦子，すなわち内部に捻った針金が差し込まれ，針金上部が環状になっている．瓜生田官軍砲台跡の南約350ｍに位置する二俣古閑官軍砲台跡からも同様の摩擦管等が出土し　摩擦管・摩擦子の分布状態から，大砲を置いたのが丘陵上面の縁辺であったことが推測できるようになった．西南戦争時の摩擦管は宮崎県可愛岳において未使用のＩ字型摩擦管が発見されていたが，Ｌ字型摩擦管が当時使われていたということは二俣の調査で初めて判明したことである．Ｉ字型摩擦管はフランス系で，Ｌ字型摩擦管はイギリス系とされている（山本2015）．後述するイギリスのヘール火箭でもＬ字型摩擦管が使われており，そのことを裏づけしている．また，刀の鍔が１点出土している（図24：8）．横平山でも出土しているが，これがどちら側のものかは分からない．

　二俣からは歩兵部隊が田原坂丘陵に向かって繰り返し進撃しているが，戦記によると二俣周辺から進んだ歩兵の進路は轍痕が示す砲撃目標場所に重なるので，大砲と歩兵が共同して動いたことが裏づけられたのは発掘調査の成果であった．

⑥　熊本市植木町田原坂

　吉次峠突破が困難であると考えた官軍は，東側の田原坂を抜けて南下すべく攻撃の力点をここに置き，３月４日から20日まで約２週間，昼夜の別なく攻撃を繰り返した（図16）．しかし田原坂では薩軍が頑強に守備を続け，吉次峠・横平山・半高山などを含んだ周辺一帯では双方に約4,000人ずつの戦死者を生じる激戦となった．残念ながら考古学的調査がなされぬまま，ほとんどが果樹園や公園となってしまい，現在，地表面には塹壕・台場の明瞭な痕跡は認められない．最近になり史跡指定に伴う発掘調査が継続的に行われるようになった（図25　中原2011）．図25は二ノ坂と呼ばれた激戦地の一画である．ここは尾根筋にあたり，尾根道の窪み部分で帯状にスナイドル薬莢が集中する状況が認められた（実線部）．そこは浅い溝状になっており，出土した薬莢は官軍兵士がわずかな窪みを利用し，ここで発砲を繰り返した痕跡であると考えられている．エンフィールド銃弾や，その他薩軍が発射したとみられる銃弾が，薬莢が集中する窪みの外側斜面，南東側に比較的まとまっており（破線部），薩軍側の射撃が集中したと考えられている．

　このような発掘調査結果は，この場所で行われた当時の戦闘の状況を生々しく伝えるものであり，両軍がどこでどのような戦いを行ったのか現地に痕跡を残していたのである．概要報告には田原坂の一部である三ノ坂や西側の谷付近の船底遺跡で採集した遺物が図示されている．銃弾は複数の種類があり，なかには断面が基部に向かい薄く尖るようなものもある（図26：1～3）．これは官軍が使ったエンフィールド銃弾だと考えられ，官軍も少しは戦争初期に使ったことが分かる（第４章で後述する）．

　近年，田原坂の南東約5.5kmの山頭遺跡発掘調査では，西南戦争時の遺物が出土した．調査中に見学させていただき，両軍の対戦状態がよく分かる好例だと考えた．西部の第４次調査区の一部には，幅約８ｍ，深さ約１ｍの堀状の畑が直角に曲がる状態で存在し，スナイドル薬莢を主体とした薬莢674点，銃弾300点が出土した．なかには未使用のまま捨てられ，銃弾が薬莢に入った状態のスナイドル弾薬がいくつもみられた．薬莢の分布状態は堀状の窪地の片側，南や東に集中してい

28　第2章　戦跡の状況

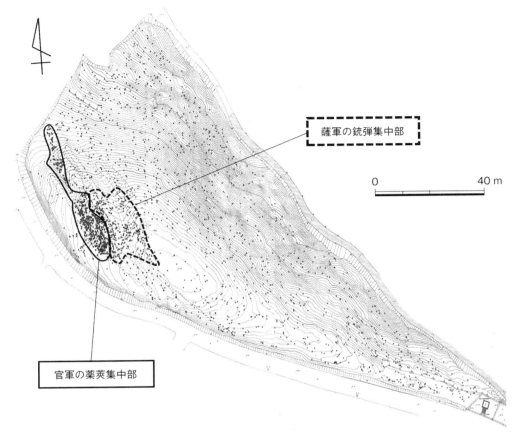

図25　田原坂二ノ坂そばの遺物分布図（中原2012）

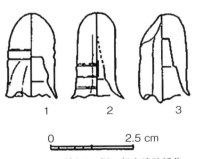

図26　田原坂三ノ坂・船底遺跡採集遺物（中原2014）

た．これらは官軍兵士が低地に身を隠し，薩軍のいた方向に向けて射撃した痕跡だとみられている．未使用の弾薬は激戦のさなか，草むらの中に取り落としそのままになったのであろう．興味深いのは，ここから約50〜100m東側にあたる台地の縁辺部を調査した第5次調査区との相違で，先込め銃の雷管約200点が調査区西端の一画にまとまって発見され，ここで兵士が西側の第4次調査区方向に向け射撃したとみられることである（「熊本日日新聞」2010年3月21日記事．調査中に見学した）．戦争初期のこの時点で先込め銃を使ったのは薩軍側であり，雷管は薩軍兵士がこの場所で西側に向かって銃撃したことを示す．堀状の畑にいた官軍と撃ち合ったわけである．田原坂争奪の頃には「かちあい弾」という，スナイドル銃弾同士が空中で衝突したものが知られているが，事実であれば，薩軍もスナイドル銃弾をかなりの割合で使っていたとみられる．田原坂を3月20日に突破した後の戦場である山頭遺跡第5次調査区の状況は，その後の薩軍が先込め銃主体だったことを示すものかもしれない．

　田原坂をはじめとした植木町では戦跡の考古学的調査が行われてこなかったが，最近始まった発掘調査では，戦闘の状態を具体的に語りかけてくる成果が表れており，調査の継続と報告書の発行

を期待したい.

⑦ 熊本市三の岳

吉次峠の尾根が南に次第に高まっていくと三の岳（685 m）になる．この山は熊本市街の西側に位置する金峰山（665 m）や二の岳（685 m），花岡山（132 m），立田山（151 m）などと共に二重式火山を構成し，山頂からは西は有明海越しに島原半島，北は半高山の向こうに菊池・山鹿方面，東は阿蘇山を一望できる．半高山・吉次峠から薩軍を追い出した後，官軍は次に三の岳奪取を目指した．三の岳は3月上旬頃から薩軍側が守り始めたらしいが，半高山と吉次峠が官軍に奪われた4月1日以降，三の岳は最前線の一部になる．

三の岳には3ヶ所に台場跡が分布する（図27）．一番北側には山麓の中腹に南の頂上方向を向いて築かれた台場跡があり，官軍が4月1日以降に築いたとみられる（図28 古財 2005）．台場跡は頂上方向を向いた半円形のもので，内側は窪み，背後に小さい窪みがある．平坦な尾根の末端部に立地し，背後は吉次峠に続く緩やかな下り斜面である．

この場所から300 m弱南に進むと尾根筋の北端に6基の台場跡が北を向いて存在しており，これらは薩軍側が築いたとみられる（図29：3〜8）．西部の一群は4基からなり，ほとんど1列に上下に並んでいる．東部には並列する形で内部に右から入る型の台場跡が

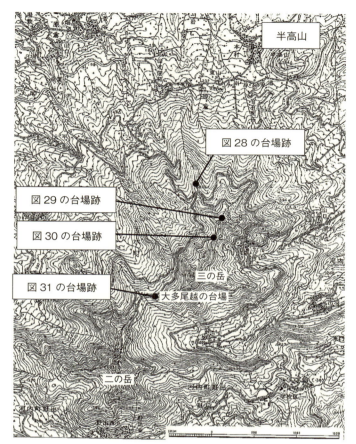

図27　三の岳周辺の台場跡分布（古財 2005）

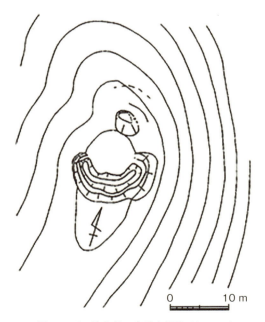

図28　三の岳北部の官軍台場跡（古財 2005）

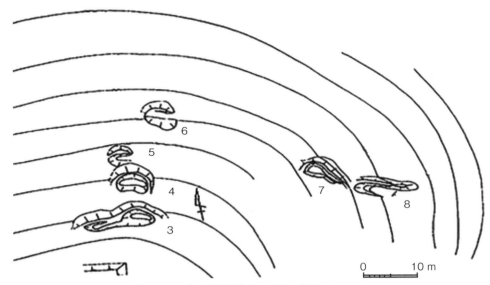

図29　三の岳頂上尾根北部の薩軍台場跡（古財 2005）

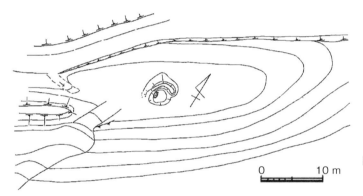

図30　三の岳頂上稜線北部の薩軍台場跡（古賎 2005）

ある．この場所の台場跡は全体を通して右側から台場の中に入る型が多いのが特徴となっている．台場跡の10mほど背後には緩やかな傾斜の頂上が広がるが，中央部は広く造成され鉄塔が立っており，さらに南西側は自動車道のために大きく削られている．元はここにも台場が築かれていたのではないかと思われる．6基の台場跡はジャングル状態の雑木林のような環境に埋もれていて，一帯は薄暗い．もっと多くの台場跡が存在しそうだが，未確認である．

　ここから三の岳の頂上に向かって一直線に尾根筋を約200m進むと，尾根が細くなる場所になり，そこからは南東斜面に中腹の三の岳集落に通じる小道が九十九折のように下っている．ちょうどその道が登り詰めた所に小型の台場跡が1基ある（図30）．尾根の上面中央に半円形の土塁が北西を向いて存在し，内側は円形に窪む．三の岳頂上からは約500m北北東にあり，玉名市街や有明海方面を向いて築かれているので，薩軍側が築いたものであろう．

⑧　熊本市大多尾越

　大多尾越は北東側の三の岳と南西側の二の岳との間の低くなった場所にあり，玉名市方向から熊本市に通じる峠道であった（図27）．地理に詳しい熊本隊が吉次峠と同じくここも守るべきだと考

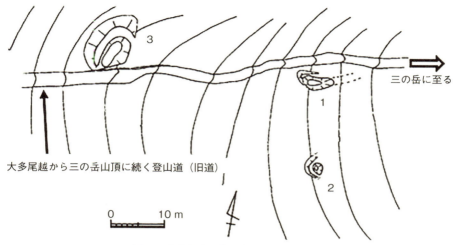

図31　大多尾越の薩軍台場跡（高橋2005）

え，2月28日から守っていた所である．大多尾越の峠がある南から三の岳に向かって一直線に登山道が上っている．左側は雑木林で右側は植林地である．山道の両側に3基の台場跡を確認した（図31　高橋2005）．一番下に位置する3号台場跡はこの付近では大型に属し，土塁部の高さは1m以上もある．登山道脇にあるが竹藪の中にあるので気づきにくい状態である．周辺は鬱蒼とした雑木林や薄暗い杉林に覆われており，藪の中を綿密に調べればもっと発見できるであろうと思われる．

　台場跡は三の岳頂上を背にした形で構築されており，海側から峠に向かって来る敵をここで防ごうとし，三の岳を守っていた薩軍側がこれらの台場跡を築いたのであろう．結局，ここでは戦闘がなかったようだが，官軍も諜報活動は活発だったので，もしここに守備がないと知っていれば大多尾越を通ったはずである．

⑨　合志市鳥巣

　縄文時代の石器製作場跡として国指定史跡になっている二子山石器製作址の名前は，円墳が二つ並んでいることに由来する．古墳上や周囲には西南戦争時の台場跡が残っており，当時の記録に「鳥巣（とんのす）」と呼ばれた場所であることを西南戦争の研究者であった故古財誠也氏から教えていただき，2000年9月に現地に立ち寄って略図を作成した（図32）．

　鳥巣は3月23日から薩軍が守備していた（「薩南血涙史」pp.317）．図示した範囲以外も鳥巣と呼ばれていたと思われるが，周辺には戦跡がほとんど残っていないようである．ここは薩軍側にとって山鹿・菊池方面の薩軍右翼と植木町方面の中央とを結ぶ重要な陣地だったため，4月4日から7日，10日から12日には官軍による攻撃があった．しかし，衝背軍が4月14日に南から熊本城に入城してしまったため，15日に薩軍は鳥巣から撤退した．南北二方向から挟撃を受ける状態になったからである．

　鳥巣は史跡指定の前に発掘調査が行われ報告書も刊行されているが，報告書では西南戦争には全く触れていない（隈他1971）．調査区が埋められずに残っており，どこを発掘したのか分かりやすく，石器素材となる石材が地表から浅い深さに存在することが分かる．西側円墳上部には土盛りの上面で計って長さ10.7m，幅7.5mにわたり弧状をなす土塁が北東を向いて築かれており，内側

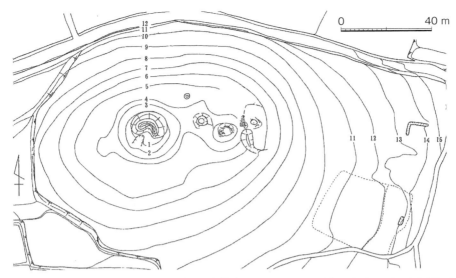

図32 合志市二子山石器製作址の円墳上の台場跡（隈他1971に加筆．数値は頂上を0mとした等高線m）

は古墳の裾まで窪んでいる．13m東側に小さい円墳があり，中心部に長さ7m，幅4.5mの弧状土塁が北向きに存在している．内側はこれも裾まで窪んでいる．このほか，二つの円墳の中間にも小さい台場跡があり，小円墳の南東側には屈曲した深い溝状の遺構がある．古墳の盗掘坑の疑いも多少あるが，飛来する銃弾から隠れる場所とも思える．この鳥巣には，この二つを入れて合計4基の台場跡らしいものがある（図32）．基本的に台場跡は北側に対し守備するように築かれており，薩軍の陣地だったと理解すべきである．

鳥巣周辺には多くの台場が存在したはずだが，畑地として利用されている耕作地が古墳周辺に広がり，このほかには台場跡の痕跡は地上からは観察できない．丘陵縁辺の雑木林には戦跡が残っている可能性がある．

⑩　熊本市健軍町

熊本城が4月14日に解放された後の20日，熊本平野東部で両軍の一大会戦が行われた．阿蘇外輪山に近い大津から熊本市東部の新南部・保田窪・健軍，その南東側の木山にかけての地域においてである．その戦闘では健軍地域に薩軍の熊本隊・延岡隊がいて，西や北から攻める官軍と激戦を展開した．現在，周辺一帯は熊本城跡から連続的に市街地化しているため旧状を想像しにくいが，当時は平野の中に小集落が点在し，健軍集落の周りにも耕作地が取り巻いていた．

健軍では第二次大戦後の市街地拡張以前には，薩軍側が築造した二つの堀が残っていたと伝えられている．その一つは戦争当時の健軍集落の北西縁辺に全長約750m，両側に土塁をもち，土塁上面から深さ・幅共に5～6mの規模があり，断面逆台形の大型のものだったという（図33上の左側矢印）．今も電車の軌道敷が，埋まった堀の上を通過しており，路面の陥没などが発生したという．

もう一つは東側に110mほど離れた位置に長さ50～60mにわたり存在し，推定値で深さ3.5m前後，幅3.5～4.0mの比較的小型のものでこれも両側に土塁があったという（図33の上の右側矢印）．後者は一部分の発掘調査で幅2.1m，深さ1.6mの溝状遺構が検出された4号溝跡（図33右）である（網田1997）．この堀の両側には土塁があったという．健軍周辺の地形は凹凸が少ないので

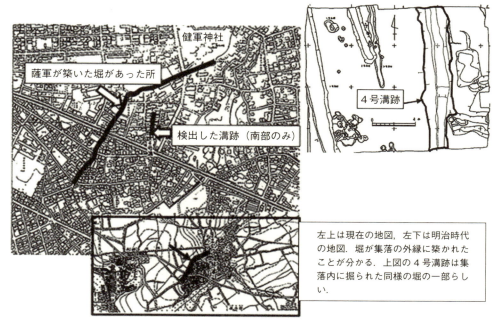

図33 熊本市健軍町の薩軍側が築いた堀跡（網田1997に加筆）

要所を守るというわけにはいかず，官軍の攻撃が想定できる方向だけ全体的に配置したのであろう．

　以上のように，健軍町には熊本平野東部で4月20日に行われた両軍の会戦の痕跡が地下に埋没していた．深さ3.5m前後の規模があった長大な溝状遺構は塹壕ではなく，敵の進入を物理的に遮断する堀であろう．一部で発掘調査され，明治時代の地図上に落として全体の形が復元推定されているが，現地には痕跡が残っていないようである．しかし規模が大きいので，調査されなかった部分も地中に埋没して残っていると思われる．

(2) 熊本県南部の戦跡

　熊本平野東部一帯での会戦に敗れた薩軍は熊本市内を去り，阿蘇外輪山南西部の木山・浜町，球磨郡水上町江代を経て北東側から人吉盆地に退却し，4月28日に人吉を本営とすることを宣言した．ここを拠点に以後数年間は戦いを続け，退勢を挽回するつもりであった．人吉を守るため，人吉の北側から東側，南西側の伊佐市から球磨川筋の籏瀬・神瀬などの各方面に守備部隊を派遣した．薩軍奇兵隊長の野村忍介は，九州東部の大分県を経る北上を主張し，延岡を拠点に大分進出を目指した．奇兵隊だけは新たな局面を開こうと志したのである．

　薩軍の動向を探っていた官軍の動きはややにぶく，戦闘を再開したのは5月9日からであり，それも一部部隊だけであった．5月下旬には人吉に通じる7路線（佐敷道・球磨川道・照岳道・万江越道・種山道・五木越道・五家荘道）からの攻撃を本格化させたため，薩軍の想定に反し，早くも6月1日には官軍が人吉を攻略してしまった．

　熊本県南部地域の戦跡は多数あるようだが，客観的な資料になっている例は少なく，次の数ヶ所の状態が判明している．

① 葦北郡佐敷町屋敷野越

　屋敷野越は球磨川下流左岸山上に位置する．人吉市街地に向かい八代市街から球磨川を遡って来る経路と，八代よりも南側の海岸部にある葦北郡佐敷町から山間部を越えて来ると予想された経路の両方面に対し，屋敷野越周辺に薩軍守備部隊が派遣されていた．赤塚源太郎など鹿児島県蒲生出身の破竹二番中隊が配置に就いていた（図34の○で囲った場所と○の南約1.2kmの尾根続きの場所の2ヶ所に分かれて台場跡が分布する）．5月9日・10日，別働第二旅団が西側の佐敷町方向からと，一部はその屋敷野越よりも南側の薩軍陣地に迂回して両面から攻撃したが，どちらも敗退した．

　図34・35は屋敷野越の薩軍陣地跡である（岡本2012）．周辺を調べてみたが，屋敷野越の経路の頂上部に図35のように台場を全長約90mの範囲に密に並べるだけである．この陣地に対し官軍は北方の麓から尾根筋を登り，屋敷野越の尾根とその左右の尾根筋の3ヶ所から襲いかかり（図34の矢印），一時的に占領することができたが，薩軍の応援部隊に攻められ敗退した．

　屋敷野越の薩軍陣地跡の特徴は1ヶ所に台場跡が集中することである．前述のように，ここを守った薩軍部隊は鹿児島湾北岸の蒲生出身の人達であり，戦前から私学校幹部の反政府的な方針には賛成していなかった．したがって戦争当初は従軍しなかったが，兵力不足の薩軍により3月下旬頃に強制的に従軍させられており，彼らは密かに官軍に降伏・帰順する機会を窺っていた．その後，22日になり破竹二番中隊は官軍に降伏し，部隊単位で薩軍部隊が降伏する初例となっている．当初隊長だった赤塚は本隊から切り離され球磨川右岸に移動させられていたが，彼も仲間の連絡を受けて降伏している．屋敷野越の台場跡が1ヶ所に集中するのは，降伏するときに多数が同時に行動できるように計画していたことを裏づけるものである．彼らは官軍に帰順後は官軍部隊として行動し，最後まで戦闘に従事した．

　そのほか，屋敷野付近では尾根続きの南西部で散発的に薩軍の台場跡が分布し，小川を隔てた北東約1.9kmには官軍の台場跡が分布するのを確認しているが，それ以外の人吉周辺地域では次の

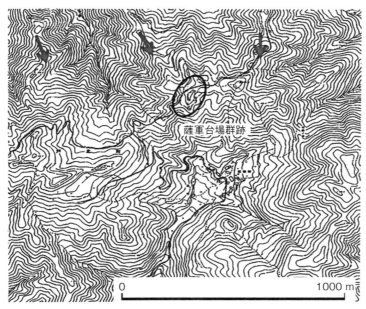

図34　屋敷野越の薩軍台場群跡と官軍の攻撃進路
（官軍は3ヶ所の➡の尾根を進んで攻撃した．岡本2012）

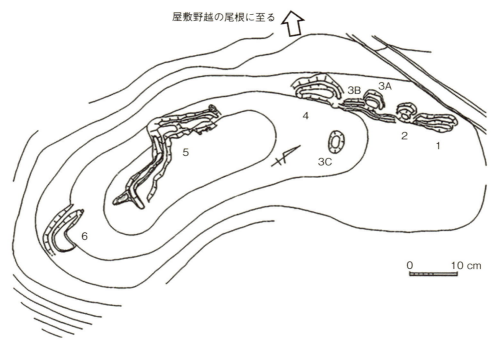

図35　屋敷野越の薩軍陣地跡（岡本2012）

山田城跡しか図化されていない．

② 球磨郡山江村山田城跡

　山田城跡は人吉市街地の北方，山江村役場の北西約700mに位置する中世の山城跡であり，九州縦貫道の建設に伴い全体の測量が行われ，工事で破壊される部分が発掘調査されている（大田他1989）．

　城域北部のⅢ郭とされた場所は両側の尾根筋に4本の堀切を設けて防禦を強化した場所である（図36）．郭の最高所に直径6.8mの半円形で高さ20～30cmの土塁が

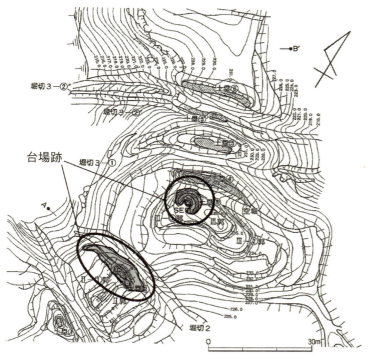

図36　山田城跡の台場跡（大田他1989に加筆）

廻る遺構があるが，山城遺構としては低すぎる土塁で形態も不自然である（同図の円形枠内）．報告書では井戸遺構とされているが，郭の高所にあるので井戸としては立地が不適当であり，北西側の尾根筋を向いて造られた台場跡のようである．

もう一つ，堀切を隔てた南側のⅡ郭にも堀切南側に「し」字形の土塁があるが，これも台場跡の可能性がある（図36の楕円形枠内）．郭の片側だけに土塁が向いており，しかもⅢ郭と同じ北西側の尾根筋方向を向いている．これらは人吉市街周囲に置かれた薩軍の台場跡と思われる．この一帯は5月31日あるいは6月1日に官軍（中村重藤中佐の6個中隊）が北から奪取した所である．

人吉周辺には多数の戦跡があるはずで，台場跡も数百基は築造されたとみられるが，現在把握しているのは屋敷野越周辺地域と山田城跡，屋敷野越の南南東約3.8 kmの告の3ヶ所だけである（岡本2012）．客観的な図面として，今のうちにせめて記録だけでも将来に残しておくべきだろう．

③ 八代市若宮官軍墓地跡・横手官軍墓地跡

八代市若宮官軍墓地跡と横手官軍墓地跡は戦跡ではないが，西南戦争の官軍戦死者を埋葬した墓地跡である．現状では官軍墓地は地表から消えてしまったが，再開発に先立ち墓地跡の一部分が発掘調査され報告書が刊行されている（吉永他2002）．

両墓地とも調査時点では地表にあった墓石はすでに消滅した状態だったが，発掘調査により若宮では114基，横手では65基の墓壙が出土した．図37は若宮官軍墓地跡の発掘区の平面図である．整然と並んだ墓壙が出土した状態が理解できる．若宮では当初埋葬されたのは369基だとされており，約3割が発掘対象となったことになる．

埋葬に伴う出土遺物には帽子の徽章，煙管，陶磁器，ベルト金具，指輪状金属製品や，鋲，小銃蓋，貨幣，銃弾，薬莢などがあり，墓石も出土している．官軍兵士が埋葬されているので，墓壙か

表4　若宮官軍墓地跡・横手官軍墓地跡月別埋葬者集計

墓地名	月別埋葬者数(戦史・病死の日付で集計)								計
	3月	4月	5月	6月	7月	8月	9月	10月	
若　宮	107	49	100	50	50	10	2	1	369
横　手	46	96	63	41	0	0	0	0	246
計	153	145	163	91	50	10	2	1	615

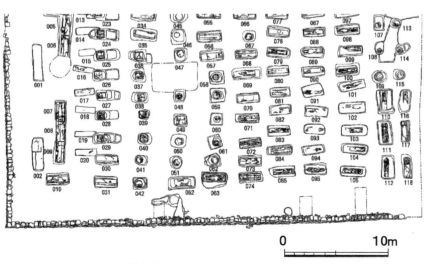

図37　若宮官軍墓地跡発掘区の平面図（吉永他2002）

1 熊本県内の戦跡 37

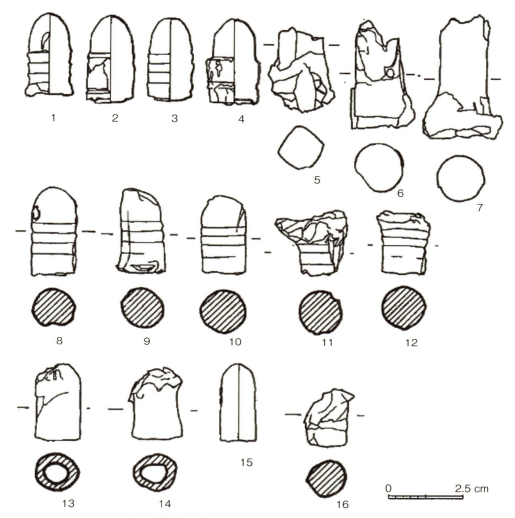

図38 若宮官軍墓地跡出土の銃弾・薬莢（吉永他2002を改変）

ら出土した銃弾は例外を除いて多くは薩軍が発射したものであり，出土した銃弾は，薩軍がこの時点でどのような銃弾を使っていたのかを反映しているとみられる．若宮官軍墓地跡の墓壙内からは銃弾25点，薬莢9点が出土し，図示されたのは図38の16点（1〜16）である．報告書では被葬者を特定していないので，ここでも深入りしないが，この2ヶ所が埋葬地として活用されたのは，若宮が3月から10月まで，横手が3月から6月までである（表4は報告書の一覧表から作成した）．埋葬者数の多い中心時期は3月から5月の3ヶ月である．ただ，若宮は6月・7月も多く，横手は7月からは埋葬されていない．

　図38：1〜4は薬莢片が錆びつき，5〜7は火薬が入った状態の薬莢である．これらは未使用のまま棺に入れられていた．戦死者の体に残った発射済みのスナイドル銃弾7点（同図：8〜12）は薩軍が発射したものである．また，基部に窪みのない先込め銃弾1点（同図：15）はウィットオース銃弾かとみられ，そうであれば薩軍が発射したものである．基部に窪みのある先込め銃弾2点（同図：13・14）も薩軍が発射した銃弾である．結局，判明した薩軍が発射した銃弾は9点あり，内訳

38　第2章　戦跡の状況

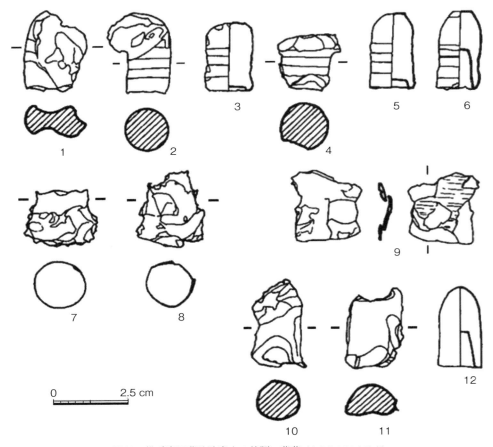

図39　横手官軍墓地跡出土の銃弾・薬莢（吉永他2002を改変）

はスナイドル銃弾が5点，先込め銃弾が3点で，スナイドル銃弾の比率が62.5％ということになる．

　横手官軍墓地跡では銃弾20点と薬莢5点が出土した（図39：1～12）．発射された銃弾は，スナイドル銃弾5点（同図：1～5）と先込め銃弾，すなわちエンフィールド銃弾2点（同図：10・11）があり，ほかに未使用のスナイドル弾薬5点（同図：6は銃弾，7～9は薬莢）と，薩軍の先込め銃弾3点（同図：10～12，ほかに実測図にない2点）がある．同図：5は未使用とされているが，基部に木栓が深く入り込んでおり，発射されたとみられる．未使用の薩軍の銃弾は兵士の拾得品であろう．横手の場合，実際に使用されたスナイドル銃弾とエンフィールド銃弾の割合は全てが報告されていないため不明だが，図示された遺物に限ればスナイドル銃弾が多い．これらは当然，薩軍が発射したものである．

　若宮と横手の官軍墓地跡の状況から考えられるのは，おそらく3月から5月であろうこの時点で，この方面の薩軍の装備した銃は意外にスナイドル銃の割合が高かったという点である．

(3)　熊本県内のまとめ

　以上，熊本県内の戦跡を報告書等により概観した．最近，玉名郡玉東町や熊本市の植木町では西

南戦争を対象とした発掘調査が行われ始めており，出土した遺物の種類から，この時点での両軍の装備状況が理解できる．出土状態など得られた成果は，その場で行われた戦闘の状況を具体的に示しており，考古学による調査が西南戦争に関して有効であることを証明している．戦争初期のこの地域で得られた成果と，引き続き場所を変えて行われた他地域の戦跡の状態とを比較すれば，両軍が戦争期間中に経験した弾薬事情の変動がとらえやすくなると思われる．各県の戦跡を通覧した後，検討する．

　熊本平野周辺地域のうち，三の岳や大多尾越などの杉林，雑木林として旧地形の残る場所では戦跡がよく残っている．これらの台場跡の形は大分県や宮崎県北部では一般的な形であり，現在，明瞭な状態で台場跡がみられない玉東町や植木町でも，両軍がこのような台場を築いて戦ったことを示すものである．熊本県では，戦跡の発掘調査が始まったところであり，分布調査を行えば県北部でも山の中にはまだ多数の台場跡が残っているのではないかと考えられる．

　官軍墓地跡から出土した使用済み銃弾の割合は，その時点での薩軍の銃弾事情を反映していて情報として貴重である．官軍側が意外なほどスナイドル銃弾の被害を蒙っていたことが明らかになった．

2　鹿児島県内の戦跡

　薩軍が熊本城を包囲している間は鹿児島県内が戦場になることはなかったが，薩軍が熊本市から離れ人吉に移る頃，1877年（明治10年）4月下旬に官軍が鹿児島市に上陸して以後，鹿児島県内は戦闘地域になっている．人吉を拠点に長期戦を目論んだ薩軍は，防衛の一環として一部の兵を鹿児島県北西部の伊佐市に派遣した．官軍は熊本県南部にある水俣から大口盆地を突こうとし，この方面も戦場となり，6月から9月まで両軍は県内各地を舞台に戦闘を繰り広げている．

（1）　鹿児島県北西部の戦跡

　鹿児島県北西部から熊本県南西部に通じる経路は大口街道と呼ばれ，鹿児島県伊佐市（旧大口市）から熊本県水俣市に通じている．西南戦争では薩軍が熊本県に侵攻するときにかなりの部隊がここを通過しており，その後，逆に官軍が鹿児島県に進もうとして，この経路周辺で5月・6月に戦闘が繰り広げられている．戦跡としては鹿児島県内では，この伊佐市高熊山周辺と鹿児島市城山に台場跡があるのを確認しただけである．鹿児島県内もほとんど全域が戦場になっており，戦跡の実態が今後明らかになることを期待したい．略図を作成した高熊山と周辺について戦跡の状況を述べたい．

①　伊佐市高熊山

　5月上旬，薩軍人吉本営から鹿児島県北西部の大口方面に派遣された熊本隊や辺見十郎太率いる雷撃隊等は，一時は大口盆地から熊本県南端の水俣付近まで川路利良率いる第三旅団を追い詰め，その後，伊佐市（旧大口市）の坊主石山・高熊山・平泉・淵辺・鳥神岡などを守ったが，西から来る官軍と戦った結果，6月20日，ついに最後に残った高熊山も陥落した（図40）．

　高熊山は大口盆地の北西部にあり，北西側の水俣へ通じる経路を警戒するに好都合な場所にある

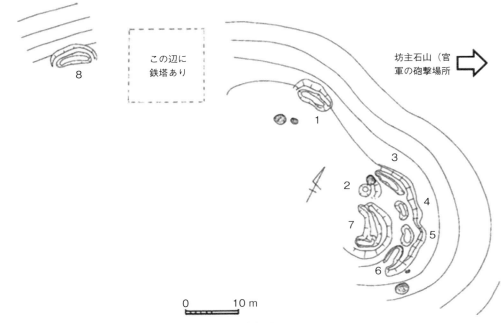

図 40 高熊山の台場跡（遠部・高橋 2005）

標高 412 m の山である．盆地の反対側に突き出た鳥神岡もこの経路から来る敵を警戒しやすい場所だが，台場跡は未確認で，そこから西側に続く尾根線で 1 基だけ台場跡を確認した（遠部・高橋 2005）．

　記録では高熊山に対する官軍の攻撃は西側から北側，さらに東側の坊主石山方向からとされている．現地調査の結果，坊主石山では台場跡を確認できなかった．高熊山の台場跡は，坊主石山方向や北側を向いて 3 ヶ所に分かれて 8 基が築かれている（図 40）．北部にある 1 号と 8 号の間には鉄塔が建てられた造成地があり，ここにも台場が築かれていたかもしれない．北部の 1 号と 8 号は通常の弧状土塁と内側の窪みからなる台場跡だが，東部では一つの土塁の内側に 3 個の窪地があり，さらに背後にやや大きな台場跡が控えているという二重の構造となっている．全体的にみれば，東側に重点を置いて台場を配置したことが分かる．実際，官軍の攻撃は東側の坊主石山方向からが主体であり，砲撃を加え，歩兵の攻撃も東側から行われた．台場跡の周辺には風化して角の取れた岩が露出しており，砲弾が衝突した跡とされる穴がいくつかみられる．高熊山を守ったのは熊本隊である．彼らは 3 月の段階には吉次峠・半高山を守備していたのだが，それらの戦跡には明瞭な台場跡は残っておらず，熊本隊がどのような陣地を構築していたのか分からなかったが，高熊山の状況は彼らの築いた台場の一端を示すものである．東部にある二重構造の陣地は，外側に大きな土塁と窪地を廻らせ，内側に大型の台場を配置する形で，類例がほかにない珍しい形である．

② 伊佐市鳥神岡西方

　大口盆地の北側にある高熊山の南南西約 5.2 km の盆地南側に，地図には名前のない標高 430 m の山があり，1 基の台場跡がある（遠部・高橋 2005）．図 41 の台場跡は，鳥神岡という山の西方に位置する．

ここは西から東に延びた尾根の先端で，台場跡の南側には緩やかな斜面が広がっている．台場跡の形は，逆「J」字形の土塁と内側の窪みが東から南を睨むように設けられ，南西側の土塁が長く延びている．盆地の北側の高熊山に似てこれは伊佐市街地の方を向いているが，この台場跡は西側海岸部の水俣方向から進んで来た官軍が築いたものであろう．

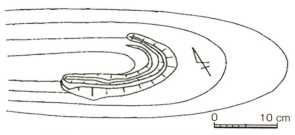

図41　鳥神岡西方の台場跡（遠部・高橋2005）

(2) 鹿児島県内のまとめ

県内で西南戦争時の台場跡を図化したのは高熊山・鳥神岡西方の2ヶ所である．ほかにも鹿児島市城山でも台場跡1基を確認しているが，図面作製は行っていないので触れなかった．西南戦争といえば鹿児島県の名がまず浮かぶ割に，戦跡の実態は高熊山以外は知られていない．鹿児島県内は4月から9月まで戦場になっていたので，もっと多数の台場跡が存在するはずで，その確認は今後の課題である．

3　大分県内の戦跡

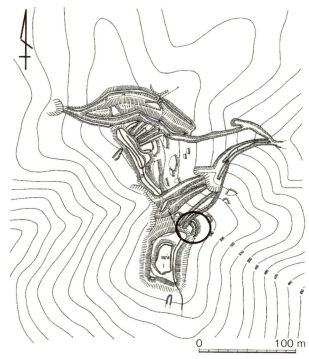

図42　鹿鳴越城跡の台場跡（○部分．小柳編2004に加筆）

大分県内は薩軍が本営を熊本市に置いていた1877年（明治10年）3月末，県北部で中津隊が決起した時点では一時的に西南戦争に巻き込まれている．その後，1ヶ月ほどは戦闘の圏外だったが，薩軍が人吉に本営を置いていた段階の5月12日，宮崎県延岡市北川町から佐伯市宇目の重岡に薩軍奇兵隊が侵入して以来，8月15日まで戦場となった．戦闘地域に巻き込まれた県南部地域を中心に台場跡が残っている．

最北に位置するのは別府湾の北側にある鹿鳴越城跡の台場跡である（図42）．3月31日，県北部の中津市で薩軍に参加しようとして約150人の中津隊が結成され，中津支庁を焼き討ちした．その後，宇佐を経て別府湾北部の鹿鳴越を通って別府に進むであろうという情報を得た大分県庁は，直前に警察部隊を鹿鳴越に派遣して通路を遮ろうとした．鹿鳴越には中世の山城跡があり（小柳編2004），戦争当時，宇佐・豊後高田方面と別府湾岸とを結ぶ主要経路として使われていた道路は城跡の東裾を通っていた．鹿鳴越城跡の東部には，このとき築かれたとみられる弧状の台場跡が1基ある（図42の○部分）．

半円形の土塁と内側の窪みからなる構築物跡で，中世の築造物とは考えにくい．設置場所の東側

表5 大分県内の西南戦争時の台場跡集計 (高橋・横澤2009より)

市町名	地域名	市町名	地域名
竹田市 40基	鏡 7基	豊後大野市 47基	木の元山・小木浦・三国峠・旗返峠・片内等
	古城 10基		
	市用 1基		
	法師山他 16基	佐伯市 786基	蒲江 19基
	中川神社〜拝田原 6基		本匠 12基
臼杵市 5基	下山古墳 1基		直川 149基
	姫岳 1基		宇目 606基
	九六位峠他 3基	日出町 1基	鹿鳴越城跡
大分県内			879基

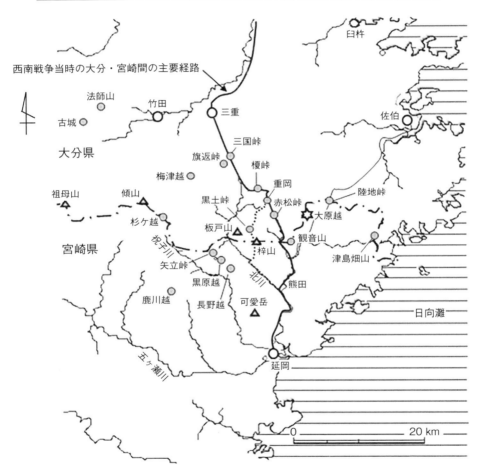

図43 大分・宮崎県境の西南戦争時の経路図と主要戦跡 (熊田・梓山・黒土峠を結ぶ点線はほぼ古代駅路を踏襲する両地域の公式路線だったが, 梓山が険しいため1873年に熊田・赤松峠・重岡を通る経路に変更された.)

下方には当時, 鹿鳴越と呼ばれ使われていた道が通っており, それを見下ろすように築かれている. 中津隊は麓の農民約150人を動員して峠を目指した. 農民に両手に松明を持たせて進んでいったため, 警視隊は敵の大軍に恐れをなして戦わずに退却しており, ここでの戦闘はなかった. その後,

中津隊は大分県庁を襲撃して決着がつかず，熊本県阿蘇地方に移動して薩軍本隊と合流した．

鹿鳴越城跡の台場跡は大分県警察が築いたものである．彼らはそれまで西南戦争には参戦していなかったが，戦闘準備のためにどのような台場を築けばいいか，彼らなりに築いたのが鹿鳴越城跡の台場跡である．これをみると，まるく湾曲した土塁と内側に窪地をもつというのが当時の台場の常識となっていたかのようである．

これを加え，表5に示すように確認した台場跡は大分県内に879基あり，内訳は竹田市に40基，臼杵市に5基，豊後大野市（三重町）に47基，佐伯市に786基，日出町に1基があり，なかでも佐伯市宇目の606基が最多である（高橋・横澤2009）．

宇目にこれだけ多くある理由は，当時の交通事情による．大分県と宮崎県を結ぶ主要経路は宇目南端の梓山を越えるか，その東の赤松谷を越えるのが一般的であった（図43）．赤松谷道は梓山越が難所であるため，1873年に宮崎への公式経路となった道である．1902年に，さらに東方に現在の国道10号が設置された後も，大雨のときには濁流で通れないため，赤松谷道が利用されていた．このように宮崎から大分に入る西南戦争当時の経路は，梓山にせよ赤松谷にせよ宇目の重岡を通ることになっていた．

次に，大分県内の代表的戦跡について述べる．

(1) 竹田市の戦跡

5月12日，宮崎県延岡市北川町から佐伯市宇目に突如侵入した薩軍奇兵隊は翌日，竹田市に現れた．竹田士族は報国隊を結成させられ，薩軍への参加を強要された．当時，大分県内に官軍はいなかったため，急遽，宮崎県北西部の高千穂付近にいた熊本鎮台が，鎮圧のため竹田に急行した．さらに，熊本城からも小倉経由で熊本鎮台部隊が派遣され，大阪からは警視隊が急行し，5月下旬には1週間，竹田市内で官軍と薩軍の戦闘が行われ，薩軍は南西側の宇目や東側の豊後大野市三重町に退去した．

① 竹田市古城

竹田市内に残る戦跡の一つが市街北西部にある古城である．源為朝がいたという伝説をもつ城跡で，上面には台場跡があるが，これを攻めた官軍の台場は城跡を取り巻いて周辺に広がる平地部分にあ

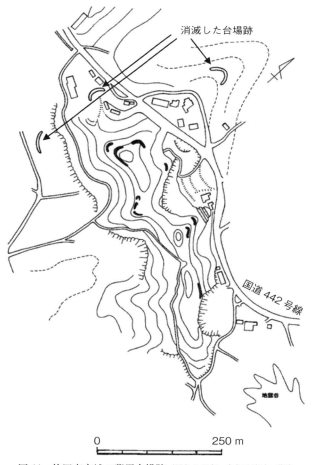

図44 竹田市古城の薩軍台場跡（黒色は現存・白色は消滅．藤島2003）

ったと考えられるが，耕地整備工事が全面的に行われているため，痕跡もない（図44に黒色で示すのは現存する台場跡．白抜きは台場跡があったとの伝承がある場所）．薩軍側が築いたのは半円形，あるいは弧状土塁と内側の窪みである．大部分，外側に突出した地形の場所に築かれているのは，下方から攻められやすい場所を守るためだとみられる．

このほか，市街北側に聳える法師山には主に官軍の台場跡が多数残っている．山の北東に派生した尾根には近世以降の墓地があるが，最上段に福島県出身の東京警視隊員の凝灰岩製墓石が3基ある．埋葬遺体は改葬されてここにはないが，地元民が定期的に掃除している．

(2) 臼杵市の戦跡

臼杵市は大分県南東部に位置し，豊後水道沿岸地域である．5月下旬に1週間の激戦後，薩軍は竹田から追い払われた．その後，6月1日には豊後大野市三重町の戦いを経て，薩軍は臼杵を占領した．臼杵では士族が臼杵隊を結成し，官軍側に立って市内を守ることにしていた．大分県庁に駐屯していた警視隊も派遣されていたが，歴戦の薩軍の前には蟷螂の斧であった．臼杵は薩軍に占領され，生き残った臼杵隊員の多くは大分市に脱出し，以後彼らは戦闘に従事していない．臼杵隊は戦闘が臼杵を過ぎると元の生活に戻っており，彼らが戦争に巻き込まれたのは瞬間的であった．

薩軍は四国へ渡れればと考え，大分方面へ北上せず臼杵に移動したのだが，海上は海軍により封鎖されていた．その後，6月上旬に大分市方面から攻める陸軍・警視隊（図45の矢印）と臼杵湾の海軍軍艦が薩軍と戦い，最終的に薩軍が南側の津久見に脱出する戦いがあった．

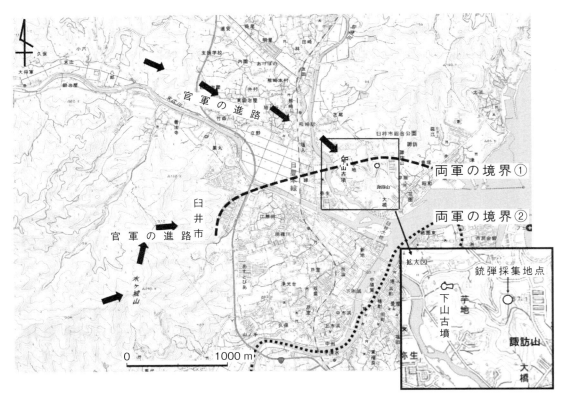

図45　諏訪山の銃弾採集場所・下山古墳（矢印は官軍の進路）

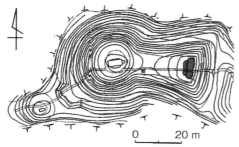 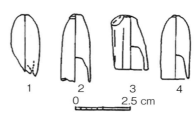

図46　臼杵市下山古墳の台場跡（前方部に土塁跡と内側の浅い窪みが残る．近藤編1992）

図47　諏訪山の薩軍銃弾（高橋2010）

① 臼杵市諏訪山

　臼杵を占拠した薩軍は市街地を拠点にするとともに，大分市方面の北西側を警戒していた．予想通り，官軍は大分市方向から三方向に分かれて進み，その一つは図45左下にある水ケ城山を越え東側の丘陵部を攻め，別の一軍は図45の左上から進んだ．同図の大破線①は戦闘開始当初の両軍の境界である．三つめの官軍は，迂回して臼杵市街の南側の山地に登り，戦闘の最終段階に薩軍背後から攻撃して決着をつけている．敗れた薩軍は市街地に放火し，煙に紛れて南東側の津久見峠を通って津久見市に脱出した．

　官軍が築いたとみられる台場跡が，家形石棺を埋葬部にもつ前方後円墳である下山古墳の前方部に残っている．後円部と前方部の中間には，半分に折れた凝灰岩製の短甲が立っている．古墳の長軸に直交する形で頂上東端に楕円形の浅い窪みがあって，外部には低い土塁痕跡があり，これまでは気づかれてこなかったが台場跡だとみられる（図46）．古墳の東側約300mにある諏訪山は薩軍が守っていたと考えられ，北西から進んだ官軍とこの付近で戦闘が行われたのであろう．

　諏訪山南部には仏舎利塔があるが，1972年頃，諏訪山北部の現在墓地化している尾根上で鉛・錫の合金の先込め銃弾4点を採集した（図47：1〜4）．当時は墓地の造成が終わっただけの状態だったので発見できたのである．銃弾はペンチ状の銃弾鋳造器で造られたものであり，薩軍側の先込め銃から発射されたものである．北西から攻めてくる官軍に向かい薩軍が射撃した時点のものであろう．臼杵隊はこの時点では戦闘に参加していないので，これらの銃弾は彼らの先込め銃から発射されたものではない．しかし，このときの官軍の銃弾は発見していない．

　戦闘の推移の中で，その後薩軍は諏訪山から南に下り，臼杵川を渡って対岸の市街地側に退き，両軍の境界は図45の小破線②の位置に南下した．諏訪山の銃弾は6月上旬段階の薩軍側の銃弾事情を示すものである．

（3）　豊後大野市の戦跡

　臼杵から追われた薩軍は，その後南隣の津久見市を通過して大分県南部に退却し，佐伯市直川・宇目，一部は豊後大野市三重町南端部に移動して動かなかった．この地域は宮崎県境に近く，一帯は山間部である．山間部で行われた戦闘の形態は尾根の攻防である．6月以降の戦跡は大分県内に良好に残っており，その状況は戦跡の分布状態から把握できる．今，状態が分かっている具体例として，大分県南部の豊後大野市三重町，佐伯市宇目・直川などの宮崎県に近い地域がある．古来，日向から豊後に入る経路は国境の梓山を越え，古代の小野駅に想定される佐伯市宇目の小野市に至

り，三重町との境界にある三国峠から三重町に出るのが最短距離であった（図43）．

① **豊後大野市三重町三国峠から旗返峠の周辺（豊後大野市三重町・佐伯市宇目）**

　図48は三重町と宇目との境界をなす三国峠・旗返峠一帯の戦跡である．三国峠は大分県豊後大野市三重町と佐伯市宇目の境，標高664 mにあり，古代は駅路が通っていた．三国の地名は岡藩・臼杵藩・佐伯藩の境界であったことに由来する．尾根筋を縦断する場所に三国峠はある．現在，峠を通る経路は他の部分では山の斜面を多く通っており駅路そのものではないが，豊後大野市三重町と佐伯市宇目を結び，バスの通る幹線道路として数十年前まで使われていた．しかし，現在は国道326号線が整備されて峠の下をトンネルが抜けており，かつてはバスが通った道も付近へ行く人か地元の人以外は利用しないような状態である．

　この峠は西南戦争で「三国峠の戦い」が行われたことで知られている．尾根上の台場跡はここで戦死した宮崎県旧高鍋出身の薩軍側兵士11人の墓地になっている．また豊後大野市指定史跡でもあり，顕彰碑が建てられている．この台場跡からは西は阿蘇山，南は宮崎県境の山々が眺望でき，麓の平地も見下ろせる．それだけに戦術的には両軍にとって要地となっていた．

　三国峠の戦いに関する戦跡としては上記の台場跡が郷土史などで紹介されているが，周辺を広範囲に踏査したところ，多数の台場跡が分布することが分かった（高橋・横澤2009）．三国峠から南東に続く尾根，具体的には樫峰集落の北側尾根には全長1.9 kmの間に22基の台場跡が北を向いてみられ，北方の谷を挟んで対面する片内集落北側尾根筋には，長さ1.9 kmにわたり南を向いた台場跡21基が対峙する．さらに同図では範囲外になるが，西方2 kmまでに散漫に3基が三国峠を向いて存在する．前者の三国峠東側で対峙する状態の台場跡群は相互の距離が近い西部では約900 m，東部では約1,400 mの空間を間に置いて分布している．両者の間には東に開けた谷間があり，谷越しに互いに視認できる状態である．

　全体の配置状態から，北を向く台場は薩軍，南を向く台場は官軍が築造したと考えられる．このように峠道の攻防には単に主要経路である峠だけに台場を築くのではなく，峠を迂回する敵に対しても対応する必要があり，峠の左右にもかなりの範囲にわたり守備範囲を広げていたことが分かる．

　この付近の戦いは三国峠の戦いと呼ばれてきたが，戦跡の分布調査を行った結果，以上のように実態は単に峠の攻防でなく，三国峠を含む相当広範囲に陣地を築いて戦ったことが分かった．単に交通の便がよく，史跡になっている1ヶ所の台場跡だけで攻防を行ったのではなかった．

　三国峠から南下する尾根筋を進むと，次に述べる旗返峠に続く尾根筋になる．旗返峠は三国峠尾根の西南側延長約1.8 kmにあり，佐伯市宇目と豊後大野市三重町とを結ぶ経路の尾根を横断する位置にある．ここは当時，薩軍が三国峠から連続し戦線を構えていた．薩軍の戦線は同じ尾根筋のさらに西方，直線距離で約5.5 kmの梅津越（豊後大野市緒方町），さらに傾山（標高1,602 m）を越えて直線距離で南東約4 kmの杉ケ越（標高935 m，宇目と宮崎県日之影町を結ぶ峠），桑原山（標高1,406 m）の東斜面の矢立峠（標高910 m）までの延長30 kmまで連続していたが，なかでも三国峠・旗返峠一帯の台場は厳重に守られていた．ここでは南部の宇目側に薩軍がいて，北部からの官軍の進行を阻止しようと三国峠に続く尾根筋に台場群を築いた．

　三国峠一帯では半円形あるいは弧状や弓状土塁の台場が築かれているが，旗返峠を代表するのは長大な塹壕跡2ヶ所である．北から南の順に説明する．旗返峠の北側約750 mの尾根の先端に大

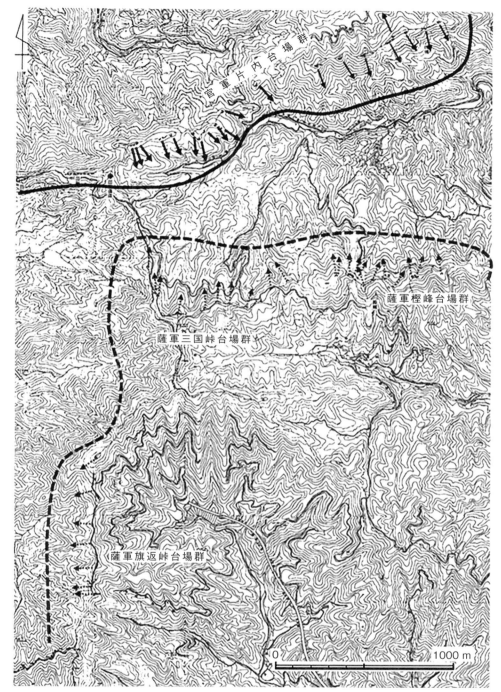

図48　三国峠・旌返峠周辺の対峙状況（片内北側尾根の官軍と三国峠・樫峰北側尾根の薩軍の対峙状態．高橋・横澤 2009 を改変）

きめの半円形台場跡がある（図49：右上の1号）．そこから尾根筋を下る斜面には何もなく，再び上面が緩やかになると全長170mの塹壕跡が現れる（図49：左上の2号）．塹壕跡からは北側斜面を見下ろせる状態であり，西側からの攻撃に備えて築かれたことが分かる．

48　第2章　戦跡の状況

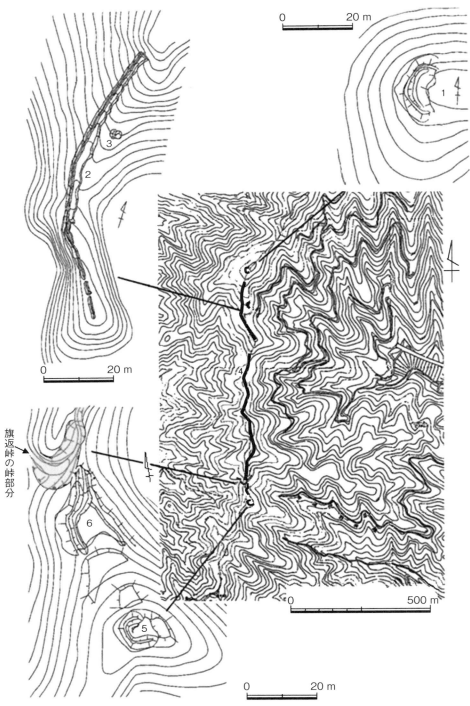

図49　旗返峠付近の薩軍の台場跡と塹壕跡（高橋・横澤2009を改変）

　そこを過ぎ，再び急な下り斜面となる場所で塹壕跡は途切れる．その斜面が再び緩やかになると多少の凹凸・屈曲とは無関係に地形に合わせてくねくねと全長500mの塹壕跡が尾根上面に続く．長さほぼ500mの塹壕跡は途切れることなく，一番の低所である旗返峠まで続く．峠の低所を越

え西側に登ると中世の曲輪らしい平坦面4段が並び，峠に近い部分の平坦面には長さ約24ｍの土塁が付き，内側は溝状に窪む．次の二つの平坦面には土塁はなく，最上段の平坦面に半円形の土塁が西向きに付く（図49：左下の5・6号）．これも内側の一部が溝状に窪んでいる．

　土塁の内側が溝状に掘り込まれているのは土塁に隠れて射撃するため掘り込まれたものであり，土塁と内側の窪みは同時に造られた台場構成要素である．これら台場跡は長大な塹壕跡と同じく西側を向いて造られているので，西南戦争の遺構であることは疑いない．

　三国峠周辺の戦闘は6月14日から17日まで続き，薩軍の三国峠頂上台場に対する官軍による夜襲で決着がついた．相対的に低い位置にある左翼尾根続きの旗返峠の薩軍はそれまで持ちこたえていたが，右翼の高所にある三国峠が敗走したのを知り，宇目に向かい退却した．塹壕は側面からの攻撃に持ちこたえられないからであろう．旗返峠のように長い塹壕は戦記には登場するが，現物が戦跡として残る例をほかでは知らない．長大な土塁の内側の窪みは兵士が伏せて射撃できる程度の深さであり，立った状態で身を隠せるほどには深くない．健軍の深さ3ｍ前後あったという堀状の遺構とは用途が異なるのは明らかで，旗返峠例がいわゆる塹壕であろう．

　（4）　佐伯市の戦跡

　大分県佐伯市は宮崎県に隣接する地域である．今は高速道路や国道10号，国道326号線などで県境を越えているが，西南戦争当時これらの経路はなく，宇目の重岡集落から赤松峠を越え赤松谷を抜けて宮崎県延岡市北川町熊田に至るのが，1873年以降の正式経路だった．それ以前は標高722ｍの梓山を越える古代駅路を踏襲する径路があったが，難路であったため赤松谷に変更されたのである．しかし，戦争当時は梓山越と赤松峠越とが利用されていた．これとは別に熊田から佐伯市直川の陸地峠を越える径路もあったが，大分市方面に行くには脇道だった．このような道路事情だったため，この一帯を経路とし，薩軍は大分県内に，官軍は宮崎県内に進もうとし，大分県内で最も戦跡の多い地域となった．

①　佐伯市宇目榎峠・重岡集落北西部

　三国峠・旗返峠敗退後，薩軍は南側の宇目の小野市方面に退いたが，官軍が追撃したため小野市東方の榎峠を越え，さらに東の千束・重岡に退いた．薩軍側の記述では，

　　小野市に退却せり既にして官軍又小野市に迫る薩軍又重岡に退く此時嶺崎隊（十一番）は千束村にありしが同じく重岡に退き更に各隊長と議し千束村の官軍を返撃せしかば官軍拒ぐ能はずして敗走す嶺崎隊勢ひに乗じ追撃すること八九町敵の彈薬五百發を獲たり，此日嶺崎隊千束村の營に糧米及び彈薬千發を委棄せしが又之を奪還し再び此地を守備せり．（略18日に）偶ま重岡の軍軍糧給せずして熊田に退会せり　　　　　　　　（「薩南血涙史」pp.741・742）

とあり，薩軍は重岡を守り千束村から返撃したことを記している．重岡は三国峠から直線距離で約9km南東側にあり，千束は重岡の北北東約2.5kmに位置している．なお，実際に薩軍が宮崎県延岡市北川町熊田方面に退いたのは他の記録では6月19日から20日である．薩軍側史料ではこの時点の重岡周辺の状況について以上のような記録しかないが，重岡集落の北西側山間部に台場群が存在することが現地の分布調査で分かった（図50）．分布状態は図50のようにA～Eの5群に分かれる（高橋・横澤2009）．

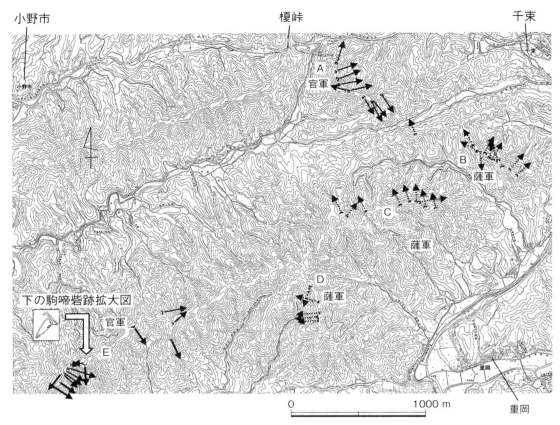

図50　榎峠・重岡の対峙状況を示す台場跡の分布（高橋・横澤2009に加筆）

　図上部中央の榎峠の南東側尾根に10基（A群），その南側の細い谷水田地帯の南の尾根に11基（B群），その南西側に9基（C群），C群の南西側に5基（D群），その西側に14基（1基は図の左下範囲外．E群）の合計49基である．これらの台場はA群とE群は官軍，残りを薩軍が築いたと考えられる．その時期は，三国峠・旗返峠の戦いで官軍が勝利して前進したときにA群を築いたと思われる．B～D群は，そのとき，重岡・千束まで退いた薩軍が再び守備を整えた際に築いたのである．これら薩軍台場跡群は三つの尾根に分かれるように分布するが，尾根伝いに移動でき一連のものとして築かれたとみられる．なお，B群のうち西から三番目の遺構は第二次大戦時に対空監視所で上部に建物があったと伝えられている．高さ1.5mくらいの土塁が一部を出入り口部分として開けて円形に廻る．

　官軍側記録では6月17日，重岡の北西にあたる「榎峠ニ據リ工兵ヲ遣リ胸墻十七個ヲ本道並ニ左右ノ要所ニ築キ之ヲ守テ暁ヲ待ツ」（「征西戦記稿」巻四十七　豊後口戦記pp.10）とあるので，榎峠付近を踏査したところ，小野市と千束を結ぶ谷筋の本道右側に位置する一つの尾根に上記のA群10基の台場跡を確認できた．これらの台場跡の向きは尾根北部では北東方向，南部では南東すなわち重岡方向を向いている．尾根北部の台場群は「薩南血涙史」にあるように千束からの薩軍の攻撃を警戒し，南部台場群は重岡周辺の敵の陣地に対決していたのである．榎峠北側では台場跡は発見できなかった．官軍が築いたと記録した17基のうち，7基はどこに築いたのか不明である．

薩軍は引き続いた大雨のために延岡からの食糧・弾薬補給が途絶えたのを理由に，19日から20日には宮崎県内に退去しており，図50の薩軍台場跡群は重岡に対する官軍の進撃を防いだ6月17日から19日頃までのものである．

図50左下部分の駒啼峠付近の台場跡E群は，官軍が20日「午前三時強雨ヲ冒シ古城山駒啼嶽柳ケ瀬ヲ占領シ哨線ヲ進ル」（防衛研究所蔵C09082191200「明治10年 探偵戦闘報告 軍団本営」0887）とあるのに対応する．峠西側には中世の古城跡である駒啼砦跡があり，その上面の南縁および西側尾根には台場跡が並び，南方を睨んでいる．これは薩軍が重岡集落一帯から宮崎県内に撤退した直後に，官軍が重岡の西方山間部に進出して築いたものである．

このように6月中旬には，官軍が榎峠南東尾根に陣地を構え（A群），薩軍が重岡集落の外側を守るように西から北西の尾根に台場群を築いて対峙していたのである（B～D群）．この対峙状態はどの史料にも記載されておらず，分布調査によって初めて明らかになった．

② 佐伯市宇目赤松峠・豆殻峠・水越峠・大原越ほか

大分県内から薩軍が去ったのを受け，6月20日から22日，官軍は大急ぎで宮崎県境一帯に守備線を設定した．東部の豊後水道側には主に警視隊が派遣された．再度，薩軍が侵攻してくるのを防ぐためである（図51）．

この時点の官軍守備線は「熊本鎮台戦闘日記」6月22日の部分に，

重岡ノ右翼柳ケ瀬ヨリ左翼海辺黒澤ニ至リ戦線殆ント三十里各要處ニ胸墻ヲ築キ嚴ニ之ヲ守備シ時機ニ投シ延岡ヲ攻撃セントス其戦線ハ即チ日豐ノ國境ニシテ

（「熊本鎮台戦闘日記」巻三 pp.2～4）

とあるように，戦線は大分・宮崎県境に延々と延びていた．具体的には北西部の柳ケ瀬から城之越・黒土峠・板戸山（746 m）・大峠・梓山（722 m）・赤松峠・豆殻峠・大原越・陸地峠付近までで南北約3 km，東西約15 kmの範囲であり，豊後水道の海岸部まで入れると東西約20 kmとなっていた．台場の前方は樹木を広く伐採し，木柵や鹿柴を廻らせていた．

官軍ノ戦線ハ前記セル如ク「カチジ」峠ヨリ木浦方マテ延長七八里ニ及ヘリ，此間ハ總テ山林ニ接シ居レハ守備線ノ向ノ側ハ，凡ソ二，三十間通リ樹木ヲ残ラス伐倒シ，縦横ニ為シケレハ枝梢相錯リ，人ノ通行ハ容易ナラス，復タ其前側ニハ高サ

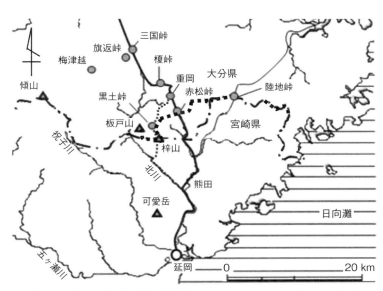

図51 6月20日以降の官軍守備線（榎峠と重岡周辺での対峙後，薩軍は宮崎県北部に撤退したので，官軍は板戸山・梓山・黒土峠・赤松峠・陸地峠とその東方の線に進んで太い破線の位置に守備を布いた）

六七尺位ノ竹ノ四ツ目籬ヲ結ブ，通例ハ二重ナレトモ危険地ハ三重モ結ヘリ，之ハ晝間ハ代及ヒ竹ノ準備寸法ヲ整理シ置テ，日暮ニ其區劃ノ近地ニ運輸シ置テ，日没後ノ暗陰ニ乗シテ火光ヲ用ヒス之ヲ行フ，

（渡辺用馬1997「明治十年　懐古追録」『西南戦争豊後地方戦記』pp.205 青潮社）

　これは，当時11歳の子供であった地元民が後年になって自身の記憶や住民から聞き取りをしたものを残した記録である．この地域は標高500～700 m前後の山間部であるため高所を占めた側が守りやすく，日中明るい時間に攻撃しても尾根の上に待ち構える敵に見つかれば勝ち目はなかった．互いに敵の戦線を突破できない膠着状態となったが，深夜から早朝の時間帯に微地形的な尾根線の攻防・奪取は行われた．台場群の前方の樹木は50～200 m前後の幅で伐採され，その樹木を縦方向・横方向に帯状に並べていたのである．平行に並べるのではなく，縦横に並べるというのは工兵操典の記述通りであり，民間人が正確に観察していたのである．さらに，竹柵も前方にあった．

　イ　赤松峠　6月20日に県外に去った薩軍だったが，官軍の予想通り24日早朝，薩軍約2,000人が宮崎県から大分県南端の宇目豆殻峠・赤松峠一帯に襲来した．再度の大分県侵攻を諦めていなかったのである．赤松峠の守備線は破られ，本営のあった重岡では一部部隊を後方の三国峠に派遣して，そこで持ちこたえることも準備した．薩軍の一部は重岡集落の手前まで進んだが，急遽現れた官軍の援軍に行く手を遮られた．大分県中津で編成された薩軍側の中津隊は赤松谷の西側にある赤松古道という中世以来の尾根道から進んでいる．しかし，弾薬不足のため午後遅く薩軍は再び宮崎方面へ退却した．この日の戦いは大分県内の戦跡としては薩軍が最大数の兵力を集めて攻勢に出たものであり，東は陸地峠，中央は赤松峠，西は水ケ谷を攻めるもので，奇兵隊隊長の野村忍介自ら陣頭に立つほど力を入れた作戦だった．以下は野村らが戦後，監獄で記した「野村忍介外四名（奇兵隊）連署上申書」である．

請フ既往ノ事ハ之ヲ不問ニ置キ自今ノ後共ニ力ヲ戮セ恢復ヲ図ラハ如何ン，衆皆之ニ同ス，乃チ重岡進撃ニ決シ，中津隊長増田宋太郎進ンテ曰，詰朝ノ事死ヲ以テ尽サント，願クハ先鋒タラント，衆益感激ス，於是兵ヲ分テ五軍トナシ，切リ込ミ谷ニハ増田隊及伊東・守永ノ二中隊先鋒トナリ，小濱・堀ノ二中隊後援トナリ，小倉・重久等之ヲ指揮シ島津敬二郎モ之ニ加ハル，本道・赤松谷ニハ清水・市來二中隊・竹田報國隊一小隊野村之ヲ指揮シ時ニ別府九郎鹿児島ヨリ至リ亦同行ス，宗太郎越ニハ水間・米良一之介・本田十八番四中隊米良一之介之ヲ指揮シ，陸地口ニハ石塚・川久保・米良一穂九番四中隊川久保之ヲ指揮シ，水ケ谷ニハ山口・佐藤・嶺崎三中隊山口等之ヲ指揮スヘシト，道ノ遠近ニヨリテ上途ノ時間ヲ刻シ猟夫ニ命シテ嚮導タラシメ，午後六時ヲ以テ初発トナシ数千ノ軍隊陸続トシテ発行ス，又仮ニ本営ヲ鎧赤松街道ニ居ヘ佐藤ニ之ヲ守ラシム，已ニシテ切込谷・赤松谷・宗太郎越ノ三軍転シテ山路ニ入ル，重嶺絶澗僅ニ一線ヲ通ス，密雨沛然暗黒咫尺ヲ弁セス，兵士互ニ手ヲ握テ進ム，二十四日時間ヲ違ヘス天方ニ明ル頃イ，陣ヶ塚尾続ノ曠原ニ出ツ，官兵一面ニ数十ノ胸壁ヲ設ケ恰モ連珠ノ如シ，我軍直ニ発砲戦ヒ忽チ励シ，切込谷口ハ山ヲ出ル僅ニ十間余ノ高岡ニ敵塁ヲ設ケテ拒守ス，先鋒増田隊・守永隊一時砲戦直ニ抜刀シ先ヲ争テ之ヲ抜ク，午前九時ナラントスルトキ連リニ進ンテ六塁ヲ乗取リ，重岡已ニ目下ニ在リ，後隊モ亦尋テ進ミ数塁ヲ乗取ル，此際増田奮戦尤力ム，守永隊ハ左翼最モ先ノ地ニ進ミ残ル一塁ヲ攻メ落サント僅ニ六七間ニ逼リタルニ，官兵傍ナル高嶺ニ上リ烈シク瞰射シ遂ニ抜ク能ワス，赤松谷ノ各隊モ奮戦十余塁ヲ抜キ，余スモノ僅カニ一塁ナリ，直ニ之ヲ蹂躙セント

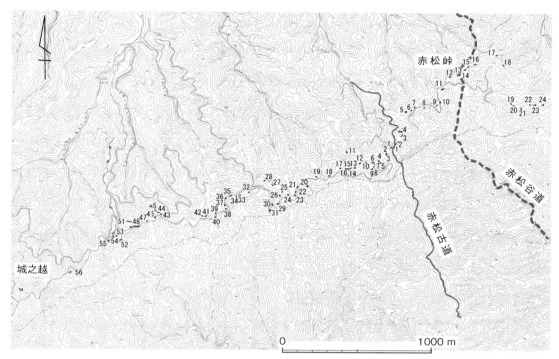

図 52 城之越から赤松峠東部の台場跡分布図（500 m 方眼．高橋・横澤 2009 に加筆）

兵士二十名縦チ（略）

（「野村忍介外四名（奇兵隊）連署上申書『鹿児島県史料　西南戦争第二巻』」）

陸地峠攻撃部隊は夜の山間部で道に迷い，24 日早朝の攻撃に間に合わず，翌日改めて成功している．赤松峠一帯は官軍の守備線を一時は突破したが反撃されて退却し，24 日の攻撃は失敗した．図 52 は 6 月 24 日の戦場となった場所である．西方の城之越から赤松峠東部の官軍の台場跡の分布を示している．この状態を「連珠ノ如シ」と形容したわけである．台場跡はこの地図の右側にも連続する状態で存在し，赤松峠東端部から豆殻峠・水越峠，さらに陸地峠一帯まで続き，左側は城之越の北西から北側に続いて分布し，陸地峠から城之越北側までの延長距離は約 18 km である．

この地図上の台場跡はほとんど宮崎方向である南を向いており，その方面を警戒して設置されたのであろう．3 基だけは逆向きの台場跡があるが，官軍が後方を警戒して築いたのであろう．濃密な台場跡の分布が示すように，官軍は当時の大分・宮崎間の主要経路であった赤松谷道や，その西側にある尾根道の赤松古道を厳重に警備していたのである．

ロ　豆殻峠・水越峠　図 52 の右外側では官軍の台場跡は赤松峠から尾根伝いに東に延び，丁字状に豆殻峠の南北尾根筋にぶつかる．豆殻峠は南北方向の尾根筋を指す言葉で，峠の北側で東西方向の別の尾根にぶつかる所が水越峠である．官軍は西方の城之越から赤松峠・豆殻峠を経てさらに水越峠まで断続的にしかも密に台場を築いた（高橋・横澤 2009）．

ハ　大原越　水越峠を東に降ると大原集落がある．一帯の谷筋を南北に国道 10 号と JR 日豊線が通る．大原越は谷底の大原から南東の県境尾根に上がり，宮崎方向に南下する経路のことである．宮崎県延岡市北川町の柚ケ内や，そこから少し南の矢ケ内に通じている．16 世紀末，豊後の大友氏が日向に攻め入ったときに利用した屋ケ嶺越という経路は大原越と同じようである．矢ケ内に因

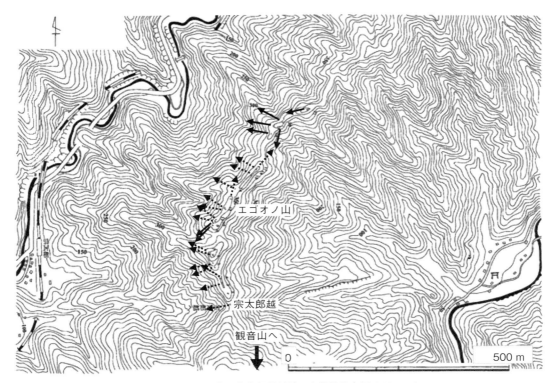

図 53　エゴオノ山・宗太郎越付近の台場跡分布図（遠部 2002）

む名前であろう．今も山中には古道が草に埋もれ，土砂崩れに寸断されながら残っている．

　県境尾根の大原越を逸れて東に県境尾根を進むと陸地峠に至り，この間には多数の台場跡がみられるが，陸地峠の部分で触れたい．

　ニ　エゴオノ山周辺・観音山・宗太郎越　6月20日に宮崎県境尾根に守備線を構えた官軍は，24日には赤松峠・豆殻峠に対する薩軍の攻撃を撃退し，7月1日には逆に攻勢に出た．それがエゴオノ山・観音山・宗太郎越周辺である．

　官軍が宗太郎越（当時は銭笛峠と呼ばれた）を攻撃した際の記録に登場するのがエゴオノ山・観音山である（図53）．二つの山は現在，地図に記載されておらず，地元の人に訊いても知らなかった．そこでエゴオノ山は役場の字図を閲覧し，字エゴオノという場所が宗太郎越の北側高所の背後にあるのを確認し，そこがエゴオノ山であろうと推定できた．観音山も宗太郎越の周辺にあるらしいことは推定できたので，地元の人に訊いてみることにした．北川町松瀬は宗太郎越の南東側にある集落だが，たった1軒だけある渡辺さんという民家で背後の山に1994年まで観音堂があったと教えていただき，現地に行ってみると，石段の上に1辺30mばかりの，山を削って造成した平地があり石塔がいくつか並んでいた．そこが観音寺のあった場所であり，その山が観音山であると確信した．現在の地図には，宗太郎越の南側のその山は黒岩山と記載されている．

　「日向郷土事典」に観音寺の記載がある．

　　観音寺（かんのんじ）東臼杵郡北川村観音山にあり．吉祥寺末に属する（略）天正年間，大友の兵火に焼かれ，記録宝物凡てを焼失し云々　　　　　　　（松尾宇一 1980「日向郷土事典」）

　以上の情報から，観音寺が宗太郎越のすぐ南側に位置し，今は黒岩山と表記される山に最近まで

あり，その山が観音山と呼ばれていたと判明した．赤松峠の南西約 4.8 km にある宗太郎越（図53）は 6 月 24 日頃から 8 月 14 日まで薩軍が守っていた．大分・宮崎県境をなす尾根が南北約8 km 続く部分の南部にあり，一番低くなった場所を東西に横切る峠である．ここにある台場跡の大半は半円形の類であるが，峠を見下ろす両側の高所には大きめの U 字形台場跡があり，中間には小型の半円形台場跡が南北それぞれの尾根に 5 基ずつある（高橋 2002）．ここを 7 月 1 日に官軍が攻撃した記録を掲げる．

　　七月一日熊本鎮臺ノ攻撃兵ハ暁ヲ冒シ荏子山觀音山ニ潜ミ入リ黎明ヲ待テ進撃シ連リニ四壘ヲ抜キ遂ニ第五壘ニ及ヒ將ニ赤松峠ヲ攻ントス賊要處ヲ固守シ防戰愈々烈シ午後二時其迂回兵突然我カ右側ヨリ荏子山ノ哨線ニ迂回シ豫備隊ノ間ニ侵入シ我退路ヲ遮斷セントス而シテ援兵至ラス我兵苦戰遂ニ奪フ所ノ壘壁ヲ保ツ能ハス退テ舊線ニ據ル

　　　　　　　　　　　　　　　　　　　　　　　（「征西戰記稿　巻五十三　豊後口戰記」pp. 2）

　同書の死傷者一覧表ではこの戦闘での官軍の損害は戦死 3 人，負傷 20 人である．攻撃を仕掛けた官軍は宗太郎越の北側背後にある荏子（エゴオノ）山と南側にある観音山（黒岩山）に秘かに登り，黎明に攻撃を始めて次々に敵塁を奪った．この場合，四塁というのは他の戦記にもよく使われる当時の常套句であり，具体的な数値ではない．北西側の赤松峠方面から進んだ官軍は，峠の南北にある二つの高所を先に取ろうと分かれて攻め，北側のエゴオノ山の南にあって峠を見下ろす峰の奪取は成功した．次いでまさに赤松峠を攻めようとした，という赤松峠の地名は「征西戰記稿」編者の誤記であり，宗太郎越とするのが正しい．いよいよ宗太郎越に攻めかかったときに薩軍の迂回部隊が現れ，官軍は退却せざるを得なかったのである．第十三聯隊長心得川上操六少佐の日記の一部が引用されている．

　　七月一日　延岡口荏子山を攻撃す．敵兵迂回して我が先頭と中間を遮斷す．已むを得ずして防
　　御線に退却す．我兵の山に上りて巡見の際，彼の迂回兵に遭遇し，傳令卒西村負傷す．

　　　　　　　　　　　　　　　　　　　　　　　（德富猪一郎「陸軍大将　川上操六」pp. 47）

とあり，川上少佐が現場に居合わせたようで，宗太郎越の北側にあるエゴオノ山に退却したらしい．
　南側では観音山頂上付近までを奪い，さらに前進しようとしたときらしい．そのときたまたま，観音山の東麓付近を北方にある陸地峠の守備交代のために通りかかっていた薩軍の別部隊が現れ参戦したため，官軍は撃退されたのである．救援に駆けつけた薩軍側の記録がある．

　　或日他兵ト交代シテ葛葉山顚ヲ守ルコト一昼夜，再ヒ陸地ヘ向ハントスル行運ノ途中観音山之守
　　相敗レ，既ニ官軍之有トナルニ遇フ，則チ応援シテ直ニ官兵ヲ追退ク，官軍死骸ヲ捨北走ル，
　　観音山又吾有となる，此時吾隊死傷ナシ，官軍ト山谷ヲ挟ンテ陣ス，距離僅ニ一町余，終夜互
　　ニ防戰，其翌日官兵守ルコト能ハスシテ引退ク，

　　　　　　　　　　　　　　　　（「長倉弥九郎上申書」『鹿児島県史料西南戦争』第二巻 pp. 373）

　官軍は当初の目的を遂げることができなかったが，遠くには去らず峠の北側の峰にいて，翌日になって撤退したという．宗太郎越を挟んで南北の山で終夜戦闘が続いたのである．観音山には 50 基の台場跡があるが（甲斐 2002），西方の赤松峠や豆殻峠方向に備えて設けられ，西から北を向いた薩軍側の台場跡が大部分である（図 54・55）．
　例外は頂上から西側に続く一筋の尾根に存在する．多数の台場跡とは逆に，東の頂上を向いた台場跡が 6 基（図 55：38・42・47〜50 号）みられる．図 54 は観音山頂上付近の状態を示すが，頂上の

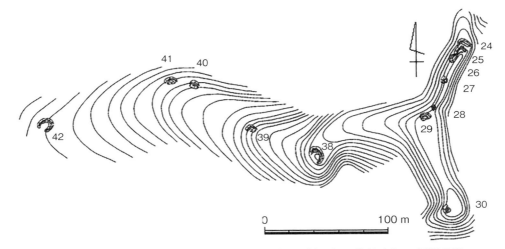

図54　観音山の台場跡（38号・42号は官軍が山頂を目指して攻撃しながら築造したもの．高橋編2002）

　24〜29号までの台場跡は北から西に下る斜面方向に向いており，下方からの敵を警戒して築かれている．また，南端の30号は南西に下がる尾根筋を警戒した配置である．29号から西に尾根を下っていくと，上向きの38号台場跡が現れる．さらに尾根を進み尾根の右側に小型台場跡が二つ並んで北向きにあるのを見つつ下がって行くと，再び上向きの台場跡が現れる．この42号と先ほどの38号は，この付近では大型に属す規模の台場跡であり，多くの人数を収容できただろう．この尾根をさらに下っていくと，47〜50号までの台場跡4基が同様に頂上に向かって築かれていたことが判明した（図55）．これら38号と42号，47〜50号までは全て同じ尾根筋に存在するので，官軍が7月1日の攻撃の際，前進しながら築造したものと考えられる．この逆向き台場跡の存在により，官軍は観音山には西麓から逆向きに台場跡群がある尾根を進んだこと，銃弾が飛び交う中で無闇に突進したのではなく，敵の射撃を避けるため台場を急造しながら進撃したことも分かる．

　この官軍の攻撃に対応して新たに薩軍が築いたとみられる台場跡がある．それは観音山頂上から南に延びた細尾根南部にあり，頂上側を向いた2基の台場跡（図55：36・37号）である．これらは一時官軍の攻撃を防ぎきれず，頂上から退いた時点で薩軍が築いたと理解できる．この2基が官軍の攻撃を受けて後退した薩軍が築いたのであれば，2基と同じ尾根線の北側にあり，これらと対するような状態の34号は官軍が築いた可能性が生じる（図55）．「征西戦記稿」によると，その後観音山攻撃部隊は宗太郎越を攻めるため北上したようである．ただ，官軍が築いた台場は頂上手前までしかなく，宗太郎越を上から攻めるまで進むことができたのかは不明である．

　一方，宗太郎越の北側にある荏子山（エゴオノ山）に密かに登り，その南側にある峠を見下ろす峰を攻略した官軍は，南側の宗太郎越に向かって進撃したが，午後2時，薩軍の迂回部隊が現れ官軍は分断された．おそらく峠北側にいた官軍援隊と峠に向かって下っていった峠攻撃隊の中間に出現したのであろう．薩軍側について述べれば，7月7日のこととしているが，日付の誤りである（「薩南血涙史 pp.757」）．戦闘中に現れた迂回部隊は薩軍側の記録では，北東の陸地に向け守備交替のため行軍中だった薩軍一部隊が，戦闘が傍の山上で行われているのに気づき参戦したものであった．戦闘がどれくらいの時間行われたのか，官軍は「黎明ヲ待テ進撃」としか記さないが，薩軍側の記録がある．

図 55　観音山の台場跡分布図（左上の麓から頂上を向くのが官軍台場跡群．甲斐 2002 に加筆）

峠ツヅキノ台場高鍋隊守兵ノ処午前六時頃官軍朝霧ニマギレ進撃，此隊戦ハズシテ走ル，官軍要所ヲトリ我隊ニ撃，依テ一分隊ヲ以テ防戦ノ内背面ヨリモ官軍進撃，前後ヨリ引受苦戦スレトモ応援ノ路ヲ絶チ，其内我隊銃傷六名・死亡壱名及フ，<u>午後三時頃浦手ヨリ薩兵応援ス</u>，<u>依テ官軍苦戦午後四時全ク休戦</u>，是ヨリ四拾余日此所滞陣，折々双方進撃スルトトモ柵ヲフリ夜

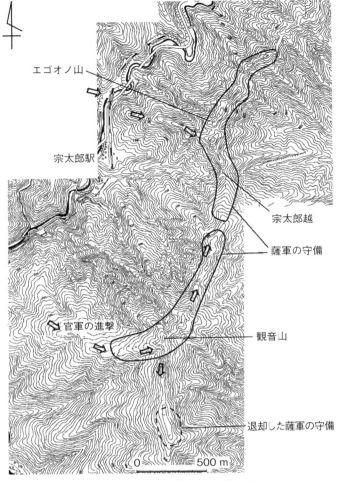

図56　観音山・宗太郎越周辺の攻防図（高橋編2002）

ハ篝ヲ焚守兵厳重ナリ
（「南方実上申書」『鹿児島県史料　西南戦争　第二巻』pp.858）

　戦闘時間は午前6時から午後4時までの10時間であり，官軍が台場を築いて進む時間的余裕は十分だっただろう．
　以上，両軍の記録と戦跡の分布状態から，この場であった事態を推定してみた．現在の地図には宗太郎越の記載はあるが，観音山とエゴオノ山はどの地図にも載っていない．したがって，そのままでは戦記を繰り返し読み返しても事態は理解できない．先述のように宗太郎越の南北にエゴオノ山と観音山が位置することを確認して，台場跡の分布状態と史料を検討して事態は初めて理解可能になった．
　この日，7月1日，官軍は宗太郎越を奪おうと峠の北側背後にあるエゴオノ山，南側にある観音山に登り，黎明を待って攻撃を始めた．南側では観音山の西麓から一つの尾根を通り，攻撃しつつ台場を築いて進んだ．観音山の大部分を占領したが，その際，頂上尾根の南端には薩軍が退き，彼らもまた台場を急造し対戦していたらしい．北側ではエゴオノ山から順調に進撃していた午後2時，東麓側から一隊の薩軍が現れ，官軍先鋒の攻撃部隊は退路を断たれる況状となったため，攻撃を中止して退却した．観音山の官軍がどこまで進めたのかは分からないが，結局，薩軍が奪い返している．
　戦跡の現地踏査により，史料になかった官軍の進撃路線や一時退却した薩軍の台場跡を確認でき，簡単に記録されたこの日の事態をより詳細に知り，具体的にどこで何があったのかが理解可能になった．
　　ホ　城之越・長峰・黒土峠・梓山　この地域は観音山から約6km西方にある．梓山は県境尾根にあって東西方向に尾根が走り，古代以来，日向から豊後へ入る際の玄関のような位置にある．県境尾根にはほかに梓山の西側に大峠があり，そこは大分県南端の集落である水ケ谷の外れにある．宗太郎越・観音山などを官軍が奇襲した翌日の7月2日，今度は逆に薩軍が県境の梓山に南側の宮崎側から秘かに登り，3日早朝に頂上の官軍守備地を奇襲し，引き続き水ケ谷集落・板戸山の官軍を攻めた．板戸山は水ケ谷の北西背後の山である．この日のことについて，官軍の記録では次のよう

に記されている．

> 三日午前三時賊二千人許梓峠ノ側面ヨリ水ケ谷ニ向テ來襲シ勢頗ル猖獗為メニ梓峠大峠等ノ哨兵ヲ退ケ黒土峠ヲ保ス既ニシテ黒土峠モ亦守ル能ハス本道荏子山等ノ兵モ共ニ城之越ニ退ク其賊情ヲ察スルニ果シテ降人ノ言ノ如ク中隊輪轉死屍傷者ヲ顧ミス地物ニ據ラスシテ銳進シ長驅我重岡ヲ撞ント欲シ其勢四月廿日健軍ノ賊ニ優ル彼ハ黒土峠ニ據リ我ハ城之越ニ在リ互ニ奮鬪晡時ニ及フ
> （「征西戰記稿」巻五十三 豊後口戰記 p.3）

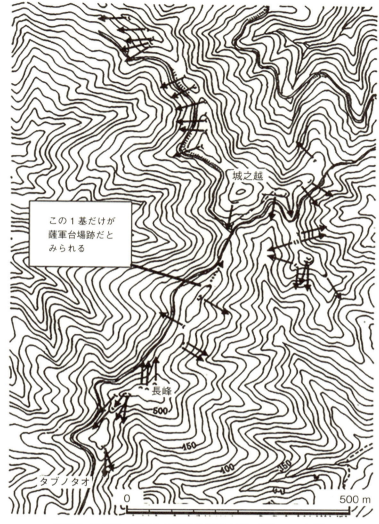

図57　城之越・長峰の台場跡分布図（高橋・横澤2009に加筆）

7月3日，薩軍は梓山の西側側面から水ケ谷に向けて来襲した．「梓峠大峠等ノ哨兵ヲ退ケ」とあるように，この2ヶ所には宮崎側を向いた官軍側の台場跡がいくつも残っている．薩軍は黒土峠まで奪い，城之越に退いた官軍と対峙し始めたのである．3km以上大分県内に入ってきたことになる．荏子山は2日にすでに撤退済であり，誤記あるいは地名の間違いであろう．激戦を形容する「四月廿日健軍ノ賊」とは，熊本城の籠城が解けた直後に熊本平野で両軍が行った会戦のことである．

薩軍が占領した最前線とみられる黒土峠の位置についての薩軍側の記録は，官軍側の記録とは異なる．薩軍奇兵隊の隊長野村忍介らが戦後監獄で記した「西南戰記全」の7月3日の部分を掲げる．

> 此日午時野村將士ニ言テ曰，黒土峠ヲ攻ムルハ夜襲ニ若クハナシ，今夜十二時ヲ期トシ不意ニ下面ノ壘ニ逼ラハ，頂上ノ敵壘自ラ相擊刺セン，此時急ニ下壘ヲ斫ラハ敵兵上壘ニ退カサルヲ得ス，其勢ニ乘シ進テ之ヲ抜カハ，重岡ハ一戰ニシテ得ヘキナリト，衆奮然トシテ曰，蕞爾タル一壘何ソ夜襲ヲ要セン，直ニ接戰シテ之ヲ蹂躙セント，勢ヒ制スヘカラス，是ニ於テ川久保・佐藤即時ニ二中隊指揮シテ進ム，兩翼ノ相距ルヤ凡四丁餘，渺々タル平原一塊ノ拠ルヘキナシ，直ニ銃ヲ負ヒ刀ヲ抜キ先ヲ爭テ之ニ馳ス，雨中ノ敵丸豪モ憚ル色ナク麾旗空ニ舞ヒ白刃

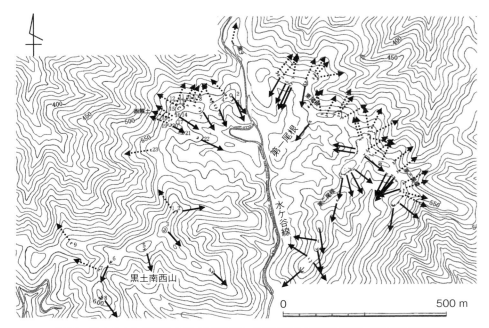

図58 黒土峠の台場跡分布図（破線は薩軍，直線は官軍台場跡の向く方向．高橋2005に加筆）

雷光ノ如ク下面ノ塁ニ突入ス，官兵忽チ潰ヘ走テ上塁ニ退ク，時ニ一ノ司令官剣ヲ提ケ塁上ニ長立シ呼ツテ曰，退クモノハ斬ラント，大声叱咤軍ヲ指揮シテ返戦シ遂ニ砲丸ニ中リテ斃ル．

我軍其壮烈ヲ嘆称セサル者ナシ，於是乎我兵利アラス夜ニ乗シテ退ク（「西南戦記全」pp. 951）

　黒土峠の下面の塁を攻めたところ，官軍は上の塁に退いたが，ついに黒土峠の上の塁は奪えなかったというのである．同様に「薩南血涙史」（pp. 754・755）などの薩軍側文献では薩軍は黒土峠まで攻め入ったが占領できなかったと記述している．

　一方の官軍は，「彼ハ黒土峠ニ據リ我ハ城之越ニ在リ」とあるように黒土峠を奪われたとする．薩軍側でも「西南紀伝」中2（pp. 277）では，官軍と同じく薩軍が黒土峠を奪ったとするが，おそらく「征西戦記稿」などの官軍側史料を参考にしたのであろう．

　このようにこの日，最終的な前線がどこに落ち着いたのか官薩両軍の記録は一致しない．史料からは分からない原因は当事者達が地名を誤解していた可能性である．文献では埒が明かなかったが，梓山から板戸山・黒土峠・長峰・城之越などの踏査により，台場跡の分布状態を把握することで解明できた．黒土峠はカルデラを半分にしたように尾根が半円形に東・北・西に連なる地形で，外側に向いた台場跡や内側を向いた台場跡が約100基分布する（図58）．黒土峠から北に行くには峠の北端に続く長さ約600mの長峰と呼ばれた尾根を通らねばならず，そこを北から見下ろす突き当たりの位置に城之越がある．長峰の東側には切込み谷があり，西側には板戸谷の深い谷が広がるので，古代の駅路以来，梓山を越えた宮崎方面からの進入者は必ずこの尾根を通らねばならなかった．長峰の北端に至ったとき，見上げる位置に直面するのが城之越である．

　図58は黒土峠の台場跡分布図であるが，図の中央を上下に貫く道路は，北に進むと長峰から城之越に通じている．図には左上方向から真上方向，右上方向に向いた台場跡が並んでいるのが分かる．南側の宮崎から来た薩軍が，北側を向いて築いた台場群であると理解できる．したがって破線

図59 7月3日の最終的な両軍の対峙状態（●は官軍，▲は薩軍の守備）

の矢印で示したのが薩軍の台場跡である．この黒土峠の北側にある長峰尾根の南端には黒土峠を向いた台場群跡が分布する．長峰の台場群跡は官軍が黒土峠を奪った薩軍に対峙して築いたとみることができる．ちょうど，両者の中間が両軍の境界になったのである．長峰の北側についてみると，そこには城之越があり，黒土峠を向いた台場が築かれている．標高をみると長峰の北端では30m上方に城之越があり，「西南戦記」にいう上の塁が城之越，下の塁が長峰であると理解することが自然である．薩軍は一時的に長峰の北端まで進んだが城之越で阻止された．薩軍は黒土峠に下がって守備を始めたのである．

台場跡の分布状態からこのように解釈できた．結局，薩軍は黒土峠を奪っており，黒土峠だと誤解した城之越は奪えなかったのである．城之越は中世の山城跡である．城跡から尾根筋が北西・南・北東に分岐し，それぞれに官軍の台場跡が多数ある．南側の尾根は，城之越から約3.6kmで県境の梓山に至る．途中には長い尾根があり，長峰あるいはサムガリと言われた．ここに台場跡が16基ある（図57）．梓山から来た古代駅路は確実にこの尾根筋を通り，城之越を経て北上したと考えられる．城之越は平坦な上面に台場跡が2基残る．頂上平面の西縁と南端にあり，北東側が切り岸として削られているのは山城の遺構である．頂上の北西側にも郭がひとつある．城之越の東側に

62　第 2 章　戦跡の状況

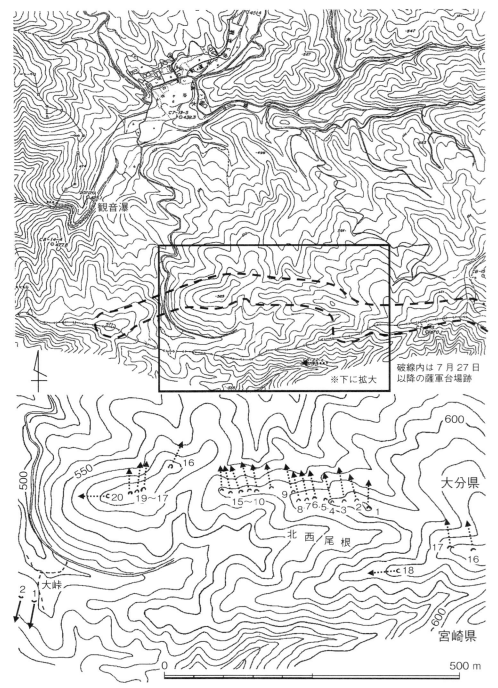

図 60　梓山北西尾根（薩軍）・大峠（官軍）の台場跡（下図：下部の東西方向の尾根は県境．破線は
薩軍，実線は官軍の台場跡が向く方向．中央は梓山北西尾根，左下は大峠，右下は梓山．高橋 2005 を改変）

は当時の道が尾根を斜めに横断し，付近にも台場跡が分布する．城之越には官軍が大砲を置いたと
されているが，具体的な設置場所は不明である．南側の黒土峠では四斤砲弾片・臼砲弾片が発見さ
れており，この付近で最も高い城之越に大砲を置くのは妥当な位置と距離であろう．

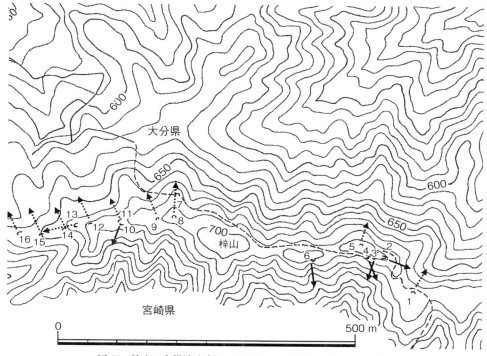

図 61　梓山の台場跡分布図（図 62 右端と一部重複．高橋 2005 を改変）

　城跡頂上南端の台場跡の土塁内側で肥前系染付碗片を採集した（高橋・横澤 2009　pp.49）．これは 1820 年代から 1860 年代の端反碗であり，時期的に西南戦争時にも使われたとみて不自然ではない．官軍兵士が使用したとみてよかろう．城之越から北西に蔵小野まで続く尾根筋には，多数の台場跡が西側を向いて築かれている．ここは城之越の南方にある長峰と名前が似ているが，別の場所である．長峯で薩軍の銃弾 1 点を採集した（高橋・横澤 2009　pp.49）．基部凹部に金属製容器状の栓が入り込んでおり，通常の陶製や木製とは異なっている．いわゆるミニエー銃弾の初期には金属製の栓が使われたことがあり，薩軍が古い弾丸を持ち出して長峯を攻撃したときに使用したのであろう．なお，7 月 23 日に薩軍が赤松峠の西側にある尾根筋を攻撃した後，城之越の官軍にとっての右翼を攻撃したことが記録されているので，その際に長峯も戦闘地域になったと考えられる．三角点「長峯」がある峰にもいくつも台場跡があり，全てほぼ西方向を向いており，官軍が築いている．

　図 57 の長峰北端にある北東向きの破線矢印で示す台場跡は，7 月 3 日に薩軍が県境の梓山を越え，水ケ谷・黒土峠を経て長峰北端まで進んだことを示すものである．薩軍は城之越の下でくい止められ，図の下外にある黒土峠まで退いて守備を布いた．図 60 の下半部は長さ 600 m の尾根，長峰であり，実線の矢印はその前後に官軍が築いた台場跡である．両側は深さ約 200 m の谷である切込み谷と板戸谷になっていて，長峰の官軍台場跡は北部では両側の谷を向き，南部では黒土峠を向いている．城之越と黒土峠の対陣は 7 月 3 日から 27 日まで続いた．が，その間の 11 日に現地を見物した，大分県の甲斐九等属の以下の報告は具体的である．

　　昨日午後ヨリ沖本ト倶ニ暴雨ヲ犯シ哨兵線一見ノ為メ，<u>状ノ越ニ到ルニ官兵胸壁山上ニ連リ，前面ハ悉ク樹木ヲ伐リテ逆茂木トナシ防禦ノ用意最モ厳重ナリ</u>，哨兵線ノ里程七里余ニ及フト

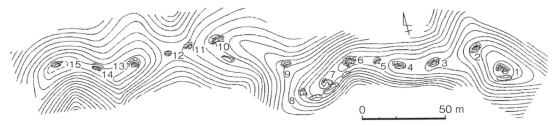

図62　梓山北西尾根の薩軍台場跡群（高橋2005）

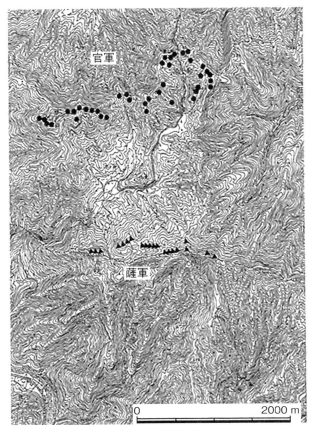

図63　7月27日〜8月14日の対峙状態（●は官軍，▲は薩軍の守備．高橋2005に加筆）

云フ状ノ腰本道ノ正面字黒土ノ頂上ニ賊ノ胸壁三ヶ所アリ，其近キハ距離三百ヤルドニ過キス下官此ノ胸壁中ニ到ル頃モ，双方ヨリ小銃ヲ發セリ（此胸壁ヨリ日夜小銃ヲ発射スル相互ニ而已），其他賊ハ隠鬱タル森林中ニ潜伏スルヲ以人蔭ヲ視ル能ハス，即今本營ノ議ヲ憶測スルニ是ヨリ進撃スルモ地理悪敷，容易ニ抜キ難キヲ以テ只守備ヲ厳重ニシテ彼ヨリ来ルヲ待ツモノノ如シ

（「甲斐九等属ヨリ野尻エ来書」『明治十年　騒擾一件』高野2008：pp.230・231）

　彼はおそらく北西の尾根を通って城之越に進んだのであろう．途中の尾根筋には官軍側の胸壁が連なり，ここでも前面斜面は伐採され，その樹木を利用し枝先を下に向けて逆茂木を連ねていたのである．城之越は付近で最も高く，広い上面の南縁には長い台場跡が南を向いている．豊後水道から続く東西に連なる官軍守備線の南西部にあり，南側に突き出た状態である．この付近から黒土峠の頂上に薩軍の台場3基が見えたと言うが，途中には長峰があり，そこも官軍が守備していた．その向こうに見えたのであろう．長峰の南端部は急に低くなり，再び尾根沿いに南側に上るとやがて黒土峠に至る．地元の伝承では，このタブノタオという低地が両軍の境となっていた（渡辺1997　pp.193）．彼の憶測では山が険しく容易に敵陣を奪えそうにないので，官軍は守備を厳重にして薩軍の攻撃を迎え撃とうとしているようだった．

　黒土峠には台場跡が116基ある．さらにその南西側に続く水ケ谷北側峠に16基，そこから南側にあたる板戸山一帯に41基がある．その南東麓の観音瀑付近に2基，その東側の県境大峠に9基，黒土峠の南東側から梓山に44基ある（図57〜図63）．台場跡のうち，黒土峠には城之越や外側の谷方向に向いた台場群があるが，この向きに構えた台場を官軍が築く必要はなく，これらは全て薩軍が築いたと考えられる．その時点は黒土峠を占領した7月3日以外考えられない．史料で黒土峠を

攻め切れなかったと口を揃えたように薩軍が記すのには，やむを得ぬ事情があった．薩軍の奇襲に際し，水ケ谷集落の地元民は官軍と共に重岡に向け逃げ出していたので，薩軍側は地名を誰かに確認することができなかったのであろう（高野2007　pp.204）．

　薩軍がいう黒土峠の上の塁とは城之越のことであり，その手前，南側にあった下の塁とは長峰だったと考えられる．薩軍は無住の集落に入り込んでいたため住民から地名を教えてもらうことができず，城之越を黒土峠だと誤解して共通認識してしまい，奪えなかったと記述したのであろう．しかし，戦跡の分布状態からみて現実には板戸山・黒土峠までを薩軍が奪う事態となったのである．官軍側は城之越で攻撃をくい止め，薩軍が黒土峠に退いたので，その後長峰まで官軍が守備範囲を拡げたのである．両軍の最前線は長峰と黒土峠との中間，タブノタオという尾根筋の低地部となった．城之越を破って重岡を奪おうとする薩軍に対し，官軍は黒土峠の奪回を目指した．7月3日以降，攻防は続いたが，険しい山地であるため両軍共に膠着状態を破ることができなかった．高低差がある山間部での攻防は守る側に有利だった．戦いは敵に察知されない時間帯の朝日が上がる前に始まるのが普通だった．

　官軍は黒土峠に対し中央の尾根筋と左右の谷から同時に挟撃するという三面攻撃を試みたりしている．7月21日早朝，城之越から出撃し，本道（長峰の尾根筋）・右翼の板戸谷・左翼の切込み谷から黒土峠に奇襲を企てたが，谷経由の部隊が予定時間に間に合わなかったため敗退し，戦死19人，負傷96人を出した（「熊本鎮台戦闘日記　附録之部」）．

　また，地元民の伝承では，あるとき薩軍が城之越にいったんは攻撃を仕掛けるが，負けた振りをして元の位置よりも退却し，追いかけてくる官軍を伏兵と共に攻撃して，今度は逃げる官軍を追って城之越を奪取しようとしたことがあった，と記している（渡辺2009　pp.194）．中世以来の薩摩の伝統的な伏兵戦術を実行したのである．しかし成功しなかった．この出来事は両軍とも記録していない．事態が動いたのは7月27日である．官軍が前夜，黒土峠からは南西背後に位置する板戸山を西北側から登り，深夜零時頃に奇襲するとともに，城之越からも進撃して黒土峠を奪回し，戦線は若干前進した．このとき，黒土峠には薩軍が7月3日以降築いたのとは逆向きの台場群を官軍が築造している．その分布状態が示すのは，その時点での官軍の最前線である（図58・62・63）．官軍の台場跡は黒土峠に薩軍が築いた台場と背中合わせに存在したり，南の方に張り出した尾根の周縁部に築かれたりしている．

　黒土峠を追われた薩軍は梓山周辺に後退し，県境尾根とそこから大分県内に張り出した梓山北西尾根（図61・詳細は図62），その西にある大峠の西側高所に台場群を築いた．台場跡は北向きに互いに近接して築かれており，所々には敵から見えない側の斜面，台場跡の背後に削り出した休憩所がみられる（図62）．

　大峠西裾には水ケ谷から宮崎県側への旧道があり，初め官軍が薩軍の再侵攻を警備するため4基の台場を南に向けて並べて築いた場所である（図60の左下部にそのうちの2基が見える）．

　7月27日以降，両軍の守備線は盆地状の低地である水ケ谷を挟んで1.5 kmほど距離を置くこととなる（図63）．この状態は8月14日に薩軍が和田越の戦いのために自ら退却するまで続いた．梓山の台場跡分布状態を示す図61にある南向きの矢印は官軍の台場跡で，薩軍がいったん大分県外に去った6月20日頃，または最終的に薩軍が去った梓山に再び守備を置いた8月15日以降とみられる．

③　佐伯市直川陸地峠から宇目椎葉山周辺

　大分県佐伯市直川と宮崎県延岡市北川町の境界にある陸地峠一帯は，6月25日から8月14日まで争奪戦が行われた交通の要衝である．当時，大分と宮崎とを結ぶ路線は，西方にはまず赤松峠を越え重岡に至るものがあり，別に東方に熊田方面から陸地峠を越えて佐伯方面に至るものがあった．県境尾根である陸地峠と左右に続く県境尾根での攻防を，戦跡の状況から説明したい．

　陸地峠一帯には大分と宮崎の県境をなすほぼ東西方向の長さ約4.5kmの尾根線があり，西側では県境尾根が南方向に折れ曲がり，約8km続く（図43・64・65）．その間，旧道である大原越や椎葉山戦跡，宗太郎越を経て南方にある観音山（黒岩山）まで続く．そこから県境は西に折れ，前述の梓山に至る．陸地峠一帯から椎葉山の

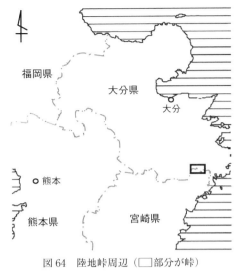

図64　陸地峠周辺（□部分が峠）

手前には両軍の台場跡130基ほどが分布し，椎葉山から観音山までには両軍の台場跡が68基ある．この付近の占有者は官軍→薩軍→官軍と変動しており，台場跡の位置・方向からいつの時点に築かれたのかを推定してみたい．

　イ　陸地峠一帯　6月20日，大分県内から薩軍が去り，直後に官軍が宮崎との県境地帯に進出した．一度は去った薩軍だったが，大分県侵攻を諦めていないことがすぐに明らかになった．24日，赤松峠・豆殻峠に薩軍が襲来したのを官軍は撃退したが，翌25日，東方の陸地峠は薩軍に奪われた．以後7月16日に官軍が奪い返すまで，陸地峠一帯では戦闘が続き，広い範囲に両軍の台場が多数築かれている（図65には約130基の台場跡が存在する）．

　守備主体が交替した場所では両軍の台場跡が尾根上に逆方向を向いて築かれており，ある時点の最前線がどこなのか史料と比べると具体的に理解できる．まず，陸地峠周辺に続く周辺の大分宮崎県境尾根の戦跡の状況を検討したい．

　陸地峠では6月25日（※薩軍は赤松峠攻撃に合わせ24日に攻撃しようと前夜山中に入ったが，案内者が方向を間違えたため，違う場所に出てしまい翌日の攻撃となった），陸地峠の東方にある尾根から薩軍が攻め，官軍は北側の大分県内に3km以上敗走した．薩軍は一時，JR日豊線や国道10号付近まで進んだため，大分県内の官軍は沿岸部と内陸部との東西に分断されたが，すぐに薩軍は南側にある県境尾根に退いたという．このときの薩軍の守備範囲は陸地峠から東方へ直線距離で約1,000m弱の所までと推定でき，西側は東西方向の全ての県境尾根であるが，西端部では薩軍の台場跡は県境から西側に逸れて大原口官軍陣地に谷を隔てて対面する尾根線に構えられている．薩軍が陸地峠一帯を奪ったとき，宮崎県側の伝承では農民が動員され，大分県側の集落まで行って石を集め，峠に運び上げている（小野2002）．実際，その後の戦闘の中で銃弾不足の薩軍が石を投げて官軍を撃退する事態も発生した．

　6月25日，薩軍が東西に約4.5km続く県境尾根周辺を奪い守備すると，追い払われた官軍は県境尾根の奪回を目指した．官軍側の「征西戦記稿」では，大原口・内水口・旗山口・杭ノ内口・天狗山口・陸地本道・八丁越という七つの攻め口に分かれて薩軍に対峙したことになっている．それ

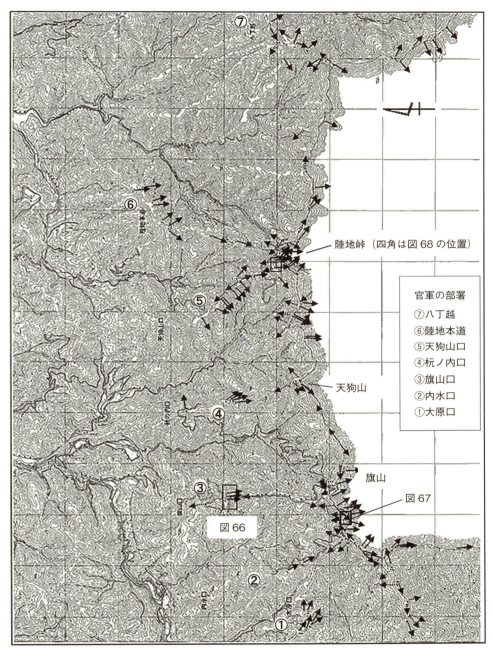

図 65 陸地峠周辺台場跡分布図（図には三つの局面が同時に表されている．6月20日以降に県境尾根の陸地峠付近と大原越に官軍が守備した状況，25日に薩軍が県境から官軍を追い落として築いた大分方向を向く台場群を築いたのに対峙して官軍が数百メートル離れて台場群を築いた状況，7月16日に官軍が奪回して再び守備を置いた状況である．実線は官軍，破線は薩軍台場跡が向く方向を示す．図は500m方眼．高橋・横澤2009に加筆）

らがどこを指すのかは戦跡の分布状態から推定できる．東西に長い県境尾根から大分県側に延びる比較的長い尾根筋が7本ある．それは西から上記の順に出てくる地名であり，尾根筋を官軍は攻め口としていたのである（図65）．それぞれの官軍陣地と薩軍陣地との距離は大原口約800m，内水口約380m，旗山口約300m，杭ノ内口約500m，天狗山口約80m，陸地本道約330m，八丁越は

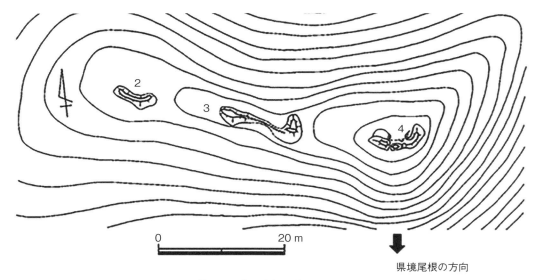

図66 旗山口の官軍台場跡群（高橋・横澤2009）

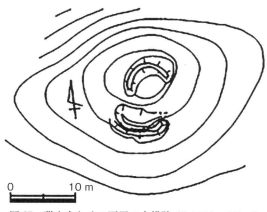

図67 背中合わせの両軍の台場跡（旗山西方．高橋・横澤2009）

不詳である．このように約80〜800mの空間を置いて対峙していたのである．6月20日以後，県境尾根上に守備した官軍は少数であり，陸地峠では中心部の比較的狭い範囲と，西方で県境尾根が南北に走る部分の北部を守ったとみられる．図65には両軍の台場跡が向く方向を矢印で示した．破線矢印は宮崎側から大分県内方向を向く台場跡で，6月25日にこの一帯を奪った薩軍が築いたと考えられる．実線矢印は逆に宮崎県側を向く台場跡であり，県境尾根線を追われた官軍が一度は遠くまで退いた後，再び山に登り薩軍に対峙する台場群を築いたと考えられる．官軍左翼の八丁越は図65の右外に一部が張り出す．薩軍側の台場跡が集中するのは陸地峠と図の下部，県境が東西方向から南北方向に曲がる大原口の2ヶ所である．陸地峠と大原越という主要な路線を特に厳重に守ろうとしたのである．大原口における薩軍台場群は，県境尾根を突き抜け西側に延びている．

両軍の対峙状況の具体例として旗山口尾根を示す（図66）．ここは中ノ嶺西側から北に延びる尾根筋である．現在，中ノ嶺と呼ばれている標高546mの峰を当時は旗山と呼んだらしい．これに対する大分県側の尾根筋が旗山口尾根である．ここには，官軍台場跡だけが南を向いた状態であり，最も近い薩軍台場跡から約300m，その背後の県境尾根の薩軍台場跡からは約700mの空間を置いて直角方向に延びた尾根に，3基の台場跡が横一列に並んでいる．3基とも内側に窪みがない点で共通する．県境尾根から細尾根が一筋続いた北側に，直交する形で見下ろす峰が官軍が選んだ場所である．旗山口尾根では一部の薩軍台場跡が県境から離れた大分県内深く，官軍陣地よりも北側にあるが，ある時点でそこまで進んだが結局，県境尾根に下がって守りをつけたことを意味するので

あろう（図65）．

6月25日に県境地帯を奪われた官軍であったが，その後何度も攻撃を繰り返し，最終的に決着がついたのは7月16日である．この日，左翼・中央・右翼各部隊の示し合わせた官軍の攻撃により薩軍は陸地峠および左右に連なる東西方向の県境尾根，西部の南北方向県境尾根北部から追い落とされ，入れ替わりに官軍が県境尾根に陣地を構えた．同じ場所で敵味方が入れ替わった場合，台場跡が背中合わせに残るのは黒土峠でみた通りである．この一例が図67の旗山西方例と図68の陸地峠中心部の例である（図68：1・2は図65の陸地峠部分で，標高540ｍの三角点の場所である）．この付近は6月20日から官軍が進出し，宮崎方面の薩軍を警戒守備し始めたが，25日には薩軍が襲来し，守っていた場所を奪われてしまい，官軍は北側の大分県内に逃げてしまう．このとき，図68：の場合は官軍の台場と背中合わせに，薩軍が新たに大分方向を向いた台場を築いたのである．さらにその後のことであるが

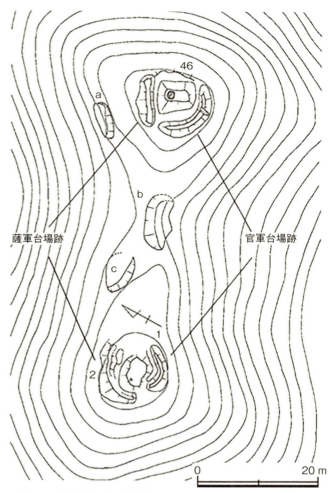

図68　陸地峠中央の台場跡（背中合わせの官軍・薩軍の台場跡．高橋・横澤2009に加筆）

7月16日，官軍はこの場所を奪い返し，以後1ヶ月間再び守備をしている．つまり，同じ場所に南を向いた台場跡と北側を向いた台場跡が残ったのである．北向きの台場は途中でここを奪った薩軍が築いたことは明確だが，南向きの台場は初めと最後の二度にわたり官軍が守ったところである．図67の上部は薩軍台場跡で，下部は官軍台場跡である．図68上部と下部にある南向き台場跡と北側斜面のａとｃの削り出した平地部分が官軍のものである．平地部分は休憩所のような場所として弾丸の来ない場所に山を削りだして造られ，しばしば戦跡に存在する．

陸地峠周辺では，薩軍が宮崎県に去った直後の6月20日に官軍が守備を開始した．24日には再度薩軍が大分県進出を企て，陸地峠の西方にあたる旧宇目町の赤松峠・豆殻峠に襲来し，翌25日には陸地峠が攻撃され官軍は敗退した．薩軍は東西に延びた県境尾根線に台場群を構え，いったん敗走した官軍は奪回を目指して県境稜線に続く南北方向の支尾根七つに軍を進めて陣地を構築した．「征西戦記稿」に記された官軍の攻め口7ヶ所については，台場跡分布調査により具体的な場所が把握できた（図65）．言い換えれば，現地を調査しなければ史料は理解できないのである．

ロ　大原越の多稜堡塁群跡　7月16日に官軍が占領した大分・宮崎県境地帯の範囲と構築した台

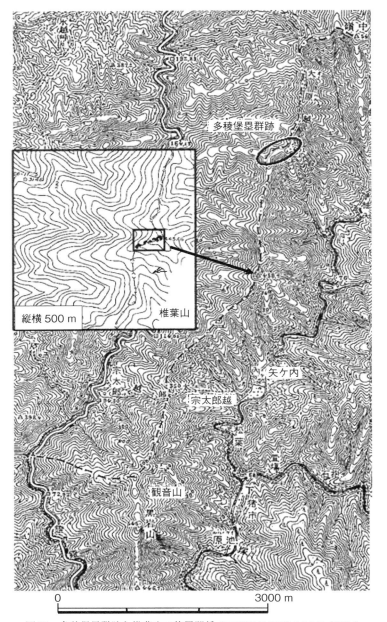

場類の数と形状は，現地調査で判明した（高橋・横澤 2009）．この付近の県境尾根西部では，南北に約 8 km 続く尾根の北端から南に直線距離で 2 km までに南向きの台場跡が分布する．南向きということは，官軍が宮崎方向の薩軍と対峙して築いたのである．特にその南端付近の尾根に 400 m にわたって幾何学的な平面形をもつ多稜堡塁跡 6 基，通常の弓状や半円形台場跡 3 基が熊本鎮台工兵隊によって造られた（図 69・70）．これらは，佐伯市宇目と宮崎県延岡市北川町の県境尾根筋に跨るように築かれている．そのほか，同じこの区間に西向きや北向きの台場跡群が存在するのは，薩軍が 6 月 25 日からこの方面に守備を置いた痕跡であり，その延長上に陸地峠が存在したのである．7 月 16 日，陸地峠周辺が官軍に奪回されたときにどの範囲まで薩軍が撤退したのかは，台場跡の分布状態から理解できた．このとき，官軍の最前線は大原越の多稜堡塁群とその南方に，南向きに弧状台場

図 69　多稜堡塁群跡と椎葉山の位置関係（陸地測量部 5 万分の 1 地図「熊田」）

が 2 基，25 号・26 号台場が築かれている．撤退した薩軍は最前線の台場群を約 2 km 南方の椎葉山に築いた．7 月 16 日以降，両軍は大分・宮崎県境尾根に約 2 km の空白地帯を置いて対峙したことが分かる．

　大原越の幾何学的な平面形をもつ台場跡群については，第 4 章で具体的に述べたい．「征西戦記稿」の記述から，これらの築造に関わったのは熊本鎮台工兵隊だと分かる．熊本鎮台工兵隊の隊長筒井義信大尉は戊辰戦争では旧幕府軍工兵隊として北海道で戦った人で，筒井の関わりは不明だが，旧幕府軍は北海道に四稜郭や七飯台場，川汲台場，その他いくつもの中型や小型の稜堡系統の台場

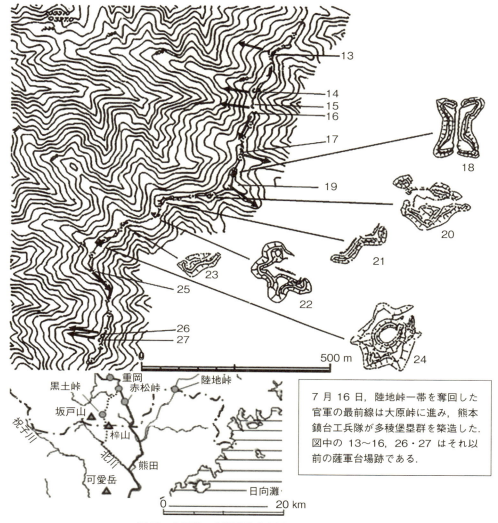

図70　大原越の台場群跡分布図（高橋・横澤 2009）

7月16日，陸地峠一帯を奪回した官軍の最前線は大原峠に進み，熊本鎮台工兵隊が多稜堡塁群を築造した．図中の 13〜16, 26・27 はそれ以前の薩軍台場跡である．

を築いている．筒井は旗本出身で維新後は徳川家本来の地である静岡県に移り，和歌山藩にお貸し人という名称の技術指導に派遣された経験をもっていた．東京から静岡に移住した多数の幕府系の人全員を静岡で収容できなかったので，西洋の知識・技術を有する人材は積極的に他県の求めに応じて派遣されたのである．戊辰戦争で筒井が関与した旧幕府軍工兵隊が多数の稜堡系台場を築造したことと，大原越に残された稜堡系堡塁群を結びつけると，筒井は幕府時代に西洋流築城術に関する知識・技術を我が物としていたと考えられる．

　ハ　椎　葉　山　大原越の多稜堡塁群南方には約2kmの台場空白域を挟んで薩軍の椎葉山台場群があった（図69）．ここは官軍が椎葉山と呼び，直接現地守備を担当した薩軍奇兵隊は矢ケ内守兵場と呼んでいた（「明治十年役薩軍資料」『鹿児島県史料　西南戦争』第三巻 1980　pp.526）．矢ケ内というのは椎葉山の東麓にある宮崎側の大きな集落であり，ここを宿営地とし，南側の宗太郎越とともに交代で守備をしていたのである．椎葉山を守備していた薩軍の部隊日記が現在まで残り，活字化されているという西南戦争では稀な戦跡である．集落地域から離れた場所にあり現地に至る道

路がなく，山仕事の人がたまに通り過ぎるだけという環境は，戦跡の遺存には好条件だったため，現地がそのまま残っていた．

　大分・宮崎県境にある南北方向の尾根線が一直線に連なる中で，他よりも少し高い嶺が佐伯市宇目の椎葉山である．海抜459 mの頂上とそこから西方に下がる支尾根に5基の台場跡があり，椎葉山から南側背後に続く県境尾根筋には薩軍の台場が多数分布していた．7月16日に陸地峠一帯から大原越付近までの県境尾根を守っていた薩軍が撃退され，代わりに官軍が進出した．この時，官軍南西部の最前線に大原越多稜堡塁群が築かれ，椎葉山はそれに対する薩軍最前線陣地であった．

　ここでは8月6日に官軍が北から襲撃し，激戦の末に敗退するという戦闘があった．戦後書かれた薩軍側戦記「薩南血涙史」では，矢河内の戦いとして登場する戦場である．

　椎葉山では戦跡調査の一環として，地形と遺構の測量と金属探知機による考古学的調査を行い，台場の状態，銃弾・薬莢・砲弾片の分布状態を明らかにした（高橋・横澤2009）．ここを守備していた薩軍部隊の公式日記が残っている（「明治十年薩軍資料」『鹿児島県史料　西南戦争』第三巻 1980 pp. 440〜542）．彼らは大砲をもたない歩兵部隊であった．戦闘当日およびその前後の日々に，後方の兵站拠点から補給された弾薬数や種類，部隊の人員数，日々の暗号，戦闘後に戦場で拾い集め兵站拠点がある後方の延岡に送付した使用済み銃弾や薬莢等の数まで記していた．7月下旬の日記から弾薬部分についての記述を掲げる．

（7月26日）
　　一鉄製弾弐百十発　右ハ番兵先為探打左右小隊エ送リ候事

　7月26日に陣地を守備中の薩軍一中隊約100人前後に鉄製の銃弾210発が補給されたのである．探り打ちというから戦闘のないときに威嚇のために発砲するための銃弾である．鉄製銃弾は通常の鉛弾よりも軽いため遠くに飛ばず，しかも命中精度が悪かった．この頃の薩軍は官軍よりも劣る錫と鉛の合金弾，あるいは銅弾を戦闘用に装備していた段階である．しかし，それさえこの前後には供給されていない．

（7月27日）
　　一鉄製弾三百三十発
　　一雷管三百三十粒
　　　左右小隊番兵先守場へ差遣候事
　　一鉄製弾百七十発
　　　雷管百七十発
　　　右ハ左小隊右半隊守場へ左遣候事

　翌日さらに鉄製の銃弾330発と雷管330個が同じ部隊に供給された．先込め銃用である．さらに在陣中の左小隊の半分には170発の鉄製銃弾と雷管が送られているので，この左小隊右半隊の場合，つまり一中隊の4分の1の兵士が252発の鉄製銃弾を所有することとなった．約25人に252発ということは1人10発にすぎない．官軍兵士が通常1日に100発を携帯し，戦闘では500発入りの弾薬箱が多数準備されたのに比べると，薩軍装備の貧弱さは明白である．

　椎葉山では8月6日早朝，官軍が襲い掛かり敗退した戦闘があった．椎葉山がどこにあるのか地図では分からなかったが，地元宗太郎駅前にお住まいであった調査当時100歳であった河野喜三郎さんから「官軍が全滅した戦いがあった山」という言い伝えをお聞きしたことを手掛かりに踏査し

た結果，場所が判明した．官軍側の「熊本鎮台戦闘日記」にはこの戦闘当日の記録がある．

　　八月六日　　本營　重岡　　出張参謀部　仁田原　黒澤
　　　　大原口攻撃ノ部署
　　　左翼繁茂山
　　　　　先驅　第十聯隊〆内一中隊
　　　　　援隊　第十四聯隊ノ内一中隊
　　　　　豫備　第十聯隊ノ内一中隊
　　　　右指揮官少佐吉田道時
　　　陸地村本道
　　　　　先驅　第十四聯隊ノ内一中隊
　　　　　援隊　第十四聯隊ノ内一中隊
　　　　右指揮官少佐靑山朗
　　　右翼大原越
　　　　　先驅　第十四聯隊ノ内一中隊（※アジ歴の原文では一小隊．中隊は誤記らしい）
　　　　　　　　警備隊ノ内一小隊
　　　　　援隊　警備隊ノ内一小隊
　　　　右指揮官少佐津下弘
　　　　副指揮官大尉高田吉岳
　　午前第一時右ノ部署ヲ以テ諸道ヨリ進撃スト雖ドモ前夜暴雨黒雲天ヲ蔽ヒ泥土道ニ滿チ進行大ニ遅緩セリ右翼椎葉山ノ賊壘ニ迫ラントスルニ當リ東方既ニ白ク彼ノ發見ヲ慮リ外口ヲ待ツニ遑アラス山腹ヨリ急ニ之ヲ襲フ然リト雖ドモ鹿柴木柵數重立衝突ノ術ナク同第八時兵ヲ收メテ舊線ニ還ル他ノ諸道皆兵ヲ收メテ退ク我軍死傷尤モ多シ士官三名下士卒十六人即死士官二名下士卒四十三名負傷
　　　　　　　　　　　　　　　　　　　　　　　　　　（「熊本鎮台戦闘日記」巻三 pp.40）

　山の上で厳重に陣地を構えている敵を攻撃するには，敵が気づきにくい暗い時間に接近，奇襲するのが西南戦争では普通であった．「外口ヲ待ツニ遑アラス」の外口とは，引用しなかった冒頭部分にある左翼繁茂山（場所不明）と陸地峠本道のことで，椎葉山からは尾根続きの後方の遠い場所であろう．この日は広い範囲で攻勢に出る作戦だったのである．椎葉山を目指した官軍の進軍は，前夜の雨により道がぬかるんでいたため遅れてしまい，奇襲しようとしたときにはすでに明るくなっていた．予定していた連続の遠い県境尾根での他部隊の開戦を待つ余裕はなく，椎葉山攻撃部隊だけが戦いを始めたのである．他の攻撃口は中止になったようで，戦闘があったという記録はない．椎葉山攻撃部隊の進路は山腹から上に向かうものだった．

　薩軍は尾根筋の上面に間隔を置いて5基の台場を並べていたことが現地から分かるが，官軍は離れた位置に木柵を何列か設置していたことを日記は記している．陣地の前方を伐採したことは，例えば別の場所のことであるが，以下の7月23日の記述が見られる．

　　谷少將ヨリノ通報アリ．其ノ報ニ據レハ，去ル廿三日拂曉，賊ハ霧ニ乗シテ赤松峠ノ古道及ヒ城ノ越ニ來襲シ，我カ壘ヲ距ル百五十米突ノ近キニ逼ルト雖モ，我カ軍豫メ<u>二層若クハ三層ニ鹿柴或ハ竹柵ヲ樹ツルヲ以テ</u>，<u>進ム事能ハス</u>，　　　　　（川口武定1878「従征日記」巻五 pp.1）

　これは後述する赤松峠一帯における官軍陣地前面の状況である．官軍の台場群の前方150ｍか

ら手前の空間には2層あるいは3層の鹿柴あるいは竹柵が設けられていたのである．

　現地調査ではこのほか，官軍のどの記録にも登場しないが，調査区内には四斤砲弾破片が散乱しており，この日の戦い以外にも砲撃を加えていたことが分かる．一番近い官軍台場跡は北側1.9 kmの大原越24号多稜堡塁か，西北西3.4 kmの豆殻峠と赤松峠の尾根が交わる地点付近の台場跡しかない．四斤砲は最大射程3 kmで有効射程はそれ以下である．発射回数が多くなると砲身内部が摩耗し遠くに達しないため，西北西からの砲撃は考えにくく，北側から発射したのであろう．24号多稜堡塁跡に大砲を置いていたと考えられる．

　戦闘当日，8月6日の薩軍の日記を示す．

　　八月六日　雨
　　本日午前七時比ヨリ，我隊守兵場右小隊壱番・弐番・三番分隊之間エ敵ヨリ相掛，則戦争及候処シハラク相戦，台場之間五六間モ敵ヨリ寄来候，味方ヨリ切込ニ相掛敵ヲ打ちらし，其内第一大隊壱番中隊ヨリ応ゑんトシテ来リ仕合ニテ，トモニ切込ミ賊死弐拾名余内三名師官等相見得，一ノ一中隊長と師官切合敵師官ヲ切コロシ，一ノ中隊長手負ニテ我隊分捕数多有之，左ノ通ニテ候間午前十一時過敵打ちらし，我隊右之守兵場エ引揚大勝利ニテ喜敷事ニテ仕合御座候事也，

　　本夜暗号
　　　問　辨カ，　　答　慶
　　　右之通決議候事，

　　　　　　　　矢ケ内出張
　　　　　　　　　　　奇兵
　　　　　　　　　　　　　本営

　　八月六日
　　　　　　　第三大隊
　　　　　　　　三番中隊
　　　　　　　　　　各隊隊長中
　　　　　　　　記
　　一賊死骸弐拾名余
　　一手旗三本
　　一七連玉千発余
　　一針打弾薬千発
　　一時計弐ツ
　　一刀四本
　　一針打銃四挺
　　一長七連銃拾挺
　　一腰具拾ヲ
　　一短銃壱挺
　　　　但中折弾薬相添
　　一金五拾円

　　　　但隊附夫卒分捕ひん
一外套二着三着
一喇叭壱ツ
一手帳并書状無数
一烟草入四ツ五ツ
　　　　但金具金銀
　　右本日矢ケ内守兵場戦争ニて分捕，右之通候ニ付則当所本営エ戦死手負一所ニ届申出置候事
　　　　手負戦死左之通
　　　　　　　　分隊長
　　　　　　　　　　深手　大浦重樹（※以下10人を略す）
　　右本日矢ケ内本営エ届出置候事，
　　　八月六日
一針打弾薬弐百四拾発
　　右延岡奇兵製作所ミリ送り来リ，午後七時拾五分前相届キ，正ニ相受取候事，
一主取夫太郎儀，本日午後五時比延岡ヨリ買物トシテ寄宿候事，
一岩切助右衛門事，戦死才領トシテ熊田迄差越候事，
　　　　第三大隊三番中隊
　　　　　　左分隊長代理
　　　　　　　　　　小濱喜之助
　　右之通致決議候事，
　　　明治十年八月六日
　　　　　　　　奇兵
　　　　　　　　本営

　　　　　　　（「明治十年役薩軍資料」『鹿児島県史料　西南戦争』第三巻 pp. 525〜527）

　現地に残る薩軍台場跡群は平面形が半円状の土塁をもち，その内側を掘り窪めたものが基本形である．頂上の土塁外面には官軍の発射したスナイドル銃弾6点，スペンサー銃弾1点がめり込んでいた（薩軍の記録では7連玉1,000発余も分捕っており，厳密にはシャープス銃弾の分類に入るが，スペンサー薬莢にシャープス銃弾を装填したと判断した）．いずれも原型を留めぬほどに押し潰された状態であり，数メートルないし数十メートルの至近距離から発射されたことを示していた（図71）．そのほか，官軍の銃弾や小銃・短銃（米国製のスミス＆ウェッソンの22口径）の薬莢が台場の北側に続く尾根上からその先の谷斜面に帯状に出土した．帯状地域を通って官軍が進撃したとみられる．
　興味深いのは薩軍が射撃した銃弾の分布状態で，薩軍台場群から40mほど北西前方の谷斜面の1ヶ所に集中していたのである（図72）．この範囲には錫・鉛の合金弾のほか，青銅製銃弾が1点あるものの，この部隊に先日供給されたばかりの鉄製弾はこの範囲では確認できず，戦闘には使われなかったらしい．薩軍は日記によれば，初めは射撃し，官軍が台場近くに来たときには刀で戦う戦闘法を記している．当時の先込め銃は装填に手間取るので，敵と接近した場合，抜刀して戦うのが普通だったらしい．椎葉山の調査範囲で，薩軍の銃弾が山の斜面に1ヶ所に集中して発見されたのは官軍が鹿柴・木柵の突破に手間どる間に，上方の薩軍台場から集中射撃を受けたためと考えら

76　第 2 章　戦跡の状況

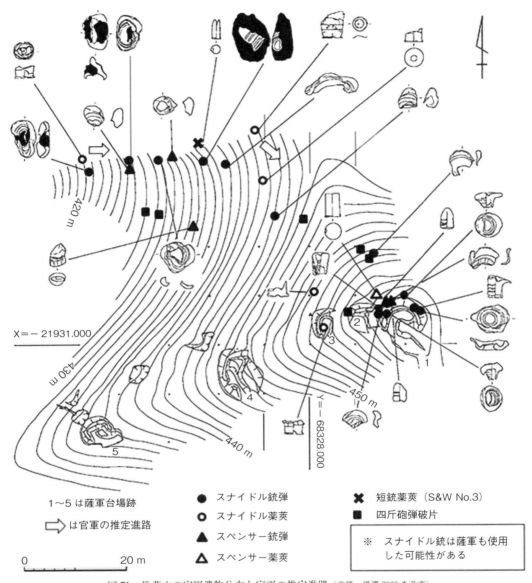

図 71　椎葉山の官軍遺物分布と官軍の推定進路（高橋・横澤 2009 を改変）

れる．薩軍を奇襲しようとしたが，それ以前に高所から発見され，銃撃されたのである．台場から 40 m ほど離れた場所で官軍が集中射撃を受けた位置を含み，柵列の一つが横切っていたらしい．このように両軍とも台場群の前方に鹿柴あるいは竹柵を置いていたのである．

この日の戦いにおける官軍の大原越方面兵力は，「征西戦記稿」によると，先駆は第十四聯隊の一個中隊と警備隊の一個小隊で，援隊として警備隊一個小隊が部署されている（「征西戦記稿」巻五十八　豊後口三田井戦記 pp.10・11）．しかし，原典である戦闘報告原書では「先駆　第十四聯隊ノ内一小隊　警備隊ノ内一小隊　援隊　同　一小隊」とあるので，本当は先駆二個小隊と援隊一小隊の計三個小隊だったとすべきである（防衛研究所蔵 C09080553800「戦闘報告原書　明治 10 年 6 月 22 日～明治 10 年 9 月 17 日」）．「征西戦記稿」では，戦死が将校 3 人，下士と卒は 16 人，負傷が将校 2

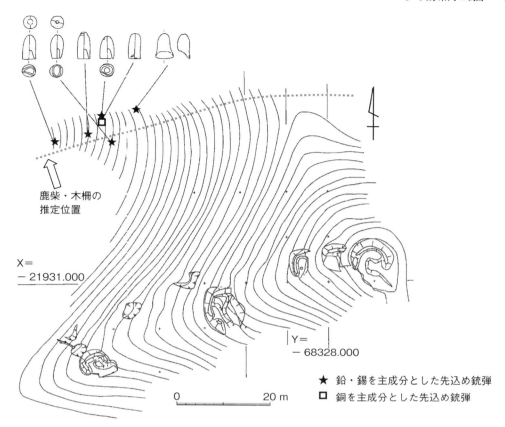

図72　椎葉山の薩軍遺物分布と陣地前方に設置した鹿柴・木柵の推定位置（高橋・横澤2009を改変）

人，下士と卒は43人となっている．三個小隊（※一大隊550人前後＝四中隊→中隊は左右の計二小隊に分かれる）は公式的には約206人になる．官軍の損害が即死19人，負傷45人に対し，薩軍側は7月段階の部隊日記ではこの部隊の人数は36人で，応援として来た一中隊の人数は不明であるが，全体で当日の戦死者は2人，負傷者は9人であった．

　地元で現在に至るまで，官軍が全滅したと伝えられるほどの戦闘が発生したのである．ちなみに全滅とは全員が戦死することではなく，戦闘能力がなくなることである．この日，官軍は多数の死傷者，少なくとも負傷者を収容し撤退するため戦闘能力が失われたはずである．薩軍側が「賊死骸弐拾名余」と記すのはやや過大表現だとみられるが，官軍が戦死者を完全に収容できなかったことを示すのであろう．官軍側の戦死者は佐伯市岡の上官軍墓地に埋葬されている．

　椎葉山の戦闘は，8月段階の薩軍が大勝利した戦いであったという点で特異である．おそらく戦争末期のこの段階で，劣悪な装備しかなく兵員数で劣っていた薩軍が官軍に圧勝したというのは普通考えもしない事態であろう．他の地域では薩軍が一般的には敗走を重ねていた頃だが，椎葉山の薩軍には高所の台場で待ち構え，前方遠くに数列の柵列を置くという優位な立場にあり，圧倒的に有利な戦闘を行えたわけである．

　戦闘後，薩軍は戦場で弾薬，使用済み銃弾と薬莢・小銃・短銃・刀・手旗などの武器類や時計，外套，喇叭，手帳，書状，煙草入れを回収し，戦傷者の氏名を延岡の奇兵隊本営に届け出ている．また，負傷した分隊長の代理を現地で決め，届け出ている．夕方には延岡にある奇兵隊の武器製作

所からスナイドル弾薬240発が送付されて来，買物のため延岡に一人を派遣したこと，戦死者の埋葬のため熊田にも派遣したことなどが記されている．引用が長くなるので割愛するが，翌7日にはスナイドル薬莢4,500個，スペンサー薬莢1,260個，損シ鉛玉（使用済み銃弾であろう）70個を延岡製作所に送ったこと，その夜の暗号などが記されている．銃ごとに薬莢の数を記録し，使用済み銃弾を数え上げていることをみると，薩軍は戦闘終了後に現地で綿密に金属回収を行っていたことが明白である．この時点では鉛不足が著しくなっていた段階なので，戦場で回収した官軍の使用済み銃弾は貴重な銃弾材料ととらえられていたのである．椎葉山のように戦闘直後に薩軍が熱心に金属回収を行っていたような場合，たとえ戦跡調査において綿密な遺物回収を行っても，戦闘の実態とは異なる調査結果となることも考えておかねばなるまい．なおこの日，前日の戦闘での戦死者は8月12日に西郷隆盛が泊まったことで知られる熊田の吉祥寺に埋葬されている．

椎葉山は両軍の史料に加え現地がそのまま残っており，小範囲であるが考古学的調査が行われた結果を併せ，兵站や戦闘の状況を具体的に復元することができるという点で貴重である．このような充実した史料記録が残る西南戦争戦跡は大分県南部にしか存在しておらず，西南戦争の陣地や戦闘のあり方を復元するには最適の戦跡である．また，その調査は西南戦争の戦跡に対する関心に基づいた初の考古学的発掘調査というべきものであった．

④　佐伯市蒲江

大分県南東部，豊後水道沿岸南端部の佐伯市蒲江は，西南戦争の戦跡が宮崎との県境尾根に残っている．海岸部の森崎浦では海軍の軍艦がしばしば入港し，停泊していた．宮崎県内が薩軍に占領されていたとき，海軍は大分県南部のここから宮崎方面に出撃していたのである．豊後水道沿岸では県境は尾根筋に引かれており，西方の陸地峠・石神峠から東に行くと場照山（661m）で南方向に曲がり，10km弱南方にある陣ケ峰（431m）で東に屈折して豊後水道に至る．戦跡の分布状態について記すと，石神峠西方から場照山までは踏査したが台場跡は確認できていない．場照山の南方県境尾根で確認したのは21基である（図73）．

台場跡の分布状態を北からみると，宮崎県延岡市北浦町本口と大分県佐伯市蒲江の丸市尾を結ぶ旧道の明石峠付近の尾根に3基の台場跡がある．西側の宮崎側から尾根を進んできた旧道は明石峠を越えると尾根を外れ，斜面を東に下って海岸部に達する．台場跡は峠の北東約500mにある峰の頂上に北向きに1基，峠の南西約100mに峠向きに1基，峠から約350mの峰頂上に北向きに1基があるが，宇目や直川に比べると極端に少ない．大分・宮崎間の主要路線から遠ざかっていたためである．この3基は土塁で囲まれた内側を掘り窪めないという共通点がある．

ここから場照山の南約7.5kmにある津島畑山（506m）までの間に7基，津島畑山に7基，その南側に1基，津島畑山から1km強南西の松尾山に3基があり，南方の高所陣ケ峰までは台場跡は確認できない．陣ケ峰頂上は造成され旧地形が残っていない．

イ　佐伯市蒲江萱場　佐伯市蒲江の丸市尾浦と宮崎県延岡市北浦町本口とを結ぶ旧路線の県境部分には明石峠という峠がある（図73〜75）．峠の北東側約500mに標高500mの三角点「萱場」があるが，三角点は北向きに造られた台場跡の2mほど北側にある（図75左）．台場跡は峰の頂上南端にあり，前方の北側は同じ程度の標高で幅狭い面が続いている．台場跡は逆向きのJ字形の土塁からなり，内側に顕著な窪みは認められない．向く方向から判断し，薩軍が築いたと考える．

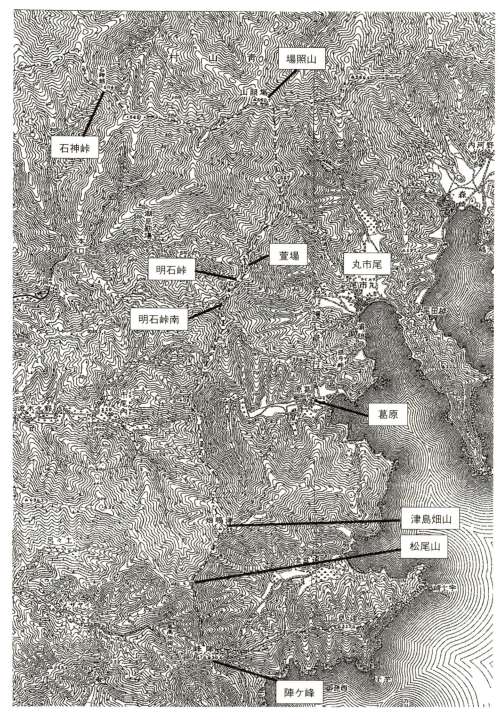

図73　豊後水道沿岸の県境稜線の主要戦跡（陸地測量部5万分の1地図1901年「蒲江」）

　三角点の北側1.2km先まで調べたが，台場跡を確認できなかったので，萱場台場跡は蒲江背後の県境尾根に築いた最北端の薩軍側陣地である．明石峠を守る目的で築いたのである．しかし，萱場と明石峠の間には550mの間，台場跡の存在を確認できなかった．

80　第 2 章　戦跡の状況

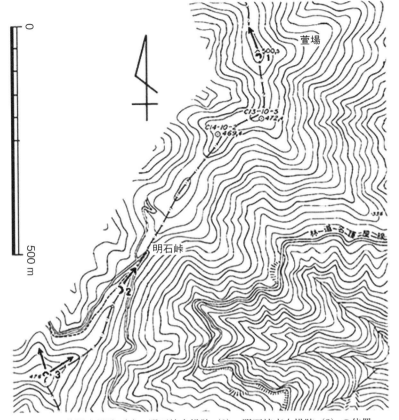

図 74　萱場台場跡（1）・明石峠台場跡（2）・明石峠南台場跡（3）の位置
（高橋・横澤 2009）

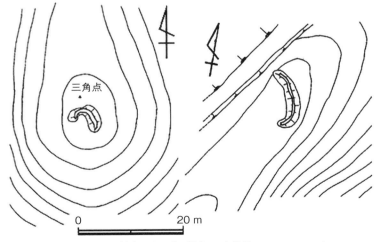

図 75　萱場（左）・明石峠（右）の台場跡（高橋・横澤 2009）

ロ　佐伯市蒲江明石峠　明石峠（標高410 m強）はこの付近の県境尾根線で一番標高の低い場所である．明石峠付近の地形は北方と南方の尾根筋が緩やかに低くなり，尾根が最も細くなる場所に峠を越える山道が通過している．豊後水道沿岸部と宮崎県の内陸部とを結ぶ山道が当時存在し，今も自動車通行可能な道が通過している．県境を越える経路は数少なかったため，ここに守備を置くことは必要であった．明石峠中心部には台場跡はみられず，峠の中心から100 mほど南に尾根を遮断するように土塁が北東を向いて存在する（図75右）．

内側に窪みはなく，高さ1 m前後と比較的高さのある土塁部分だけからなっている．この台場跡は尾根筋の前方とやや豊後水道側を向いて造られており，薩軍が築いたものと判断できる．

ハ　佐伯市蒲江明石峠南　明石峠台場跡の背後の県境尾根を，尾根に沿い南に約300 m行くと標高476 mの峰に着く．

頂上の北半分を占めて，主として北を向いたJ字形の台場跡が1基ある（図76）．台場跡から見下ろせる頂上から北東に続く尾根は明石峠に至る尾根筋である．

台場から北西には宮崎県に延びる尾根があり，そちらも警戒するように土塁が屈曲し，反対側は明石峠方向にも屈曲する．台場跡の土塁の方向からみて薩軍が築いたのであろう．台場の内側には明瞭な掘り込みは認められない．

ニ　佐伯市蒲江津島畑山　上記の豊後水道に面する大分県・宮崎県の県境地帯では，6月以来両軍の攻防が続いたが，官軍にとり大きな敗戦となったのは7月16日の津島畑山の戦いである．この日は西方で陸地峠一帯から薩軍が追い出されたが，津島畑山では官軍が海岸線に追い落とされる戦闘があった．ここの戦跡は旧蒲江町時代から町の指定史跡になっている．

津島畑山は上面が南北に長さ約100 mで，

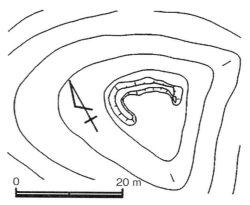

図76　明石峠南の台場跡（高橋・横澤 2009）
県境尾根の峰に薩軍の台場跡がある．台場跡は西から北，東方向を向いて築かれている．

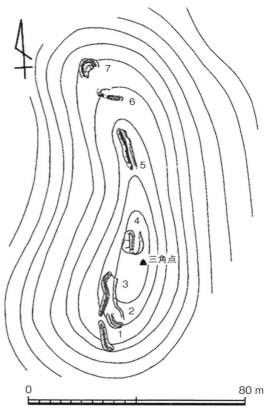

図77　津島畑山の台場群跡（高橋・横澤 2009）

幅広い平坦面がある．最上部は峰の南部にあり，三角点が東部にある．頂上部に1基，南北に3基ずつの台場跡がほぼ西向きに並んでおり，さらに山を下った南側の尾根筋に1基が西向きに造られている（図77）．台場跡が宮崎県側を向いているので全て官軍が築造したものであろう．頂上には7基の台場跡がある．最北の7号台場跡は平面が半円形で，尾根筋の中央に位置し，尾根筋の前方を向いて築かれている．背後には残り具合の悪い6号台場跡がある．さらに南側に一直線状の5号台場跡がある．土塁の内側に溝状部があり，やや規模が大きいので比較的多人数の配置が可能である．三角点の北側に4号台場跡がある．内側には北側から入るように窪んでいる．三角点の南西側に1～3号の台場跡が一体化したように存在する．2号と3号は土塁背後の削り出しが連続しているが，土塁は別個である．頂上最南端の1号台場跡は西側を向いた土塁だけからなり，南部は内側に屈曲する．頂上を南下し平坦な尾根に下がった場所にも西向きの台場跡がある．

頂上一帯は初めて踏査したときは比較的見通しがよかったが，昨年度もう一度登ったときにはジャングルのように草木が密生しており，台場跡を再確認しにくい状態になっていた．この山は名称が示すようにかつては畑作が可能だったと思われる．県境尾根は南西から来て北北西に延びる．これらとは別に北東に続く尾根が豊後水道に向かってある．

戦いのあった7月16日の前夜，宮崎県北浦町歌糸を発した薩軍約200人は暴雨を冒して山道を進み，夜明けに津島畑山を攻撃して官軍を海岸部の波当津に退けた．攻撃した薩軍側はこの山での戦闘について，次のように記している．

> 黎明先鋒隊波當津峠の敵壘に達する時に陰雲朦朧として敵未だ之を知らず直に竹添節，米良重明の兩隊は左に轉じて林間より廻りて官軍の側面に出で守永守は米良隊の一分隊を以て大田原弘，郡司和平太等と正面より進，此時官兵三名壘前に出で物色するものの如く頻りに之を窺ふ其距離三四間薩兵齊しく發銃して少尉一名兵卒二名を斃す，之を本日の開戦とす刻を移さず忽ち其二壘を抜き第三壘に迫りしに敵彈驟雨の注ぐが如し地嶮にして急に抜ぐ能はず衆少しく猶豫す，郡司大田原奮呎戰衆を勵まして縦横奔走し敵間已に七間ならんとす郡司，大田原共に傷く守永衆を勵まし自ら身を挺して前進せしに敵彈其左肩を傷く守永屈せず壘前に逼るに又敵彈の爲めに面部を傷けらる，會ま竹添隊，左翼より突出し後軍亦至る勢ひに乗じて壘を抜き波當津の海岸に壓し其十八名を斬り銃器彈藥土工具等諸機械を獲，午後一時烏帽子山及び古江峠に兵を班せり
> 　　　　　　　　　　　　　　　　　　　　　　　（「薩南血涙史」pp.764）

この戦いも黎明というからまだ暗さの残る時間に始まっている．薩軍は次に述べる南側の松尾山から進んで行き，一部は左に転じて津島畑山を攻めた，というのは長い頂上尾根の正面から（図77の左から）攻撃したということだろう．ほかの隊は側面からというので，図77の下部から攻めたのであろう．この戦いで官軍は戦死20人，負傷28人という損害を出した（「征西戦記稿」巻五十三 pp.18）．

津島畑山を奪った薩軍であったが，守備を置くことなく，その日のうちに撤退している．

　ホ　松尾山（大分県佐伯市蒲江・宮崎県延岡市北浦町）　津島畑山から南に続く県境尾根を約800m行くと，松尾山（標高482m）がある．この山は南北方向の県境尾根に対し西側の宮崎県へ尾根が派生し丁字形をなしている．西側にも行き来できる点で，両軍にとって重要な場所であった．歌糸を発った薩軍は，ここを経由して津島畑山を攻撃に行ったのである．

松尾山は頂上が東西30m弱で，そこに南東向きと西向きの台場跡が1基ずつあり，北東斜面に

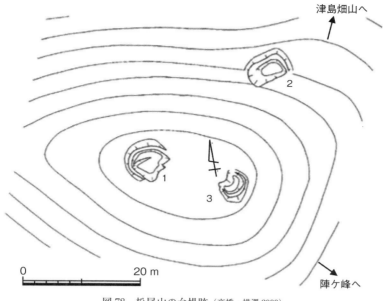

図78　松尾山の台場跡（高橋・横澤2009）

北東向きに1基ある（図78）．北東向きの台場跡と南東向きの台場跡は薩軍，西向きは官軍のものであろう．8月2日には官軍が津島畑山から松尾山を攻めて奪い，さらに南の陣ケ峰を越えて宮崎県内に進んでいる．

(5) 大分県内のまとめ

以上，大分県内の戦跡についてみてきた．県内は，中津隊が蜂起した3月の一時期，さらに5月12日から8月14日まで戦闘地域になっていた県内の全体的な台場跡分布状態は県南端の内陸側にあたる佐伯市宇目と直川に集中する．なかでも最も長期間戦場となったのが佐伯市宇目であり，県内の台場跡880基の69％にあたる606基が確認できた．

台場跡が集中する宇目・直川地域では，互いに相手の進出を妨げるように左右に台場を連ねて戦線を形成して対峙する状態がみられる．典型的な例は三重町と宇目との境界尾根線における6月中旬の三国峠・旗返峠一帯であり，次いで現出した6月下旬から8月中旬の宇目から直川にかけての地域である．史料を読むと，西南戦争では両軍が戦線を形成して対峙したと窺えるが，その状態が具体的な痕跡として残っているのがこの地域である．宇目の水ケ谷一帯では，刻々と変化する両軍の対峙状況を多数の台場跡の分布状態から復元推定することが可能である．

一方，同じ佐伯市でも豊後水道に面する蒲江は台場跡の分布が希薄である．この地域で最北端の台場跡は明石峠の北側に位置する萱場台場跡であり，これよりも北側の県境尾根では，場照山・石神峠を経て陸地峠の東約2.5kmまでの間，延べ12kmの間は台場跡の存在しない地域である．直川・宇目の密集度に比べれば広大な空白と言うべきで，薩軍には積極的にこの方面から前進しようという意図がなかったのであろう．これは当時の道路事情によるもので，大分市方面に進もうとするなら蒲江は別方向になるのであり，薩軍が豊後水道側，さらに四国へ積極的に進もうとしていなかったのではないかと思わせる．

戦闘が行われた場所が市街地も含んで行われたのは臼杵市だったが，それ以外の多くは人口密集地から遠い山間部で行われた．そのため幸いなことに戦跡が比較的良好に残ってきた．これまでは手作業による森林伐採が行われていたので地形改変も少なかったが，近年，大分県内の山林伐採作業には作業道を開削しつつ同時に伐採もできる重機が投入されており，そのような場所では自然地形が切り崩されるため，戦跡が今後も残るのかという不安は消えない．
　大分県内の戦闘で使用された弾薬類については第4章で後述するが、戦争初期の熊本県中部・北部とは異なる状態がみられる．

第3章 戦跡・史料による戦闘推移の検討

1 和田越・可愛岳の戦いの検討

　西南戦争全体の中で画期となる戦闘を三つ挙げるとすれば，一つは薩軍がそれ以上の北上を断念した吉次峠・田原坂などの熊本城以北の戦闘がまず挙げられる．二つめは敗退を続けた薩軍が初めて1ヶ所に集結し，これまた初めて集合した官軍にぶつかった宮崎県の和田越の戦いや，包囲された薩軍が包囲網を脱出した可愛岳の戦いなど，延岡北部の長井一帯の戦闘がある．最後は戦争が終結した城山を中心とした鹿児島市内の戦闘である．

　ここでは二つめの延岡北部の戦いに絞り，和田越・可愛岳の戦いは具体的にどこが舞台になり，どのように推移したのか，戦跡の状態と史料から検討する．従来の研究や叙述では，戦跡の分布状況を調べずにこの付近の事態の推移を考えていたため，史料に登場する地名同士の位置関係やある場所における具体的な状況を把握しないまま曖昧な記述に終始していたと言わざるを得ない．以下では，和田越・可愛岳の戦いに関連して登場する戦跡を対象にその分布状態を調べ，そこが史料で当時どのように呼ばれていた場所であるのかに注意し事態の推移を検討する．

　1877年（明治10年）8月上旬には戦線は宮崎県南部から北部に急激に北上していた．また，延岡に西から注ぐ五ヶ瀬川流域でも停滞していた戦闘の最前線が急に東に移り始めていた．宮崎県北部の県境梓山一帯を守る薩軍奇兵隊を官軍熊本鎮台は破ることができなかったが，豊後水道側では官軍は大分・宮崎県境尾根を越えて進撃中であった．敗退を続ける他の薩軍部隊が南から延岡に集中することができたのは，大分県境にいる奇兵隊が官軍の南下を食い止めており，五ヶ瀬川流域でも別の薩軍部隊，池上四郎が率い延岡士族隊を含む薩軍が官軍の前進を阻んでいたからである．

　5月上旬，延岡に奇兵隊が大分攻略を目指して侵入した後，延岡市街と大分への通路上にある延岡市北川町熊田は薩軍に兵站拠点として協力していた．8月中旬になると，薩軍本隊や五ヶ瀬川流域の薩軍も官軍に追われて延岡市街地に入り込んできた．ほぼ同時に官軍も追いかけて来ており，薩軍は8月14日には市街地に留まることができず，さらに北方の長井周辺に北上した．この日まで大分県境では薩軍奇兵隊が守備を続けていたが，この翌日15日には延岡に向け薩軍が反撃するということで呼び戻され，県境地帯を秘かに引き揚げた．

　15日，長井の南側に東西に連なる和田越丘陵に陣取った薩軍約3,500人と，南側の水田地帯に進んでいた数万人の官軍とが早朝から正午頃まで戦った．この日，戦線中央部の和田越丘陵だけでなく，北川東岸の平地や山地，また和田越の西方に聳える可愛岳周辺でも戦闘が行われている．戦闘は官軍が和田越丘陵を奪い，薩軍が丘陵を降り北側に退くという結末となり，両軍の対峙状態は継続した．がら空きとなった大分県境地帯ではそれまで対峙していた熊本鎮台が前進し，一部は長井の中心地である熊田まで進出した．この日の戦いが終わると，薩軍に対する包囲網は前日よりも狭くなっていた．

　16日・17日と包囲状態は続き，18日になる頃には官軍は最後の戦いのため動き出す．可愛岳の

86　第 3 章　戦跡・史料による戦闘推移の検討

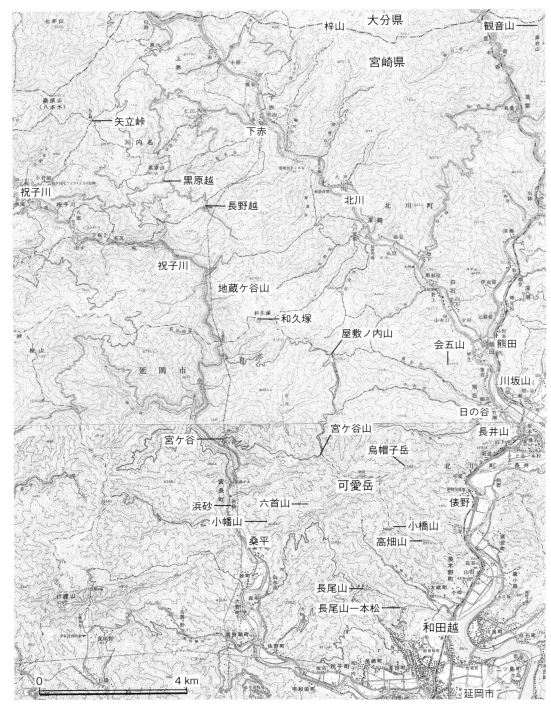

図 79　和田越・可愛岳周辺地図（国土地理院 5 万分の 1 地図「延岡」「熊田」）

　山脈に前夜野営した官軍は深夜に山を下り，第二旅団が南から，第一旅団が北から薩軍本営のある俵野を目指した．他の官軍は周囲の山地で守備状態のまま，突発的事態に備えた．しかし，官軍の計画は失敗に終わる．官軍が動き出した少し後，殲滅対象だった薩軍本隊は密かに可愛岳の東崖下

を南西に進み，西端の頂上付近で尾根筋に登り，配下の部隊がほとんど出発して少数の護衛隊に守られて油断していた官軍の第一旅団・第二旅団本営を18日早朝に襲い，打ち破って通り過ぎたのである．その本営は可愛岳のすぐ北側にあった．

従来，和田越の戦いから可愛岳の戦いは，西南戦争関係の読み物では山場となる局面であるが，必ず扱われる割には説明が具体性に欠けていた．それらは8月15日の和田越の戦いについて述べ，16日に西郷隆盛が大将の軍服を焼いたことや，桐野利秋が北方への脱出路を求めて日の谷手前の竹瀬まで行き引き返したこと，その間に辺見十郎太が奮戦したこと，薩軍将士の動向，熊本隊の降伏，病院に白旗を掲げたことなどである．和田越で敗れた日の午後から，薩軍が包囲網を脱出する18日まで薩軍は一体どこを守っていたのか，その間官軍の包囲網が具体的にどこにあったのかについては，これまで説明されてこなかった．戦跡を調べずに書物だけを参考にして記述することに終始してきたため，やむを得ないことではあるが．

以上の数日間の状況について，戦跡という視点を加え検討したい．該当する地域は長井集落を貫流する北川の東側，同じく西側の和田越丘陵一帯，長井の南部にある俵野周辺の山地，可愛岳の山脈，可愛岳以西の山地などである（図79）．

日時順に採り上げると，同じ場所が何日にも分断して登場するので煩雑になり分かりづらくなりそうなので，基本的にその場所であった複数日の出来事をまとめて記述したい．陸軍の戦記である「征西戦記稿」を軸に，口供書その他の関連史料を対照して戦跡を解釈していく．薩軍が延岡の南側地域や西側地域から市街地に入り込み，市街地の北側に移動した8月14日から，包囲網の一画，可愛岳の官軍を破って西方に脱出した18日を中心に21日までの動向をみていくことにする．

(1) 8月14日の和田越丘陵

8月15日は両軍が全力を挙げて和田越周辺で衝突したが，その前日の和田越はどういう状態だったのか．しばしば目にする説明はこうである．14日，薩軍は延岡市街から北に敗走し長井周辺に集まってきた，というものである．本当はどうだったのか，諸記録を再検討してみる．

和田越で戦いがあった前の日の状態を明らかにする記録はいくつも残されている．14日午前，延岡を占拠した官軍は引き続き市街西方の高台である今山八幡社を奪い，北側の中瀬川を間に挟んで抗戦する薩軍を破り，薩軍は平野の北側に東西に延びる和田越一帯の尾根まで退いた．日暮れになっていたため官軍はそれ以上深追いせず，平野部に散開して守備を布いた．北側に立ち塞がる和田越丘陵とその西側の小梓山一帯の高地を占めることが今後の戦局に有利であることは明らかであり，14日，ここを守備したのは薩軍であった．以上は「征西戦記稿」の説明である．

しかし，現実はそうではなく，和田越丘陵一帯の東部の山はこの日，官軍に奪われていたらしい．「征西戦記稿」は各部隊の戦記を総合して編集されたものであり，すべてを現地で経験した人が執筆しているわけではないので，たまに誤解がある．この件に該当するのが，次の「征討第四旅団戦記」の原史料である．

　　一八月十四日　　晴
　　諸團ノ兵ト共ニ延岡ニ入リ其殘賊ヲ追テ直ニ大武ニ進ミ賊ト大ヒニ無鹿ニ戰フ夜ニ入リ勝敗終ニ決セス本營ヲ延岡ニ置ク○此日諸團ノ兵ト延岡ヲ進撃ス本團ノ兵最右ニ列シ左新撰旅團ト連ル我左翼兵ヲ以テ先鋒トシ右翼兵ヲ援軍トス前夕草加ニ壘ヲ築キ柵ヲ結ヒ頗ル防禦ノ法ヲ盡ス

ヲ以テ援軍ノ二中隊 遊撃第二大隊第一第四中隊 ヲ尾末ヨリ船ニ乗シ庵川ニ向ハシメ本道ヨリハ混成大隊ヲ以テ先鋒トシ本軍亦之ニ次テ進ム一賊ナシ之ヲ土人ニ詰ルニ前夜中悉ク引去ルト云フ直ニ進ンテ延岡ニ到リ殘賊ノ路ニ在ルモノヲ驅逐ス偶賊将逸見十郎太其兵五百ヲ以テ方財島ニ走ルト聞キ遊撃第二大隊ヲ遣ハシテ之ヲ追ハシム及ハス是ヨリ先キ第一旅團ノ兵曾木道ヨリ進撃シ前宵延岡ノ西方ニ到ル故ニ賊兵退去セシナリ午後ニ及ンテ諸團ノ兵延岡ニ集會ス諸隊混淆雑沓頗ル甚タシ午後一時我左翼兵混成大隊先ツ進ンテ大武ニ入リ尚進ンテ無鹿ニ至ル會賊兵亦進ミ到リ其第二中隊 大尉岡恒春 ハ最右ナル一山ヲ争フテ輙ク之ヲ取リシカ其第四中隊 大尉中村正雄 更ニ第二第三山ノ中間ナル本道ヨリ進ムノ際不意ニ賊兵ノ要撃ニ遭フ我兵少ク崩レ賊兵直ニ刀ヲ揮テ突撃シ來ル我兵苦戰之ヲ防ク賊終ニ進ムヲ得ス既ニシテ我團ト諸隊皆到ルヲ以テ戰線ヲ嚴ニス時ニ日已ニ暮ル終夜對壘シ夜ニ及ンテ左方別働第二旅團ト連絡シ此時我兵死傷二十一人

此夜山縣參軍本營ニ來宿ス　（防衛研究所蔵 C13080020900「明治10年　征討第4旅団戦記　全」）

混成大隊第二中隊は，和田越丘陵の南側に展開する平野部の大武，さらに無鹿に進み，和田越丘陵一帯を南から見た場合，右端に連なる山，「最右ナル一山」を奪い守備を維持したのである．また，第二・第三山という記述があるが，これは南から和田越丘陵方向を見て，右から数えた表現とみられる．したがって，第一山は官軍が奪い守備している場所であり無鹿山とも呼ばれた山，第二・第三山の中間に本道があるので第二山は本道のすぐ東側の山である．5,000分の1の森林基本図に妙見山（標高81.68m）とある山のことである．ただし，第二山の範囲をどこまでとみるのかによって第一山の場所も違ってくる．

1902年の地図（図80）には本道の東側に北川を南北に縦貫する橋と小道の表記があるが，川の南側，道の東側に神社の記号を挟んで低い山が並んでいる．これらが第一山であり，小道から和田越本道までの間が第二山とされたのかもしれない．しかし，断定はできない．第三山が和田越西側の小梓山（標高117m）であるのは確かであろう．「征西戦記稿」では無鹿山を占領後，第四中隊は抜刀した薩軍の攻撃を受けたとあるが，第四旅団の戦記をみるとやや詳しく，この戦闘が無鹿山ではなく和田越あるいはその手前東部の堂ケ阪であったことが分かり，官軍の占拠した第一山が神社のある所よりもより西側にあった可能性がある（図80）．

以上のように官軍側の記録は，すでに14日に和田越丘陵東部の一部の山を占領していたことを伝えている．薩軍側の記録を探すと，これに対応する記録があった．破竹隊隊長であり，鹿児島市城山において軍使として山野田一輔と共に官軍に出向き，拘束され生き残った河野主一郎の上申書のこの日の部分は以下の通りである．

　　○明日午時敵無鹿ニ逼ル，我兵刀ヲ揮ヒ撃テ之レヲ退ク，将タ我左翼ト相対スル一小山ニ敵有リ，俯シテ我壘ヲ撃チ，我兵頗ル困ム，故ニ先ツ之レヲ攫ハントシ百五十人許ヲ発シ，敵ノ右側ヨリ突然炮台ニ逼ル，然ルニ構柵固フシテ入ル能ハス唯炮撃シテ退ク，我兵死傷ナシ，（略）

（河野主一郎上申書「鹿児島県史料西南戦争」第二巻 p.233）

「我左翼ト相対スル一小山」というのが第四旅団戦記の記録した「最右ナル一山」と同一であろう．俯シテとは上から下を見ることであり，一小山が薩軍のいる場所よりも低い山でなかったことを意味する．現実には東端の山は標高20mほどであり，その西側の道路切通しを挟んで標高80mの山がある．決して東から西を俯して射撃できる状態ではない．薩軍は丘陵の麓にも配兵していたのであろう．上方の一小山からの射撃に困っていたので，150人の抜刀兵が攻撃したが，官軍を追

い払えなかったのである．第一山は標高80mの山であったと考えられる．

　和田越本道の東側に連なる妙見山，本道西側の小梓山も，和田越の戦いの前日14日には薩軍が守っていた．第四旅団は東部の無鹿山と呼ばれた山を奪い，さらに和田越本道も攻撃したが撃退されているように，和田越の戦いは前日から始まっていたのである．ここまでみたように，両軍の記録は和田越丘陵一帯の尾根筋東部を和田越の戦い前日に，すでに官軍が占領していたことを記していたのである．

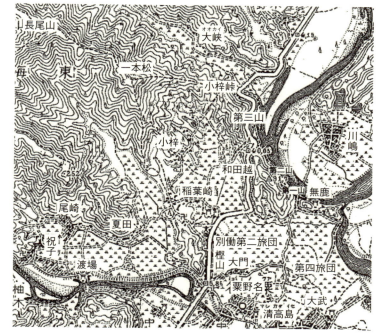

図80　和田越付近第一山から第三山想定地（陸地測量部5万分の1地図1902年「熊田」を拡大）

(2) 8月15日の和田越の戦いとその後の事態

　和田越の戦いは両軍とも最後の戦いになるだろうと予測して行われた戦闘である．西南戦争では節目となった場面であり，いろいろな書物に登場するので詳しくは触れないが，これまでの理解とは異なる解釈もできるので，それについて述べたい．18日に激戦の舞台となる可愛岳周辺については，ここでは扱わず，可愛岳の戦いの部分で検討する．

　この日薩軍は延岡奪回を目指して和田越丘陵一帯に陣取り，西郷隆盛も西南戦争中初めて前線に姿を現した．西郷が立ったのは和田越本道の西側にある小高い場所であろう．現在，西郷陣頭指揮の碑がある道路脇の地点は東西の尾根から見下ろされる場所であり，指揮するには適当ではない．碑のある場所の北西に位置する尾根上から前面の官軍を見下ろしたと思われる．これまで薩軍は和田越丘陵一帯から和田越本道，西部は標高382mの長尾山までの東西約3.3kmに陣取ったと理解されてきた．しかし，東端は官軍が占領していたことを述べたが，西端の長尾山についても問題とすべきである．

　延岡市南町真宗光勝寺住職の権藤圓海師は当時40歳であった．可愛岳西方の祝子村に避難しており，戦闘の見聞を日誌「渉日録」に記している．8月14日と15日の部分を掲げる．

　　八月十四日．晴．
　　舊七月六日．午前五時より砲聲相聞ゆ．松山邊の由．中川原迄出張候處，賊兵疊卵を打つが如く，大武町へ向け敗走，歸寺不得，午後二時歸寺．途中官兵陸續，中ノ瀬へ發向．
　　八月十五日．晴．
　　舊七月七日．午前九時．食物等を携へ獨行候處，砲聲太だ殷也．祝子村渡場差止候由．今山嶺

> へ登り戦争遠見．賊は無鹿山に登り，官兵，粟野名，無鹿往還松林に臺場相構へ，賊は和田越
> に臺場を構へ，また長尾嶺へ屯集し，一本松に臺場を据え，双方午前九時より砲聲尤も激烈也．
> 終に祝子村に到る．祝子村山に官軍屯集し，渡場，本村，尾崎，カウベラ山等（一字不明）
> 處々臺場あり．官兵祝子村だけにて三千程也．
> （「渉日録」pp. 102）

彼は15日には弁当持参で延岡の町の西部に位置し，今山大師のある今山に登って戦争を見物した．薩軍の台場は和田越，一本松だけが記されている．これ以外にもあっただろうが，遠望することのできた台場だけを記録したのであろう．「長尾嶺へ屯集し，一本松に臺場を据え」とはどういうことだろう．長尾嶺と一本松は別の場所であるような記述である．おそらく長尾嶺というのは長尾山頂上のことであろう．長尾山頂上には薩兵が集合しただけで台場はなかったか，見えなかったのであろう．一本松には薩軍の台場があり，目撃したというのである．以下は「征西戦記稿」の長尾山の部分である．

> 左翼横濱大尉ノ隊ハ援隊ヲ得テ後，賊勢挫折シ諸隊勇進小山田少尉伊藤少尉試補眞鍋ノ各半隊亦賊ヲ尾シテ進ム死屍銃器途ニ狼藉タリ賊退テ長尾山ニ登ル追撃半腹ニ達ス賊山頂ニ在ル者下リ來テ拒キ戦フ参謀補助井上恒之等奔走指揮シ兵員不足ナリトシ山ヲ下リ増兵ヲ謀ル中村中佐乃チ兵ヲ進ム諸隊陸續山ニ傳キ長尾山ニ在ル者三中隊皆山腹ニ蟻附ス賊要害ニ據リ奮闘之ヲ拒ク而シテ山路峻嶮ナルヲ以テ我兵突進スレハ輒チ斃ル一二日ク此時賊ハ高所ヨリ瞰射シ我ハ仰攻ス勢頗ル苦ム會々大武前面第四旅團ノ戦線ヨリ克虜伯砲ヲ連射シ之ヲ援ク山上ノ賊軍爲メニ漸ク減少ス乃チ機ヲ候シ相對スルコト久シ又森本中尉ノ隊ハ勇進シテ前面ノ賊ヲ驅リ進テ小梓山麓ニ達シ山上ノ賊ト對戦ス山本大尉ノ一中隊其右ヨリ進ミ石原大尉ノ一中隊又其右ヨリシ以テ堂ケ坂及ヒ其西部ノ賊ニ對シ戦フ中村中佐自ラ長尾山ヲ攀チ諸隊ヲ鼓舞シテ突進セシム賊銃丸ヲ雨射シ中村中佐三好少佐及ヒ横井大尉小山曾我両少尉中島行正井上恒之両参謀補助等前後相繼テ負傷シ其他下士卒ノ負傷極メテ多シ賊亦敢テ突進セス其一隊四五十人唯絶頂老松ノ在ル處ノ壘ヲ固守ス樫山ヨリ之ヲ望メハ其擧動ヲ審ニスレノモ山腹ノ兵ハ之ヲ知ル能ハス此山赤骨樹林ナク路ノ由ル可キナシ日卓午ニ近キモ両翼中央未タ志ヲ得ス河北少佐乃チ石原大尉ニ令シ其隊ヲ二分シ一ヲ堂ケ坂ノ東ニ赴援シ一ヲ阪ノ正面ヨリ，
> （「征西戦記稿」巻五十二　延岡戦記 pp. 52〜53）

「絶頂老松ノ在ル處ノ壘ヲ固守ス」にいう当時の長尾山の絶頂という所には老松があり，周囲ははげ山状態であり遠方からも老松が目立っていたようである．「渉日録」で一本松と長尾山頂上は別の場所であることが判明したが，この老松のある絶頂が一本松と言われた場所のことであろう．官軍は小梓山麓で対戦したというから，そこから近い場所である．長尾山に向かって進み，最初に存在する峰が一本松の場所であろう．分布調査ではその付近までは台場跡が多いが，それより先は急に少なくなっている．したがって，山頂から薩軍の援軍が駆けつけ，官軍が奪取した戦闘があったのは一本松の場所であり，長尾山頂上と長尾山一本松とは約1.2 kmも離れている．

戦闘後，一本松には別働第二旅団が本営を置くことになる．和田越丘陵の東部から一本松までは官軍守備が厳重であったが，それよりも西方の尾根線は兵員不足のため守備を希薄にせざるを得ず，同旅団の山田顕義少将が山縣参軍に何度も懸念を伝え兵員増加を訴えている．16日以降，薩軍部隊の投降が続出したが，薩軍本営があった俵野以南で投降した場所は小梓峠と「長尾山一本松延岡街道隊名不知一本松官軍之陣門」の2ヶ所であり，ここに別働第二旅団の本営があったからである．

和田越の戦いに臨んだ薩軍は，それ以前7月頃から特に銃弾の金属不足が深刻化していた．和田越丘陵の北側斜面では鉄製銃弾8点以上がまとまって発見されているのが，この時点の薩軍弾薬の

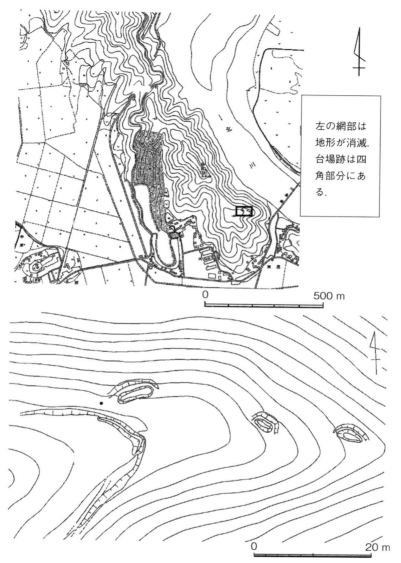

図81 和田越東にある官軍台場跡（横澤2012）

事情を裏づけている．8月15日の和田越の戦いについて，いくつかの解釈を行った．まず，前日からここで戦闘があったこと，そして和田越丘陵の東部は官軍に占領されていたこと，激戦地となった長尾山とは長尾山頂上ではなく，そこから東に約1.2 km離れた長尾山一本松だと理解すべきこと，戦闘後別働第二旅団本営が一本松に置かれ，それとみられる台場跡が残っていることなどである．以上の点は現地踏査の結果を参考に史料を再検討して得られた．

　和田越丘陵一帯の現地踏査を行い，戦跡の状態を調べたことがある（横澤2008）．ここで採り上げている部分では，妙見山の東側の山の北東部に台場跡4基を確認したが，これらは尾根の北東側を北西から南東に流れる北川に面する状態で築造されていた（図81）．これらはどの時点で設置されたのだろうか．8月段階で第四旅団に付属し土木作業に従事していたのは，教導団工兵第一大隊である．その記録の14日の記述には山上での作業は記述されていないので，15日の関連部分を以

下に示す.

　　右翼
　　進軍午前第五時大武町ヲ発シ無鹿村ニ至ル賊兵同村ニ塁ヲ築キ防戦厳ナリ爰ニ於テ同村ニ至ル
　　街道ニ肩墻ヲ築キ且戦闘線中各処ニ塹溝ヲ築ク暫時激戦午前第十一時三十分ニ至リ賊兵敗走ス
　　直ニ進ンテ無鹿村ニ至リ無鹿川岸山上ノ戦闘線中各所ニ塹溝ヲ築ク此工作ニ人夫百四十人ヲ使
　　役シ午后第七時終リテ無鹿村ニ宿陣ス
　（防衛研究所蔵 C09080748400「報告　西南征討関係書類　明治10年2月26日～明治11年3月5日」）

「無鹿川岸山上ノ戦闘線」というのが4基の台場跡の場所を含むとみられる．これよりも西側の妙見山や小梓山には台場跡は確認できなかった．この付近は羊歯が密集するので台場跡を見逃した可能性があるが，15日の戦闘終了後に長井村包囲網の一部として北川を守備するのに好都合の場所に陣地を築いたのである．ここなら川を下る薩軍を警戒するのに都合がよい選地である．

① 長尾山一本松

　8月15日の和田越の戦いでは長尾山は薩軍の右翼に位置し（※正確には長尾山の東部にある一本松という場所付近），激戦が展開され戦闘後に官軍が占領した場所である．尾根筋の長さ1.5 kmの間に34基の弧状台場跡が並び，平均45 mに1基の割合で台場跡が分布する（図82　横澤2008）．これらは基本的に北側を向いて築造されており，戦闘後に北方に退却した薩軍を南側から包囲する形で展開した官軍別働第二旅団が築いたものである．

　図83は長尾山一本松頂上の台場跡である．一本松には比較的大きな台場跡が多い特徴があり，31号は長さ17 mである．図84の29号は一本松頂上のすぐ南側にある鋭角の土塁と内側の窪みをもつ遺構である．南側は近年の造成により削り取られている．一本松には別働第二旅団の本営があったと考えられるが，他の台場跡が弧状土塁であるのと対照的であり29号は本営があった場所ではないかと思われる．

　8月15日，午前中の戦いに敗れた薩軍は，和田越とは谷を隔てた北側の尾根に後退し戦線を再構築し，この方面の官軍包囲網に対抗していた．この日午後，両軍の対峙状態が尾根線一本だけ北

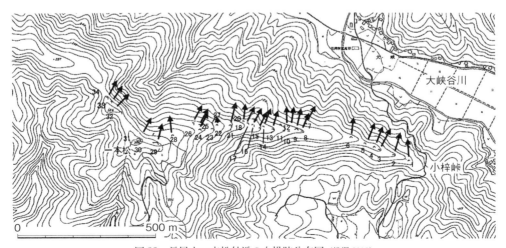

図82　長尾山一本松付近の台場跡分布図（横澤2012）

上したのである．平行する尾根筋での対峙は，大分県内の三国峠付近での平行に並んだ両軍の状況に似ている．

② 高畑山・小橋山

俵野の薩軍本営にとって北部の守りが長井山おそらく日の谷南側尾根なう，南部の守りは官軍が守備していた小梓山・長尾山一本松の尾根に北側で対峙する高畑山から小橋山に続く一直線の尾根筋であろう（図79・85）．両者の間には大峡谷という細長い低地が東西に展開する．「薩南血涙史」には和田越の戦いの翌日のこととして，以下の記述がみられる．

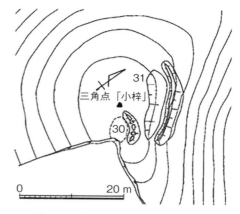

図83 一本松頂上の台場跡（横澤2008）

> 時に長井村南面の高山を守備する高鍋等の諸隊官軍に降る村田新八之を見，相良長良に謂て日「此山當地第一の要衝たり若し敵の有となる時は此地一日も保つべからず速に至り嚴に之を守備すべし」と，相良乃ち兵を率ゐ登山して之を守れり

この尾根筋は初め高鍋隊などが守っていたが官軍に集団で投降してしまったため，村田新八が相良長良に新たに守備を命じたのである．翌17日には官軍が攻撃してきた．

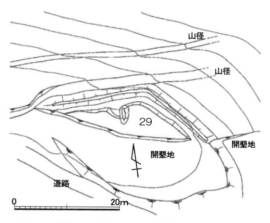

図84 長尾山一本松の官軍本営台場跡（横澤2008）

> 黎明官軍大擧して南方の壘に迫り大小砲を連發すること雨の如し相良長良等奔走兵を勵まして之を拒ぐ敵破ること能はず道を轉じて險谷を下り田畝の間に突進す，松本龜五郎一隊を率ゐ馳て之を擊退せり
>
> （「薩南血涙史」pp.779）

この文書には具体的な地名は記されていないが，当時の南方の壘は高畑山・小橋山しかなかったであろう．官軍がまだ暗い早朝から多数の兵で攻撃してきたのである．この官軍は後述する長尾山一本松・小梓山を守備していた別働第二旅団であろう．結局擊退されたため，次に谷水田地帯で戦闘が行われたのである．この17日の件は「征西戦記稿」には記述されていない．

高畑山・小橋山の尾根で戦跡の分布調査を行った結果，南側の官軍の方や西側を向いて築かれた11基の台場跡と北側を向いた3基を確認した（図85）．北向きの1基は地点を地図上に記せなかった．分布調査では，この尾根筋東麓の国道10号から尾根の東端に取りつき，一直線に西に進んでみた．約2.5km先まで調べたところ，東西4ヶ所に台場跡がまとまって存在しているのを確認した．東端は高畑山，その西側に続く3ヶ所を東から小橋山A・B・Cとして記述を進めたい．

高畑山はこの尾根の東部にあり，東西方向の尾根線から南側に尾根が突き出る場所で，この付近は標高250m強である．台場跡は3基あり，1号は分岐点に，あとの二つ，11号と12号は南に延びた尾根にあり，南から南西を向いて築かれている．小橋山Aは高畑山の西側約450m付近にあ

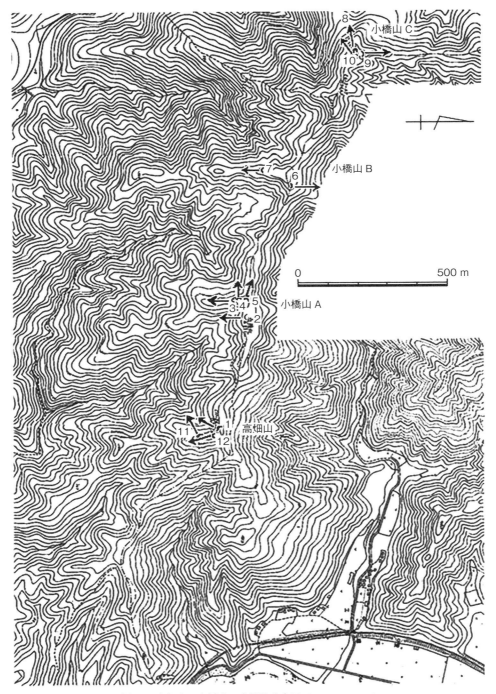

図85　高畑山・小橋山の台場跡分布図（高橋2012に加筆）

り，2号は南側を向いて単独に在る．少し西側には南側方向に尾根が派生しており，基部付近に3基の台場跡3〜5号が南から西を向いて分布する．

　小橋山Aの西約450mに，南側に長く突き出る尾根筋がある付近が小橋山Bである．頂上の北西側に北向きの6号がある．頂上から南に延びる尾根には，背後の頂上から70mほど前方に南向

きの7号台場跡がある．正面には長尾山一本松が見える．

　この一連の尾根で一番高いところは小橋山よりも西側にあり，標高は372mである．最高地点から西側に3基の台場跡（8～10号）がある．小橋山Cである．8号と10号は尾根の先方西側を向き，9号は北側を向く．9号の先には可愛岳中腹に続く尾根筋が下っており，そちらを警戒しての設置である．9号付近からは，可愛岳が視界を遮る塀のように高く聳えて見える．

　以上，高畑山から小橋山の西方に続く尾根筋にある12基の台場跡のほとんどは薩軍が築いたと考えられるが，北向きの6号は，薩軍がこの尾根から去った8月18日以降に官軍が築いた可能性がある．15日の午後から16日・17日と俵野の薩軍本営を守るため，薩軍にとってこの高畑山・小橋山の尾根筋は極めて重要な存在だった．「征西戦記稿」16日の部分には官軍の前面に薩軍がいたのは「長尾山ノ前嶺」として記されているが，この尾根のことである．相良五左衛門や松本亀五郎らがここを守り，相良は17日深夜から18日になる頃，先鋒として可愛岳に向かうまでここを守っていた．

③　北川東岸山地

　北川の西側に和田越があり，北川の東側も包囲網を縮める官軍と抵抗する薩軍との間で戦闘が行われた地域である．この地域南部を担当した官軍は第四旅団であり，「征西戦記稿」には下記のように記述されている．

　第四旅團ハ十六日拂曉ヨリ進軍シ大ニ戰線ヲ前メ其兵ヲ分遣シ古江ヲ經テ浦尻ニ至ラシメ以テ豊後口ノ兵ニ連絡ヲ盡シ是時賊ハ須佐長井ニ集リ尚ホ數千兵ヲ擁スレノモ其地愈々蹙マレリ○遊擊第三大隊ハ川島ノ守線ヲ改正前進ス前進凡ソ六丁余此線長凡ソ二十丁餘午後六時賊前面ノ山ヨリ砲發ス乃チ之ニ應射ス砲兵東京鎭臺第一大隊第三小隊ハ砲臺ヲ豊前坊山ニ築キ以テ永跡村ノ賊陣ヲ射擊ス○老田嶽ノ中央以東總テ我有ト爲ルト雖モ其西角ハ賊兵大ニ堡壘ヲ築キ固守セリ○十七日午後一時遊擊兵第二大隊ハ守線ヲ老田山ニ設ケ同四時川島須佐山ニ向ヒ古莊大尉第一中隊ノ三分隊ヲ率ヰ山ノ右ヨリ進ミ淺田中尉第二中隊ノ三分隊ヲ率テ左ヨリ進ム其第一中隊ハ賊兵ノ射擊劇烈ニシテ直進スル能ハス故ニ正攻ノ虛勢ヲ爲サシメ第二中隊ハ山腹ノ險阻ヲ攀躋シ密樹ノ間ニ潛行シ午後六時始テ賊壘ノ左側ニ達シ一齊ニ突起，銃槍疾呼シテ壘中ニ躍入シ十餘名ヲ殺ス賊狼狽兵器彈藥死屍ヲ委テ走ル支脈上ナル山壘ノ賊モ亦瞰射ヲ受ケ守ル能ハス守地ヲ棄テ走ル是壘ヤ僅ニ一川ヲ隔テ長井谷ヲ俯瞰シ最モ要害ノ地タリ是ニ於テ無鹿川北復タ賊ノ隻影ヲ見ス乃チ軍橋ヲ無鹿川ニ架シ長百五十米突夜守線ヲ此ニ設ケ第一中隊之ヲ警備ス是日遊擊第三大隊ハ川島村北ニ在リ各大隊守線ノ更正ニ因リ守線稍々減縮セリ○砲兵近衛第一大隊第三小隊ハ午前五時半大武町本部ノ在ル所ヲ發シ山砲二門克虜伯砲一ヲ川島ノ邱陵ニ備ヘ俵野村近傍ノ賊地ヲ射擊シ又一東京鎭臺第一大隊第三小隊ハ午前七時克虜伯砲一門ヲ豊前坊山ニ備ヘテ賊ノ本營ヲ射擊シ午後一時山砲一門ヲ笠井嶽ニ進メ内谷峯ノ賊壘ヲ砲擊シ步兵ノ進擊ヲ援ケ五時步兵遂ニ之ヲ陷ル我カ護衛砲兵モ亦其列ニ在リ其步兵圍壘ヲ峯上ニ築キ獨立ヲ謀ラントス乃チ我隊ノ役夫ヲ用テ之ヲ築ク

（「征西戦記稿」巻六十　可愛岳戦記 pp. 8～9）

　「老田嶽・豊前坊山・笠井嶽・内谷峯」などの所在地不明の山が登場する．現在の地図では該当する名称の記載がなく，それがどこなのかの検討が避けられない．まず分布調査を実施し，戦記の内容と照合して場所を特定しなければ史料を理解できないことが分かっていたので，何回かに分けてこの地域を踏査してみた．

④ 老田岳から北側尾根筋まで

図86は参謀本部陸軍部測量局が明治21年に作製した20万分の1図の拡大である（「日本歴史地名大系」付録地図　平凡社1997）．まだ模式図的な地図の段階だが，この地域の中央を北から南に流れる北川の東側，川島集落の背後の山地付近に老田山の名を見つけた．地図に比べて文字が大きいのでどの峰を指すのか分からないが，川島から川坂までほかに山名はなく，付近で一番高い山を指すとみられるので，標高324mの山が老田岳であろう．

北川東側に南北に連なる稜線には両軍の台場跡が残っている（図87．矢印は南部台場群跡は官軍，北部の2基は薩軍台場跡の向く方向を示す）．

図86　老田岳（楕円枠内．「日本歴史地名大系」付録地図　平凡社1997）

標高210m等高線が完結する同図上部の峰に1号台場跡はあり，頂上の端にあって稜線が先に続く方向を見下ろす場所に位置する．「し」字形の土塁が南東に短く南側に長く造られ，内側は削り込まれている．一端南に下がり再び次の峰に登り着くと，2号がこれまた端に先方を睨んだ状態で造られている．1号からの距離は約300mである．土塁の形は1号とは左右逆転形で，東側に長く南側に短い．内側は平坦になっている．ここから先の稜線は1km以上にわたり10ヶ所近く峰が並ぶが，台場跡は存在しない．北川東岸の稜線で一番高い老田岳と思われる部分に近づき，上りに変わってしばらく行くと最初に登り着いた平地に台場跡3基が並んでいる．

ここは西から上ってくる尾根筋が合流しているので，それを意識している．その尾根を降ったところにある一塊の峰，老田岳には後述する3〜5号台場跡があり，その土塁は弧状でみな西を向き，尾根道の背後の高みにある．尾根を少しずつ登ると6〜10号までの台場跡が現れる．6号・7号は稜線の下方から西側を向いた弧状台場跡である．標高300mまでに8〜10号の台場跡が西向きに分布し，標高310m等高線が完結する峰には11〜13号の台場跡3基がまとまって西を向いている．

13号から老田岳頂上までは200mくらいあり，14〜17号までが間隔をあけて分布している．頂上には台場はなく，そこから800mほど尾根を進むと，採石場の崖が尾根を消滅させた場所に着いた．ここから先は山が大規模に削られなくなっている．

以上の台場跡の分布状態から，薩軍のものは北部の2基だけであり，1kmを超える空白域を挟んだ老田岳の15基は官軍側が造ったと考えられる．この分布状態は「戦記稿」が「老田嶽ノ中央以東總テ我有ト為ルト雖モ其西角ハ賊兵大ニ堡塁ヲ築キ固守セリ」と表現しているのに対応する．ただし，方位に関しては東を南に，西を北にすべきである．西南戦争当時，個々の山や川の名を記す程度の縮尺の地図が存在しなかったためか，方位を90度間違えた記述が多い．両軍とも8月15

1 和田越・可愛岳の戦いの検討　97

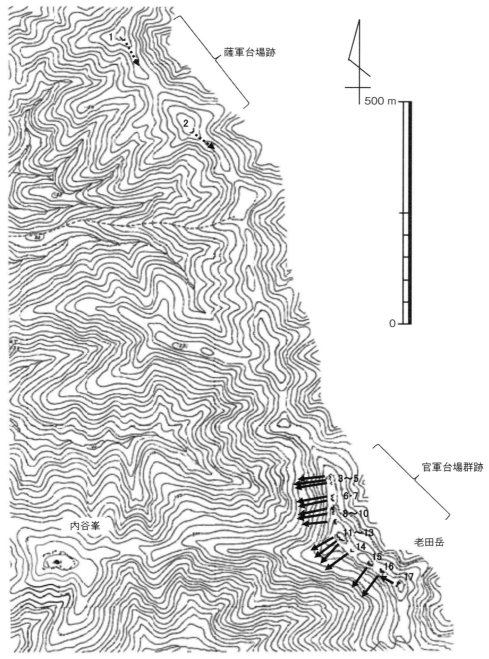

図87　北川東側の戦跡（老田岳頂上付近には官軍の台場跡が集中し，その西側の支尾根には内谷峯の台場群跡がある．内谷峯は初め薩軍が守っていたが，官軍に奪われ官軍が台場群を追加築造した．老田岳の山脈の北部には南側の官軍台場跡を向いた薩軍が築いた台場跡が2基ある．高橋2012に加筆）

日から16日にこれらの台場跡を築いたのであり，俵野を中心に立て籠もる薩軍の周辺部守備状況および官軍包囲網の一端を明らかにできた．薩軍台場跡2基が南東の官軍陣地を向いているのに対し，官軍の台場跡はすべて西向きである．鬱蒼とした樹木のために，1km強北西にいる薩軍に気づいていなかったのだろうか．

老田岳というのはこの山脈の最高所であろうと考えられるが，「征西戦記稿」の記述では，老田岳の中央以東に官軍がおり，老田岳の中央以西という部分も当然老田岳ということになり，相当広い範囲を老田岳であると認識していたらしい．薩軍の台場跡がある西方の尾根もその西角，つまり老田岳の西角というのであるから，同時に出てくる豊前坊山や笠井岳はこの山脈の稜線にはなく，支脈のどれかになるのであろう．おそらく内谷峯よりも南側の支脈であり，次にその可能性のある川島背後の尾根について述べる．

⑤　老田岳の北西側山間部

「征西戦記稿」巻五十九　延岡戦記 pp.45 には 8 月 15 日，和田越の戦いがあった日に第四旅団が「正午十二時，全ク賊ヲ敗リ無鹿ノ山上ヲ陥レ武弘大尉，第一中隊ヲ率テ之ニ居ル第二中隊ハ渡邊大尉，第三中隊ハ佐藤中尉，之ヲ率ヰ無鹿川ヲ渡リ守線ヲ川島ノ山上ニ張ル」とある．その官軍が守った川島の山上とは東側背後の山上のどこかであろう．老田岳の主要な南北稜線から西側の部分について，無鹿対岸の川島町の背後の低い山地を踏査してみたところ集落に近いために果樹園化したところもかなりみられたが，以下の 3 基の台場跡を確認した．この山地は東は老田岳に続き，北側の低地には鹿小路集落がある．

この南北に走る尾根筋の西側地域の戦跡分布状態は希薄である（図 88）．標高約 110 m の付近に大きな 1 号台場跡がある．付近は上面幅 22 m くらいの平たい地形で，両側の斜面も緩やかな状態である．尾根は微地形的にはこの先で左側に向くので，台場は尾根の左手を向いて造られ，北西方向を睨んで造られた弧状土塁をもつ．内側には窪みがあるが，右部分では 1 ヶ所途切れる．全体の長さは 18.8 m，平均的な土塁と窪みを合わせた幅は 3.5 m である．土塁中央部は通路化している．

2 号は 1 号のほぼ北北西約 220 m に位置し，間に深さ 80 m の谷を挟んでいる．付近は細長い尾根地形で前面は緩やかな傾斜面となっている．台場跡の前面には近年の造成地がある．2 号は長さ 6 m で土塁西部が屈曲する．内側に浅い窪地があり東から出入りする形になっている．幅は 2.3 m と狭い．台場跡の西端から 53 m 西側に同じ方向をにらんで 3 号がある．3 号は長さ 9 m ほどの規模でやや大きい．尾根の頂上ではなく，2 m ほど下がった位置に築かれている．土塁前面は直線的で左右で屈曲する．内部には南西部から出入りするようになっている．

以上の 3 基が北川の東岸沿いの低丘陵部，川島集落の背後で確認した台場跡である．この 3 基は北西側に位置する須佐集落や，薩軍本営があった対岸の俵野の方を向いているので，3 基とも官軍側が築いたものと考えられる．これらは 1 基ずつが単独で存在した状態であり，複数を間隔を空けて連築するという状態ではなく，少数の兵士が薩軍の侵入を発見しようと哨兵配置についていたようであり，本隊はもっと高い背後の老田岳稜線にいたのであろう．なお，1 号台場跡の東背後にある尾根は調べていない．

次にここからは，北側に位置する鹿小路背後の尾根線の分布状態について述べる．

⑥　内　谷　峯

ここは川島集落背後の山地の北側に位置し，内谷峯の北西麓には須佐集落がある．

図 89 で頂上から南西（左下）に伸びた尾根の先端部に 1 号台場跡がある．この尾根は北西から南東方向に延び，頂上にはやや平坦な面があり，その規模は全長 25 m，幅 9 m ほどである．1 号

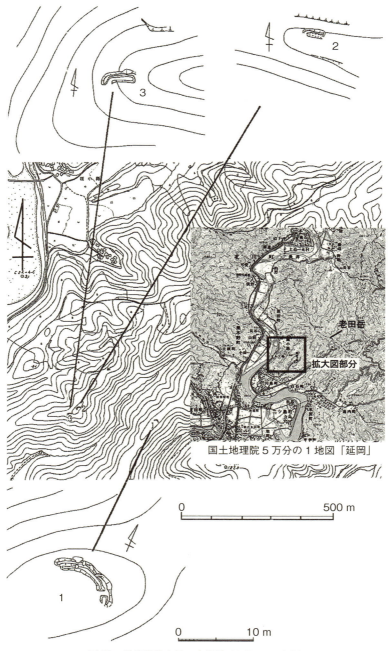

図88　川島背後山地の台場跡（高橋2012に加筆）

台場跡は頂上の近くの斜面部に位置し，土塁は北を睨み内部には斜面下の方から入るようになっている．規模は長さ4.5mで幅3.5mである．南東側（図の右下）に一端尾根を下り，また登っていくと200m等高線が完結する広い場所に出る，といっても鬱蒼とした森の中である．中央部に環状の台場跡が1基あり，周囲を多数の弧状台場跡が守るように取り囲むという状態を確認した（図89・90）．環状台場跡とそれを取り囲む台場群跡は内谷峯2〜28号である．頂上付近は東西方向に40m以上の長さで平坦部があり，東側にはほとんど同じ高さで細い尾根が続き，やがて老田岳に

100　第3章　戦跡・史料による戦闘推移の検討

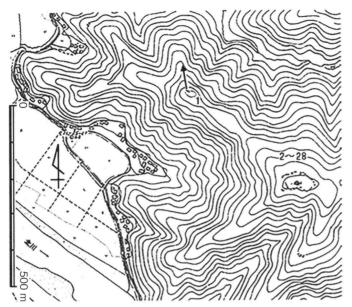

図89　内谷峯の台場群跡（薩軍が守っていた内谷峯-右下の山-を官軍が奪い，中央に円壘，周囲に台場群を築いた．俵野の薩軍本営をここから砲撃した可能性がある．高橋2012）

登っていく．手前の峰にある1号の方から登ってくると，27号のすぐ西側にたどり着く位置関係にある．

2号は環状台場跡で，この峰の中心にあるが地形は周辺と高さの差が顕著ではない．土塁が完結し内側は土塁に沿って掘り込まれるが，中央は自然地形をそのまま残している．長軸は長さ11.5mで短軸は長さ9.0mである．その他の3号台場跡などの長さは3～4m程度である．3～5号までの3基は峰上面の西縁にあり西側を向き，4号は比較的に大きい．6～10号のうち9号以外が一直線に並び，南側を向いて造られている．

8号は両端を鹿により掘り壊されている．11～14号までは小型で，かつ全体で弧状にまとまるように分布している．14号と15号の間には空白域があり，15～18号は再びまとまった状態を示している．16～20号は小さいものが多く，ほぼ一直線に並んでいる．17号と18号は背後の削り出しが連続する．18号は2基をつないだ形である．20号は内側の窪みが痕跡的である．21～27号は北向きに並び，22号と23号は縦方向に並び，22号の窪地は痕跡的である．25号は内側の窪みの背後にも縦長の窪みをもつ．以上のうち，中央の環状台場跡を取り巻く弧状台場跡群はほとんどが内側への出入り口部を造らないという特徴がある．環状台場跡の北東外側に長さ2.2mの盛り上がった部分があるのは，自然作用か人為的なものか分からない．28号は5号の下方にあり，谷側にあって西から南に土塁を廻らせた部分と，その上側にあり南側だけに直線的土塁を設け内側が2段の窪みとなる部分との複合台場である．環状台場跡を取り巻く台場跡群とは離れた位置にある点と形態の特異さから，他とは異なる目的・用途をもったのであろう．

　周辺の台場跡は分布状態のまとまりという面で5群に分かれている．1群は3～10号，2群は11～14号，3群は15～20号，4群は21～27号，5群は28号である．

　ここが内谷峯であるということで記述してきたが，実は地図には載ってない地名である．環状台場跡という特殊な遺構の存在から，この場所が内谷峯と呼ばれた山であろうということが分かる記録がある．「征西戦記稿」の第四旅団に関する8月17日の部分に以下の記述がある．

又一東京鎮臺第一大隊第三小隊ハ午前七時克虜伯砲一門ヲ豊前坊山ニ備ヘテ賊ノ本營ヲ射撃シ午後一時山砲一門ヲ笠井嶽ニ進メ内谷峯ノ賊壘ヲ砲撃シ歩兵ノ進撃ヲ援ケ五時歩兵遂ニ之ヲ陷ル我カ護衛砲兵モ亦其列ニ在リ其歩兵圓壘ヲ峯上ニ築キ獨立ヲ謀ラントス乃チ我隊ノ役夫ヲ用テ之ヲ築ク

（「征西戦記稿」巻六十　可愛岳戦記 pp.9）

という推移を記録している部分である．「圓壘」というのが中心部の環状台場跡のことであり，「獨

1 和田越・可愛岳の戦いの検討　101

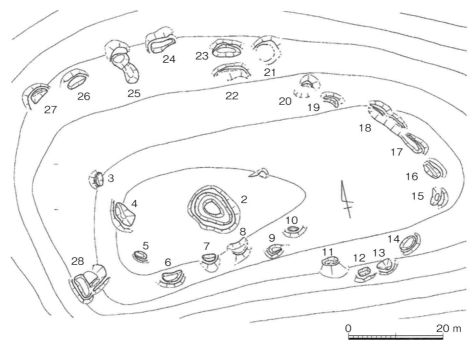

図90　内谷峯の円墨と台場群跡（ここには初め薩軍がいて，東側から攻める官軍と戦い敗走した．11〜18号は東側を意識した状態から，当初の薩軍台場群跡だと考えられる．その他はその後，官軍が築いたものである．中央の円墨は「征西戦記稿」に登場する．高橋2012）

立ヲ」というのが周囲を取り囲んで守備を厳重にした，ということであると理解すれば，まさにここが内谷峯である．西南戦争戦跡では千基前後の台場跡を確認しているが，円形に完結する宮崎県内の例はこの1例しかないので，ここが内谷峯であるのはほぼ間違いない．山砲を置いた笠井岳の場所は不明だが，歩兵が内谷峯を奪ったときに護衛砲兵も一緒だったということだから，高所の老田岳の方から尾根伝いに攻め，大砲も内谷峯に設置したと考えられる．薩軍が内谷峯から退いた先は，この峰よりも俵野寄りにあるということになる．

中央の円墨を取り巻く台場跡の全部が官軍の築いたものであったかは，疑問がある．東部にあり，老田岳の尾根に続く部分は南を向く2群（11〜14号），東を向く3群（15〜20号）の二つの群である．これらは全体の中では他の周辺台場跡群とは平面的な連続性をもたず，向いている方向が主に東の山脈方向である点から当初内谷峯を守っていた薩軍が築いたとみられる．

以上内谷峯頂上にある27基の台場跡群は全体で東西に91m，南北60mの範囲を占めている．初め薩軍がここにいて官軍と戦ったということだから，一見環状台場を取り囲むように見える台場群だが薩軍が造ったものが混じっている可能性が強い．大砲一門は豊前坊山から笠井岳に進んだのだから，豊前坊山よりも前線に近い位置に笠井岳があることになる．しかし，これだけでは二つの山の場所を確定できない．内谷峯を奪った官軍は，記録にはないが，ここに四斤砲を置いたと考えられる．俵野の薩軍本営まで直線距離は2.1kmを測るので，四斤砲弾の到達する距離である．しかも，途中に視界を遮るものがなく，内谷峯から薩軍本営を視認できる位置関係にある．

102　第 3 章　戦跡・史料による戦闘推移の検討

⑦　家　田　山

　場所は北川を鉄道が渡る長井鉄橋の東側である．北川の東側には幅約 400 m の水田が川沿いに展開し，周辺の山際に集落が点在している．川に近い尾根の先端部上面を，宮崎県埋蔵文化財センターが高速道路建設に先立ち発掘調査した結果，古墳が並んで発見され，同時に西南戦争のスナイドル弾薬 2 個が出土した．報告書では銃弾 2 点が図示されているが，腐食した薬莢が付いた状態で出土したという（宮崎県教育委員会堀田孝博氏の御教示）ので，撃ち込まれた銃弾が出土したのではなく，官軍が未使用弾あるいは不発弾を落としたとみられる．報告書によれば，調査部分には台場跡はなかったらしい（飯田博之他 2011）．

　現地を歩いたときは高速道路の工事中であった．その尾根の北部には中世の家田城という山城跡

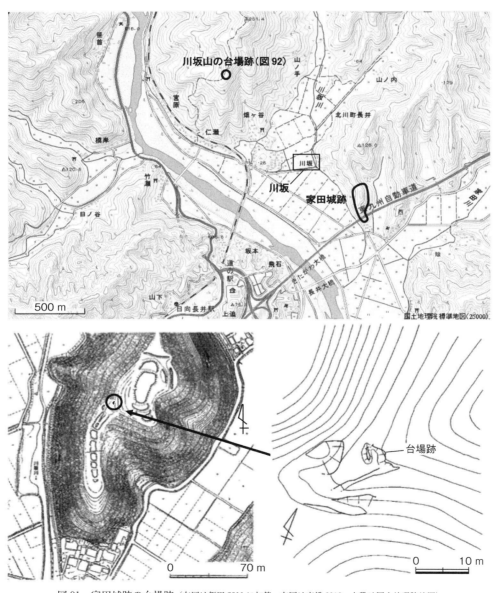

図 91　家田城跡の台場跡（左図は飯田 2011 に加筆．右図は高橋 2012．上段は国土地理院地図）

がある．北から家田城主郭部を通り抜け頂上から南西に尾根を伝って下ると，細長い平坦な尾根に変わる地形変換点辺りに台場跡を確認した．背後の山城跡を背に長さ 4.0 m の土塁が尾根筋の片側にあり，尾根の先方と北西側の谷を向いて設置された台場跡がある（図91）．内側は尾根筋から出入りできるように開く．図で台場跡の南側に2本線で描いたのは踏み分け道である．「征西戦記稿」によれば8月18日，可愛岳頂上から北東に進んだ薩軍と家田山との交戦があった．

> 新撰旅團ハ十八日戰聲ノ大ニ可愛嶽方位ニ起レルヲ聞キ専ラ歩哨線ヲ戒嚴シ岳村大尉ヲシテ一部隊ヲ率テ長井ヲ經テ進マシメ又大島中尉ニ命シ一小隊ヲ率テ斥候タラシム大島後レテ進ムノ途次，岡村ハ部下ノ兵其死傷ヲ護シ歸リ告ルニ南方山上ノ賊，攻撃最モ急ナルヲ以テス因テ益々急行スルニ又安村中尉泊撃ノ急使ニ遇フ日ク該隊，賊ノ背後ニ在リ激戰殆ント堪ヘサラントス乞フ速ニ來リ援ケヨト即チ馳セテ家田山ニ登リ安村中尉ノ隊ニ代リ銃撃スル事殆ント二時間賊彈ノ漸ク衰フルヲ察シ戰ヲ安村ニ譲リ半隊長ヲシテ狀ヲ牙營ニ報セシメ猶ホ止リテ歩哨ヲ配置シ守備ヲ嚴ニス○是日第四聯隊第一大隊ノ第三中隊ヲシテ俵野村地方ヲ偵察セシメ進テ大貝谷ニ至ル賊俄然我隊ノ側面ヲ亂射シ且ツ山路崎嶇トシテ進ム能ハス乃チ退テ大哨ヲ俵野村山上ニ布キ防守ス○十九日長坂中佐山縣參軍ノ營ニ至リ脱賊追撃ノ議ニ参ス○二十一日須佐ノ哨兵ヲ撤シ撰抜第三中隊ヲ可愛岳ニ進メ歩哨線ヲ布ク
>
> （「征西戦記稿」巻六十二　脱賊追撃記 pp.54）

18日は薩軍が包囲されていた俵野を脱出し，可愛岳を突破した日である．薩軍の殿軍は本隊の脱出を助けるために可愛岳に留まり，官軍に攻勢をかける勢いがあった．北川東岸を守っていた新撰旅団や第四旅団は北川を西側に渡り，一部の兵を俵野から進め大峡谷に至るが，薩軍の射撃のため俵野附近の山上に後退させている．大貝谷というのは大峡谷のことで，長尾山や和田越などの北側に東西に延びた谷であり，谷の行き詰まりは可愛岳頂上の直下に達している．

安村中尉が救援を請うた家田山の場所は，台場跡の存在とスナイドル弾薬2点の発見からここだったとみられ，当時官軍が守備していたと考えられる．

⑧ 川 坂 山

延岡市北川町熊田付近で南流する北川支流二つが合流する．その東側に長々と南北方向に続く標高300 m前後の山は北川沿いにあるため，薩軍本営が籠る俵野の包囲網を官軍が完結するには，この尾根筋は必ず守備しなければならない区域だったとみられる．この付近に関する記録を探したところ，次の史料があった．別働第一旅団の川坂山の記録である．

> 明治拾年八月十五日午前第二時三十分三角山幷ニ姥井峠ノ両道ヨリ追撃ニ付當大隊大援隊トナリシ処賊熊田ヲ指シ逃去スルニ依リ直チニ進ンテ寺尾峠ヲ越ヘ瀬口ニ至リ熊田ヲ前面ニ控ヘ頭山ニ大哨兵ヲ配置ス時已ニ午後第八時同十六日午前第四時ヨリ後備第四大隊ト共ニ長井村ヘ進撃川坂村ニ至リ各旅團連絡ノ都合ニ依リ再ヒ同村山上之要地ヲ占大哨兵ヲ配置ス時已ニ第五時（略）右日向國三河内三角山幷姥井峠ノ両道ヨリ進撃須佐角村西谷山ニ於テ戦争之顛末御屆申候也
>
> 　　　明治十年
> 　　　　　別働第一旅團獨立第二大隊長
> 　　　　　　九月十九日

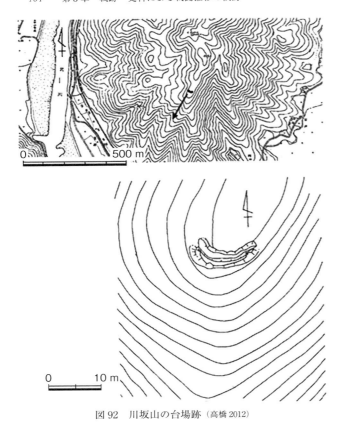

陸軍少佐吉村守廉印
司令長官
　陸軍少将高島鞆之助殿
(防衛研究所蔵 C09083162200 陸軍省-西南戦役軍団本営-M10-65-308「発翰録　明治10年8月17日～10年9月3日」0550～0553)

　別働第一旅団第二大隊が8月16日午前5時に，川坂村山上に守備を始めたことが分かる．川坂という場所（図91上図の□部分）の周囲を調べた結果，北川東岸の山地で1基だけ台場跡を見つけた（図92）．これは規模が比較的に大きく，弓状の土塁と内側の窪みからなる．窪みには両端から出入りできる形である．台場跡の長さは13.4m，部分的な幅は最大4.4mである．官軍が川坂山と呼んだ場所はこの台場跡のある山であろう．
　樹木のために展望できないが，切り払えば南西方向に長井山が直視可能で，長井山の一番近い薩軍台場から1,300mの距離である．
　官軍は17日には北川を渡り，坂本という現在道の駅がある低い山，あるいは日の谷南側尾根，すなわち長井山かとみられる薩軍と交戦している．薩軍が投降した山下というのは長井山の南麓にある地名である．

図92　川坂山の台場跡（高橋2012）

⑨　ま と め

　以上のように8月15日の和田越の戦い，および関連してその後に起きた出来事について，戦跡の場所比定，戦跡の状態確認，関連史料の調査を行った．和田越の戦いは戦史研究や小説その他で取り上げられてきたが，残念ながら戦跡の位置比定と遺構の分布状態把握という観点がみられず，これらの周辺戦跡についても香原建一氏のほかはほとんど触れようとしなかったため，改めて史料に登場する戦跡の場所特定が必要であった．
　和田越の戦い直後，薩軍は北に後退し，官軍は前進した．高畑山と小橋山で確認した台場群跡は，薩軍が本営のある俵野を守るため，南側に設けた唯一の防衛線だった．それに対峙したのが別働第二旅団で，小梓峠付近を起点に，長尾山一本松から長尾山頂上を経て長い戦線を築いたことが分かった．
　15日，和田越の東の北川対岸では，老田岳の山脈やその西側斜面部である川島背後一帯で戦いがあった．上記の調査により，薩軍は内谷峯や老田岳山脈の北部にも守備を置いていたことが確認できた．和田越の戦いに敗れた直後に薩軍の一部が北川を渡って東岸の川島町に退いたことから考

えて，当時そこにも薩軍がいたのであろう．和田越の戦い後，一方の官軍は第四旅団が15日午後に老田岳山脈の南部に進出した．この時点では山頂ではなく南麓であったらしい．さらに16日には豊前坊山に大砲を置いて砲撃しているが，豊前坊山がどこにあるのかは分からない．将来，発掘調査により大砲の点火装置消耗品である摩擦管が発見されることを期待したい．16日午前5時，上記地域よりも北方において別働第一旅団が北川東岸の川坂山で守備を始めた．17日，老田岳の南麓にいた官軍は頂上に守備を置き，続いて内谷峯を攻撃して奪った．18日にはその北側の家田山・川坂山などから官軍が北川西岸に渡って攻撃している．

戦跡の分布状態を確認したので，和田越の戦い後に起きた出来事についてこれまでは抽象的にしかとらえられていなかった事態が，初めて具体的に理解可能になったわけである．

（3）可愛岳の戦い

8月15日の和田越で両軍が総力を挙げて戦った結果，薩軍の敗北は決定的となり，北川流域の俵野一帯に薩軍は包囲されてしまう．16日・17日と小規模の戦闘はあったが，官軍は18日を戦争最後の日にするつもりであった．18日に日付が変わった頃，俵野の薩軍本営を目指して西側背後の可愛岳周辺に野営していた第一・第二旅団が行動を開始し，南北に分かれて進んでいった．しかし同じ頃，薩軍本営も密かに抜け出て可愛岳を突破するつもりで出発していた．薩軍は可愛岳一帯で戦い脱出に成功したが，それ以前，可愛岳一帯は15日から戦場になっており，戦跡が散在する．以下ではこの地域の戦跡について，どこで何があったのか検討する．

① 会五山一帯

延岡市北川町の北川の西側，国道10号と国道326号線の西側にあり，北西から南東方向に延びる尾根がここで扱う会五山（"えごやま"であろうか）一帯である（図93）．8月17日から20日まで，熊本鎮台の一部が「森屋谷ノ築上ケ」という場所に守備を置いたとされている（乃木1983 pp.60・61）．この尾根の東麓には南から橋岸・笹首・曽立・山瀬・小木口・野上という集落が点在し，国土地理院の地図では尾根の最高点である曽立の西側にある標高399 mの峰だけに会五山という山名が付けられている．この山の南西側の谷は国土地理院の地図に森谷谷と記されており「森屋谷ノ築上ケ」に関係がある．

熊本鎮台は地名考証に来たわけではないし，ただ地形をみて必要とあれば守備を構え，さらに前進したり後退したりを繰り返したのであり，当時両軍ともかなり適当に山に名前を付けていた．森屋谷ノ築上ケがどこにあるのかは戦跡の分布状態から判断しなければ分からない．

熊本鎮台の工兵隊は籠城中に，熊本城の周囲やその後の7月の段階には西洋流の稜堡群を大分・宮崎県境の大原越に築いている（高橋・横澤2009）ので，その直後移動してきたこの付近にどのようなものを築造したのか確認しておきたいとの思いもあり，会五山一帯を訪れ調べてみた．

イ　橋岸背後の峰　山並みの南端，橋岸付近の尾根，標高217 mの峰にある1号台場跡（図93の左下）は小さい頂上の南部に南側向きに土塁を築き，内側の窪みには東から出入りするようになっている．台場跡の長さは6.0 m，幅は3.9 mである．1877年8月18日，可愛岳背後の官軍第一・第二旅団本営を薩軍が襲ったときに，第一旅団の野津鎮雄少将らがたどり着いたのが，橋岸にあった熊本鎮台の出張所であった．麓の民家を官軍が出張所にしていた可能性が高い．

106　第3章　戦跡・史料による戦闘推移の検討

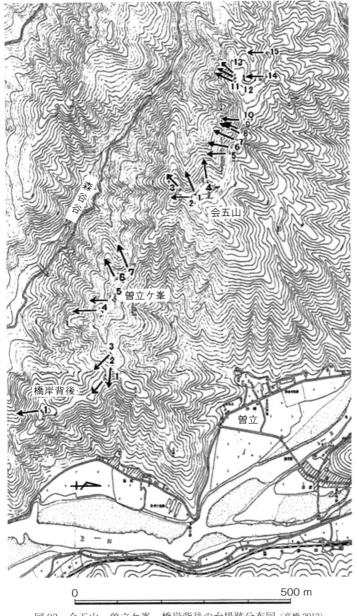

図93　会五山・曽立ケ峯・橋岸背後の台場跡分布図（高橋2012）

ロ　曽立ケ峯　会五山頂上から南東に下り進んでいくと一つの峰がある．この峰は北東の麓に曽立という集落があるので，当時曽立ケ峯と呼ばれた場所であると思われる．曽立ケ峯には台場跡が7基あり（図93の中央から下），最大のものは長さ9.5mの3号である．1号台場跡から300m先までは羊歯が多く，200m等高線が廻る場所付近から西側斜面に古い山道を認め，次の200m等高線が現れる付近で道は三叉路となる．道に挟まれた上側は一段高く，そこに前方の南東をにらんで2号台場跡がある．尾根のその先は次第に左に曲がり，やや長い尾根の上に道を取り込んだような「し」字形平面土塁の3号台場跡が南東向きにある．その先には280m等高線が取り巻く峰に西向きの4号，次の峰中央に南向きの5号，その先に西向きの6号がある．7号は尾根の先端というべき微地形にあり，西北側に見下ろせる尾根筋の低くなった所，埵（たお：峠の低くなった場所）を意識した場所選定を行っている．J字形土塁で内側には窪みがある．埵の先は結局未踏査のままになった．

　この曽立ケ峯と，次に述べる会五山3号台場跡との間の等高線の緩んだところは未調査である．

　ハ　会五山周辺　曽立ケ峯の北西側地帯である．ここにある台場跡は標高398mの会五山頂上から南側に4基，頂上の西側に延びた尾根に11基ある（図93の上半部．※図では北が右，南が左である）．

　会五山頂上にある標石の西側3mに西向きの弧状台場跡がある．この4号台場跡は長さ6.3mである．頂上から踏み分けみちを南東に下っていくと，尾根上面が幅6m程度で細長い地形にな

る．ここに1号台場跡がある．頂上の標柱から台場跡の北端まで37mある．弧状の土塁を南西に向け，背後に南東側から出入りする窪みをもつ．南東部は風倒木痕が盛り上がり一部を破壊している．1号台場跡の先も細長い尾根で先端部は少し広がる．その南部の隅に2号台場跡がある．ここからは薩軍のいた長井山（日の谷南側尾根）台場群跡を谷越しに見ることができる．2号の内側は窪んでいる．台場は下に続く尾根筋を避けるような位置にあり，土塁上にはコンクリート製の柱が立つために土塁は若干盛り上げられている．下に続く尾根を下っていくと，すぐに平場の尾根になる．先端部は2mほど高くなり左右に広がった地形である．南側は傾斜がきつく崖のような状態である．その頂上の西部に3号台場跡が西を向いて造られている．2号からは水平距離で60m前後あろう．3号台場跡の土塁は南部がやや屈曲し，内側に南入りの窪みがある．土塁は前方に向かって下部が広がる．

　会五山の西方には台場跡が5基あり，さらに会五山頂上から200m強，北北西の位置にある南側に突き出た尾根にも3基台場跡がある．台場群は南側にある山道に沿っており，当時この道が存在したようである．森谷谷から上がってくる路線があったらしい．最も上に位置する11号台場跡はここでは最長で5.8mあり，内側の窪みには西から入る．11号台場跡は南側を向くが，5.8m西側にある12号台場跡は土塁がL字形に曲がり，西と南を警戒した形で内側に円形の窪みがある．16m離れた尾根の先の方に13号台場跡がある．12号同様に土塁は西と南を向いており，内側に楕円形の窪みがある．

　会五山頂上を右に見て北西に行くと，頂上から約100mの尾根にも台場跡群がある．11号台場跡から13号台場跡のある尾根と会五山南の尾根の間は，標高370m前後の尾根が一直線に続いており，ここに台場跡6基がある．図化していないので簡単に記すと，長さは5号台場跡が3.8m，14m離れて6号台場跡は長さ4.0mでその痕跡を残す．7号台場跡は長さ4.8m，8号台場跡と9号台場跡も通常の弧状形．10号台場跡は尾根線の低い場所，垰にある．付近は鹿による掘り返しがひどく，台場跡の土塁が長さ4.5m残るだけで内側に窪みはあったのか不明である．

　会五山一帯の台場群は3ヶ所に分かれて分布していることが把握できた．南から橋岸背後の峰に1基，笹首背後の峰に6基，会五山一帯に15基の合計21基である．全ての台場跡は南側の森谷谷・日の谷を向いているので，ここにいたのは官軍以外考えられない．会五山一帯には大原越の多稜堡塁群を築造した同じ工兵隊をもつ熊本鎮台部隊が移動してきていたので，同様の稜堡跡があるのではないかと考えたが，一般的な台場跡しか残していなかった．

　ここに至る熊本鎮台の動向を追ってみる．「熊本鎮台戦闘日記」巻三pp.43によれば彼らは8月15日，左翼の黒沢口部隊に豊後水道沿岸の守地を発し，寺尾峠（日豊線北川駅の北東8kmにある標高510mの山）を経，瀬口村山上（同じく北北東4km）に守備を張り熊田に偵察を出すとともに，豊後水道沿岸の延岡市北浦町古江の山上を守備した．右翼の重岡口部隊は県境を発し熊田に向け進行．その右翼は一部を県境に残し，延岡市北川町八戸・下赤・黒木峠に斥候を出して敵情を探ったが，すでに退去した後だった．16日，黒沢口部隊は長井村に進み北川を隔てて対戦し，右翼部隊は県境梓峠に一部を残し熊田に集合した．17日，熊田口部隊は可愛岳の薩軍と交戦し占拠した．これは日の谷南側尾根つまり長井山の一部と思われる．熊本鎮台の谷干城少将は17日，本営を熊田に置いている．

　この日の熊本鎮台第十三聯隊第三大隊長小川又次の「明治十年戦争日記」全文を示す．これは第

三大隊の公式日記とみられるものである．なお，頁は存在しない．当時，宮崎県はなく鹿児島県だった．

　　　八月十七日晴天午前一時梓峠地方ノ諸隊延岡ニ向ケ進発八戸ヲ経テ<u>屋敷ノ内ヲ通過シ森屋谷ノ築上ケニ配兵ヲナシ</u>第四中隊ノ兵員若干出シ第一及第二旅團ノ本営ニ到ラシム正午十二時鹿兒島縣下白石村ニ本部ヲ移ス此日第三中隊ノ一小隊ハ熊田ヨリ日ノ谷村エ進軍對戦ス此日兵卒安養寺浅太郎負傷熊田ニテ降伏人三千余人アリ　　　　　　（「明治十年戦争日記」高橋所蔵原本）

　これによれば，会五山周辺を守備したのは大分県境の梓峠から進んできた第十三聯隊の第三大隊である．梓峠→八戸→屋敷ノ内→森屋谷ノ築上ケに配兵，という順序のうち，屋敷ノ内山という場所が北川町の字図では標高578.4mの峰の北東側にあり，会五山のほぼ北西約2kmの距離に位置する（図79）．屋敷ノ内山に至るまでは戦時の戦闘部隊だから，谷を抜ける危険は承知済みだろうから，多分，北川を渡って一直線に尾根を南下し，屋敷ノ内山の手前で左折して会五山一帯に進んだのであろう．

　次にその後の状況を理解するため，18日から20日までの全文を掲げる．

　　　八月十八日晴天同處ニ降伏人二千余人来リ本日第三中隊ノ一小隊ハ日ノ谷ヨリ江ノ嶽エ進軍ス賊終ニ支ル能ハス畳ヲ捨テ走レ之レ第一第二旅團ノ中間ヨリ賊突出シタリト云
　　　八月十九日晴天拂暁ノ頃ニ祝子川辺ニ銃声ス薄暮モ銃声ヲ聞ク而シテ脱賊ノ方向判然セサルヲ以テ警備ヲ前後ニ設ケ且斥候ヲ祝子川ニ向ケ派出ス
　　　八月廿日晴天午前各哨兵引揚ケ午後三時ヨリ発程シ元ノ大分縣田野村ニ同夜十二時ニ到着ス<small>里程凡六里余</small>第三中隊ノ一小隊ハ矢立峠ヨリ来リ會ス　　　　　　　　（「明治十年戦争日記」）

　18日は4時半頃から可愛岳で脱出する薩軍と戦闘があった日で，一部の薩軍は殿軍となり官軍の追撃を阻止するため可愛岳の直線的な尾根を東北に進んで来たため，彼らと熊本鎮台は対戦したのである．20日，薩軍が遠くに去ってしまったことが明らかとなったため，午前中に山上の守備をやめ，午後3時から進路不詳の薩軍を警戒するため大分県佐伯市宇目に出発し，夜中の12時に到着した．結局，官軍は会五山一帯には4日間だけいたことになる．

② 可愛岳北側尾根

　可愛岳頂上の北側に延びた尾根である（図94・95）．可愛岳頂上の北側背後では最も等高線の緩い場所が広がり，西側には北西側尾根と称した尾根が並ぶ．この北側尾根に第一・第二旅団が本営を置いたと想定している．

　北側尾根には台場跡が3基あり，南から北に向け1～3号とした（図95）．初めの踏査では4基としていたが，うち1基は台場跡であるか疑わしいので今回没にした．1号は可愛岳に近い細尾根の先端にあり，可愛岳に背を向け，北を向いた小型台場跡である．1号台場跡の中に近年捨てたような状態のスナイドル薬莢多数，ワインボトル片，弾薬箱の補強鉄板と鉄製部品，肥前系色絵小碗，かすがい2点を採集した（図101）．2号から南側周辺は緩やかな地形で，2号は西向きである．2号の北側の尾根上面にはこぢんまりとした平坦面がある．3号は緩斜面の途中に北向きに築かれている．また，これとは別に北側尾根では広い範囲から摩擦管が採集されている（吉田2003）．

　北側尾根のどこかに第一旅団と第二旅団の本営があったと考えられる．可愛岳に最も近く可愛岳に背を向けて造られた1号台場跡のある尾根は細長く，この台場だけで尾根上面横幅を占めている

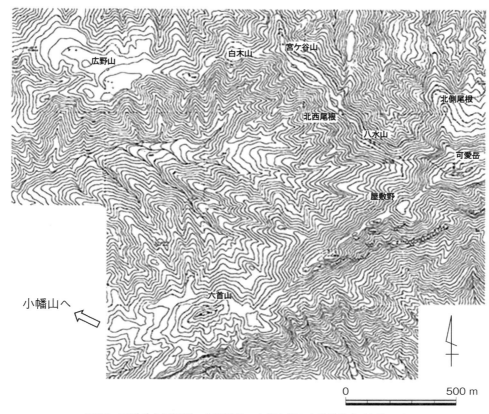

図94　可愛岳北側尾根・北西尾根・六首山等の台場跡分布（高橋2012）

ので，ここにはほかに天幕を張ったとは思えない．おそらく1号と3号の中間付近の平坦面に本営の天幕が置かれたのであろう．

③　可愛岳北西尾根（八水山・宮ケ谷山）

　ここで可愛岳北西尾根と呼ぶのは，可愛岳頂上付近よりも数十メートル低い位置から北西に延びる尾根のことである（図94・95）．この尾根のうち，可愛岳に一番近い峰は当時八水山，あるいは鉢之水と呼ばれた場所である．この八水山尾根には6基の台場跡が北側の谷を向いて存在する．可愛岳との中間部は一端低地となり，ここに広場がある．図95の砲廠部跡と記した広場は尾根筋とは斜めに交叉するような平地になっていて，その規模は幅が24m，長さが42mである．

　八水山の台場跡（図95・96）は山道の外側を選んで谷斜面を見下ろす位置に並んでいる．2号と3号，4号と5号はそれぞれ一対になるように近接して存在する．1号の下側（東）は低下し，再び上りになろうとする広場の可愛岳寄りの外側のところに6号があるが，5号と6号は左右を逆転したような平面形であり，これも一対をなしているといえる．この台場跡には長さ5.5mの弧状の土塁があり，内側は東部が長さ3.0m窪む．6号の東は徐々に高まり，やがて可愛岳頂上西側の急斜面にぶつかる．中央に走る溝状のものは山道で，これも右方に続き，やや広い広場になった辺りで消滅する．この広場は屋敷野とされることがあるが，西郷宿陣資料館の児玉剛誠氏は屋敷野は可愛岳頂上すぐ下で，六首山方向の尾根にあたる場所であるとのことである．屋敷野は，一般的に

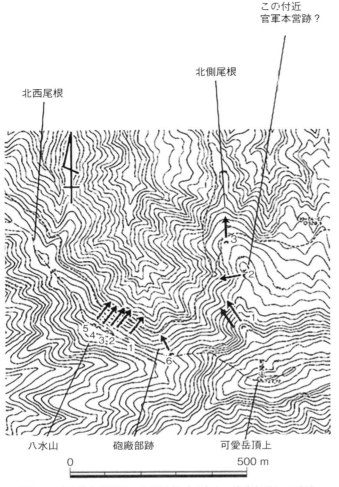

図 95　可愛岳北側尾根・北西尾根（八水山・砲廠部跡）の戦跡
（矢印は台場跡の向く方向．髙橋 2012）

はそこに第一旅団と第二旅団の本営が並んで設営されていたと説明されてきた．しかし，そもそも戦争当時の史料には，屋敷野という地名は出てこないのであまり意味はないのだが，小説などでは必ず登場する．

　8 月 18 日，八水山の官軍は可愛岳を越えてきた薩軍に襲われているが，官軍が想定していた北側の谷からの攻撃ではなく右側面，しかも上方から攻撃されたため，これらの台場は用をなさなかったとみられる．土塁部分が弾除けにならなかったのである．八水山に続く南東側の低地部，広場には弾薬・大砲・銃を置いていた官軍の砲廠部があったと考えられ，ここには当日は少数の部員がいただけだったため，これらの物品は 18 日に薩軍に奪われることとなった．大砲一門・小銃弾薬 3 万発・箱入りの小銃多数が被害にあっている．

　可愛岳方向から八水山を抜けて北西に進むと宮ケ谷山がある（図 94・図 96 の右）．ここにある台場跡は北西側の谷や北側，あるいは西側を向いて尾根の縁辺に分布する．どれも可愛岳に向いて築かれたものがないのが特徴で，可愛岳を官軍勢力下に入れた後，可愛岳を背にこれらの台場跡を築いたのであろう．八水山から宮ケ谷山の東端の台場跡まで 500 m 以上の間は台場跡が存在しない．その間は多少の凹凸のある細い尾根で繋がっている．宮ケ谷山の尾根をまっすぐ北方に進むと，8 月 18 日に薩軍が脱出した後に通過した和久塚（標高 591 m）に至る．その夜，西郷らが野営した地蔵谷は，和久塚の北西斜面にあることが字図の地蔵ケ谷山の存在により分かる．宮ケ谷山の尾根筋通りにまっすぐ進まず，途中で尾根が分岐するところから西側に左折すると，白木山・広野山方向に行くことができる．

④　広野山・白木山

　8 月 15 日，第二旅団と打ち合わせていた第一旅団（司令長官野津鎮雄少将）が桑平よりも祝子川上流沿いにある浜砂付近から可愛岳に向かって登山・進軍していた．この一帯には可愛岳に遠い方からみて広野山・白木山・宮ケ谷山・八水山があり（図 94），第一旅団はその順に進み，最終的に

1　和田越・可愛岳の戦いの検討　　111

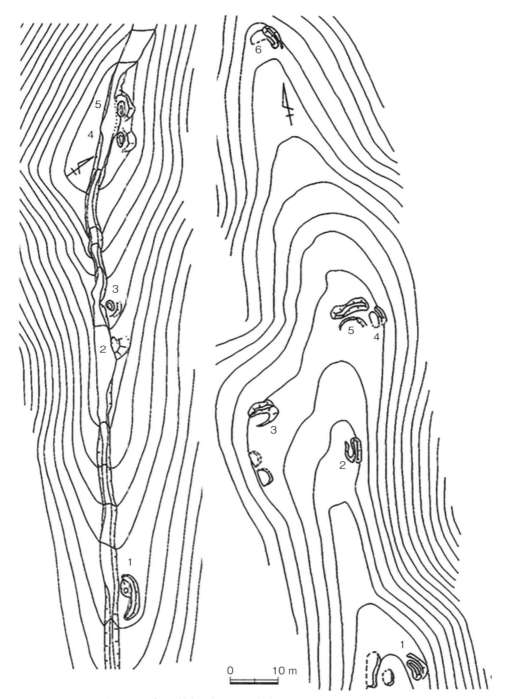

図 96　八水山（左）・宮ケ谷山（右）の台場跡分布図（高橋 2012）

小幡山（図 79 に位置を示す）・六首山から来た第二旅団が南西から可愛岳頂上を攻撃し，第一旅団が西から攻撃する状態を続けて翌 16 日になった．

　広野山と白木山には計 12 基の台場跡が分布している（高橋 2012）．可愛岳方向を向く台場跡はなく，ほとんどは反対側の北向きで，その他は西向きが 1 基，南西向きが 1 基あるだけである．これ

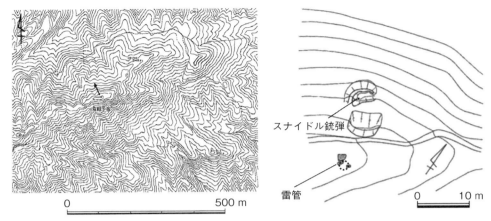

図 97　烏帽子岳の台場跡（台場跡は矢印の方向を向いている．高橋 2012）

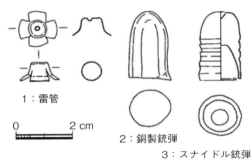

図 98　烏帽子岳の遺物（高橋 2012）

らは 8 月 18 日に薩軍が可愛岳を突破して脱出した後に，官軍が警備のために築造したと考えられる．特徴的な点は，上下に 2 基の台場跡が並列する例が 3 ヶ所見られ，同じ発想で築かれているので同一部隊が展開したのであろう．

⑤　烏 帽 子 岳

　烏帽子岳は，尾根筋が一直線をなす可愛山脈の北東部に位置する標高 585 m の峰である（図 79・97）．図 97 は図 94 の右側に続く部分である．烏帽子岳は東麓にある俵野の西郷宿陣資料館から北回り路線で可愛岳頂上を目指すときに通過する場所で，登山道を頂上まで来ると，木製標識が立ち東側の展望が開ける．西郷宿陣跡をはじめ俵野一帯を見下ろす側に樹木のない草地があり，外側を塀のような岩が縁取る．烏帽子岳の標識が立つ登山道の北側 6 m 強離れて木立の中に台場跡が存在する（図 97 右）．土塁が湾曲し全長 6.8 m で内側の窪みには東から入れる．内部の窪みでスナイドル銃弾を見つけた（図 98 の 3）．台場の背後に削り出した長さ 6 m の平坦部は台場に伴う休憩所ではなく，この台場とは無関係の時期に俵野を攻撃した官軍の休憩所的な用途を考えたい．ところで，この付近にある岩のそばで，雷管多数と未使用の銅製銃弾 1 点（同図：1・2）を採集した．2 は長さ 2.6 cm，基部の直径 13.5 × 14.5 mm，重量 23.8 g．基部の一部がやや下に向かって張り出しているので基底部の形は円ではなく歪である．これでは銃身に込めることはできなかっただろう．この弾が未使用であれば傍に落ちている多数の雷管は反乱軍がここに残したものである．当時銅弾は鉛や錫の乏しくなった薩軍が製作，使用していたので，同じ場所にあった雷管も薩軍のものであろう．薩軍兵士がこの弾は使えないと判断し捨てたのであろう．

⑥　六首山・小幡山

　六首というバス停が浜砂集落のすぐ上流側にあるのに気づき，地図を確かめると，六首谷というのが小幡山の北東から流れ出て北西麓で祝子川に注いでいた．後日確認のために六首谷周辺の踏査

1 和田越・可愛岳の戦いの検討

をして台場群跡を確認し，六首山がどれであったのかほぼ把握できた．以下では六首山の位置比定が正しいとして進めていく．

　薩軍が和田越一帯での戦いに負け退却したのは正午頃で，その一部は長尾山を越え，可愛岳を経由して敗走したとされている．以下は「征西戦記稿」から要約する．それから1時間後の午後1時，可愛岳に続く尾根の南西端にある小幡山（図79）では，頂上に向け南麓の桑平から官軍第二旅団（司令長官三好重臣少将）が進軍していた．彼らはその際，小幡山頂上から麓の桑平に向かい200～300人の薩軍が下って来るのに遭遇した．祝子川沿いの道に出て，官軍の背後を突こうとしたらしい．しかし，登山してくる官軍に気づき，薩軍は小幡山背後の六首山に退いた．小幡山から六首山に至る実際の距離は約1.6kmで，途中には最大標高差80mその他の峰が並んでおり，単純な地形ではない．一方の官軍は大砲を携行して小幡山頂上に到達し，そこを占める状態で戦闘が始まった．午後6時になり，薩軍は六首山から退き後方の可愛岳中腹西南に立て籠り，戦闘は15日中続いた．

　官軍が初めに到着し，大砲を置いて六首山方向を砲撃した小幡山の頂上は狭く，周囲に生えた樹木のために見晴らしが利かない．小幡山では台場跡は確認できないが，六首山には台場跡が多数残っている．15日，官軍は六首山に留まり，可愛岳方向にはそれ以上進まなかった．時間的にみて，15日午後1時頃に六首山方向から小幡山に向かった薩軍は，和田越から退却してきた中の一部であった可能性がある．彼らは和田越丘陵から小梓山・長尾山を迂回し，六首山に到着し小幡山を下りて背後から延岡市街地方面を攻撃しようと計画していたのであろう．

　いくつかある高まりのどれが六首山であるのか正確には分からないが，当時は辺り一帯を六首山と呼んだのであろう．一番北端の地形は東西方向に長く，そこには北側の可愛岳を向いた台場跡7号・8号の2基がある．この2基の正面は可愛岳に続く方向で，台場跡の前方はやや広く緩やかな下り斜面である．この2基を最前線にして，その左手と左背後に続く尾根筋に台場跡が分布している．これらは全て可愛岳および北西側の谷からの攻撃に対応して築かれており，官軍が築造したものとみられる．反対に薩軍が築いたとみられる台場跡は六首山にはなく，7号等と可愛岳頂上とを一直線に結ぶ尾根に散漫に分布している（高橋2012）．

　この付近の官軍台場について，第二旅団近衛工兵第一小隊第二分隊の入江倫愛中尉作成の「戦闘作業月日及地名」に下記の記載がある．

八月十六日十七日十八日臼杵郡可愛山^{戦争台及砲塁ヲ造リ鹿柴ヲ設ク}
　　　（防衛研究所蔵 C09083994200「戦闘報告　明治10年4月15日～10年11月12日」1064）

　第二旅団は六首山を担当した部隊である．8月16日から18日まで「戦争台及砲塁ヲ造リ鹿柴ヲ設ク」とあるから，現状では確認できないが台場群の前方に鹿柴も築いたのである．戦争台は台場で，砲塁は大砲の堡塁とみられる．

　六首山の東側は急斜面になっていて見晴らしがよく，標高差で200mほど下がった位置に同程度の標高の尾根筋が連なっているのを見下ろすことができる．これを3kmほど進むと長尾山となり，さらに長尾山一本松・小梓山・和田越と続いていく．8月18日が始まったばかりの頃，官軍第二旅団が俵野の薩軍本営を目指して下りて行ったのは，7号台場跡の傍からであろう（図99の下端の下向き矢印から）．工兵隊の記録では，六首山には歩兵用台場のほか，大砲用の砲塁を築いたとされるが，おそらく可愛岳方向を正面から向く7号台場跡が，大砲用であろう．

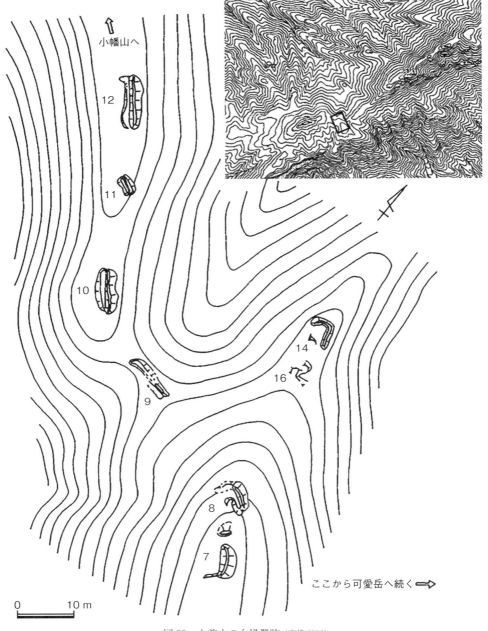

図99　六首山の台場群跡（高橋 2012）

　六首山がどこにあるのかを推定し，小幡山はじめ周辺の戦跡分布状態を以上のように把握した．小幡山・可愛岳との位置関係も史料の記述に矛盾しない．

⑦　長井山（日の谷南側尾根）

　可愛岳から北東に続く尾根が北川に断ち切られる場所が，日の谷南側尾根である．北方約2km にある熊田で，北川は北西から来る本流と北から来る支流の鐙川とが合流する．日の谷集落の南側

1 和田越・可愛岳の戦いの検討　　115

にある尾根から眺めると北西側は北川本流に沿って遠く開け，見通しがよい．古代の駅伝制の時代には日向国の最北端の駅として長井駅があった．長井駅は熊田付近に想定されているものの具体的な場所は不明だが，日の谷という地名は火に関する施設，遠くが見通せるそれほど高くない場所が選ばれた峰火台に由来するのかもしれない．8月15日午前中，5月以来熊田を兵站拠点の一つにしていた薩軍はここを引き払い，北川を渡って南西側の日の谷に退いた．その場所は可愛山脈の北東端にあたる尾根で，北側麓に日の谷集落がある．入れ替わりに大分方面から熊本鎮台が熊田を占拠した．「西南戦争之記録」第5号作成時点では，長井山とは具体的にどの峰を指すのか分からなかったが，2014年11月5日，西郷宿陣資料館の児玉剛誠さんから日の谷南側尾根が長井山だとの御教示を頂いた．

　イ　日の谷南側尾根の二つの分布域　長井山は俵野に本営を置いた薩軍にとって北部最後の防波堤であった．北西を向いた薩軍の台場跡が集中するので，日の谷南側尾根が長井山と呼ばれた場所であった可能性が強い．15日いっぱいは可愛岳頂上から日の谷南側尾根，おそらく長井山まで全て薩軍が守っていたが，16日になると可愛岳頂上付近の薩軍は投降してしまい，官軍は可愛岳の尾根を北東に進んで烏帽子岳手前付近まで進んだ．この後，烏帽子岳と可愛岳頂上方向の尾根との間は終日交戦状態となったと考えられる．

　この日の谷集落南側にある尾根筋には，2ヶ所に分かれて14基の台場跡が存在する（図100）．西部の烏帽子岳に近い場所には，全長150mの範囲に台場跡6基が俵野方向を向いて存在する．これらのある所から東に高低差の少ない尾根を進み，一段下がるとやがて水平の尾根になり，東部の台場跡群となる．西端に7〜9号台場跡が1ヶ所にある．次に11号と12号台場跡が背中合わせに現れる．この付近は尾根上面の幅が10m程度の平坦な地形をなし，11号は北西側斜面を見下ろすように造られている．11号・12号から東は30mほど平坦で，その先は短い上りとなり標高180mの等高線が廻る狭い頂上に13号と14号台場跡が背中合わせにある．13号は頂上の北半分を占め，緩やかな弧状の土塁の中央部は壊されたのか踏みならされたのか土塁らしさがなく，特に南部は痕跡的である．土塁の外側線は自然地形との区別ができず，推定である．南向きの14号の内側は完結した窪地である．弧状の土塁だけが南を向いている．

　頂上から尾根筋を東に降りると一度急な下りになり，標高130m付近で頂上の14号からの平面距離は100mで再び水平な尾根になり，その先端部に10号がある．10号台場跡は南側に弧状の土塁部をもち，内側には東から出入りする形である．10号の南側には古い山道が東から上っている．

　これらは350mほどの台場跡空白域を置いて東西2ヶ所に分かれて分布し，東部にある北側を向いた台場跡が初めここを守った薩軍のもので熊田方面に対して築かれている．東部にある南向きのものはその後奪取した官軍が築いたものである．戦記で辺見十郎太・石塚長左衛門が奮戦したとされるのはこの尾根である（「薩南血涙史」pp.779）．東西2ヶ所のうち，西側にある一群の台場跡は全て南側を向いており，俵野を警戒して築造した官軍台場跡であると思われる．東部台場群には官軍，薩軍の台場が混じり合って存在する．戦史からみて，西側や北側を向いて造られた台場（7号・9号・11号・13号）は薩軍が北方の熊田から撤退して築き，南側を向いたもの（8号・10号・12号・14号）は17日に占拠した官軍が築いたものである．薩軍がいたのは8月15日から17日とみられる．

　薩軍にとって可愛山脈東部付近に位置する長井山は北部の重要な守備地であったが，17日午後

116　第3章　戦跡・史料による戦闘推移の検討

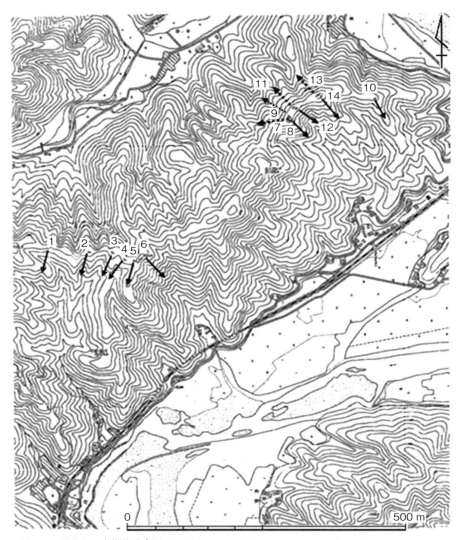

図100　長井山の台場跡分布図（実線矢印は官軍．破線矢印は薩軍台場跡が向く方向．高橋2012に加筆）

に熊本鎮台の六中隊が占領したため，この方面の守備は困難な状態となっていたとされる．

　ロ　戦記との比較　16日，可愛山脈西南の六首山方面から可愛岳に進んだ第二旅団に対し，薩軍守備部隊は戦わずに降伏したため，官軍は山脈上の尾根をさらに前進して行った．以下はその前後の状況である．火之谷越というのは可愛山脈の尾根筋を指している．

　　第二旅團ハ夜來賊ト對戰セシカ午前二時，賊銃大ニ衰ヘ曙ニ近ツキテ全ク其聲ヲ絶ツ先鋒諸隊
　　（大久保粟屋両大尉松村中尉）乃チ進ンテ長井村ヲ略セントシ五時，壘ヲ發シ稍々火之谷越ニ入ル賊尚ホ險ヲ守ル
　　ノ狀アリ山口少佐，兵ヲ分テ其二面ヨリ攀登セシメ一擊，之ヲ拔ントス守壘ノ長，一萬田親利
　　及ヒ雨宮某等俄ニ部下七十餘名ヲ率ヰ兵器ヲ投シ歸順ヲ乞フ乃チ許シテ嚮導トシ兵ヲ駐メテ其
　　壘ヲ守リ更ニ進テ諸險要ヲ略シ遂ニ可愛嶽ヲ取ル此間復タ一賊ナシ漸ク鳥越嶺ニ達シ轉シテ長
　　井山ニ入ントス賊ノ一隊長井村ヨリ上ルニ遇フ我軍ヲ見テ遲疑シ敢テ銃ヲ發セス稍々相逼ル前
　　隊ヲシテ大聲順逆ヲ諭サシメ且ツ示スニ目下歸順者ノ狀ヲ以テス渠レ始テ官軍ノ既ニ此ニ至ル

ヲ知リ狼狼却走嚴背樹身ニ草シ急ニ抗拒ノ勢ヲ爲ス因テ後隊ヲ進メ銃戰相當ル既ニシテ又胸墻
ヲ急造シ砲墩ヲ設ケ架スルニ山砲二門^{松村}_{中尉}ヲ以テシ劇鬪時ヲ移ス賊兵奮拒輸贏決セス我兵銃槍
突進シ之ヲ破ラント欲ス而シテ岩石岨峭進退便ナラス賊モ亦崖ニ依テ急造堡ヲ作リ敢テ動カス
其後援踵キ至リ賊勢益ヽ加ハリ發火極メテ烈ク<u>對戰，夜ヲ撤ス</u>

（「征西戰記稿」卷六十　可愛岳戰記 pp.2）

　これだけでは長井山の位置を知ることはできないが，地元では日の谷集落の南側の尾根を長井山であるとしており，それに従いたい．長井山が日の谷南側尾根なら，当時は烏帽子岳が鳥越嶺と呼ばれた山でもよいということになる．一万田らが降伏したのは烏帽子岳よりも西側である．観音山で確認したように，両軍共に戦闘中に台場を築造している．

　8月16日・17日の戦闘報告を掲げる．第二旅団砲兵第四大隊第二小隊隊長黒瀬義門大尉の「戦闘景況之部」である．なお，この部隊の総員は16日・17日が50人，18日が90人である．この戦闘報告を記した部隊は，16日には薩軍本営のある長井村を攻撃するため，可愛岳頂上を経由し尾根筋を東北方向に進んだ．この戦闘報告には二日分がまとめられている．

十六日午前第六時頃先鋒隊ニ中尉松村孝男一分隊ヲ率ヘテ属シ<u>江ノ嶽東北ノ山ニ至リ山頂ニ先
ツ一砲車ヲ置キ相對セル山上ノ賊壘及山麓ノ民家ヲ射撃ス</u>山上ノ賊壘ハ巖石ニ因リ築キタルヲ
以テ彈ノ破裂ト共ニ石片飛散シ彈ノ功力尤偉ナラン〇十七日景況殆ント前日ニ同シ惟砲二門ヲ
以テ射撃スルヲ異ナリトス

（防衛研究所蔵 C09083972900「第二旅団　戦闘報告　明治10年3月17日～10年9月1日」0236）

　彼ら官軍砲兵隊は東北にある山の山頂に砲を据えて，尾根筋前方にあって相対する山上の敵（これは長井山であろう）や砲の位置から東方に見下ろせる長井村の集落を砲撃した．17日は砲一門が増え，二門となった．

　俵野一帯に包囲されていた16日夜，桐野利秋は俵野から北上し，日の谷の手前にあたる竹瀬付近で山に登り，豊後方面への脱出路を検討したことが知られている．桐野らが竹瀬から登ったとすれば日の谷南側尾根ぐらいしかない．そのとき，前方には官軍のかがり火が隙間なく山上に連なっていた．

<u>熊田の山上に亙數里の間篝火點々星の如く官軍の圍</u>，密にして寸隙投ずべきの地無し桐野以爲
らく『重圍を脱するは難きに非らず然れども此嶮隘の地に大軍を受けば後隊恐らくは之に繼ぐ
能はざらん若かし他の方面に轉じて之を行はんには』と，乃ち軍を退けて歸れり．

（「薩南血涙史」pp.778・779）

　桐野は官軍の守備が厳重であるとして，大分方面への突出を断念したのである．17日の部分で触れるが，官軍のこの方面を受けもった熊本鎮台の守備は十分ではなく，橋岸から会五山周辺に続く尾根には配置についていたが，その基部つまり西側地域および長井山と会五山との中間の尾根は台場跡が分布せず，実際は無防備だったとみられる．しかも後述のように篝火だけは無防備な地域でも焚いていたのである．

⑧　8月17日からの可愛岳一帯の動向

　可愛岳一帯について，17日の第二旅団の部分には次の記述がある．

十七日第二旅團ハ<u>鳥越嶺長井山ノ對戰未タ決セス</u>賊將利秋夜ヲ冒シ精鋭ヲ率テ長井村ヨリ上リ

此賊ト合シ曉霧ニ乘シ短兵來リ突ク撃テ之ヲ郤ク既ニシテ再ヒ來ル亦之ヲ破ル彼レ尚ホ屈セス屢、來テ壘ニ薄ル我兵掩射、殺傷無數，蓋シ賊勢既ニ咫尺ノ中ニ窮蹙シ一朝此險ヲ失ヘハ復タ爲ス可キナシ故ニ殊死シテ我ト爭フ

我ハ則チ數月ノ勞苦纔ニ今日アルヲ致シ奏凱旦夕ニ在リ銳氣百倍連銃劇射遂ニ之ヲ其壘内ニ逐フ賊復タ敢テ出テス是ニ於テ我砲彈或ハ遠ク其巢窟長井村ニ注キ或ハ近ク前面ノ壘ヲ撃チ連發夜ニ及ヒ以テ賊ヲ窘ス

此時ニ方テ左右諸旅團ハ賊ト交戰セストキ雖モ亦各、其方面ヲ探射シ長圍以テ之ヲ守ル

（「征西戰記稿」巻六十　可愛岳戰記 pp.3・4）

　前日に可愛岳頂上方向から北東側に進んだ官軍は東北の山に至り，相対する山上の薩軍と交戦し始めた．桐野利秋がこの戦いに顔を出していたのかどうかはほかに史料がないので分からない．この日戦闘はやむことがなかったことが再確認できる記述である．一方，大分県側からこの方面に迫った熊本鎮台の一部隊は 15 日に県境地帯を発し，16 日熊田に進み，17 日薩軍と交戦した．

十七日午前四時六中隊熊田ヲ發シ長井山ノ賊ヲ攻撃シ遂ニ山上ノ壘ニ迫ル午後之ヲ拔ク

（「征西戰記稿」巻六十　可愛岳戰記 pp.7）

　前掲の第二旅団は，17 日に長井山付近で薩軍と交戦して決着しなかったのに，同じ日に熊本鎮台は占領したことになっている．しかし，当の熊本鎮台が残した記録では微妙に表現が異なる．

午前第四時我兵六中隊熊田ヲ發シ可愛嶽ノ賊ヲ攻撃ス交戰須臾遂ニ頂上ノ壘ニ迫リ午後ニ至テ之ヲ拔キ守備ス　　　　　　　　　　　　　　　（「熊本鎮台戰闘日記」巻三 pp.43・44）

　戦記稿が「長井山ノ賊」とするところを戦闘日記は「可愛嶽ノ賊」としており，戦記稿の編者が長井山という名に勝手に書き換えた可能性が強い．では「熊本鎮台戰闘日記」のいう可愛岳とはどこか．六中隊が第何中隊かは分からないが，同鎮台の第十三聯隊第三大隊長小川又次の「明治十年戦争日記」には次の記述がある．

八月十七日晴天午前一時梓峠地方ノ諸隊延岡ニ向テ進發八戸村ヲ経テ屋敷ノ内ヲ通過シ森屋谷ヲ築上ケニ配兵ヲナシ第四中隊ノ兵員若干ヲ出シ第一及ヒ第二旅団ノ本營ニ到ラシム正午十二時鹿児島縣下白石村ニ本部ヲ移ス此日第三中隊ノ一小隊ハ熊田ヨリ<u>日ノ谷村ヘ進軍對</u>ス此日兵卒安養寺浅太郎負傷ス熊田ニテ降伏人三千余人アリ

八月十八日晴天本日第三中隊ノ一小隊ハ<u>日ノ谷ヨリ可愛嶽ヘ進軍</u>ス賊終ニ支ル不能壘ヲ捨テ走ル（略）

（「明治十年戦争日記」自筆原本）

　第三中隊の一小隊が 17 日に日の谷村へ進軍し対峙状態を維持したらしい．翌 18 日に同隊とみられる部隊が，日の谷から可愛岳に進軍しているのが手掛かりになる．日の谷南側尾根を 17 日に攻撃，18 日にはさらに南西に進み，日の谷南側尾根から烏帽子岳や可愛岳方面へ進軍したのであろう．彼らが連絡をつけた第一・第二旅団の本営はこのとき，可愛岳頂上近くの北側尾根にあった．

　熊本鎮台の記録「西南戦争従軍日誌第十四聯隊第二大隊」を引用する．

　　　八月十六日
　　第一中隊ハ午后第六時命ニ依テ高尾ケ峯ノ警備ヲ解キ白石村ニ下ル
　　第二中隊ハ午后熊田ヲ発シ白石ニ進ム
　　　八月十七日

1 和田越・可愛岳の戦いの検討　119

本日午前第四時ヨリ曽立ケ峯ニ警備ヲナス津下少佐ノ指令ニ依リ迫水少尉若干卒ヲ率ヒ地形ヲ察セン為メ分派ス午后第五時頃乃木中佐ノ指令ニ依リ<u>大内谷ニ進ミ第一旅團ノ左翼ニ連絡シテ河愛嶽ヲ攻撃ス</u>

第二中隊ハ白石村ヲ発シ河愛嶽ニ進ム已ニシテ小見山中尉津下少佐ノ命ヲ奉シ一分隊ヲ率ヒ江ノ嶽ノ景況ヲ探ランヽス已ニ山腹ニ至レハ林高フシテ望見スル能ハス故ニ樹ヲ攀チ嶂壁ヲ渉リ苦難ヲ極メテ行フ里餘北口山ニ至リ樹ニ上テ望メハ人アリ之レヲ問ヘハ第十三連隊ニシテ江ノ嶽ヘ連絡センカ為メ來ルナリト云フ是ニ於テ江ノ嶽ノ景況ヲ得ル故ニ曽立ケ峯ニ退キ本隊ニ合ス此トキ津下少佐ハ已ニ熊田ニ在リ之レニ因テ事由ヲ報シ且進退ノ指揮ヲ諸フ然シテ命ヲ受ケ藤井大尉部隊ヲ率ヒテ熊田ニ退ク

　　　　　（下関文書館 1983 年「乃木大将所蔵　西南戦争従軍日誌　第十四聯隊第二大隊」pp. 60・61）

　17 日，第十三聯隊とは別に第十四聯隊も第一旅団に連絡しようとしており，両聯隊の連絡兵は位置不明の北口山付近で遭遇している．大内谷に進んで可愛岳を攻撃したというのは，大内谷出口に日の谷集落があるので，可愛山脈東端にある日の谷南側尾根を攻撃したとも解釈できる．可愛山脈の北側斜面にあるのが大内谷だ．位置関係は北から会五山・森谷谷・無名の尾根・大内谷・可愛岳である．

　第十四聯隊長だった乃木希典の日記の 8 月 15 日から 18 日の記述を次に掲げる．15 日部分に 18 日までが連続的に記述されている．（　）はその本の編者が加えたものである．文中の○○は乃木も後で記入しようとして，そのままになったらしい．

昧暁○○村ニ至リ奥少佐ト會シ，敵情ヲ得ル．兒玉少佐陸地口ヨリ進入スルヲ以テ，面晤協議セント欲シ，自ラ奔走シテ索レドモ逢ハズ．直ニ熊田ニ至リ地勢ヲ撿シ，<u>賊兵日ノ谷，愛ノ岳ヲ固守シ</u>，川ノ對岸人無（キ）ヲ以（テ）直ニ兵ヲ渡シ，前山ノ占ム可キヲ以テ，使ヲ奥少佐ニ馳ス，少佐モ亦此ニ見アリ．青山少佐ニ一中隊ヲ率ヒ先發セシム．野崎中佐ニ逢ヒ，左翼守線ノ境界ヲ議シ，又自ラ川ヲ渡リ，各隊ノ守地ヲ定ム．十四聯隊第三大隊ハ左翼河流ニ臨ミ，山ノ半腹ニ至リ，十三聯隊ノ第一大隊ハ山頂ヲ守，各壘柵燎火ノ備ヲ爲サシメ，炊場等ヲ熊田ニ置カシム．部署定リ，午後四時，谷少將來着，哨線巡視．本營ヲ熊田村ニ置キ，明暁日ノ谷攻撃ノ策ヲ議ス．夜ニ入（リ）賊將柚木崎某自（ラ）一中隊ヲ以テ來降シ，我進撃隊ノ嚮導センコトヲ請フ．部署已ニ定ル．柚木崎ヲ猥岡大尉ニ附屬セシメ，日ノ谷ニ向ハシメ，青山少佐ハ川ニ沿テ下リ，永井村ヲ衝ク．自ラ奥少佐ヲ伴ヒ．村ヨリ深林ヲ攀チ山ニ登ル．猥岡，青山ノ諸兵各道同ジクシテ銃槍進入ス．賊不抗壘ヲ棄テ逃ル．<u>已ニ日ノ谷山上ノ賊壘ニ占據シ</u>，松村大尉ノ一中隊ヲ以（テ）愛ノ岳ノ賊ヲ攻撃セシム．十三聯隊ノ兵之ガ背後ニ在テ援タリ．蓋シ山容馬背ノ如ク，多兵同ジク進ムニ辨ナラザルヲ以テ然ルナリ．青山少佐ハ永井村ニ入リ，賊ノ病院ヲ奪フ．本道降賊陸續無慮三千人，一時道路ニ堙咽ス．此ガ處置不可措ヲ以テ，左右翼ノ指揮ヲ奥少佐ニ托シ，日ノ谷村ニ下リ，熊田ニ在ル渡邊中尉ヲシテ之ガ處置ヲ擔任セシム．午後大迫少佐モ亦熊田（ニ）來ルヲ以テ，之ニ任ス．谷少將亦日ノ谷ニ來リ，敵情ヲ視察セラル．林少佐又二中隊ヲ率ヒ來ル．之ヲ日ノ谷ニ入レ，松村大尉ノ援ニ充，津下少佐ノ三中隊ヲ永井村ニ進メ，密ニ明暁進撃ノ準備ヲナス．谷少將今夜○○村宿營，福原少佐ノ一中隊ヲ以（テ）護衛ニ充ツ．夜ニ入（リ）林少佐ヲ松村大尉戰線ニ當テ，進撃ノ策ヲ授ク．昨今敵勢漸ク蹙リ，<u>我兵未（ダ）餘リ有ルニ至ラザルヲ以テ</u>，<u>熊田並ニ○○ノ山上燎火ノ數ヲ益シ</u>，<u>役</u>

夫ヲ以テ之ヲ守ラシメ，大ニ虚勢ヲ張レリ．夜三月没ヲ期トシ，進撃襲ノ約アルヲ以テ，同時護衛ヲ整列セシメ，殊ニ窮敵ヲ戒守ス．林少佐ノ兵吶喊一擊，進テ直ニ愛ノ岳東峰ノ頂ニ登ル．希典後レテ至ル．第一旅團ノ迫田少佐ト逢フ．忽（チ）賊ノ迂回シ西峰ヲ越，壹，貳旅團ノ牙營ヲ襲フヲ遠望ス．三好少將，阿武中佐等來ル．協議シ，二旅團ハ直ニ該賊ニ當ル可ク，熊本臺兵矢立峠其他豊後口ノ諸道ヲ返守ス可キヲ約（シ）直ニ山ヲ下ル．山腹谷少將ニ遇ヒ，仔細ヲ申告シ，令ヲ諸隊ニ傳ヘ，且騎兵ヲ熊田，重岡ニ馳ス．防禦ノ策定ル．谷少將ハ舟路ヨ（リ）延岡ニ行カル．野津少將，岡本中佐等．

(※文はここで終わる．「乃木希典日記」和田政雄編 1970　金園社 pp.181・182)

16日夜，桐野が見た多数の篝火は兵員不足を隠すため，官軍が役夫に焚かせ虚勢を張っていたものである．分布調査によっても，会五山よりも可愛岳寄りの尾根に台場跡は確認できなかったのは，官軍が兵員不足のためこの付近には布陣しておらず，ここには篝火だけを連ねていたのであろう．したがって，その夜もし桐野らが強行していれば，局所的には突破に成功していたかもしれない．柚木崎が官軍に降伏したのは隈岡大尉の陣中日誌では18日になっている．

「征西戦記稿」18日の部分には鳥越山付近での薩軍の有無に関する記述がある．

第二旅團ノ左翼鳥越山ノ守哨先鋒四中隊ハ黎明賊頓ニ發銃ヲ止ムルヲ以テ之ヲ怪ミ斥候ヲ出シテ賊壘ヲ窺フニ已ニ空シ乃チ進テ之ヲ取リ長驅長井ニ向ントス

(「征西戦記稿」巻六十　可愛岳戦記 pp.19)

18日黎明，薩軍の発砲がやんだので斥候を派遣して薩軍台場を窺わせたところ，もぬけの殻になっていた．そこで占領して長井に進行したのである．18日黎明に官軍はまだ鳥越山，すなわちおそらく烏帽子岳に先鋒がいたのだから，長井山には薩軍が前夜まではいたのであろう．要するに「征西戦記稿」が17日午後には長井山を官軍が占拠したと記すのは間違いであり，台場跡分布状態が示すように長井山の西部を占拠したとすべきである．

俵野一帯の薩軍を包囲するため西側を担当していた可愛岳の官軍は，18日には最後の攻撃を予定していた．俵野の東側は南流する北川に区切られ，北から西側は可愛岳の山脈が覆い被さるように連なる．南側には可愛岳の中腹から東西に走る3本の尾根が南北に並んで重なり，南方の視界を遮っている．17日夕方段階には官軍の包囲網はさらに狭まり，薩軍の運命は風前の灯火となっていた．

官軍の誰もがこれで戦争は終わるだろうと考えていたとき，18日早朝，突然可愛岳頂上に薩軍の一隊数百人が現れ官軍包囲網の一角を襲い，付近にいた哨兵や予備部隊，第一・第二旅団の本営とその護衛部隊を破って逃走した．この戦いは，辺見十郎太らが官軍第一・第二旅団の本営を急襲して戦闘が始まったとされているが，現実はこれに先立つ相良長良・貴島清・松岡岩次郎等による攻撃があり，これが可愛岳突破の初戦であったらしい．

⑨　六首山一帯および官軍第一・第二旅団本営への襲撃

可愛山脈南西部にあるのが六首山である．ここでは第二旅団が15日に麓の祝子川流域から小幡山に登山して前方にある六首山の薩軍と交戦後占拠して以来，16日・17日も守備していた．長井山の項でみたように16日に一部は可愛岳頂上を経て長井山方向に進軍したが，18日午前2時には6中隊と大砲2門・工兵2分隊で反対方向の六首山から俵野攻撃に出発した．同時に第一旅団も可

愛岳の東北から出発した．しかし，数時間後，可愛岳頂上に薩軍が現れ官軍本営を襲う．「征西戦記稿」を引用する．

乃チ第一旅團ト相約シ午前二時ヲ期トシ道ヲ六首山ニ取リ第二旅團ハ其南端ヨリ下リ長井ノ西南ニ向ヒ第一旅團ハ其東邊ヨリ下リ村ノ東北ニ向フ衆皆踊躍シテ曰ク賊魁ノ首ヲ見ル數時ヲ出テスト第二旅團ハ又右翼守哨鳥越先鋒山口少佐ニ令シ其部下ヲ以テ攻襲隊ヲ援ケ共ニ山ヲ下テ賊巣ヲ突カシム尋テ三好少將野津少將ト共ニ火之谷ノ營ヲ發セントセシニ四時三十分一聲ノ英式喇叭一發ノ小銃ト共ニ忽然牙營ノ上即チ可愛嶽ノ絶頂ニ響ク俄ニシテ喊聲四起，賊兵薨集，刀銃共ニ進ミ一ハ第二旅團ノ營ヲ斫リ一ハ左右守線ノ側背ヲ擊ツ其勢ヒ風雨ノ如シ事，不意ニ出ツ我軍狼狽，左右守線爲メニ截斷セラレ相合スル能ハス牙營ハ両少將ノ護衛兵若干ニシテ第二旅團ハ粟飯原大尉ノ一中隊ハ唯參謀將校下士數輩ノミ両少將自ラ起テ之ヲ督勵シ銃槍格鬪，三タヒ之ヲ郤ク然レノモ衆寡敵スル能ハス三好少將ハ内田尉磯林尉両尉官ト共ニ迂路左翼哨線ノ先鋒隊ニ投ス野津少將ハ岡本中佐ト僅ニ身ヲ以テ火之谷ニ避クルヲ得タリ

（「征西戦記稿」巻六十　可愛岳戦記 pp.17～18)

第一・第二旅団は本営を同じ所，可愛岳頂上の北側尾根に並べていたが，薩軍の襲撃に遭い蹴散らされ，野津鎮雄・三好重臣両少将はやっとの思いで逃げ切った．第二旅団の三好少将は左翼哨線ノ先鋒隊に投じたが，その場所は前掲「乃木希典日記」によれば愛ノ岳東峰ノ頂である．この書で可愛岳を東峰・西峰に区別しているのは，烏帽子岳・可愛岳頂上のことのようである．とすれば乃木少佐は 18 日早朝に烏帽子岳に登り，その後俵野への攻襲部隊である第一旅団迫田少佐にここで逢っている．時間順にいえばその後，本営襲撃があり，次に三好少将が烏帽子岳に逃げてきたところにも逢うことになる．「夜三時月沒ヲ期トシ，進擊襲ノ約アルヲ以テ，同時護衛ヲ整列セシメ，殊ニ窮敵ヲ戒守ス．林少佐ノ兵吶喊一擊，進テ直ニ愛ノ岳東峰ノ頂ニ登ル．希典後レテ至ル．第一旅團ノ迫田少佐ト逢フ．忽（チ）賊ノ迂回シ西峰ヲ越，貮旅團ノ牙營ヲ襲ヲ遠望ス．三好少將，阿武中佐等來ル」（前出）とある．

第一旅団の護衛部隊については「征西戦記稿」の 8 月 17 日に記載されている．

第一旅團野津少將ハ片山中尉義次ノ近衛兵二十七名ヲ以テ護衛ト爲ス

（「征西戦記稿」巻六十　可愛岳戦記 p.4)

第二旅団は別働狙撃隊第一中隊長粟飯原常世大尉の隊が計 93 人で護衛を担当していた．第一旅団の 27 人を加えると両旅団の護衛兵は 120 人であり，ほかに属官・従卒その他がいた．可愛岳襲撃に参加した薩軍中津隊の矢田宏によれば，以下のように官軍本営跡には女物の駒下駄や三味線が散乱していたということであり，その他の中には公式記録には残されなかった者もいたのである．

薩將邊見十郎太が，先鋒隊を提げて，可愛嶽の官軍を突いたときは時恰も十八日の昧爽，官軍守兵の交替期で，其時，兵の中を飛び越喝一聲，電光石火の如く，驀然官軍の牙營（第一旅團，第二旅團）に斫り込んだ勢に辟易して，官軍は皆四散し，牙營に在つた三好少將や，野津少將は，周章狼狽，措く所を失つて逃げた．其醜態と云ふものは，實に見るに忍びざる有樣で我等が邊見に従つて，牙營に入つたときには，種種の遺棄品も多くあつたが，一寸，吾人の目を惹いたものは，三味線と婦人の駒下駄であった．是は正しく官軍の牙營にあつたものである．

（「西南記伝」第二巻 pp.550)

同様のことを可愛岳の所在地である北川町教育委員会発行「西南戦争，戦跡を訪ねて」も次のよ

122　第3章　戦跡・史料による戦闘推移の検討

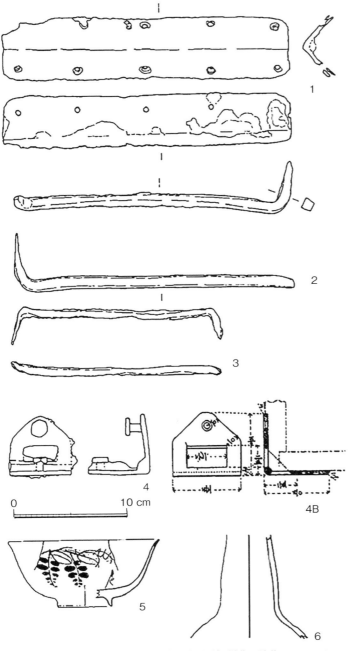

図101　可愛岳北側尾根（推定官軍本営跡）採集の遺物（高橋2012）

うに載せている.

　黒木さんは「やっぱり可愛嶽には芸者が登っていた」と言って銀の簪を持ってこられた．何でも昭和八年頃，甲斐庄太郎さんが可愛嶽で山仕事をしている時に拾ったものだとのことである．」
（「西南戦争，戦跡を訪ねて」pp.56）

　今となってはかんざしを拾った具体的な場所を知ることはできない．本営があったと推定する可愛岳北側尾根にある1号台場跡地表面には，薬莢・鉄片・ワインボトル破片と色絵猪口があった（高橋2012，図101：1～6）．図101：1は折り曲げた鉄片で箱の隅を補強する部材，2・3は鎹，4は四斤砲弾の弾薬箱を構成する補強部材である．同図：4Bは「兵器図集彙　四斤山綫砲之部」掲載の砲弾箱部品で，4と同種のもの．同図：5は肥前系色絵染付けの猪口で，幕末頃のもの．同図：6はワインボトル．図102：2～4は北側尾根で採集された大砲の発火装置，摩擦管の未使用品である．ただし，同図：1は日清戦争時のものを参考のため掲げた．第二旅団の砲廠部には銃砲などの武器や弾薬を集積しており薩軍に奪われているが，その際の混乱時に散乱したらしい（吉田2003）．吉田氏はこのほかにも摩擦管を発見し，それが都城市教育委員会で展示されている．

　野津・三好の少将二人が野営していたのはどのような施設だったのか．1875年陸軍発行の「工兵操典巻之八　野堡之部」に，軍隊の野営築法の説明がある（図103）．

　野営中軍隊は布幕或いは廠舎の中に在て雨露を蔽障す
　　第十九版第五十八圖

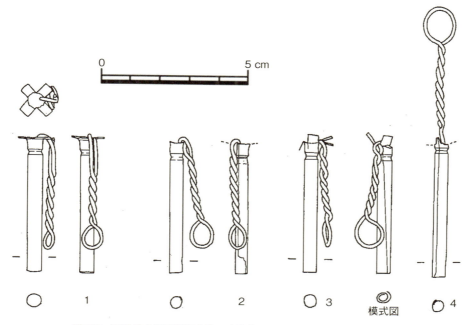

図102 可愛岳北側尾根採集等の摩擦管（2～4．1は日清戦争時．吉田2003）

○布幕　當式の布幕は長サ五米八五其幅三米九〇ありて歩兵十六員或は騎兵八員を容る
（「工兵操典巻之八　野堡之部」※東京大学　鈴木淳氏の御教示）

　この天幕は平面が楕円形で上部に棟があり，裾の周囲には浅い溝を掘るように描かれている．長さ5.85m，幅3.9mで，歩兵なら16人，騎兵なら8人用である．なお，廠舎は板材を多く使った堅牢な建築物であり，この場には該当しないので省く．このような天幕をいくつも設置して野営していたのであろう．「征西戦記稿」附録の「第一旅団陣営雑具使用並費消通算表」には使用欄に天幕23張が，焼棄欄に8張が記載されており，8張は可愛岳で破損したのだろうか．第二旅団の点数は記録がない．

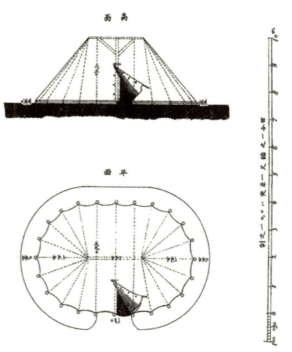

図103 「工兵操典巻之八　野堡之部」の布幕

　通常，この本営襲撃は「征西戦記稿」の記述通り，薩軍脱出部隊が行った可愛岳に対する最初の攻撃であり一声の英式喇叭と一発の小銃射撃と共に行われ，その時間は午前4時30分であったということにされている．この部分に疑問がもたれたことはなく，その後のあらゆる読み物類が「征西戦記稿」を信じこれに沿って記述されてい

る．上掲の通り「征西戦記稿」に「四時三十分一聲ノ英式喇叭一發ノ小銃ト共ニ」と書いてあるし，薩軍側の立場で書かれた「薩南血涙史」も同様である．

翻て官軍の情勢を見るに第二旅團長三好少將は薩軍を長井村に殲滅せんと欲し，第一旅團長野津少將と約し三好少將野津少將は共に牙營を發せんとせしに午前四時半一聲の英式喇叭一發の銃聲と共に忽然可愛嶽の絶頂に響くあり尋で喊聲俄に起り薩軍四五百一時に殺到し一隊は第二旅團の營を斫り一隊は左右守線の側背を衝き勢ひ猛烈を極む．官軍騷擾措く所を知らず左右の守線爲に截斷せられたり，時に牙營は兩少將の護衛兵若干及び參謀將校下士數人のみなりしかば事倉卒に起り衆寡敵する能はず，三好少將は内田大尉，磯村中尉と共に逃れて右翼哨線の前衛隊に投じ野津少將は岡本中佐と共に僅に身を脱し熊本鎮臺の營に投ずるを得たり

(「薩南血涙史」pp.783)

とあるので間違いない事実である，と思いたいが，防衛研究所所蔵の当時の原資料その他を読んでいて疑問が生じたため検討してみる．

攻襲隊が出発した後の18日早朝，可愛岳から南西に続く尾根筋には第二旅団守兵がいた．守備担当指揮官は第九聯隊第一大隊長の石本綱少佐である．彼が翌日書いた当日の戦況報告を次に示す（以下の戦闘報告類はすべて防衛研究所所蔵）．

　　　　八月十八日江ノ嶽賊徒襲来戰況報告

今暁中尾山前面之一山攻襲之兵既ニ出發之后四時三十分過賊兵我守線江之嶽背后江襲来シ一声ノ喇叭一声ノ發放直ニ吶喊白刃ヲ揮テ我カ哨線今村大尉之隊ニ迫ル我カ兵之ニ應シ斉發數回喊声勇ヲ奮ヒ賊ノ先頭ヲ退ク賊兵斃ル数名 援軍松本中尉ノ一小隊脇坂中尉ノ率ク処来到勇気弥熾賊兵再ヒ猛烈ヲ究メ火撃白刃並ンテ我ニ迫リ殆ト急我兵撃闘再ヒ之ヲ拂フ脇坂中尉銃丸ニ斃レ佐久間少尉試補手掌ニ傷ク賊兵三迫又之ヲ退ク既ニシテ援隊松本中尉ノ一小隊水野大尉ノ一小隊来到我兵既ニ余勇アリ賊兵益々鋭ヲ盡シ四襲五襲皆之ヲ退ク然レトモ地理嶮悪歩ヲ移ス尖岩之上ニ在テ進退意ノ如クナラス左右ノ山峡断崕絶壁一歩ヲ誤テ賊ノ谿谷ニ投スル者アリ我兵モ亦聊カ頭部ニ傷ク者ハ多ク渓澗ニ落ツ是ノ処ヲ以テ賊兵進ムニ便ナラス我モ亦銃鎗突貫ニ由ナシ互ニ岩石ニ拠リ相隔ル三十余丈ニ不満爲メニ迂回ヲ謀ルモ突岩尖石便ヲ得ス是ノ時既ニ午前八時トス」同山ノ左側ハ我糧食ノ課ヲ設ケシ処襲来ノ始メニ当テ島野中尉ノ一小隊ヲ以テス弾丸霰ノ如ク夫卒狼狽米ヲ荷ヒ薪ヲ負ヒ山下ヲ指テ下ル恰モ漲水ノ始テ溢ル，カ如シ爲メニ行進ヲ支ヘ其地ニ来到スル能ワス迂路ヲ経テ漸ク之ニ到ル俵ヲ重子樽ヲ積ミ以テ賊ノ下射ヲ遮ル然レトモ是ノ地ハ賊ノ薄切スルナク只山上ノ下射ニ苦シム都筑大尉ノ一小隊横井大尉ノ一小隊猶之ニ援助タリ横井大尉頭ニ傷ク我軍是ニ至テ両線始テ堅ク守護既ニ整ヘリ是ヨリ先中谷大尉ノ一小隊此ノ内一分隊程分遣浅海大尉ノ一小隊上ニ同シヲシテ桑平村ヨリスルノ山上濱郷村ノ山脉ニ迂回セシム別ニ使ヲ馳セ桑平村ニアル師岡隊ヨリモ一小隊ヲ割テ之カ援助タラシム此分遣ヲナス午前六時ナリ又各隊出ス処ノ分隊ハ中谷浅海松本右側突出ノ山脉ニ據ラシメ賊ノ迂回ヲ撃チ退テ賊兵ノ渓谷ヨリ出ルヲ防カシム午前七時遊撃隊下司村上ノ両隊来到則下司ノ隊ヲ以テ左側ノ援助トナシ村上ノ一小隊ヲ正面ノ援助トシ残一小隊ヲ以テ内線ノ守備或ハ高山ノ展望ニ供ス然ルニ江ノ嶽之山頂狭隘多数ノ人員ヲ容ル能ワザルヲ以テ其ノ半隊ヲ割キ右側ヲ助ケシム士官志得村上畑輔先頭ニ進ンテ賊弾ニ斃ル士官志得荒木琢磨又傷ク兵漸ク進テ占拠スヘキノ地ヲ得タリ尓来工作ヲカメ防禦弥々嚴火撃互ニ交リ弾丸飛迸ス我通路糧食弾薬ヲ運搬スル者又流弾ノ爲メニ数名ヲ傷ク午后第一時砲ヲ設ケテ賊ヲ放ツ然レトモ照準我兵ノ頂上ヲ超ヘ殊ニ彼我相接近スルヲ以テ掃地ノ功ヲ奏スル能ハス只為メ

ニ声援ヲナスノミ同三時伊藤大尉ノ隊来到即チ戦ニ労ル、ノ今村嶋野ト漸次交換セシム中谷淺海ノ残隊ハ取テ濱郷ノ戦地ニ遣ル此戦朝ヨリ午后五時ニ到ル銃声激烈間断ナシト雖ノモ午后ニ至テハ賊ノ切迫スルナシ暮天第二線ヲ定メ守備ヲ嚴ニス

濱郷ノ戦況ハ別ニ陸軍大尉中岡祐保ヨリ之ヲ進呈スヘシ

　　　　傷者　横井大尉　田辺少尉　佐久間少尉試補士官心得荒木琢磨

　　此日　死者　脇坂中尉　士官心得村上畑輔

　　　　其他下士以下卒吏ニ至ル迠死傷六十五名

　　右報告ニ及候也

　　　十年八月十九日第貳旅團第九聯隊第壹大隊長

　　　　　　　　　　　　　　　石本少佐

　　三好少将殿

(防衛研究所蔵C09083979100「陸軍省西南戦役第2旅団「戦闘報告　明治10年3月17日〜10年9月1日」0662〜0665)

　この後，この戦闘に関わった各中隊の戦闘報告をみていくが，先ず石本少佐の文について気がついたことを記そう．薩軍本営へのこの方面からの攻襲隊は「征西戦記稿」によれば六中隊と砲二門・工兵二分隊であり，午前2時に六首山の南東部から中尾山（長尾山のこと）に向け出発した．六中隊の司令官は高橋大佐，副は波多野少佐と上利大尉，各隊長は山田，和智，伊藤，中谷，浅海の各大尉と松本中尉である．その後，薩軍本営への攻襲隊が出て行き，残された第二旅団の哨兵線にあった今村大尉の隊に対し午前4時半過ぎに敵が一声の喇叭，一発の銃声のあと直ちに白刃を振るって迫ってきた．

　18日夜明け前からの出来事を順に列記する．

① 午前4時30分過ぎ敵が今村大尉の守る可愛岳南西側の尾根に襲来する．
② 中谷大尉・浅海大尉各一小隊を浜郷（祝子川流域の浜砂のこと）村山脈に迂回させる．別に，桑平村にいた師岡大尉の一小隊をその援軍とした．
③ 嶋野中尉の一小隊を可愛岳左側にある糧食課へ遣り，都築大尉・横井大尉の各一小隊をその援軍とした．

②〜③の頃，松本中尉の一小隊を脇坂中尉が率いて来る．続いて，松本中尉・水野大尉の各一小隊が来る．以上は午前6時までの経過である．

④ 午前7時，下司（遊撃第七大隊第一中隊長）・士官心得村上が来る．下司は左側の援助，村上は正面の援助となる．
⑤ 午後1時官軍は砲撃を始める．
⑥ 午後3時，伊藤大尉の中隊が来たので今村隊（曰く午後3時30分交代）・嶋野隊（曰く午後4時過交代）と交代させた．中谷・浅海の残隊は浜郷（浜砂）の戦地へ遣る．
⑦ 午後5時戦闘終了．

　石本少佐が関わった戦場は可愛山脈南西部の尾根と，浜砂村から北に続く尾根（浜郷村山脈）から可愛岳左側の糧食課の範囲である．左側というのは南方に位置する六首山方向から北方の可愛岳を見た位置関係とみられる．彼自身は後掲の戦闘報告により六首山の背後にある六首山14号台場にいたのではないかと思う．

石本の記述に登場しない出羽・糸井・近藤・草場などの部隊や第二旅団三好重臣少将の護衛隊だった粟飯原大尉も戦闘報告を残している．それらの全文は略すが，特にそれら報告文中にある戦闘景況の項だけを以下に掲げる．

○<u>午前第四時頃賊河愛ノ背後ニ出突然我軍ノ通路ヲ支ヘ而シ河愛ノ絶頂ニ発射ス故ニ我半隊ヲ山腹ニ登ラセ屢々防戦ス賊其夜退去ス</u>

(第二旅團第一聯隊第二大隊合併第一中隊長　大尉出村実智)

○八月十八日賊我軍ヘ襲来直チニ防禦ノ手段ヲ為シ壱分隊ハ上利大尉ニ属シ江ノ嶽左右ヘ防禦線ノ為メ胸墻ヲ造リ亦壱分隊ハ大援軍司令石本少佐ニ属シ賊ノ襲来セル山腹巌石ノ間ニ胸墻壱及對壕壱個ヲ作リ此時士官壱名負傷兵卒三名負傷ス壱分隊ハ山口少佐ニ属シ賊ノ襲来ノ防禦為ス而已

(第二旅團第二大隊第二中隊長　大尉近藤正近)

○昨十八日拂曉賊徒襲来ス同午后〇時三十分頃当隊右翼線ヨリ引揚ケ来リ士官一名下士六名生徒三十名ヲ賊徒左翼ノ前山ニ配布シ對戦セシメ自餘ノ兵ハ援隊トナス同午后六時三十分頃援隊ノ分ハ其ノ左翼第二線ニ配布守備セシム同午后十時頃賊徒退キ去ル

(別働狙撃第四中隊長代理　中尉糸井世則)

○<u>午前第四時火ノ谷越集合場ヲ発シエノ嶽ノ近傍守備トナリ已ニ該地ニ至ル時エノ嶽ノ顛頂賊兵ト覚シキ者数名ヲ見直ニ少尉試補田中忠直ヲシテ若干兵員ヲ引率馳行セシムルニ全ク賊兵タルヲ知リ遂ニ全隊ヲ返メ爰ニ於テ開戦頻ル劇烈賊ノ切入ラントスル者数回我兵岩石ノ屹立スルニ憑リ力テ防戦シ賊ヲ斃ス事最モ多シ午後第三時三十分石本少佐ノ指揮ニ従ヒ伊藤大尉ノ隊ト交換シテ援隊ノ位置ニ退ク</u>

(第九聯隊第三大隊第二中隊長　大尉今村為邦)

○昨十八日大援軍ノ譯ヲ以テムクビ山ノ風紀衛兵当務中俄ニ賊ノ襲来アリ因テ石本少佐殿ヨリ同所山上ニ臨時出兵ノ命ヲ受ケ之ニ應シテ直ニ撒布シ激戦ス此時キ死傷スル本表ノ如クナリ且賊抜刀シテ再三切入ルト雖モ終ニ其功ヲ得スシテ稍々退却ス後予對戦中午后第四時過伊藤大尉ノ隊ト交代シ石本少佐殿ノ所在ニ引揚ケ後方ノ胸墻ヲ守ル別働ノ第二十四中隊ト午后第七時頃交代ス而シテ又第八時左□ノ守リ遊撃隊ト交代シテ厳備防守ス

(第二旅團第九聯隊第一大隊第二中隊中隊長心得　中尉嶋野翠)

○八月十八日長尾山攻撃援隊ナルヲ以テ午前第三時江ノ嶽守線ヲ引揚長尾山迠繰込候所賊突然江ノ嶽ニ登リ勢ヒ尤モ猛シ於爰直チニ長尾山ヲ引返シ江ノ嶽ニ登リ頂上ノ岩石ニ據リ防禦ス賊屢短兵ヲ以テ進襲スト雖モ我兵亦之レニ應シテ恐レ色ナク凡十二時間戦最モ劇烈午前第十二時頃ニ至リ賊兵終ニ迯退シ当夜山ヲ守備ス．我軍ニ得タル物スナイトル銃十一挺　ヱンピール銃五挺　刀二本　(第二旅團第九聯隊第一大隊第三中隊長代理　中尉松本箕居)

○本日永尾山ノ守戦第三旅團ト交換大野村ヘ繰込ヘキ命アリ乃チ午後第十二時三十分交代終ニ□亦命アリ榎嶽襲来ノ賊ヲ防禦ナス処ノ今村大尉嶌野中尉ノ両隊ト午後第三時交代夫より兵ヲ□□巌屋□配布シ頗ル劇戦時ヲ費スト雖モ賊退去ノ色ナシ同夜諸兵□特ニ勉強スルヲ以テ十九日□晩賊迯ケ去リシ景況ニ付直ニ斥候ヲ出シ形勢ヲ偵察セシムルニ一人ノ賊ナキヲ帰報セリ仍而要点_{賊ノ是迠占領セシ地}ニ全中隊ヲ繰込ミ仮ニ守備ヲ設□□旨ヲ司令ニ報シ後命ヲ竢テリ

(第二旅團第九聯隊第一大隊第四中隊長　大尉伊藤元善)

○本日午後八時頃ヨリ江ノ嶽下糧食課江襲来スル賊徒ニ向ヒ防戦尤モ務ム

(第貮旅團遊撃第七大隊長　栗屋市太郎)

○本日無苦飛山ヘ賊突入之際濱郷村山字鉢ノ水ノ官兵薄弱ノ模様ニ付命ヲ受ケテ左小隊ヲ派出シ其急ヲ援クルカ為メ其戦線ノ左翼ニ増加ス然シテ對戦ノ折柄賊モ亦兵ヲ増加シテ射撃ヲ一層猛烈ニシ且ツ拔刀ノ一隊ヲ以テ官兵ノ右翼ヲ衝ク茲ニ於テ力ヲ尽シテ防禦ス然ルニ右翼ニ在ルノ兵偶々弾薬ノ尽クルヲ以テ退却ス然ルトキハ我小隊ノ退路ヲ切断サルヽノ憂アルヲ以テ不得止兵ヲ後方ノ山上ニ引揚ケ茲ニ於テ守備ヲナシ援隊ノ来ルヲ待ツ時正ニ午後一時ナリ已ニシテ他ノ中隊且ツ我右小隊此守線ニ増加ス茲ニ於テ兵勢頗ル奮フ故ニ直ニ進撃シテ旧守線ヲ復シテ守備ヲ設ク時方ニ午後第三時ナリ然シテ翌十九日拂暁ニ斥候ヲ出シテ探偵スルニ何クヘカ遁逃セシナラン前面一名ノ賊ナシン実午前第三時第一旅團ノ兵ト交換ス

（別働狙撃隊第二中隊長　大尉師岡政宜）

○八月十八日此日右翼軍進撃ニ付我カ隊援隊トナリ既ニ部署定ラントスルトキ午前四時三十分頃突然賊ムクビ山ニ襲來ノ報アリ依テ兵ヲ卒ヒテ同線ニ赴ル時ニムクビ山ノ戦ヒ官軍苦戦即チ左小隊ヲ以テ之レニ麼ス而ルニ又該地ヨリ左翼宮ノ谷山上ノ官軍殆ント苦戦ノ由ニ付右小隊ノ内三分隊ヲ以テ之レニ麼ス將ニ該地ヘ着セントスルトキ官軍既ニ潰乱ス依テ之ヲ援テ防止スト雖ノモ最早及フベカラス止ムヲ得ス退却シ急ニ兵ヲ集メテ再ヒ賊ヲ攻撃シ旧線ニ至テ守備ヲ為ス是ヨリ先キ左小隊ノ小幡山ニ達スルヤ石本少佐ノ指揮ヲ受ケ直チニ都築大尉引卒シテ糧食課ノ設置シアリタル地位ニ至ルニ賊弾雨下我兵大ニ進退ニ窮マリ然リト雖トモ右方ナル山腹薄弱ナルヲ以テ該山ニ攀登シ賊塁ヲ距ル事僅カニ二三十歩ニシテ九連隊今村大尉ノ隊ト輪換防支セリ此地形タルヤ賊拠ニ比スルニ我カ占位卑低ニシテ一ノ拠テ以テ防禦スベキ地物ナク兵僅カニ岩石ノ双立シアルニ拠リ憤励防戦スト雖トモ岩石固ヨリ十名ノ兵ヲ□メニ足ラズ故ニ彼レカ狙撃ヲ受ケ苦戦数刻午后第九時頃賊彈稍々減ス　（第八聯隊第三大隊合併第一中隊長　大尉中谷直）

○本日午前第八時頃ヨリ江ノ嶽下糧食課ヱ襲来ノ賊徒ニ向ヒ防戦尤□同未明ニ至リ賊悉退去ス

（遊撃歩兵第七大隊第壱中隊長勤務　下司操）

○當隊ハ既ニ本營ノ直隷タルヲ以テ去ル十七日江ノ嶽出先本營ヱ繰込ミ其近傍ニ露營ス翌十八日午前第六時頃賊徒不意ニ江ノ嶽頂上ヨリ本營ヲ目掛テ突入ス依テ野津少將護衛タル近衛兵若干ト合併防戦シ將官ノ退路ヲ保護スル凡二時間將官既ニ退去サレ殊ニ地形甚タ不利ニシテ終ニ撃退スル能ハスシテ將官ノ退路ニ引揚ク

（別働狙撃隊第壱中隊長　大尉粟飯原常世　第二旅團三好少將の護衛隊長）

○八月十八日午前第二時援隊トナリ日之谷越ヲ発シ江ノ嶽ヲ右ニ廻リ其南方ノ谷ヲ渡リ又東方ニ向ヒ山ニ登リ將ニ位置ヲ占メントスル時賊兵俄ニ江ノ嶽絶頂ヨリ我カ日ノ谷ノ本營及ヒ糧食課ヲ目下ニ狙撃ス故ヲ以テ方向ヲ改メ右小隊ハ糧食課跡ヲ出テ賊兵ヲ拒キ放火夜ヲ徹シテ止マス□ニ至リ賊兵終ニ退キ玄ル左小隊ハ濱郷村ノ山上奇兵ノ援助トシテ該山ニ登ル于時奇兵及ヒ其地之援隊既ニ乱ルヽヲ以テ我小隊其残兵数名ト倶ニ暫時防戦ス良久アツテ狙撃隊一小隊援助ニ来ル仍テ各隊協力進ンテ故位ヲ復シ固守ス翌暁ニ至リ賊不残退去ス此日疾病ニ罹リ休業スル者等ハ之レヲ本營ノ占位近傍ニ置ク而シテ賊兵ノ襲撃ニ會ヒ失亡スル物品数多左ニ

（第二旅團歩兵第十一連隊合併第三中隊長代理　中尉　草場真作）

○該日午前第八時頃ヨリ江ノ嶽下糧食課ヱ襲来之賊徒ニ向防戦尤モ務ム同十九日未明ニ至リ賊悉ク退去ス　（第二旅團遊撃歩兵第七大隊第三中隊士官　田鍋美奇）

六首山周辺の戦闘に引き続き，祝子川沿いにある浜砂（浜郷　はまご）にも薩軍が襲来してきた．

ここでは川沿いにまで薩軍が下がって来ることはなく，午前8時頃から麓の官軍と尾根の薩軍との間で銃撃戦が行われる状態だったが，19日未明には薩軍は退去した．麓の浜砂付近で戦闘が開始されたのが午前8時頃であることは，田鍋と共に遊撃歩兵第七大隊第一中隊長勤務の下司操の報告でも共通している．この方面を襲った薩軍の経路を考えると，六首山から小幡山には官軍がいたのでそこは通らず，西方の尾根を下ったとみられる．おそらく官軍本営への襲撃もその時点では終了していたのではなかろうか．そうであれば，本営における官軍の反撃は2時間弱であったことになる．

六首山周辺では18日午後に戦闘はほとんど終息し，翌19日未明には薩軍は可愛岳上からも退去した．

第二旅団本営護衛隊であった粟飯原（あいばる）大尉は薩軍襲来時には石本少佐らのいた六首山・小幡山周辺ではなく，可愛岳北側尾根にある本営近傍に露営していた．彼の報告では午前6時頃，不意に薩軍が可愛岳頂上から本営目掛けて突入した，という．この時間は「征西戦記稿」をはじめとして一般的に官軍第一・第二旅団合同の本営が同じく午前4時半に襲われたとされているのとは違っている．その部分の「征西戦記稿」を再掲する．

> 三好少将野津少将ト共ニ火之谷ノ營ヲ發セントセシニ四時三十分一聲ノ英式喇叭一發ノ小銃ト共ニ忽然牙營ノ上即チ可愛嶽ノ絶頂ニ響ク俄ニシテ喊聲四起，賊兵麕集，刀銃共ニ進ミ一ハ第二旅團ノ營ヲ斫リ一ハ左右守線ノ側背ヲ撃ツ其勢ヒ風雨ノ如シ事，不意ニ出ツ我軍狼狽，左右守線爲メニ截斷セラレ相合スル能ハス牙營ハ両少将ノ護衛兵若干ニシテ第二旅團ハ粟飯原大尉ノ一中隊餘ハ唯参謀将校下士數輩ノミ両少将自ラ起テ之ヲ督勵シ銃槍格闘三タヒ之ヲ郤ク然ノモ衆寡敵スル能ハス三好少将ハ内田大尉磯林中尉両尉官ト共ニ迂路左翼哨線ノ先鋒隊ニ投ス野津少将ハ岡本中佐ト僅ニ身ヲ以テ火之谷ニ避クルヲ得タリ　　　　（「征西戦記稿」巻六十　可愛岳戦記　pp.18）

護衛隊長粟飯原大尉の6時頃本営が襲われたという報告に反し，「征西戦記稿」には4時半に本営が襲われたと記されている．しかも，「一聲ノ英式喇叭一發ノ小銃ト共ニ」とあるが，第二旅団の攻襲隊出発後に小幡山・六首山一帯を守備していた石本少佐の報告では「江之嶽背后江襲来シ一声ノ喇叭一声ノ發放直ニ吶喊白刃ヲ揮テ我カ哨線今村大尉之隊ニ迫ル」となっており，喇叭一声と共に襲われたのは可愛岳北側尾根の本営ではなく，南西尾根にいた今村大尉の部隊である．「征西戦記稿」は異なる場所，異なる時間の報告を一つにまとめたに違いない．六首山から官軍本営までの距離は1.3kmもあるので，同じ場所のこととすべきではなかった．本営突入の時間について記した資料がもう一つある．下記は三好少将の属官であった内田大尉の従者の報告である．

> 　十二時三十分　　舌代
> 　　　　　　□文
> 今朝凡六時比賊兵樋の谷越之高キ横山より不意ニ進撃致候而本営其外輜重会計参謀部等皆々チリチリニ相成私記実信両人下□本営迄攻寄仕人夫之噂サニハ一旅團二旅團之長官弐人連ニ而迯ラレタト申事噂サも承リ慥成事一切相分リ不申以今賊兵進撃仕居候間此段荒増御知ラセ申上候
> 　　　　十八日十一時□
> 　　　　　　　　　　　　内田侍従（従者）
> 　　延岡第弐旅團　　　　　　　文七拝
> 　　本営様

(防衛研究所蔵 9084218400「第二旅団　往復書類　明治 10 年 8 月 2 日～10 年 8 月 25 日」)

冒頭の「舌代」は当初「古代」と読んでいたが，熊本大学の三澤純准教授に原文を見ていただいた結果，古は舌であることが分かった．「申し上げます」という意味である．薩軍の突入があったとき，三好少将の属官内田大尉の従者である彼も当然本営付近にいただろう．およそ 6 時頃，賊兵が日の谷越の高い横山から不意に進撃してきた，というのである．これだけでは「高キ横山」が可愛岳頂上なのか，その南西に並ぶ嶺なのか，別の山なのかはっきりしない．薩軍は可愛岳頂上のすぐ南西の尾根，頂上直下ともいえる場所にたどり着き，六首山方向に行くなり，可愛岳頂上に登るなりできたのである．本営を攻撃するなら，頂上に登ってもう一度本営の方に下りるのは無駄である．したがって，頂上の南西直下を廻って官軍本営に向け進撃するのが合理的である．従者のいう「高キ横山」とはこのことを指すのであろう．

本営にいた片方，第一旅団の野津鎮雄少将にも護衛部隊があった．第一旅団の日誌のうち，8 月 17 日の後半から 18 日の部分を次に掲げる．

> 戦最モ曽木原ノ一手殊ニ苦戦終ニ突入曽木原ノ乗取リ前駆シテ進ムニ賊舞ノ原赤水山ニ拠リ防戦ス我兵寡少ナル故苦戦スルニ迂回ノ一手爰ニ出會共ニ突貫終ニ乗取リ北クルヲ追テ進ムニ賊亦高野村山上ニ拠リ防戦スト雖トモ終ニ乗取リ戦續シテ午后第六時小峯ニ進テ對戦爰ニ守備ヲ張ル一同十八日近衛第一中隊（第二聯隊第二大隊第一中隊）昨十七日当旅團将官護衛トシテ片山中尉ニ定員ノ壱分隊ヲ附シ出張セシムルニ本日午前第六時頃江ノ嶽ニテ護衛中右側嶽ヨリ賊不意ニ衝出一時之ヲ防戦スルト雖トモ賊亦后面ニ繞廻シ終ニ支ユル能ハサルニ由リ将官ヲ護シテ橋岸村ニアル熊本鎮台本営ニ至ルヿ于時午后第四時ナリト同官ヨリ報ス

(防衛研究所蔵 C09083508000「陸軍省-西南戦役第 1 旅団　戦闘景況戦闘日誌　明治 10 年 2 月 26 日～10 年 9 月 3 日」)

これも可愛岳の右側峰から午前 6 時頃に襲撃が始まったことを記す．襲われた方は結局，将官を護衛して午後 4 時頃に橋岸村にある熊本鎮台本営に至ったという．薩軍の最初の攻撃で六首山付近が襲われたのは前掲各戦闘報告にある通り午前 4 時半頃であり，官軍本営襲撃までの時間差は 1 時間半もある．

もし本営が 6 時頃に襲われたのであれば，本営の人達はその間何をしていたのだろうか．銃声・喊声が聞こえる距離で戦闘が行われているのに，熟睡中だったのだろうか．その答えとなる記述が「従征日記」にある．筆者である川口武定は第一旅団会計部長であり，食料や消耗品等を戦場の部隊に過不足無く供給するのが任務である．当日朝は祝子川流域を東から西に騎馬で進んでいた．小幡山麓の桑平にある第二旅団の糧食炊爨場を過ぎた直後，多数の軍夫が血相を変えて走り過ぎていった．

> 其ノ何ノ故ナルヲ知ラス，乃チ急ニ第二旅團炊爨場ニ入リテ之ヲ叩クニ，平澤軍吏補アリ，予ニ告ケテ曰ク，吾輩モ亦今本營（第一〇第二旅團營ヲ双ヘタリ）ヨリ逃レ來レリ，本營ハ可愛嶽絶頂ニ對峙スル山腹ニ在リテ，昨夜賊ノ炬火ヲ前面ノ絶頂ニ見ルヲ以テ，本日兵ヲ部署シ一齊ニ進撃シ之ヲ勦セントス，其ノ右翼モ亦進ミテ右方ニ屹立シタル山岳ヲ占メ尚ホ前進ス，我カ本營ノ諸將等之ヲ見テ歡ヒ愉快ヲ呼フ，是ヨリ先キ，賊ハ我カ兵ノ勇進直前スルヲ覘ヒ，虚ニ乗シテ山道ヨリ復タ右方ノ一岳ニ進ミテ前壘ニ據ル，是ニ於イテ賊岳頂ヨリ一齊發シ，彈丸急雨ノ如ク我カ廠舎ノ前ニ落ツ，衆狼狽前谿ニ跳リ降リ，路ヲ求メテ僅ニ身ヲ以テ逃ル，賊益々火力ヲ猛烈ニシ，

吶喊シテ來襲ス，我カ護衛兵死力ヲ盡クシテ之ヲ防キタレトモ，支フル能ハス，司令長官等モ亦谷底榛棘ノ間ヲ潜ミテ纔ニ身ヲ以テ逃ル，是ニ於イテカ本營潰乱シ左右ニ散走ス，前後方向復タ辨スヘカラス，我輩遂ニ長官等ヲ失ヒ，二三ノ士官ト倶ニ此コニ逃レ來ル

（「従征日記」pp. 153・154）

平沢軍吏補によれば，「昨夜賊の松明を可愛岳絶頂に見，それに対し官軍右翼が右方の峰から前進攻撃するので本営では愉快だと叫んでいた．その後賊が右方の岳頂上から射撃し攻めてきたので本営は潰乱した．」という．江戸時代までは一日の始まりは日の出からであった．10年後も世間では旧来の慣習が残っていたのであろう．昨夜，というのは夜明け前の暗い時間と解釈すべきだろう．文中に「是ヨリ先キ」という言葉があるが，「愉快と思っている間に」と同時に，を意味すると理解できる．あるいは，右翼の官軍が前進する間に薩軍も右方の峰に進んだ，と解すべきだろう．

なぜ本営は傍で行われている戦闘を傍観していたのか考えてみると，薩軍の人数をごく少数とみたのではないだろうか．また，常時方々で小規模の戦闘が行われていた可能性もあり，これと同一視したのであろう．たしかに先鋒だった相良・貴島らの攻撃は官軍優位で推移したらしい．まさかこの後，さらに数百人がやって来るとは予想しなかったのであろう．もしそれが予想できるなら可愛岳頂上にも多数の官軍を置いていたはずである．また，本営から六首山まで1.3 km離れていたことも油断する原因だっただろう．

三好少将の護衛隊長である粟飯原大尉，少将の副官内田大尉の従者の証言，野津少将の護衛隊長である片山中尉に関する第一旅団の戦闘日誌は，薩軍の襲撃時に本営にいた者の証言として重要であり，当事者がそろって本営は6時あるいは6時頃に襲われたと言っているのは無視できない．

大学への論文提出後，新たな史料を見つけた．三好少将も以下の報告文を残していたのである．

當地ノ景況使ヲ以被尋越候處格別義抔も無之候得共昨十八日午前六時頃賊突然江ノ瀧向フ鉢水山より襲来我軍一時ハ苦戦又糧道ヲ中断サルト雖モ前後狭撃其道ヲ開達ス今朝に至リ探偵スルニ昨夜中ニ遁逃スル由ニ付直ニ今朝より近衛三中隊ヲ以追跡為致候右大概書付ヲ以回答候也

　　八月十九日　　　三好少将
　　　　諏訪少佐殿

（防衛研究所蔵 C09084313600 豊後口達留会報留　各隊各部来翰諸表面
明治10年6月14日〜10年8月19日」0430・0431 征討総督本営罫紙）

原文の「ゟ」を活字化にあたり「より」とした．原文は毛筆で，読めない字が10個ほどあったので大分県立先哲史料館大津祐司氏・桜井成昭氏に解読していただいた．薩軍の襲撃の報に接した諏訪少佐が三好少将に問い合わせたことが分かる．それに対して格別の事もなかったよ，とこの文で返答しているわけであるが，西南戦争を通して官軍の旅団本営が攻撃されて敗退した例はこれまでなかったのであり，本当は格別の事態になっていたのであるが，それは触れたくなかったのであろう．ここでも午前6時に攻撃されたとあり，本営が襲われた時間は午前6時頃で間違いないだろう．また，鉢水山（八水山）から襲来したとあり，内田従者の報告にある「高キ横山より不意ニ進撃」にいう横山とは八水山のことであろう．

当時本営にいた平沢軍吏補の証言も，この日朝の薩軍の襲撃が二段階であったことを窺わせるものである．したがって，18日早朝の薩軍はまず相良・貴島・松岡ら約150人による先鋒が六首山方向に攻撃を仕掛け，次いで到着した辺見十郎太らが6時頃官軍本営を襲ったのであろう．喇叭を

表6　薩軍の可愛岳（第一・第二旅団本営，六首山等）攻撃に関する諸説

諸説の比較	第一・第二旅団本営の場所	薩軍の攻撃開始時間他	攻撃状況
「征西戦記稿」	牙営ノ上即チ可愛嶽ノ絶頂 （可愛岳頂上の下）	4時30分・英式ラッパ・左右守線も同時に	
「西郷突囲戦記」	中の越眼下なる屋敷野	4時30分	英式ラッパ
「新編西南戦史」	頂上から北側地区を望んだ場所	払暁一斉に	英式ラッパ
本　文	牙営ノ上即チ可愛嶽ノ絶頂 （可愛岳頂上の下）	4時半に六首山攻撃 6時過ぎ頃に本営攻撃	英式ラッパ

合図に攻撃されたのは本営であったと「征西戦記稿」は記しているが，それは六首山方向の尾根筋哨兵線での午前4時半頃の出来事であった．

本営に対する襲撃側にいた鹿児島県東郷出身の平田盛二が「日誌」を残している．彼は村田三介の第五大隊二番小隊三番分隊兵士として戦争初頭から参戦していた．8月18日の部分を掲げる．

　　○同十八日　晴
　　今日<u>午前六時比ヨリ可愛嶽東山下ニアル官軍英兵ヲ攻撃シ</u>，大勝利ニテマルチネル銃新筒四
　　箱・及ヒ其他銃器・弾薬・酒肴分捕候事，
　　同日祝子川ニ入ル賊ニテ進軍スル途中ニテ夜ニ入深山江一時休ミ
　　　　　　　　　　　　　　　　（「維新戦役従軍記」pp. 127 川内市資料集　川内郷土史編さん委員会 1974）

可愛岳の東側山下というのは正しくは北側の山下であるが，当時の記録では別の場所の記述でも方位に関してしばしば不完全な記述がみられる．「英兵」は衛兵つまり護衛兵であろう．マルチネー銃の新品を四箱も分捕っているから六首山方向の第二旅団守備兵を攻めたのではなく，本営一帯を攻めたと理解すべきである．下記のように第二旅団の砲廠部は本営の隣の尾根にあった．台場跡分布状態の部分でも述べたように砲廠部のあった位置は可愛岳北西尾根の可愛岳寄りの広場にあった．したがって，この従軍記では6時頃から本営を攻めたと記しているのである．

「征西戦記稿」巻六十　可愛岳戦記 pp. 19 によれば「第二旅團ノ砲廠部ハ牙營トー丿山麓ヲ隔ツ<u>即チ八二連接水山ノ地</u>賊ノ來テ牙營ヲ斫ルヤ其一ハ分レテ砲廠部ヲ襲ヒ銃彈ヲ掠メ<u>該部偶々守衛ナクく僅ニ火之谷村ニ避ケ</u>遂ニ前後守線ノ中間ヲ過キ可愛嶽ヲ南下シ直チニ宮ノ谷山八水山ヲ經テ第一旅團ノ哨線ヲ潰シ濱砂ニ出ントス」とあり，濱砂-八水山-宮ケ谷山と並ぶ連続的な尾根上の位置関係にあると考えられるかのようである．第二旅団の砲廠部は八水山に連接の地であり，かつ「牙營と一丿山麓ヲ隔ツ」のであるから，砲廠部は北西側尾根にあり，牙営は北側尾根（ビンのあった尾根）にあったとみられる．北西尾根にある可愛岳に近い場所の広場に第二旅団の砲廠部があり，ほんの少し離れまさに連接の地とも呼べるような位置に並ぶ5基の台場がある場所を八水山とみるのが妥当である．この場合，「征西戦記稿」の記述「可愛嶽ヲ南下シ直チニ宮ノ谷山八水山ヲ經テ第一旅團ノ哨線ヲ潰シ濱砂ニ出ントス」の順番とは反するが．

この戦闘での第一・第二旅団の死傷者数を「征西戦記稿」と各中隊の戦闘報告によると，戦死は64人，戦傷は128人であり，彼らにとって熊本県中北部での戦闘以来の大損害となった．

　○18日の戦死傷者数
　第一聯隊第二大隊合併第一中隊（出村実智）　　　　死1人
　別働狙撃隊第一中隊（粟飯原常世）　　　　　　　　死7人・傷13人（第二旅団長官護衛隊）

別働狙撃隊第二中隊（師岡政宜）　　　　　　死5人・傷6人
別働狙撃第四中隊（糸井世則）　　　　　　　死3人・傷2人
別働狙撃隊第二中隊　　　　　　　　　　　　死5人・傷6人
遊撃歩兵第六大隊第三中隊（佐野蒼五郎）　　死9人・傷5人
第九聯隊第三大隊第二中隊（今村為邦）　　　死1人・傷6人
遊撃歩兵第七大隊第一中隊（下司　操）　　　死1人・傷5人
遊撃歩兵第七大隊第三中隊（村上簇甫）　　　死1人・傷3人（中隊長死）
第八聯隊第三大隊合併第一中隊（中谷直温）　死4人・傷8人
第九聯隊第一大隊第二中隊（嶋野翠）　　　　死1人・傷5人
第九聯隊第一大隊第三中隊（松本箕居）　　　死2人・傷9人
第九聯隊第一大隊第四中隊（伊藤元善）　　　死1人・傷2人
第十一聯隊第二大隊合併第三中隊（草場真作）死1人・傷9人
工兵第二大隊第二中隊（近藤正近）　　　　　　　　傷4人
　　　　　　　　　　　　　　　　　　　合計死42人・傷83人
第二聯隊第一大隊第二中隊（片山中尉）　　　死？人・傷？人（第一旅団長官護衛部隊）
第一旅団　　　　　　　　　　　　　　　　　死22人・傷45人
　　　　　　　　　　　　　　　　　　　合計死64人・傷128人

⑩　官軍本営襲撃前後の動静

　官軍は今日でいえば電話や無線の代わりに書類による情報交換を頻繁に行っていた．また，斥候，探偵や薩軍に捕虜になっていた者らから種々の情報を入手していた．このとき，可愛岳を突破した薩軍の行方の確認と捕捉が急務であった．

　　　昨日以来第一第二旅團トエノ嶽ヲ挾撃シ今暁我兵突戦該嶽ヲ乗取候處豈圖ヤ敗賊ノ迂廻スル者
　　　嶽ノ西南高峰ニ登リ第二旅團之陣地ヲ襲撃シ直ニ第一旅團之背後及ヒ両團モ此賊勢ヲ防止スル
　　　能ハス終ニ目下賊ノ情勢ハ高千穂ニ向ヒ侵入スル者ト被察候就而ハ木浦より矢立越邉へ騎隊一
　　　大隊余ヲ以テ急ニ警備致候得何分倉卒ノ手廻兼候ニ付万一ノ為重岡竹田地方へ向ケ若干隊被
　　　差廻警備充分相成度此段至急申進候也
　　　　　十年八月十八日　　　　谷　陸軍少将
　　　　　　　　山縣参軍殿
　　　　　　（防衛研究所蔵 C09082275600「探偵戦闘報告」陸軍省-西南戦役軍団本営 M10-12-255　0393）

　薩軍の襲撃箇所については可愛岳の西南高峰，つまり六首山との中間にある峰に登り，六首山一帯の第二旅団の陣地を攻撃するとともに，第一旅団の背後を攻撃したと記す．その後，熊本鎮台自体は薩軍が向かう可能性のある佐伯市宇目の木浦から宮崎県境矢立峠に已に出兵させており，新たに佐伯市宇目の重岡・竹田市へも出兵させたいと上申している．上記史料に続いて薩軍の情勢に関する報告がある．

　　　丙号
　　　一賊延岡滞在中桐野ハ加登川戦場ノ近傍へ出張セシカ延岡ニハ池上某ノミ赴ニテ此時糧食ニ尽
　　　　キ大ニ混雑只迯ル事ノミ覚悟ノ色ニ見ユ戦地ノ働キハ只邊見壱人憤發ノ評判弾薬ハ諸方ヨリ

被来リ候得共製作モ最早間ニ合スト聞ユ
一永見村ニ移テハ既ニ大混雑然レ共製作ハ未タ止メス糧食ニハ弥尽キル戦地ハ矢張邊見ノ働キ
　　ト云
一十八日官軍相迫ルヨリ同夜本営ヲ始メ山中ニ引揚ケル此一時ノ人員凡三百人斗ニ見ユ桐野村
　　田中嶋貴嶋坂田等モ例ノ狙撃隊ヲ引卒人夫等ニ混シ引退キシ由ニ聞ユ
一十八日山上ニ引揚ル三百人斗ノ内夫卒六七十名斗モ有之候亦小荷駄ノ掛リ或ハ製作掛リノ者
　　等五十人斗モ有之贓各米弐三合麦抔携出候事ト相見候山中ニテ混雑ノ後右等之品落シ有之
一十九日ハ右之人員ハ皆山中ニ止マリ居歟同日ハ山中砲声不絶夕景より夜中ハ尤盛ニ聞ユ翌廿
　　日砲声更ニなし
一十八日之夜ハ諸所ニ出候兵隊モ敗軍ニテ銘々山中ニ逃レ翌十九日ハ是モ山中ニ止マリシ事ト
　　見ユ人員ハ不相分此人員ノ中ニモ候哉翌廿日ニハ降伏山上ヨリ下リ候人員モ大小有之様ニ見
　　ユル
一山中ニ籠リ居候者ハ大擦哨兵ノ砲発ニ恐レ容易ニ姿ヲ見セ不申難渋至極ニ見ユル可憐ハ人夫
　　ナリ
一桐野村田中嶋貴嶋邊見池上等ハ十八日迠ハ無事ノ趣ニ聞ユ別府坂田ハ先達テ手負此節疾クニ
　　全快ノ赴併シ坂田ハ手負ノ為メ歟馬乗或ハ駕籠ノ往来の趣
一弾薬ハ皆無ノ由
一兵隊ヨリテハ疾クニ降伏ノ免アレ共何分上ノ激ニ恐レ孰モ口外スルモノ之ナキ由ニ風聞アル
一西郷ノ所在ハ屡々ノ轉営アレ共不相分大本営ト唱シ所ニハ則桐野ナリ（同上 C09082278300）

俵野においても銃弾の製造を行っていたというのが，その他の記述と共に興味深い．次は可愛岳攻撃前後の情報である．

　　一十七日夜賊徒長井村ニ合致シ糧食弾薬ハ概ニ尽キ是ヨリハ各必死ヲ極メ単身一方ヲ切破リ遁
　　　走スルニシカス然レトモ欲セサル者ハ強テ進メスト西郷桐野等列席ニテ衆ニ言フ同席ニアル
　　　者不同意ヲ唱フル者ナシト
　　一十八日拂暁江之嶽ニ至ル先鋒ハ来嶌清ト云フ前中後軍ト合テ西郷桐野此辺ニアリ此日江ノ嶽
　　　ヘ襲来セシ賊五百名ヲ不過然レトモ中軍後軍ハ断レテ前軍ニ合スル不能ト云フ全ク切抜ケシ
　　　者ハ三百名計リニシテ内二名駕籠ニ乗ル者アリ敢テ人夫等モ近寄セス銃器ヲ携フ者ハ三十名
　　　斗リ余ハ皆刀ヲ帯ルノミ尤桐野ハ騎銃ヲ携フ西郷ハ白地ノ湯形ヲ着シ短刀ヲ帯ヒ脚膽袢足袋
　　　ナリト云フ
　　一賊斧鍬等ヲ携エシ者數名先鋒ニアリテ道路ヲ切開通行スト云フ
　　　江ノ嶽ノ背ニ賊ノ死骸数十名アル内首ナキ者多シ服装ハ是迠ト違ヒ皆立派ニシテ皆羅紗等ナ
　　　リ又金モールヲ二筋入タルゼツケンヲ負ヒタル乗馬アリ口ニ刀ヲ嚙デ死ス者ヲ見ルト云フ江
　　　ノ嶽ヨリ八ノ水峠ニ下ル途中首ナキ者或ハ死骸ニ薪ヲ積ミ火ヲ以テ焼ク者間々アリ
　　（防衛研究所蔵 C09082279200「探偵戦闘報告」陸軍省-西南戦役軍団本営 M10-12-255　0484～0485）

貴島清が先鋒というのが珍しい．薩軍側史料には相良・貴島・松岡等約150人が先鋒だったというものがあるが，上記により，官軍側にもそれを証する史料があることが分かる．「服装ハ是迠ト違ヒ皆立派」だったというのは，西南戦争最後の戦いであった城山でも死に装束としてきれいな服装をしたということがあったが，ここでもその雰囲気があったことを裏づけている．結果的には薩

軍の可愛岳突破は成功した歴史的事実であるが，当事者達は成功の確率は低いと考えていたのだろう．八ノ水峠は八水山とか鉢之水として登場する地名であり，可愛岳頂上の近く，北西尾根にある峰である．この記述に接して現地に立てば，今は単なる杉林だが当時の情景を想像することができる．

　8月18日の 第二旅団砲兵第四大隊第二小隊隊長黒瀬義門大尉の「戦闘景況之部」を掲載する．なお，総員は18日には90人である．この戦闘報告を記した部隊は，16日には薩軍本営のある長井村を攻撃するため可愛岳頂上を経由し，尾根筋を東北方向に進んだが，おそらく長井山であろう敵と交戦を続け17日に至った．18日の「戦闘景況」全文を示す．

　　十八日中尉松村孝男一分隊ヲ率ヘ先鋒ニ属ス江ノ嶽ノ東北ニ礒山アリ我先鋒之ヲ占ム又東北ニ山アリ我有スル山ト巍々トシテ相対ス其間大約五百米トス賊是ニ拠リ以テ防ク此日黎明ニ至リテ賊ノ銃火ヲ見ス明クルニ及ヘハ賊塁閑トシテ人ナシ即チ進テ塁ニ入リ賊ノ根拠長尾村ヲ瞰フニ暁霧深フシテ其状何ニタルヲ辨セス故ニ砲撃シ之ヲ探ラントスルノ際賊突然江ノ嶽ノ絶頂ヨリ発銃衝キ下リテ我先鋒ト援軍トノ間ヲ絶ツ歩兵ハ即チ方向ヲ變シ嶽上ノ賊ニ向ヒ尋テ砲モ亦烈シク嶽上嶽下ノ賊ヲ射撃ス此時砲車長軍曹小倉美佐傷キ砲卒山下伊平モ尋テ創ヲ蒙リ暮ニ至リ元賊ノ有スル山ノ背後ニ露営

　　同日少尉西村清一分隊ヲ率ヘ援軍ニ属シテ共ニ長尾ニ向フ途ニシテ江ノ嶽ノ頂ニ吶喊ノ声ヲ聞ク顧レハ賊既ニ嶽上ニ在リ即チ兵ヲ返メ散兵ヲ配シ我分隊ハ旧戦線ニ還リ嶽上及ヒ近傍ノ賊ヲ撃破ス此山タル岩石多シ故弾ノ功力偉ナリ午后八時ニ至リ放火ヲ止メ線後ニ息ス

　　　　　　（防衛研究所蔵 C09083972900「戦闘報告　明治10年3月17日～10年9月1日」）

　翌18日早朝，長井村の薩軍本営を目指して攻撃部隊は山を下りて行き，砲兵隊はそのまま残っていた．ちょうど，攻撃部隊の出発よりもやや早く薩軍は長井村を脱出しており，その後可愛岳の東崖下をめぐり尾根筋の南西部に位置する可愛岳頂上や南西方向の尾根筋にある六首山，頂上の西側直下にある第一・第二旅団本営を襲った．官軍本営は想定外の攻撃に散乱してしまう．その隙に西郷ら薩軍本隊を西方に脱出させるため，一部の薩軍は殿軍となり砲兵隊の通ってきた尾根筋を官軍同様に東北に進み，砲兵隊の後ろから攻撃してきたのである．

　以上，三日間の記述から17日まで可愛岳の一角に薩軍がいたこと，官軍砲兵隊が交戦し相互の距離が約500 mだったとの記述は他の記録では距離が記されていないため，薩軍の位置を考える上で貴重である．以下は8月15日の六首山の状況以降の報告である．

　　八月十五日午前六時延岡出発前驅隊トシテ河愛山ニ向テ攻撃小峯村ヲ経過シ岡冨并ニ桑平ノ両村ヲ通過シ河愛山ニ登リ頂点ニ至リ前方ヲ目撃スレハ数百ノ軍隊左翼ノ山ヲ下リ延岡道ニ進入ノ景況彼我ナルヤ認メ兼據テ喇叭ヲ以テ問フニ不答シテ方向ヲ轉シ退却シ河愛嶽ノ前頂ニ登リ防守ノ勢ヲ見ルニ依リ賊等延岡ニ向テ大迂回ノ擧動ナルヲ知ル爰ニ至テ山口少佐ノ命ニ依リ我中隊急速ニ河愛嶽ニ登リ要点ニ依テ此賊ヲ攻撃ス可ク事ニ付直ニ嶽ノ尖頂ニ向テ登山スルヤ賊等ハ先ニ尖点ニ突出シ我隊登山スルヲ目撃スルヤ戦端ヲ開キ我隊ハ尖点ニ達スルヲ得其半服ノ岩石ニ隠匿シ之ノ賊ヲ防ク数時間戦フト雖トモ彼レ要点ニ依テ猛烈ノ火撃ヲ施シ我兵ハ地形悪シク一歩モ進撃スル能ハス終日對戦ス薄暮ニ至ルヤ一層猛烈ノ火撃ヲ施ス夜ニ至リ賊等退散スルヤ直ニ賊等ノ防守ノ位置ニ至ントスルニ岩石ヲ攀テ登リ遂ニ嶽ノ尖点ニ達シ同夜防守ヲ厳ニス本日戦闘ノ折柄負傷スル者我隊ニ左ノ如シ

1　和田越・可愛岳の戦いの検討

　　　負　　伍長中谷卯之助
　　　傷　　兵卒鈴木傳三郎
　八月十六日我隊前驅隊ノ命ニ依テ午前第七時頃河愛嶽ノ尖点ヲ下リ東北ノ山頂ニ達スル途中賊兵一名我軍ニ來ル之ヲ捕ヒ糾問スルニ彼レ曰ク昨夜ヨリ雨宮何某ナル者一隊ヲ率ヒ防禦線ニ守備スルト雖トモ今ヨリ帰順シテ官軍ニ服スルヲ乞フ依テ雨宮何某凢ソ一小隊引率シ來リ悉皆帰順セリ之ヲ本營ニ送ル従テ我隊其賊ノ防禦線タリシ山頂ニ移リ塁ニ依テ賊窟ヲ目撃スル其折柄賊等一小隊我防禦線ニ向テ登山スルヲ目撃ス是レ賊等官軍ノ移變シタルヲ知ラスシテ交代兵來ルト察ス依テ彼レ山ノ半服ニ來ルヲ待チ受我兵ヨリ猛烈ニ火撃ヲ施スヤ賊等疑念ヲ懷キ狼狽シ遂ニ官軍ノ移ルヲ察スルヤ庶蔽物ニ隠匿シ對戰ス翌十七日同所ニ對戰
　八月十八日午前五時頃俄ニ我背面旧ト我部署タリシ河愛嶽ニ当テ賊等襲來本營ヲ襲ヒ遂ニ本營ニ突貫シ撃戰ナルヲ目撃スルヤ山口少佐ノ命ニ依テ我中隊左小隊ヲシテ本營ニ襲來ノ賊等ニ向ヒ銃ニ劍ヲ裝シ突貫突撃ヲ施ス厳命ニ付直ニ馬來中尉小泉少尉卒ヒテ山上ヲ下リ溪間ヲ経テ至ラントスルニ地形最モ悪シク其巨离几五百米突内至其間下低ナル溪間ヨリ高低ナル山上ニ向フ地形タリ加之賊等ノ猛撃ニ放火スル事最モ盛ナリ進退極リ暫時各兵ヲ隠匿シ好時機ヲ待ツ際迫田少佐磯林中尉爰ニ來會シテ曰クニ此隊ハ何ニシテ隠匿スルヤ糾問ニ付我等答曰ク襲來ノ賊窟ニ突貫ノ厳命ナレ共目撃スル所ハ地形ニ付先方ニ達ス央ニシテ各兵ハ悉皆斃レ實効ヲ得サルト考察スルニ依リ暫時爰ニ隠匿シ好時機ヲ待ツ然シテ迫田少佐磯林中尉地形ヲ見檢ノ為メ五六歩前進スルヤ賊等ヨリ進合放火ヲ施シ不幸ニシテ迫田少佐其弾丸ニ当リ即死ス夫ヨリ我隊ノ突貫ヲ止リ變シテ左翼山上ノ賊ニ向テ進撃スルニ残賊山尖ノ要点ニ依リ猛撃ニ火撃ス我隊其山ノ半服ニ止リ岩石ニ隠匿シ對戰スルト雖トモ利有ラス終夜放火ノ止ムナク拂曉ニ至ルヤ賊等全ク矢部ノ方向ニ退奔セリ戰止ム
　八月十九日日ノ谷山ヲ発シ河田山ニ轉シ同夜露營

　　　（防衛研究所蔵 C09083512200「戰鬪景況戰鬪日誌　明治10年2月2日～10年9月3日」）

　16日，雨宮某が降伏したのは可愛岳頂上よりも東北であり，烏帽子岳の手前付近であろう．直後に戦闘が始まったのは烏帽子岳付近かと思われる．18日，なぜ一端山を下って進んだのか考えると，第一旅団は前日から可愛山脈北東部に来ていたので，この日朝，薩軍がより高い位置を占めてしまったため可愛山脈の尾根経由で本営に帰ることができなかったのである．「乃木希典日記」によれば乃木は烏帽子岳のことと思われる愛ノ岳東峰で薩軍が官軍第一・二旅団本営を襲撃する前の時点で迫田少佐に逢っているので，烏帽子岳を一端下がって，ということだろう．

　登場人物を「征西戦記稿」の1877年陸軍職員録でみると，小泉中尉とは小泉勇治少尉のことか．彼は第十四聯隊第一大隊第三中隊所属であり，同聯隊の乃木がここにいたのでこの人であろう．馬來政輔少尉（第一聯隊第一大隊第二中隊），迫田鉄五郎少佐（第一聯隊第一大隊長），磯林眞三少尉（教導団歩兵第一大隊第一中隊）はそれぞれ（　）内が所属・階級である．迫田少佐は熊本県吉次峠や田原坂以来の激戦地をくぐり抜けてここまで来たが，戦死状況がこの文で初めて分かった．「従征日記」は「獨リ憾ムル所ハ迫田少佐ノ一死ナリ，少佐ハ開戰以來勇鬪數回，身ニ寸傷ヲ負ハサリシニ，是ノ日流彈眉間ニ中リ，脳髄中ニ留マリ，即時絶命セリト」と記す．

　その後の記述は次の通りである．河田山の場所は分からない．

　　　同二十日河田山ニ滞在守備
　　　同二十一日河田山ヲ交代シテホーリ村ノ内大野角村ニ引揚ゲ休憩近傍ニ哨兵ヲ配布シ巡察等ヲ

屢々出シ警備ヲ厳ニス翌二十二日ニ至ル
同二十三日午后三時大野角村出発延岡城下ニ轉シ休憩　　　　　　　　　　　　　　　　　（同上）

8月21日，第二旅団は可愛岳一帯に以下のように守備を配置した．現地の台場跡分布状態を理解することができる記述である．

　　　　守備司令
　右翼中央兼無苦飛山　　石本少佐　　　　　（※第九聯隊第一大隊）
　左翼　　　　　　　　　吉田少佐　　　　　（※第十聯隊第二大隊長　吉田道時）
　右翼江ノ嶽ヨリ中央ニ至ル守備
　援隊
　　水野大尉ノ一中隊　　　　　　　　　　　（※第十聯隊第三大隊第二中隊　水野翠）
　　今村大尉ノ一中隊　　　　　　　　　　　（※第九聯隊第三大隊第二中隊　今村為邦）
　中央守備
　　遊撃第七大隊一小隊
　援隊
　　伊藤大尉ノ一中隊　　　　　　　　　　　（※第九聯隊第一大隊第四中隊　伊藤元善）
　　高野中尉ノ一中隊　　　　　　　　　　　（※第九聯隊第二大隊第四中隊　高野翠）
　　工兵　一分隊

　左翼八ノ水ヨリ中央ヘ至ル守備
　　大久保大尉ノ一中隊　　　　　　　　　　（※第十聯隊第二大隊第三中隊　大久保繼久）
　　竹中大尉ノ一中隊　　　　　　　　　　　（※第十聯隊第二大隊第二中隊　竹中安太郎）
　　工兵　一分隊

　無苦飛山守備　　　　　　　　　　　　　　（※無苦飛山は六首山）
　　和智大尉ノ一中隊　　　　　　　　　　　（※第九聯隊第一大隊第一中隊　和智重任）
　　杉本中尉ノ一中隊　　　　　　　　　　　（※第九聯隊第一大隊第三中隊　松本箕居）
　此両中隊ヨリ一中隊ヲ残賊捜索可致事

　大援軍　桑平近辺屯在
　　　　　司令　山口少佐　　　　　　　　　（※第一聯隊第一大隊長　山口素臣）
　　　　　　　　諏訪少佐　　　　　　　　　（※第十一聯隊第三大隊長　諏訪好和）
　　　　　　　　上利大尉　　　　　　　　　（※第九聯隊副官　上利勝世）
　　　　　　　　平賀大尉　　　　　　　　　（※平賀国八）
　一近衛第一聯隊合併四中隊
　一第六聯隊第三大隊第四中隊　　　　　　　（※北川正與大尉）
　一第二聯隊第二大隊合併第三中隊
　一全　　第三大隊合併第三中隊
　一遊撃隊第七大隊第五小隊　同第三中隊　　（※第三中隊は214人前後．）

一砲兵	一小隊	
一工兵	三小隊	内一分隊近衛
一遊撃第七大隊第三小隊		同第二中隊
桑平守兵	本營直管	
一別働狙撃隊一中隊		（※粟飯原常世大尉）
一〃　　第三中隊		（※中隊長　久芳光直大尉）

　　攻襲偵察隊
　　　　　　　司令　波多野少佐　　（※第八聯隊第三大隊長　波多野毅）
　　　　　　　中岡　大尉　　　　　（※第十一聯隊副官　中岡祐保）
　一第八聯隊第三大隊合併二中隊
　一別働狙撃隊第二中隊　　　　　　（※中隊長　師岡政宜大尉）
　右之通リ相定候事

　　八月二十一日於桑平山出張本營ニ於テ
　　　　　　　　陸軍少将三好重臣　（※第二旅団長官）
　（防衛省防衛研究所蔵 C09083996000「戦闘報告　明治10年4月15日～10年11月12日」）

　　　　　　　　　　　　　　　　　　　　　　　　　　　　　　※は高橋による

　以上は8月21日の第二旅団の守備状況である．薩軍が去った可愛岳一帯に多数の第二旅団兵が分散して配置についていたことが分かる．三好少将が具体的にどこに野営したかは分からないが，麓の桑平集落ではなく上記のどこかの山上にいたはずである．左翼・中央・右翼の地理上の関係は以下のようである．

　左翼八ノ水ヨリ中央ヘ亘ル守備・右翼江ノ嶽ヨリ中央ニ至ル守備・右翼中央兼無苦飛山（左翼八水山より中央──右翼可愛岳より中央──右翼中央兼六首山）

　上掲の21日の第二旅団配備状況によれば，八水山は中央よりも左翼に位置するというが中央とはどこなのか．「江ノ嶽ヨリ中央」というのであるから，可愛岳は中央ではない．しかし，可愛岳頂上から北東に続く長い尾根を江ノ嶽と考えれば，八水山が可愛岳にぶつかる地点，つまり可愛岳頂上が中央に該当し，江ノ嶽は頂上よりも北東側部分だとみられる．また，八水山とは可愛岳北西尾根のうち頂上に近接した場所であろうと考えられるが，さらに西にある宮ケ谷山や白木山はこの配置状況には記載されておらず，第二旅団が守備しなかったことになる．広野山・白木山・宮ケ谷山の台場跡は，可愛岳とは逆方向を向いており，上記の官軍守備に伴い築造されたとすれば理解しやすい．

　8月15日以来，可愛岳で合流していた第一旅団の半分，第一聯隊第一大隊は18日に日の谷の方に進み，本營も可愛岳には帰って来ず，20日には桑平よりも直線距離で1.6km下流の大野に移っていた．「征西戦記稿」8月20日には

　　第一旅團ハ二十日濱砂ノ守備線ヲ第三旅團ニ譲リ遊撃第六大隊ノ兵ヲ先鋒トシ近衛鎮臺ノ諸隊ヲ後繼トシ以テ脱賊ヲ尾撃セシメ　　　　　　（「征西戦記稿」巻六十二　賊追撃記　pp.4）

とあり，第一旅団は可愛岳から去っていた．したがって，可愛岳一帯の守備は大部分第二旅団の担

当となっていたのである．しかし，第一旅団の残り半分，第二聯隊第二大隊が 18 日夕刻以来浜砂村前面の山上を守っていた．それによると 18 日

　　夕刻ヨリ蛤子村前面ノ山上大哨兵ヲ張ル
　　一同廿日榎ノ嶽ヲ下リ堀川ニ繰込ム
　　　　　　（防衛研究所蔵 C09083509100 陸軍省-西南戦役第 1 旅団-M10-6-329）
　　　　　　「戦闘景況戦闘日誌」明治 10 年 2 月 26 日〜10 年 9 月 3 日

彼らが 20 日に可愛岳を下る前は具体的には宮ケ谷山や白木山に大哨兵を張っていたのであろう．広野山という名は出てこないが含まれるのであろう．

　第二旅団が上記三好少将の報告のように東側各地に配置についていたのであり，西側の宮ケ谷山や白木山は初めは第一旅団がいたが，20 日には他に移動してしまい空白地帯であったらしい．23 日には薩軍が遠く去ったことが明らかになり，官軍は全て可愛岳から撤退した．

⑪　ま と め

　8 月 18 日に薩軍が可愛岳を突破した状況を中心に検討した．可愛岳周辺にあり戦記に登場する八水山・宮ケ谷山・六首山・白木山・広野山の位置をそれぞれ比定した．これにより戦記内容がよく理解できるようになった．16 日，可愛山脈を北東に進んだ官軍が山脈東部の烏帽子岳付近で薩軍と戦闘を繰り広げたらしいことも浮上した．また，台場跡の分布状態と摩擦管・四斤砲弾箱部品・ワインボトル・色絵古伊万里などの存在からも第一・第二旅団が本営を置いた場所を推定するとともに，六首山の位置が判明し，防衛研究所蔵の活字化されていない史料を調べた結果，18 日の薩軍による可愛岳の官軍第一・第二旅団本営襲撃が，「征西戦記稿」の記述の誤りが原因で実態と異なり理解されてきたことが分かった．西南戦争の中でもこの部分は代表的な場面の一つであり通説化していただけに，意外な結果であった．これらの戦跡はよく残っているが表面観察しかできなかったので，考古学的な発掘調査を行えばもっと詳しく色々なことが分かると思う．

2　可愛岳の戦い後の戦跡

　可愛岳を 1877 年（明治 10 年）8 月 18 日に突破した薩軍は，その夜は可愛岳の北北西約 5.2 km の和久塚（標高 591 m）付近の地蔵谷というところで野営した（図 109 の字図に地蔵ケ谷山という字がある）．その場所は和久塚の北西側にある地蔵ケ谷山という字が参考になる．19 日，可愛岳の変を聞き西方から駆けつける第一旅団川崎少佐の部隊，第八大隊第三中隊第二小隊が浜砂に向かい，祝子川沿いの道を東へ，下流に進んでいた．薩軍はたまたま事前に官軍の伝令を捕らえ，川崎の隊の来ることを知っていたので，下祝子川集落を通り過ぎた付近の百端谷で迎撃した．官軍は敗走し，約 7 km 西にある鹿川越という高所でやっと守備を構えている．

　　昨十九日賊堀川口ニ襲来我兵敗走賊堀川ニ進入セシハ正午十二時ナリ我左翼ノ兵ハ豊後地ノ方
　　江退キシナラン正面及ヒ右翼共概子山間ニ奔走五十人トモ□々タル者ナシ川崎少佐負傷シ椎畑
　　ニ引揚ク今村ノ糧食課エハ官軍自ラ火ヲ放ツ賊ハ堀川より今村ノ方江来リシヤ否哉判然セス軍
　　夫ノ言ニ依レハ今村ノ向フニテ我繃帯具ヲ奪レタリト
　　（防衛研究所蔵 C09080554900「本省　戦闘報告原書　明治 10 年 6 月 22 日〜明治 10 年 9 月 17 日」0343）

2　可愛岳の戦い後の戦跡　　139

　川崎の隊が敗れた後，薩軍が祝子川集落に侵入した時間は正午頃という．川崎少佐の隊は散乱し，北方の大分方面や祝子川集落西方の鹿川峠などの山間部に逃げ込んだのである．薩軍の可愛岳突破後に官軍が守備を始めた現地を調べてみた．

(1)　延岡市長野越・黒原越

　その後，祝子川流域の大分県側斜面の長野越に薩軍が襲来したことが伝わる．

　　谷少将殿
　　　　　再伸
　　只今再度ノ報知ニ長野越江モ襲来之旨報知アリ戦ヒ中ナリ
（防衛研究所蔵 C09082273800「軍団本営　探偵戦闘報告　明治10年8月17日～10年8月27日」0354）
　　只今長野越出張水野大尉ヨリ宮部少尉ヲ以テノ報知
　　下「ホウリ」川第一旅團川嵜少佐ノ持口ニ賊襲来川嵜ノ隊大破因テ長野越百端大神本道及上祝子川口江襲来ノ模様ニ付河北ノ一小隊長野越ニ直ニ繰出シ矢立峠黒原越江遊撃第四大隊ノ内七拾名繰揚ケ置候条当地ニ援隊更ニ無之候間此段御報ニ及ヒ候也
　　逐テ昨夜八戸エ繰込旨御達相成候津下ノ一大隊ノ内今朝一中隊ハ八戸エ着今昼大神等エ配布其余ノ隊ハ午後第四時ニハ着セザル旨報知有之候ニ付此段申添候也
　　八月十九日　午後第八時
　　下赤　　川上少佐　　　　　　　　　　　　　　　　　　　　　　　（同上 0355）

　下祝子川を東に出た辺りでの官軍敗退を受け，官軍は河北少佐の一小隊を長野越に，遊撃第四大隊70人を矢立峠と黒原越に配置した（図104）．百端・大神本道は祝子川の流れに近い左岸山地の斜面下部で，上部に長野越があるとみられる．兵員派遣によって，祝子川流域から大分方面への経

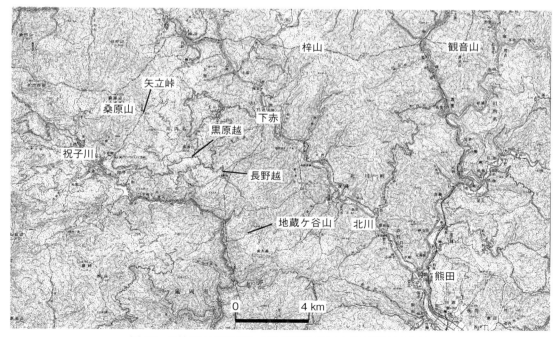

図104　8月19日関係地名（国土地理院5万分の1地図「熊田」を縮小）

路を塞いだのである.

　18日の可愛岳変動後，熊本鎮台は大分県重岡・竹田地方に警戒部隊を派遣したので，重岡地方の南側にある北川流域にも一部を配置した．この方面の指揮官は熊本鎮台川上操六少佐で，鎮台の谷少将宛の報告は祝子川とは山脈を隔てた北側を東南に流れる北川流域の下赤から出されている．長野越は，祝子川流域から北川流域の八戸に通じる峠部分に国土地理院の地図に長野峠とある場所であろう．祝子川沿いから八戸を結ぶ最短距離に位置する．峠を越えると北東に向かう一直線の長い尾根に山道があり，これが長野越の地名になったのではないかと思われるが，それだとそのまま八戸の傍に出る．川上少佐のいた下赤は八戸の上流，直線距離で2.3kmに位置する．長野越の峠で左折し西側の尾根や斜面を進むと，南から来た黒原越に合流して下赤に到る山道がある．19日午後8時頃，長野越が薩軍に襲われた際の現地からの報告が下赤に来たことからみて，官軍は長野峠から八戸への経路ではなく，西側の下赤に通じる経路を利用したのであろう．

　長野峠周辺を踏査した結果，峠地点の東には台場跡は確認できなかった．峠の東側を尾根続きに南方向から南西に500m先まで歩いてみた結果である．反対に長野峠の西側には空白域を挟んで合計13基の台場跡が分布する（図105〜108）．この13基の位置関係を図105に示すが，東部は長野峠を見下ろす場所にあるので長野越と呼ばれ，西部は黒原山の麓に位置するので黒原越と呼ばれたのであろう．

　長野越台場跡のうち東端の台場跡は長野峠を西側から見下ろす位置にあり，黒原越で最も西側にある台場跡は黒原山（標高881m）の東斜面の小さい峰にあり，全体は長さ1.3kmの範囲に分布する．黒原山とその小さい峰の背後には祝子川上流から下赤に通じる山道があり，長野峠からの道が合流する地点は丁字路になっており，そこは小さい峰の北側にある．この峰の東端に6号台場跡がある（図108：左）．遊撃第四大隊が配置された一箇所，黒原越というのがこの道筋であろうし，確認した台場跡がその一部であろう．長野峠から丁字路（図105には道の記載がない）で右折して北に行き最初の東に張り出した峰にも台場跡がある（図105：7号）．掘り下げて建設された現道のすぐ東側上方にあり，長さ4.5mほどの弧状台場跡である．これらの台場跡は長野峠から下赤に通じる路線を警備するように配置されている．黒原越付近の二つの台場跡も東を向いており，長野峠からの台場群と共同でこの路線を守備したのである．なお，これらの台場築造には工兵隊は動員されなかったとみられる．籠状の堡籃などは使われず，単に掘り上げた土や石を盛り上げただけであっただろう．

　俵野での包囲網を抜け，18日に可愛岳を突破した薩軍は19日午前には祝子川沿いを東にやって来る川崎少佐の隊を撃退し，午後8時前頃には長野越へも襲来した．しかし，それは薩軍の中では一部の兵だけであったが彼等は翌20日も付近にいた．浜砂の守線にいた第一旅団は，その場を第三旅団に譲り遊撃第六大隊を先鋒とし，祝子川を上流に進み三田井に先回りしようとしたとき，祝子川集落の手前で薩軍に攻撃されている．時間的にみて，これは長野越を襲ったのと同じ薩軍とみられる．

　8月20日の状況を次に掲げる．

　　　第一旅團ハ二十日濱砂ノ守備線ヲ第三旅團ニ譲リ遊撃第六大隊兵ヲ先鋒トシ近衛鎮臺ノ諸隊ヲ後繼トシ以テ脱賊ヲ尾撃セシメ一ハ曾木ヨリ新町宮水ヲ經テ三田井ニ出，前路ヲ遮ラシム先鋒二中隊遊撃進テ祝子川ヲ距ル七八町ノ近キニ抵ルヤ賊神樂山ノ險ヲ扼シ兵ヲ左右ニ伏シ邀ヘ撃

2 可愛岳の戦い後の戦跡 141

図 105 長野越・黒原越の台場跡分布図（図左外の祝子川流域と図右外の北川流域とを結ぶ二つの峠道—長野越・黒原越—があった．可愛岳を突破した薩軍の一部は翌 19 日，川崎の隊を敗った後に長野越を襲った．）

142 第3章 戦跡・史料による戦闘推移の検討

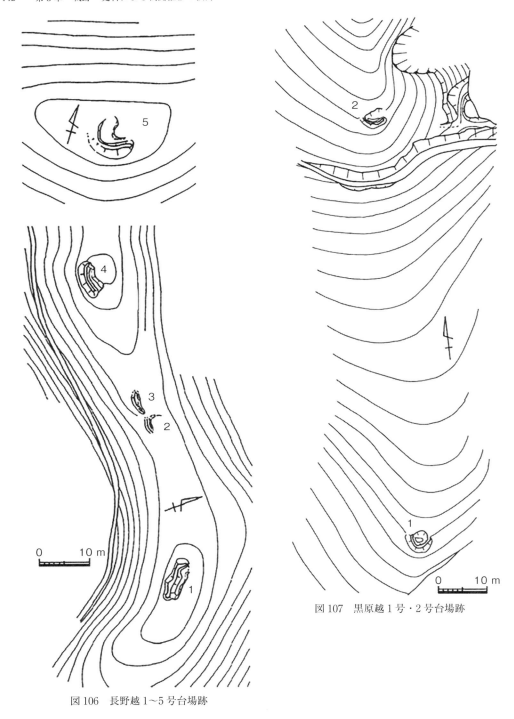

図 106 長野越 1〜5 号台場跡

図 107 黒原越 1 号・2 号台場跡

チ(銃卒三名之ニ死ス)又抜刀隊ヲ縦チ衝突シ來ル我兵奮闘，賊三名ヲ殪ス賊退キ壘ニ據リ銃戦ス日晩レテ兵ヲ収ム　　　　　　　　　　　　　　　（「征西戦記稿」巻六十二　脱賊追撃記 pp.4）

　遊撃第六大隊の兵士二人が20日，大神楽山という場所で負傷している（防衛研究所蔵 C04027813400「遊撃歩兵第4大隊戦闘中死傷明細表」0276）．大鹿倉山という字が地蔵ケ谷山（標高

2 可愛岳の戦い後の戦跡　143

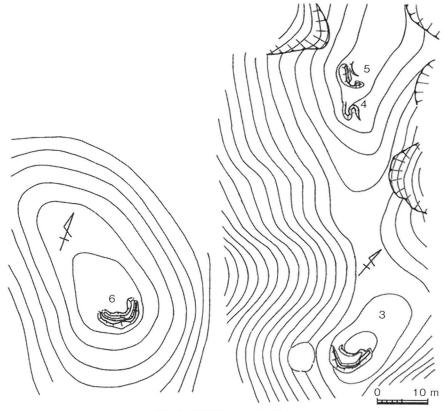

図108　黒原越3〜6号台場跡

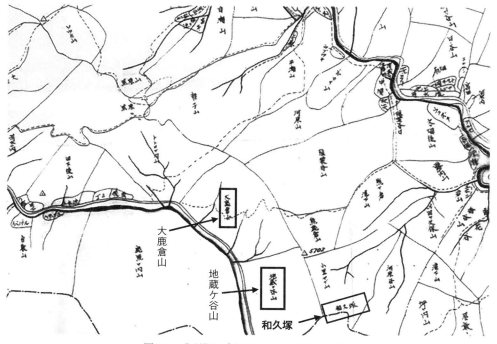

図109　北川町の字図（旧北川町教育委員会提供）

591 m の和久塚の北西側）の北西隣にあるので神楽山はここであろう（図 109）．なお，鹿倉（かくら）という地名は狩猟関係の用語である．ここでも薩軍の一部が本隊を逃がすため殿軍となって残っていたのである．本隊は上祝子に進み，20 日には西方の鹿川越を越え綱の瀬川流域に出ている．

19 日午前に祝子川集落の下流で攻撃された後，川崎少佐の隊は鹿川越に退き守っていたが，19 日深夜には峠の西側約 3.5 km の今村に引き揚げたものの，そこも薩軍の進路になっていたため再び攻撃されさらに敗退しカトウ内（片内）まで敗走した（防衛研究所蔵 C09082273800「軍団本営 探偵戦闘報告 明治 10 年 8 月 17 日～10 年 8 月 27 日」0427・0428）．

(2) 延岡市矢立峠

和田越の戦いのために大分方面の薩軍が撤退した 8 月 15 日，官軍は矢立峠に兵を派遣し守備を置いた．ここは可愛岳の北西約 13 km にある桑原山（1406 m）の東斜面が平坦な尾根に移り変わる位置にあり，標高 910～940 m 前後の尾根が東西方向に全長 200 m ほど続く場所にある（図 110）．祝子川集落から北川流域の大分県境，黒内へ通じる山道があるので，薩軍の通行を遮ろうとしたのである．以前の段階では，大分県重岡方面の官軍を警戒して薩軍も矢立峠を守っていたことがあった（「二見卆口供書」鹿児島県史料 西南戦争二巻 pp.855）．

官軍の探偵も以下のように報告している．

去ル十三日今村ニ来ル百名許リノ賊ハ豊後道八嶽峠（ヤタケとうげ）ヲ守備スル由此ノ八嶽峠ハ堀川ヨリ黒内

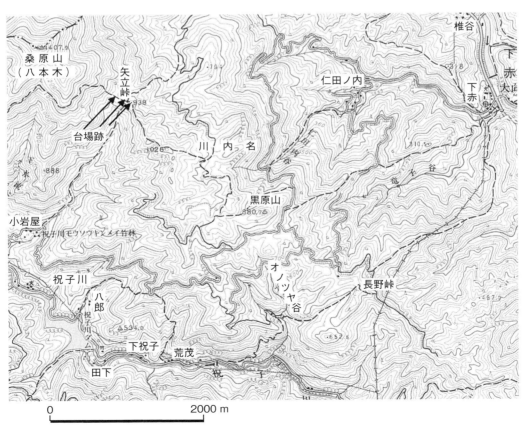

図 110 矢立峠の台場跡位置図（図 111 に中の矢印・国土地理院 5 万分の 1 地図「熊田」）

ト云フ処ニ出スルト云フ 但シ堀川ヨリ黒内迄里程凡ソ一里半許リ
堀川峠ト八嶽峠ノ賊ト時々交換守備スル
由
(防衛研究所蔵 C09080565700「戦闘報告原書 従7月 明治10年7月5日～明治10年8月15日」0599)

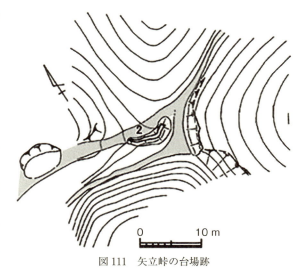

図111 矢立峠の台場跡

堀川とは祝子川のことで，八嶽峠とは矢立峠であり祝子川集落の西方にある峠である．堀川峠は矢立峠の南南西約5.4kmにある鹿川越のことで，矢立峠と鹿川越の薩軍は時々交替していた．鹿川越は南西側の日之影町方向の官軍を，矢立峠は重岡方向の官軍を警戒して薩軍が守備を置いていたのである．

矢立峠は，桑原山（標高1,408m）の東側の低い尾根線（標高930m前後）を南北方向に横切る峠である．峠付近の低い尾根は全長250mほどあり，ここに3基の台場跡が散漫に分布している．西側の1号は桑原山の斜面が下り着いた所にあって宮崎側を向く．峠を越える場所は今も人が歩くだけの幅しかなく，当時の状態に近いと思われる．略図を示すのは峠にある2号台場跡である（図111）．かなり風化し低くなっているが，辺りの地表面は土であるのに，小石交じりの土砂が長さ8mほどの弧状土塁状をなしており，台場跡であるとみられる．峠を越える場所にあり，道は台場跡の東から真正面の南側を通り抜ける．背後には桑原山に通じる小道がある．この台場跡には内側の窪みが認められない．3号は2号の東側傍にあって，それを見下ろすように位置している．矢立峠の2号台場跡は官軍が築いた可能性が強い．熊本鎮台第十三連隊長代理の川上操六少佐の手帳には8月15日のこととして

　　十五日　午前十一時頃，梓峠の敵退去の報あり．予夕景矢立峠に至り，現地を巡検し，大哨兵を配布す．　　　　　　　　　　　　　　　（徳富猪一郎「陸軍大將　川上操六」1942　pp.47）

とあり，梓山の薩軍が熊田に向け撤退した時に矢立峠からも撤退したようで，直後に官軍が入れ替わったのである．

その後の矢立峠守備に関して次の記録がある．

　　八月廿日晴天午前各哨兵引揚ケ午後三時ヨリ発程シ先ノ大分縣田野村ニ同夜十二時ニ着ス 里程凡六里余 第三中隊ノ一小隊ハ矢立峠ヨリ来リ會ス　　　　　　　　　　（「明治十年　戦争日記」）

これも熊本鎮台所属部隊のことである．このように矢立峠は大分・宮崎県境の通路として重要であり，両軍共台場を置いたのである．

(3)　西臼杵郡日之影町の戦跡

① 杉ケ越

五ヶ瀬川流域の日之影町と北川上流域の大分県佐伯市宇目とを結ぶ路線，日之影川沿い路線上流県境に杉ケ越がある（図112）．ここは傾山（標高1,606m）と新百姓山（標高1,272m）の間の一番低い場所で，傾山の南東約3.8kmに位置し標高約935mである．

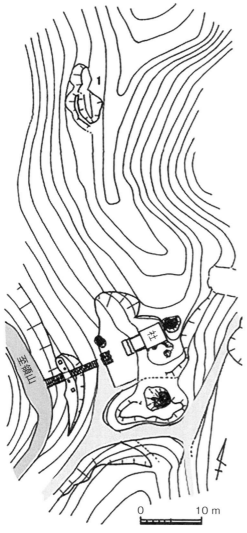

図112 杉ケ越の台場跡（現在は峠の直下をトンネルが通る．杉薗大明神前の道は傾山や新百姓山の登山道になっている．）

　西南戦争では，8月20日に官軍の別働第一旅団が杉ケ越に哨兵を配置した記録がある．

　　賊重岡エ突貫ノ模様ニ付午前第四時整列同処エ行軍
　　同廿日木浦ヘ行軍杉ケ越草木藪峠囲ヒ峠矢筈山等ニ哨兵ヲ配置ス
　　同廿四日大瀬原越生木峠ニ哨兵ヲ配置ス
　　（防衛研究所蔵 C09085073400「別働第一旅団戦闘報告原稿 明治10年3月19日〜10年9月26日」）

　いくつかの要地に哨兵を配置したうちの一つが杉ケ越である．

　　　新町出張宮井少尉報知 八月廿一日付
　　今朝賊獅子川峠ヲ経テ山浦越或ハ杉ケ越ノ両道エ向ケ突出シタル事確然タリ故ニ木浦口草木藪峠ト三ツ合トニ充分ノ兵ヲ出シ警備ヲナシ而シテ宮水ヨリ川ノ詰メニ進撃兵ヲ出シ杉ケ越三ツ合ノ両道何レニテモ賊ノ経行セシ方エ向ケ御繰出シ相成度此段申進候也
　　遂テ西郷桐野別府兄弟村田逸見 手負ナレノモ馬ニテ指揮ス 等ハ何レモ同道ニテ本文ノ通突出シタル趣ナリ且又賊ハ竹田ニ出ル趣ニ付三ツ合ヨリ三本松越 堀江中佐 カ豊後路エ通行シタル道ナリ ヲ経テ竹田エ向ケ御繰出相成ハ、都合モ宜敷ト奉存候
　　右八月廿一日新町出張宮井少尉ヨリ報告
　　（防衛研究所蔵 C09080563200「戦闘報告原書 従7月明治10年7月5日〜明治10年8月15日」0773）

　8月21日に，日之影川が五ヶ瀬川に合流する付近の新町にいた官軍が発した文書である．祝子川集落から西側の鹿川峠を越えた薩軍がどこに向かうのかが官軍にとって問題だった．北に進み佐伯市宇目の木浦へ，あるいは西に進み山浦から三田井へ行くであろうと推定し，そのうちの1ヶ所，木浦へ至る県境の杉ケ越に兵を出したのである．

　川ノ詰は日之影川流域にあり，杉ケ越の南西7kmに位置する．川ノ詰の西側に三ツ合がある．三ツ合は別の川の流域にあり遡ると傾山に着き，そこから南東に尾根を進めば杉ケ越である．しかし，薩軍は西に進みこの21日に三田井を襲っている．結局，杉ケ越には来なかったのである．

　杉ケ越は古来，樹齢数千年の杉の巨木が存在し名前の由来となっていたが，戦後伐採されてしまい，今は伐株だけが名残を留めている．峠には杉薗大明神の素朴な社があり，社殿と石段は宮崎県側を向く．石段わきの灯篭は1894年に寄進されており，石段もその頃のものか．石段の下に接す

る山道を北西に進むのが傾山の登山道である．尾根を越える部分は堀切状で，その北側の尾根の低い部分に大きな杉の伐株4個があり，最大の伐株は直径4mもある．

現在では自動車の通る道路が峠の真下をトンネルで通過しており，トンネルの出口から10分ほど歩けば峠に到着できる．台場跡は峠の約50m北西，尾根の南西斜面上部にあり，長さは約12mである（図112）．弧状の土塁があり，内側南部は窪むが北部は窪みがみられない．ほかにも台場跡がないかと両側の峰を探したが，発見できなかった．

杉ケ越の台場跡は1基だけだが，記録通り官軍が日之影川方向を警戒して築いたものであろう．

3 和田越・可愛岳の戦いのまとめ

以上，1877年（明治10年）8月14日から21日までの延岡北部周辺での西南戦争を，戦跡という視点を加え振り返ってみた．分布調査により現地で確認した戦跡について，当時そこが何と呼ばれていたのか，残された台場跡はいつ，官軍・薩軍のどちらが造ったのかを史料を読み返し検討するうちにいくつかの新事実を明らかにすることができた．

明らかになったことを日時順に指摘する．15日の和田越の戦いに先立つ14日時点で和田越丘陵の東部はすでに官軍に占領されていたし，15日に激戦のあったとされる長尾山では激戦のあったのは頂上ではなく，そこから東に1.2kmにある長尾山一本松と呼ばれた場所であった．

さらに和田越の戦いの後，薩軍が狭い範囲に包囲されたとされてきたが，従来その理解は漠然としたものでしかなかった．15日から17日の両軍の具体的な対峙状態を北川東側の山地と薩軍本営のあった俵野の南側山地，北側の長井山や可愛岳の北側から西側に位置する山地で確認した．この点については従来全く検討されておらず，戦跡分布調査の成果といえる．

18日の可愛岳の戦いの実態はこれまで正しく把握されていなかったことが判明した．1.3kmも離れた場所で，異なる時間に発生した薩軍の攻撃と官軍の反撃を「征西戦記稿」が混同して記録し，それが間違っていたことに誰も気づかなかった．しかし，分布調査結果と史料とを比較検討した結果，史料が混乱している疑いが浮上し，最終的に混乱の糸は解くことができた．その時何があったのかが初めて理解できるようになり，薩軍の攻撃は午前4時半と6時頃の二段階に分けて行われ，第一・第二旅団本営は6時頃に襲われたこと，その前後の状況が判明した．

また，薩軍脱出後の官軍が可愛岳に設けた守備状況，西方に向かう薩軍が途中で来襲した長野越の状態，直後に守備を置いた黒原越の官軍陣地の状況，結局戦闘はなかったが，官軍が薩軍の大分方面への脱出を警戒して矢立峠や杉ケ越に築いた台場の痕跡等々を明らかにし，西南戦争でも重要な場面における事態の推移が初めて具体的に理解できるようになった．

官軍側の記録はそれぞれ現地の担当者が事実に基づいて報告して作成されているが，戦後それらを総合して編纂した「征西戦記稿」には当時詳細な地図が存在しなかったこともあり，地理的な間違いから誤った記述になった部分もある．史料に登場する地名は現在の地名と違うことが多く，それがどこのことなのか確認が必要である．和田越の戦い前後の様子と周辺地帯の状況，可愛岳の戦いとその直後について戦跡の状態を調べた結果，史料だけでは分からない実態を明らかにできたと考える．

第4章　野戦構築物と銃砲・火箭の使用

1　戦跡にみられる遺構

　幕末に欧米の船が我が国沿海にしばしば現れたとき，幕府は1825年（文政8年）に異国船打払い令を発したが，当時の武力では敵わないことが理解されると，海岸部に大砲を備えた砲台を築造することが盛んになった．お台場あるいは台場と呼ばれる東京湾の海防砲台が有名であるが，全国各地に築かれており約1,000基の海防砲台が存在した（原1988）．その後，西南戦争時には両軍とも攻撃・防御のために戦場に施設を築造したが，官軍が主に胸壁という言葉を使い，薩軍がほとんど全て台場と呼んだ構築物が造られている．幕末の台場と西南戦争時の台場は，言葉は同じだが関連があったのだろうか．

　分布調査あるいは発掘調査により戦跡の状態がある程度分かってきた場所は限定されるが，熊本・鹿児島・大分・宮崎各県の戦跡をみてきた．これらには当時の戦いのあり方を示す共通点がある．最も目立つ共通点は，その後の土地改変がなされなかった所では，今も胸壁，台場の痕跡が残っていることである．海防砲台とは規模・構造が全く違っており，主に歩兵の立て籠もる小規模の施設である．場所によって異なるが，これらの前面，敵のいる方向の樹木は最大200mほどの幅で伐採され，伐採した樹木の枝先を下方に向けたり，直交させたりして鹿柴として利用された．これに加え，史料では柵列が廻らされる場合がしばしばみられる．台場の後面，敵の銃弾が来ない裏側には休憩所として小規模な平地が削り出される例がある．ここには雨露を凌ぐ程度の仮小屋が築かれたと思われる．具体例は梓山北西尾根・陸地峠頂上の薩軍陣地や，三の岳中腹の官軍台場跡・赤松峠本道脇の台場跡・陸地峠周辺の官軍陣地など，両軍共に認められる．胸壁あるいは台場といった築造物について，以下では「台場」という用語で述べていくことにする．

　海防砲台とは異なる西南戦争時の台場について，それがどのような形態のものがあり，どんな歴史的背景の下に成立し，西南戦争ではどう使われたのか考えてみたい．

（1）台　場　跡

　各地の戦闘の部分ですでに示したものもあるが，戦闘地域に築かれた台場には三つの型がある．一般的な台場は弧状・弓状土塁の例で，複数を組み合わせたものもみられる．方形気味の平面の例もみられるが少ないので，これに含めておきたい．二つ目は戦跡としては稀に残る長大な台場であるが，塹壕として史料には頻繁に登場しており，実際は少なからず造られたはずである．これら以外に明らかに西洋流築城術に基づくとみるべき稜堡系台場が築かれている．

①　弧状・弓状土塁の台場

　確認した台場跡の中で，最も多い型である．平面形は弧状あるいは弓状の土塁を前面に置き，内側を掘り窪ませる例がほとんど全てであるが，外側を窪ませた台場跡は一例もない．官軍は工兵隊

のいる場合は底の抜けたカゴである堡籃を多用し，並べたり重ねたりすることが多く，薩軍は俵に土を詰めたり，単に土を積み上げたりしたらしい．その場の状況に応じ墓石を並べたり，樹木を横たえたりしたこともあったようだが，これらは片づけられたり腐敗したはずであり，痕跡の確認は困難であろう．現実の分布状態をみると台場跡は単独で存在することは稀で，一般的に 10 m 前後から数十メートルの空間を置いて築かれた．西南戦争で最初に台場が現れるのは 2 月 18 日で，籠城準備を行う中で熊本鎮台が築造している．

十八日賊兵將ニ熊本ニ亂入セントスルノ報，陸續トシテ至ル乃チ愈々守備ヲ嚴ニシ木柵ヲ結ヒ地雷ヲ埋メ堡壘ヲ築造シ　　　　　　　　　　（「征西戦記稿」巻二十一　熊本城戦記 pp. 5）

木柵・地雷と共に西南戦争時に最初に築かれたのが，熊本城での堡壘である．以後，熊本鎮台はこの用語はあまり使わず　胸壁という言葉を多用した．1871 年発行の「英国銃隊練法　千八百七十年式　巻之五」（出版整齪堂）という書物（英国大砲隊指揮官ブリンクレイ原著　服部本之助・玉置正造訳）には胸壁ノ稽古ノ事という項目があり，兵士が銃砲弾から身を隠すための構築物に関する記述がある．

○兵卒ノ為ニ胸壁ヲ築ク事○大小銃共遠距離ニ達シ中リ精密ニ且装塡駿速ナル故成ル可ク味方損害ヲ避ル為メ身ヲ隠スベキ物体ヲ築クヲヨシトス然レトモ兵卒ニ空シク労ヲ費ヤササル様注意セズンバアルベカラス　　　　　　　　　　（「英国銃隊練法」千八百七十年式　巻之五）

椎の実形のミニエー銃弾が登場するまでは，円弾を使う火打石銃の時代だった．円弾は射撃の精度が悪く狙撃性能は低劣だったため，戦場で歩兵は密集隊形で行動していた．しかし，ミニエー弾が登場すると遠距離でも狙撃が可能になり，歩兵は散開して身を隠して射撃するようになった．南北戦争時は小銃はミニエー弾だったが，古い教科書通りの密集隊形で戦って被害を拡大させる無能な指揮官もいた．新しい武器と古い戦闘方法が入り混じっていたのである．歩兵のための弧状土塁の台場は，小銃の射撃精度向上に伴い考案された西洋流の歩兵用施設が原点となったものであり，我が国独自に考案されたものではない．それ以前の状態をみると，戦国時代から江戸初期の戦場では，鉄砲をもった兵士が竹束を並べて立て掛けたものや築山を築いた上に並べた土俵を楯とし，その陰から射撃していた．ところが，江戸幕府末の長州征伐（1866 年）では，台場とか胸壁という言葉が登場しており，しかも山の上や交通の要衝などに多数を築いて守る戦法などは，言葉の面でも使用法でも西南戦争と共通する．このように，江戸初期までと幕末・西南戦争との間には技術の断絶，系譜の相違が存在したのである（髙橋 2013）．西南戦争では両軍共よく似た形の台場を築いており，その時点の戦況を検討しないと，果たしてどちら側の台場であったのか判断できないことが多い．構造物が似ているのは，官・賊に分かれて戦う前の時代から台場というものが士族の間では一般に共通認識されていたからであろう．史料では存在が知られるものの，残念ながら幕末の騒乱に伴う戦跡の実態は，戊辰戦争時の少数例を除き，よく分かっていない．

② 長大な塹壕跡

田原坂付近を代表とするように，通常の台場よりもはるかに長く塹壕と呼ばれたものが築かれたことも記録にあるが，今ではほとんどが埋没し，または消滅してしまった．これも台場の一種とみられる．

官軍が長大な塹壕を造ったことが記録に出てくる．1877 年 2 月 27 日，熊本県玉名市高瀬で両軍

が激突した後，薩軍は北上を諦め，以後守勢に転じた．28日，第一・第二旅団が一部の兵を玉名市の東にある玉東町木の葉付近まで東進させ哨兵を配置した際，以下の記録がみられる．

　　而シテ近衛兵一中隊^{第一聯隊第一大}_{隊ノ第二中隊}ヲシテ進テ迫間川ヲ渉リ大哨ヲ川部田村ニ張ラシメ工兵若干之
　　ニ従ヒ突角形ノ塹濠ヲ開鑿シテ其守備ニ便ニシ又其二中隊^{近衛第一聯隊第二}_{大隊ノ第一第二}ヲシテ迫間村ヲ守ラシ
　　メ偵察ヲ密ニシ賊ノ襲撃ニ備フ　　　　　　　　　　（「征西戦記稿」巻四　正面軍初戦 pp.33）

「突角形ノ塹濠」は紛らわしい言葉である．3月7日第一・第二旅団が田原坂の七本付近で

　　工兵銃弾雨集ノ際ニ在リテ塹壕ヲ穿チ胸壁ヲ築ク　　（「征西戦記稿」巻七　田原阪戦記 pp.9）

とあるように，塹壕と胸壁を並べて記しているのをみると両者は明らかに区別されており，2月27日の「突角形ノ塹濠」という表現は，塹壕の平面形が突角に屈折するという意味であって，突角形の胸壁ではなく後に別の場所で築かれた凸角堡とも別種類のものである．

　3月1日，以下の記述にみる，長さ30 mの塹溝とは塹壕と同じ意味であろう．

　　工兵第二中隊ハ深霧ニ乗シ昨夜鑿チシ所ニ傍ヒ更ニ弧形ノ塹溝ヲ開ク長サ三十米突是レ兵員ノ
　　増加セシヲ以テナリ　　　　　　　　　　　　　　（「征西戦記稿」巻六　田原阪戦記 pp.2・3）

次は3月10日，長さ100 mの塹壕の記録である．これは玉東町二俣丘陵と熊本市植木町田原坂丘陵との間の水田地帯に築かれた．

　　二俣ニ至リ我兵ノ谿谷ヲ渉ル時ヲ掩護セン爲メ工兵ヲシテ長サ百米突餘ノ塹壕ヲ鑿タシメ
　　　　　　　　　　　　　　　　　　　　　　　　　（「征西戦記稿」巻七　田原阪戦記 pp.30）

また，下記「征西戦記稿」によると，4月1日に第二旅団が玉東町吉次峠の麓と木留に塹壕七基を穿ち，その延長は500 m余りあった．平均するとひとつの塹壕は71 mの長さとなるが，空白部もあるはずなので，もう少し短いだろう．

　　鎮臺工兵中隊ハ塹壕<u>七道</u>ヲ吉次越ノ麓及ヒ木留ノ左翼ニ鑿チ又木留口賊兵ノ通路ヲ梗絶ス一晝夜
　　ノ鑿開スル所濠線ノ延長凡テ五百餘米突ニ至ル又攻撃隊ニ跟隨セシ工兵東京鎮臺第一大隊ノ第
　　二小隊ハ行々賊塁ヲ破毀スル者四十有餘所且ツ壕ヲ鑿チ鹿柴ヲ結フ等ノ作業アリ
　　　　　　　　　　　　　　　　　　　　　　　　　（「征西戦記稿」巻十七　正面軍戦記 pp.7）

　記録では長大な塹壕が吉次峠の北方に位置する横平山にあった．幅2間（3.6 m），長さ250間（450 m）であったことが地元民から県庁に届出がなされている（「玉東町史」1996）．現状は果樹園化しているため，一部で痕跡が地上に残る程度だが，その一部と推定される部分で台場内側の床面まで掘り下げて調査したところ，兵士が足を載せるための床面よりも少し高い平坦面が北向き，つまり官軍のいた方向に検出され，薩軍の築いたものであるとの伝承を裏づけた（第2章 図21）．これよりも長大だったのが田原坂から北東側にあった薩軍の陣地である．小野・石川・古閑の各村落を経て上生村に至る「十七八町連亘シタル砲塁」と，佐野・南田島・高江・福本の諸村落および「渓間山崖ニ亘リテ，大約十七八町許ノ砲塁」とが3月31日に記録されている（「従征日記」巻二 pp.31）．この二つは植木町中心部の外れから泗水町三万田の手前に向け北東方向に延びており，推定全長は8 kmで連続するような形だったらしい（図113）．古墳上に台場跡が残る二子山石器製作址は南田島から南に約2 kmの位置にあり，上記の長大な塹壕が突破された後に戦場となっている．付近には二つの山，南に標高145 mの弁天山，北西に標高151 mの横山があるが，塹壕が設けられたのはこの間にある水田と畑地とが交錯する比高差20〜30 mほどの緩やかな丘陵地帯である．攻撃する側にとってはどこからでも攻めることができ，守る側には守りにくい地形といえる．

1 戦跡にみられる遺構　151

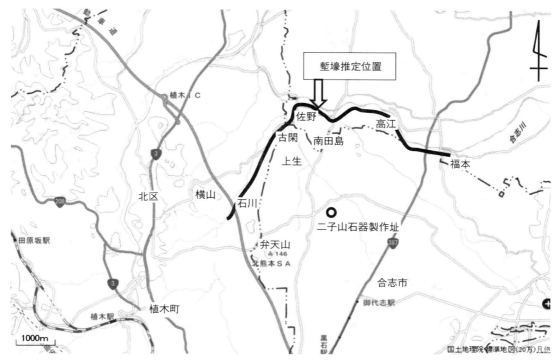

図113　植木町中心部の北東側にあった塹壕推定位置（薩軍は小野・石川・古閑・上生・佐野・南田島・高江・福本の各村落にかけて長大な塹壕を築いた．国土地理院標準地図20万分の1）

　前述は史料上の記録だが，長大な塹壕の実例は大分県豊後大野市三重町と佐伯市宇目の境界にある旗返峠によく残っている．標高520m前後の近世以来の旧道の峠周辺にある（第2章 図49）．峠の北東側の山上には薩軍の台場群が点在する三国峠があり，旗返峠はこの辺りで一番低い場所である．これも薩軍が築いたもので，上方の尾根に長さ170mの塹壕があり，それに続く南側の急傾斜には何もなく，南下すると再び緩やかな傾斜になった尾根伝いに500mの間，途切れなく尾根筋の屈曲に合わせて延々と続く長大な塹壕が残っている．二つとも溝状に掘り上げた土を片側に土塁状に積み上げた状態である．

　このような塹壕は長大であり，多数の兵士を収容できる利点があった．塹壕自体は単純な作業で完成する築造物である．今までに発掘調査が行われた塹壕は横平山の薩軍側が築造した例しかないが，その中に入った兵士が足を置くための段差が床面に確認されている．しかし，地表面の観察しかできない旗返峠の塹壕は現状では極めて浅いので，足を置く段差があったかは判断できない．床面の段差が全ての塹壕の特徴であったかは不明である．また，塹壕の欠点は，側面から攻撃されると防御のしようがなく，一気に決着がついてしまう．したがって，塹壕のどこかを突破されると全線が崩壊する危険性があった．旗返峠の場合，右上方の三国峠が破れると側面上方から敵が攻撃しやすいため，薩軍は塹壕を捨てて退却している．

③　稜堡系台場

　西南戦争戦跡には一般的な弧状・弓状土塁の平面形台場や塹壕以外に，稀に幾何学的な平面形の稜堡系統の台場跡がある．当時の記録では，熊本鎮台工兵隊が籠城中に市街地に守備範囲を拡大さ

せつつ突角堡を複数築造したとあり，同隊はその後，大分県佐伯市の大原越に6基の稜堡を築いている．また，第一旅団が宮崎県日之影町舟の尾に凸角堡を築き，別働第二旅団が宮崎県延岡市長尾山一本松に稜堡を築いている．

稜堡系台場跡が戦跡に残る例は稀だが，全て官軍側の構築物であり，史料に登場する例も含めて該当例を調べ，これらが築造された背景を検討したい．

(2) 稜堡系台場も築造した官軍工兵隊

① 官軍工兵隊と築造物

幕末には西洋式築城の知識が翻訳され活字化され，兵学を含め226点の翻訳書が出版されている（小西編2008）．大鳥圭介の蘭学書訳本「築城典刑」によれば，築城には「須臾ノ間ニ之ヲ造リ暫ク割拠ス可キ」野堡と，「要地守衛ノ建築ニシテ永ク之ヲ保チ一国ノ藩鎮ト為ル可キ」築郭とがある．これによれば幕末の五稜郭は築郭であり，戊辰戦争や西南戦争で造られた幾何学的な小規模台場は戦場に臨時に造られるものであり野堡ということになる．西南戦争では戦場に各種の構築物を造る工兵隊が重要な役割を果たした．

初期の官軍工兵隊について，「工兵沿革大要」（防衛研究所蔵）によりみておきたい．1870年1月（明治2年12月），伏見藩と山口藩からの土工兵が陸軍に置かれた．一小隊は80人の編制である．明治4年には新たに兵部省陸軍部内に築造局を置き，また，東京に東京鎮台，仙台に東北鎮台，大阪府に大阪鎮台，熊本に鎮西鎮台を創設し，地方の安定を図った．1872年（明治5年）2月には兵部省が陸軍省と改められた．3月26日，大阪鎮台の造築隊三小隊に一小隊を加えて工兵隊と改称して一大隊とし（一小隊は40人），19日にはこれを工兵第一大隊と呼ぶこととした．4月，それを東京兵学寮に移した．また，工兵下士としてフランスからオケルが招聘されている．フランス陸軍工兵大尉のジュルタンは1877年まで在籍し，工兵の教育にあたっている．工兵隊が編制された時点では，工兵隊が置かれたのは東京鎮台だけであった．1873年4月，「工兵操典」が第一版から刊行され始めている．一方，日本陸軍最初の「歩兵操典」は1871年4月から9月にかけて「生兵之部」「小隊之部」「射法之部」「撒兵之部」「大隊之部」の順に刊行されており，原書はフランスの1869年刊行の「歩兵操典」を基本に編集されている（遠藤1979）．この年の1月3日，全国を六鎮台制とし，新たに名古屋鎮台と広島鎮台を創設した．その後，一部の鎮台に工兵隊が置かれていった．1873年，兵学寮で学んでいた工兵第一小隊と予備工兵第一小隊とが東京鎮台に引き渡された（240人）．初め東京鎮台近衛隊に属し，次いで1875年2月に大阪鎮台に工兵第四小隊が置かれ，東京鎮台工兵隊を割いて近衛局に工兵第一小隊，1876年3月には熊本鎮台に工兵隊第六小隊が置かれた．

以上が西南戦争勃発直前までの官軍工兵隊の概要である．この時点では全国6鎮台に工兵隊が置かれたわけではなく，近衛局と東京・大阪・熊本各鎮台だけに工兵隊が存在した．

工兵隊の構成員の履歴は判明しただけでも，幕末時に西洋流技術を学んだ者（別働第一旅団参謀長揖斐章：幕府歩兵指図役頭取勤方・撒兵頭並・沼津兵学校三等教授方・大阪兵学寮教官，大尉筒井義信東京：熊本鎮台工兵隊隊長）や，新政府になってまだ藩が存続する段階に地方で教育を受けた者（静岡藩の沼津兵学校関係者では熊本鎮台工兵隊少尉渡辺英興，工兵第一大隊副官少尉阪本英延静岡，少尉中嶋豊蔵東京，少尉大塚庸俊静岡．第三旅団所属の第二大隊第二小隊第二分隊少尉内藤富五郎静岡），新政府の陸軍で教育

を受けた者（工兵第一小隊長大尉藤井包総：1870年21歳．大阪陸軍所において土工兵修業）など，出身が三つに分かれる（樋口2005「旧幕臣の明治維新」他）．

このほか，和歌山県出身で工兵隊幹部となった者が比較的に多いが，明治初期の旧藩時代の静岡藩出身者などを雇い入れたためで，彼らはそこで西洋流築城術の教育を受けた前歴を有する可能性がある（東京鎮台工兵第一大隊第二小隊長中尉諏訪親良和歌山，同少尉村上辰之助和歌山，大阪鎮台工兵第二大隊第二小隊長中尉近藤正近和歌山，同中尉松本武次和歌山）．

以上のように，陸軍幹部の一部や工兵隊の将校の多くは西洋流築城術を学んだ者が多かった．彼らとは別に，陸軍の下士官養成機関として位置づけられた教導団があり，工兵・砲兵などに分かれており，工兵は沼津兵学校から入学した者もあった．この状態で1877年2月，西南戦争を迎えることになる．

当初の工兵隊ごとの人数は，近衛工兵小隊が135人，工兵第一大隊が221人，同第二大隊が190人，教導団工兵大隊が37人，工兵第三大隊第六小隊（熊本鎮台）が76人であった．ちなみに，西南戦争後の1883年には仙台・名古屋・広島各鎮台にも工兵隊が設置されている．

西南戦争では全国の鎮台部隊が総力をあげた状態で戦地に派遣され，旅団という編成替えが行われた．工兵隊も分割され各旅団に割り振られたことが，以下のように「征西戦記稿」に詳述されている．人数を記さない旅団もあるが記載分を記す．

- 第一旅団　近衛工兵隊・東京鎮台工兵第一大隊第一半隊・東京鎮台工兵一小隊・予備工兵第一大隊第二中隊の第二小隊
- 第二旅団　第二大隊第二小隊（131人）・近衛工兵一分隊
- 第三旅団　2月25日編制

工兵第二大隊の三分隊．3月11日三分隊合流（第一大隊第一小隊と第二大隊第一小隊から）．4月17日現在近衛工兵小隊の三分隊．4月23日近衛工兵二分隊が別働第一旅団に移動．4月29日第四旅団から工兵隊（近衛の一分隊・教導団の半小隊），工兵120人．工兵第二大隊第一小隊長大尉諫早清春山口：3月7日射撃に巧みであるとした臨時編制された狙撃隊に選抜され田原坂で戦死，同少尉楢崎時太郎山口：明治7年4月8日少尉試補任官・10年4月27日中尉・明治31年には工兵少佐，同少尉横地重直静岡：工兵第二大隊第一小隊，同第二小隊長中尉近藤正近和歌山：後に少佐・壬申年2月4日に教導団工兵第一大隊附・8年近衛工兵第一小隊附中尉，同中尉松本武次和歌山，第二大隊第二小隊第二分隊少尉内藤富五郎静岡：沼津兵学校出身．「旧幕臣の明治維新」によれば1873年の官員録では工兵少尉試補，第二大隊第一小隊第一分隊同少尉石川義仙：工兵中佐．

- 第四旅団　3月14日編制．近衛工兵小隊の五分隊・近衛一分隊・教導団工兵第一大隊左半大隊・教導団半小隊
- 別働第一旅団　2月27日編制

大阪鎮台工兵隊第一小隊隊長大尉諫早清春山口：狙撃隊として田原坂戦死，同少尉楢崎時太郎山口，同少尉横地重直静岡．第二小隊長中尉近藤正近和歌山，同中尉松本武次和歌山，同少尉内藤富五郎静岡らが4月25日第四旅団より近衛工兵二分隊合流．6月5日第四旅団より近衛工兵一分隊合流（工兵115人）．参謀長揖斐章：歩兵指図役頭取勤方・撒兵頭並・沼津兵学校三等教授方・大阪兵学寮教官．教導団工兵（近衛と教導団併せて190人）．

- 別働第二旅団　3月20日〜24日編制

3月25日選抜隊として教導団下士395人．3月28日東京鎮台工兵第一大隊の第一小隊（工兵91

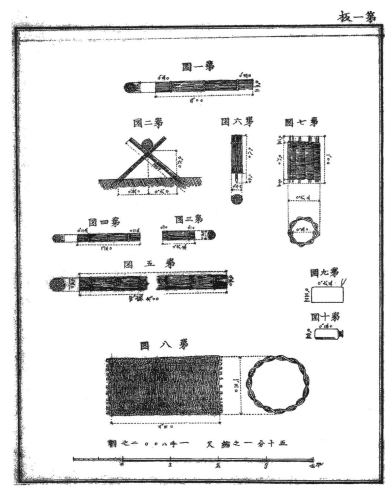

図114　1873年「工兵操典」挿図1（第七図が尋常堡塁）

人）．
- 別働第三旅団警視隊．工兵第一大隊
- 別働第四旅団工兵なし
- 別働第五旅団　4月13日編制．教導団工兵一大隊（102人）
  近衛工兵（幹部は和歌山2人・静岡3人）小隊の二分隊第二工兵（81人）
- 新撰旅団　工兵なし
- 熊本鎮台　工兵第三大隊第六小隊（76人）

　工兵隊の教科書となった「工兵操典」は1873年4月「工兵操典　巻之一　對壕之部」が陸軍兵学寮から発行されており，最初の発行だとみられる．これはフランスの1869年「歩兵操典」を基本として編集された（遠藤1979）．我が国では江戸時代後半から幕末にかけてオランダ書籍を通しての西洋兵学の学習が盛んに行われてきたが，その後，全国的には明治初年にイギリス式が主流となる一方，徴兵令の施行前に陸軍はフランス式を採用した．「工兵操典　巻之一　對壕之部」（陸軍兵学寮）から構築物の基本となるものを掲げる（図114・115）．巻之一はフランス陸軍大尉で測量専

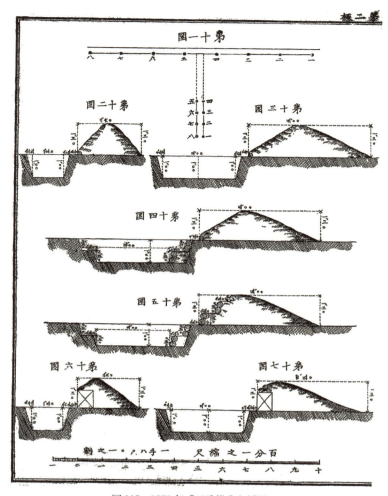

図115　1873年「工兵操典」挿図2

門家の工兵教師如児且（ジョルダン）が閲し，昌平黌で学び旧幕府工兵隊幹部であり大原越に多稜堡塁群を築造した筒井を推薦して共に和歌山藩に出かけて教授した小菅智淵が校正，堀田敬直が訳したものである．堀田は経歴不詳である．本書はフランス陸軍の同類のものを翻訳したものである．

壕の部品として植物を用いた以下の筒状具がある（図114）．尋常束柴（第一図）・束柴架（第二図）・仮冠束柴（第三図）・経始束柴（第四図）・長束柴（第五図）・補隙束柴（第六図）・尋常堡藍（第七図）・填堡藍（第八図）・空砂嚢（第九図は袋の大きさ，第十図は土を入れた状態）である．最も多用されたと思われる尋常堡藍の説明を一部掲げる（次の引用文中，「手」はメートルを意味する）．

　○尋常堡藍　外径零手六五内径零手五編束の高サ零手八杭の長サ一手此杭の径零手例二五乃至零手零三にて其数通例八本なり○時と志て編枝撓め易からさる時は七本の杭を用ひ又は其編枝細く志て容易勾曲すへき時は杭の数を九本に為すを要す（略）勉めて水平なる地を撰みて堡藍の製造所と為志細縄にて圏状を畫志目測にて之を七個八個或は九個の等部に區分志而其点へ杭を零手一五打入志其亞邊を齊等なら志むへ志（略）

（「工兵操典　巻之一　對壕之部」陸軍兵学寮 1873）

図中の寸法でも分かるように，尋常堡藍の編み込まれた部分の高さは 0.8 m，直径は 0.65 m である．これを複数並べ，内部に土砂を詰めて壕や土塁，その他各種構築物の部品にしたのであり，「従征日記」では橋桁に利用した挿図がみられる．

本稿で台場と呼ぶ用語は，「工兵操典　巻之一　對壕之部」においては，以下の塹溝である．

　〇攻圍すへき場所の掩覆に逼る為に攻兵の堀開する壕の一種を名けて一般に塹溝と云ふ（同上）

図115には作業員の配列方法（第十一図）の説明があり，1日目には応急の塹溝を造り（第十二図），2日目にはそれを大きくする（第十三図）．射撃時の足場とするため，束柴を片側に積むこともある（第十四図）．敵の襲撃に対し追撃するときに踏みしめるのに便利なように，束柴を階段状に置くことができる（第十五図）．第十六・第十七図は急造対壕である．尋常堡藍を連接したものに土砂を被せて造り，初めは第十六図のように小型に，次に第十七図のように拡張する．急造のため，まず小さく造るのである．図115の構築物はいわば土塁部分と内側の窪みからできており，全て外側には窪みがない．

② 東京鎮台工兵隊の稜堡築造

次は田原坂を3月20日に官軍第一・第二旅団が突破した後，熊本城解放の4月14日までの間の4月5日の記録で，この間の1ヶ月弱は田原坂と熊本城の中間地帯で一進一退の戦闘が続いていた．

是日工兵東京鎮臺第一大隊ノ第二小隊ヲシテ新ニ五胸壁ヲ木留荻迫ノ間ニ造築セシム蓋シ舊形ヲ短縮シ其状劔頭若クハ凸角形ヲ成セリ又近衛工兵一分隊ヲ三嶽ニ二分隊ヲ滴水前面ニ鎮臺工兵第二大隊第一中隊ノ一分隊ヲ植木ニ出シ壕壘ヲ鑿築ス 鎮臺工兵第一大隊ノ第二小隊ハ廠舎二所ヲ本村ニ造ル

（「征西戦記稿」巻十七　正面軍戦記 pp.18）

第一旅団の工兵隊（東京鎮台第一大隊第二小隊）が，それまであった台場（胸壁）の旧形を剣頭形あるいは凸角形に改造したのである．この後，稜堡形式の台場築造はしばらく確認できないが，7月23日になって宮崎県日之影町舟の尾での築造例が，史料と現地の遺構から確認できる（図116～118）．

イ　西臼杵郡日之影町舟の尾の凸角堡　宮崎県北西部を東に流れ延岡市で海岸に達する五ヶ瀬川は，高千穂町と延岡市の中間に位置する日の影町付近では深い谷底を流れている．五ヶ瀬川上流の熊本県境から延岡方面に進む官軍を阻止しようとする薩軍側は，延岡隊を主とする部隊をこの方面に派遣し，5月から戦闘を続けていた．官軍は徐々に薩軍を追い詰めて五ヶ瀬流域を東に進撃し，それに伴い数多くの戦線が形成された（西川・甲斐 1979）．日之影町には多数の台場跡が築造されたはずだが，分布調査は今後の課題となっている．しかし戦記によると，官軍が舟の尾において稜堡を築いた記録があるので周辺を踏査してみたところ，舟の尾東側の小高い峰の頂上に東を向いたそれらしき台場跡を確認できた（図116の〇印の位置）．舟の尾において，西南戦争の台場跡としての唯一の周知例がそれであった．地元では官軍の陣地だったことが知られており，そこに通じる道の脇には台場跡の標識があり，現地には看板も設置されているが，稜堡であることには触れていない．舟の尾は五ヶ瀬川の北岸に位置し，当時北東直近の高塚山には薩軍がいた．小川を挟んだ東側の新町や，五ヶ瀬川の南岸にも薩軍がいて，官軍は7月23日に以下の「第二小隊凸角形ノ野堡」を築いている．

廿三日工兵第二小隊凸角形ノ野堡ヲ船尾ノ前面ニ造ル 全隊ヲ以テ工ヲ起シ翌日之ヲ竣フ 時ニ賊日ニ亡地ニ陥リ第二旅團十

1 戦跡にみられる遺構　157

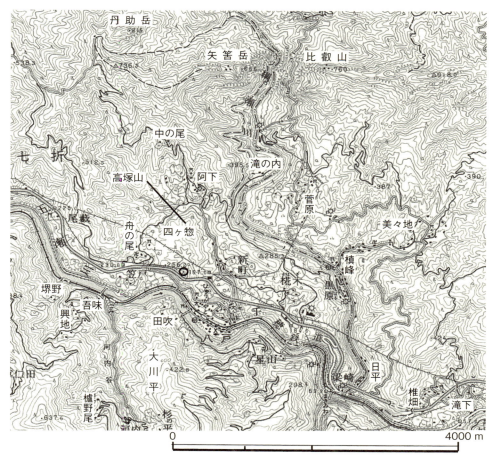

図116　舟の尾凸角堡跡の位置（国土地理院5万分の1地図「日之影町」）

　　七日ノ戦ヒ以還，反噬死ヲ送ルノ勢アリ乃チ右翼兵ニ諭シ厳ニ戒シテ其掩襲ニ備ヘシム
　　　　　　　　　　　　　　　　　　（「征西戦記稿」巻五十四　三田井口戦記 pp. 16）

　宮崎県北西部に位置する三田井口は第一旅団の担当であった．舟の尾台場跡（図117）には東部に弓状に屈曲した土塁があり，外側には幅最大4.5mで深さ0.8〜1.2m，平面が「く」の字で，長さの延長が32.5mの堀がある．堀と土塁との間には幅狭く平坦な水平面がみられ，土塁から直接堀に落ち込んでいない．土塁の内側には東西方向に長い長方形の窪みが3ヶ所南北に並んでいる．全体の規模は南北29.5m，東西18.5mで，東外側の地面から土塁上面までの高さは約3mである．

　台場跡の東側は近年の造成工事のため，堀跡の南東部上面は少し削られている．そこから少し北側で，削られなかった堀の東縁（図117の小さい○印）に鉛と錫の合金銃弾（図118）が地表面に横たわっていた．ペンチ状の銃弾鋳造器で作られ，縦方向の合わせ目がみられ，内側には深さ10mmの天井が直線的な窪みがある．長さ25.16mm，幅13.89mm，重さ26.5gである．側面にはペンチ状の鋳型で作った合わせ目が縦方向に残り，発射時についた施条痕がある．これは薩軍の銃弾である．肉眼観察だが，この銃弾はやや黒味を帯びており，鉛と錫の合金であろう．原形がほとんど残った状態で見つかったのは，遠くから発射されたためであろう．

　舟の尾台場が歩兵用だったのか砲兵用だったのか，史料では明確ではないが，野堡と記されたも

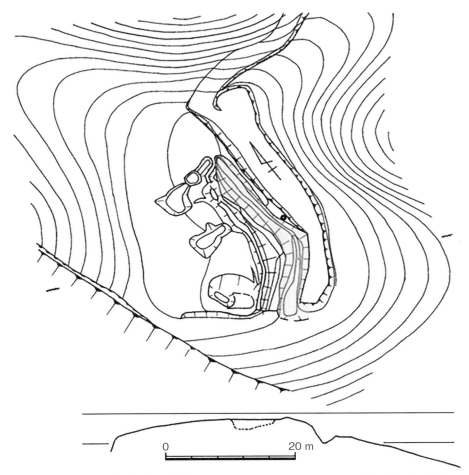

図117 舟の尾の「凸角形ノ野堡」(方位記号の部分は近年の造成である. この遺構は土塁部分の外側に網で示す溝状部があり, 土塁との境に細い平坦面をもつ. 内側には三つの窪みがある.)

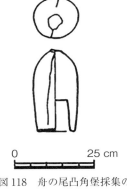

図118 舟の尾凸角堡採集の薩軍銃弾

のは大砲用であることが多いので, おそらくここに大砲を据えていたのだと思われる. 陸軍省1875年の「工兵操典 巻之八 野堡之部」に示された大砲用の台場, 野堡の図 (図119) と舟の尾凸角堡は共通点が多い. 大型であること, 土塁の外側に堀があること, 堀と土塁の間に平坦面があること, 土塁の内側に窪地があることなどであり, 全体の断面形がよく似ている. 一般的な歩兵用の台場跡とは異なるこれらの特徴から, これは大砲用の台場跡であったと考えられる.

同じ第一旅団工兵による7月6日の作業では, 胸壁と塹壕について用語を使い分けている.

　　六日砲兵, 綱瀬川ヲ隔テ賊塁ヲ轟撃ス工兵, 又胸壁十一座ヲ新町前
　　面ニ増築シ夜ヲ以テ塹壕ヲ阿下村ニ鑿開シ黎明工ヲ竣フ

　　　　　　　　　　　　(「征西戦記稿」巻五十四 三田井口戦記 pp. 11)

胸壁は歩兵用の台場, 塹壕は長い歩兵用台場であろう. ここに使われていない野堡とは大砲を設置した施設だと考えられる. 西南戦争の台場類で土塁部分の外側に堀の実物が確認できるのは舟の

1 戦跡にみられる遺構　159

図119　「工兵操典　巻之八　野堡之部」の野堡断面（操典には平面図はない）

尾台場跡例だけである．

　この台場跡の北東側には谷を挟んで高塚山の尾根が南北に走っている．高塚山は初め薩軍が陣取り，後に官軍が奪って，7月19日「工兵第二小隊ハ塹壕ヲ高塚山ニ鑿チ又野堡ヲ築ク」（「征西戦記稿」巻五十四　三田井口戦記　pp.15）とあるように，工兵隊が作業を行い塹壕・野堡を築いた場所であり，現地には塹壕に該当するやや長い台場跡やいくつかの小型台場跡が残っている．舟の尾に凸角形の野堡を築いた7月23日より後の8月4日に，同じ地域のどこかに凸角堡を築いていることが，次の史料から分かる．

　　　星山へ出張致之居候一分隊全処作業落成ニ付昨今引揚ケ候間此段申上候且田吹出張之井関大尉
　　　持場も大方与掛合有之候ニ付夫々修理等相加へ不都合無之様致置候様此段も副而申上候也
　　　　　　八月四日午後八時廿分
　　　二伸過日来相掛リ居候第三線之凸角堡本日在陣之人夫ヲ以テ落成為致候間左様御承知有之度□
　　　□□□之上詳細上申可致儀斥候ニ当リ候哉腹痛下痢致候別処難渋ニ付下略義御照会□迠右之件
　　　御申上候書可然御取計奉願候也
　　　　　　　　　　　大塚愚弟拝上（※9月工兵第二中隊長代理　大塚庸俊中尉）
　　　　　瀬戸口賢兄
　　　　参謀部
　　　　　瀬戸口陸軍中尉殿　大塚陸軍中尉
　　　　　　　　乞親展
　　　　　（防衛研究所蔵 C09083791800「戦況通信 明治10年5月16日～10年8月31日」1269）

　瀬戸口中尉は鹿児島出身で2月には工兵第一大隊の少尉であり，大塚中尉は静岡出身であった．数日前から工事に取り掛かっていた第三線の凸角堡が，8月4日に完成したというのである．凸角堡はどこに築造されたのか，冒頭に出ている星山や田吹ではなさそうであり，第三線という言葉を参考にすれば，最前線ではなく後方の場所ということだろうか．舟の尾の北側のどこかではないかと推定する．

　戦争全期間を通しても第一旅団が関わった凸角堡類は，舟の尾の凸角形の野堡跡の現物に加え，史料上は木留・荻迫の間の5基と日之影町第三線の凸角堡があり，少なくともこれら3ヶ所で計7例を築造している．これらの築造を担当したのは，「征西戦記稿　諸旅団編制表」によれば第一旅団の工兵であり，具体的には東京鎮台所属の工兵一小隊である．その工兵部隊は，2月19日編制替えにより騎兵若干と工兵第一大隊第二小隊の第一半隊を加えて第一大隊と改称した．5月1日か

らは第二旅団から予備工兵第一大隊第二中隊の第二小隊が編入され，工兵は139人であった（同書 pp. 1～3）．

この工兵隊の幹部構成は，「戦記稿附録　陸軍職員録十年二月一日改」pp. 1～73 によると，工兵第一大隊長大尉山内通義_{山口}・副官少尉阪本英延_{静岡}・同第一小隊長大尉藤井包総_{広島}・少尉中島豊蔵_{東京}・少尉斉藤政美_{東京}・少尉瀬戸口重雄_{鹿児島}・少尉伊集院兼雄_{鹿児島}・同第二小隊長中尉諏訪親良_{和歌山}・少尉大塚庸俊_{静岡}・少尉小林武貞_{静岡}・少尉村上辰之助_{和歌山}である．出身地別にみると，静岡3人，和歌山2人，鹿児島2人，東京2人，広島1人となる．中島・大塚は静岡県が維新後に旧幕府関係者を集めて沼津に開設した沼津兵学校出身である（樋口2007）．和歌山出身の諏訪・村上は旧藩時代に和歌山藩が静岡藩出身者などを雇い入れた際，西洋流築城術の教育を受けた前歴を有する可能性がある．徳川関係の東京と静岡・和歌山を一括すれば11人中7人となり，工兵隊幹部には幕府関係者が多いことが分かる．彼らは主に幕末に翻訳された西洋兵学書を学んだ人達であり，木留・荻迫の間に築いた台場に使われた剣頭堡・凸角形という用語も翻訳語のようである．

③　熊本鎮台工兵隊の稜堡築造

熊本鎮台工兵隊は7月に大分・宮崎県境の尾根に六稜形の星型台場をはじめとした稜堡系の台場群を築造した部隊で，官軍の中では目立って多くの稜堡系台場を築いている．

イ　籠城中の築造物　熊本鎮台が籠城戦闘中だった3月から4月に，守備範囲を少しずつ城外の市街地に拡張しながら，防禦・攻撃のための施設を築き続けたことが「熊本鎮台戦闘日記」に記録されている．その中に稜堡に関するものがあるので，それを抜き出してみる．

　　此日工兵隊剣頭堡並ニ凸角堡ヲ柳川町ニ砲台ヲ本町ニ凸角堡ヲ裏京町及ヒ木裏町ニ築キ尋常堡藍ヲ屯営近傍ニ造設ス（※3月29日）

　　此日工兵隊凸角堡ヲ柳川本町並ニ裏京町ニ築キ尋常堡藍ヲ屯営近傍ニ於テ造リ及ヒ鹿柴ヲ京町ニ樹ユ（※3月30日）

　　此日工兵隊凸角堡ヲ柳川本町並ニ裏京町ニ築キ尋常堡藍ヲ屯営近傍ニ造リ及ヒ鹿柴ヲ京町口ニ樹ユ而シテ別ニ横墻ヲ柳川町ニ築キ且尋常束柴ヲ下馬橋ヨリ屯営ニ運送シ下馬橋ノ胸壁ヲ修理ス（※3月31日）

　　工兵隊横墻ヲ柳川町ニ凸角堡ヲ金峯山町ニ築キ重對壕ヲ本町口ニ穿チ（※4月3日）

同書「熊本城中工兵作業表」には3月3日に熊本城内の棒安坂に凸角堡を築いたことも記載されており，上記の本文中では記載が漏れている．また，作業表では柳川町と本町と二つに区別されているので，本文中の柳川本町というのは二つの町名であろう．尋常堡藍とは竹や木で作った底の抜けた駕籠のようなもので，土砂を詰めて用い，台場類やその他諸施設を構成する部品である（1873年「工兵操典　野堡之部」）．熊本鎮台工兵隊が籠城中に築いた剣頭堡・凸角堡という用語は幕末の西洋兵学翻訳書にも登場するが，市街地に築いたので，今や築造物の痕跡も消滅したはずである．鹿柴とは立ち木を伐採して枝先を前方に向け縦横に並べたりするもので，外側からの侵入を困難にする構築物である．根元は切株に結びつけ，引っ張られても撤去できないようにした．横墻は直線的な短い土手状のもので，大砲の傍などに築いて敵の銃砲弾から兵員を守るためのものである．

ロ　大原越多稜堡塁群跡　熊本鎮台は籠城解放後に阿蘇外輪山の南東にある三田井付近に派遣され，5月下旬には大分県に移動し，8月15日まで滞在した．その期間に大分県内で数百基の台場を

1 戦跡にみられる遺構　　161

築いているが，一部に形状の異なるものがみられる．佐伯市大原越多稜堡塁群跡である．
　宮崎県との県境尾根に展開する大原越の多稜堡塁群は，延長400mほどの尾根筋にある台場跡群のうち6基を指す（図120～122・124～128）．これについては大分県内の戦跡部分で簡単に触れたが，詳しくみておきたい．これらは1877年7月16日に，それまで大分・宮崎県境尾根の大部分を守備していた薩軍を追い落とした官軍側の熊本鎮台工兵隊が築いたものである．大原越多稜堡塁群は官軍の最前線に位置し，六稜形の24号の南側にある通常の形の25号台場跡は薩軍に最も近い位置にあった（図121）．この付近には多稜堡塁群の南北両方に薩軍の台場跡が点々と存在するが，官軍が進出したため薩軍はそれらを放棄して南に撤退したのである．北側の14～16号，南側の26号・27号は西側の赤松峠や豆殻峠の方を向いており，官軍が占領する以前に薩軍が築いたものだと考えられる．多稜堡塁跡である18号のすぐ北にある17号は通常の弧状台場跡で，東を向いているので官軍のものである．
　18号多稜堡塁跡（図122）は南北方向の中央を通路とし東西対称形のようだが，よく見ると東部は屈曲が複雑である．図129の「築城典刑」第十七図や第二十五図に似て両側に突出部をもち，中間部は少し下がった位置が直線的になっている．四隅に突出した土塁の内側は少し低くなった状態で，ここが小銃をもった兵士のいた場所であろう．小さな18号とは規模は違うが，全体形は戊辰戦争時に旧幕府軍工兵隊が北海道に造った四稜郭（図123）のように，長軸に対する側の屈折が複雑である．18号は全長15.4m・最大幅11.6mで規模の点では四稜郭よりもかなり小さく，土塁部の外に堀はない．
　20号多稜堡塁跡（図124）は各辺が直線的な多角形である．東部の尾根筋に出入り口部があり，両側を土塁で防禦している．20号の場所は長い尾根筋の途中に南の方向に別の尾根が下がって行く地点にあり，その尾根から来る敵を警戒するように設けられている．台場跡の中央部は旧地形である自然地形を一部残すように周囲を削っている．おそらく中央部に伐り倒すのが容易でない程度の樹木が生えていたのであろう．全長16.8m，最大幅11.9mである．南側から計ると土塁の高さは1mほどあり，直線的に立ち上がっている．北辺は一直線状に長く，中心からやや東に小型の台場状の部分があるが，これは風倒木痕である．台場跡の北西側にあるのは小型の台場跡である可能性もある．
　21号多稜堡塁跡（図125）は数字の3のような平面形に土塁が築かれ，2ヶ所の土塁突出部は直角部分と弧状部分に分かれている．直角部の曲がり角は土塁が途切れた状態をなす．この点は次の22号にも同様の部分が認められ，何らかの意図があるのかもしれない．あるいは土塁に開けられた窓のようになっていて，上部も土が覆う構造だったのか．土塁の内側は浅い溝状をなしており，背後の自然地形はそのままになっている．全長17.5mで最大幅5.5mである．
　22号多稜堡塁跡（図126）の付近の地形は緩やかな傾斜面で，尾根部分に立地する．四つの突出部を配置した花弁状をなす．これも1ヶ所の土塁部が途切れ，北東部が開いた状態である．全長16.1mで幅15.5mである．北部の突出部を無視すると，残りの部分は図129の「築城典刑」第十八図に似た形となる．同書ではこれを冠堡と呼んでいる．
　23号多稜堡塁跡（図127）は半円部と弧状部に分かれ，全長11.2mで最大幅5.6mである．小さい高まりの片側，斜面を見下ろす位置に土塁部分があり，内側は溝状に窪む．土塁西部は半円形に突き出るが，それはちょうど尾根筋にあたる．尾根の下方から来る敵を警戒してこのような形に

162　第4章　野戦構築物と銃砲・火箭の使用

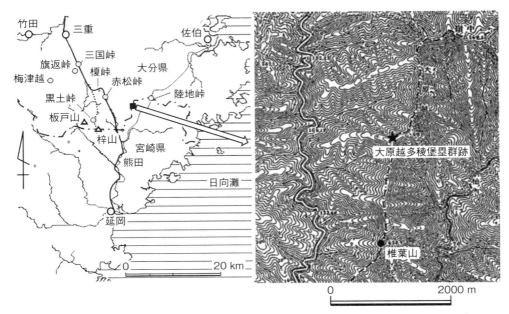

図120　大原越の多稜堡塁群跡位置図（県境尾根の稜堡塁群は官軍の最前線であり，約2km南にあった薩軍最前線陣地であった椎葉山と対峙していた．）

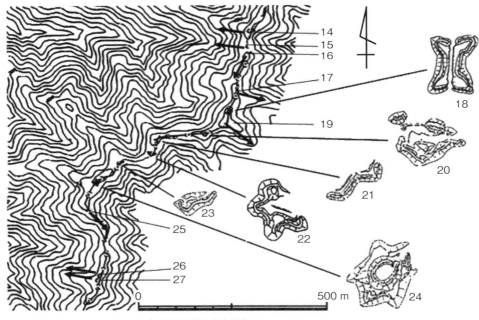

図121　大原越の多稜堡塁群跡分布状態（図示したもの以外は通常の台場跡である．）

したのであろう．北西部は内側が孤立して窪んでいる．

　24号多稜堡塁跡（図128）は内外の二重構造である．内側に出入り口の一部が途切れた環状土塁がめぐり，土塁上面は外側の星型部分よりも1m程度高まる．六稜形の外形は6方向に突き出る．突出部の内側は出入り口とその西側を除いて内側が窪んでいる．ここに歩兵が隠れて射撃し，円形土塁内には大砲を置いたのではないかと推定している．南北19.8mで東西16.0mである．24号

1 戦跡にみられる遺構　163

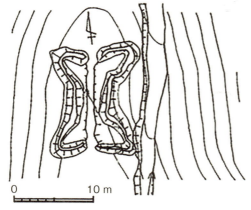

図122　大原越18号多稜堡塁跡（高橋・横澤2009）

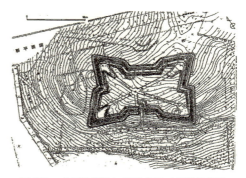

図123　戊辰戦争時に旧幕府軍工兵隊が築造した四稜郭跡（高橋・横澤2009）

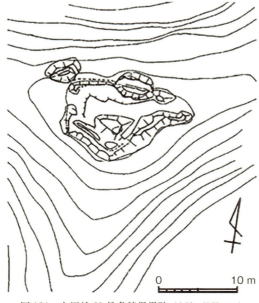

図124　大原越20号多稜堡塁跡（高橋・横澤2009）

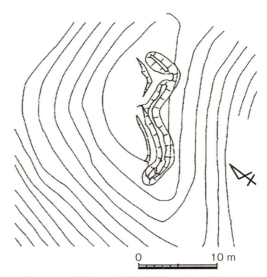

図125　大原越21号多稜堡塁跡（高橋・横澤2009）

台場跡は出入り口の突出部と反対側の突出部を除いた四稜形を基本にし，二つの突出部と内側の環状土塁を加えて築造したようである．基本形は「築城典刑」などの蘭学翻訳書の挿図と類似する．

このように大原越の多稜堡塁群の特徴は，通常の台場とは形が違う稜堡型式を採り入れていることである．ただ，幕末の海防台場とは比べようがないほど小規模であり，大原越では様々な形態に造り分けられ同一形態をもつものがなく，台場見本市の観がある．異なる形の台場を並べる点，第一旅団工兵隊が木留と荻迫の間に築いた剣頭形や凸角形の台場のあり方に似ているかもしれないが，単純な形を並べたのでは敵に手の内を見せることになるため，同形の台場を並べないようにする工夫だったのだろうか．あるいは単に余裕があって造り分けたのか，よく分からない．

この尾根筋には稜堡系の堡塁を築かなかった場合でも，同じように間隔を置いて通常の台場を連築したはずであり，稜堡系だから間隔を置いて複数を置いた，と教科書的に考えるべきではない．

熊本鎮台工兵隊は籠城中に守備範囲を少しずつ市街地に拡げ稜堡を築いていたが，その後しばら

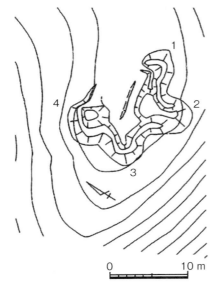

図126 大原越22号多稜堡塁跡（高橋・横澤2009）

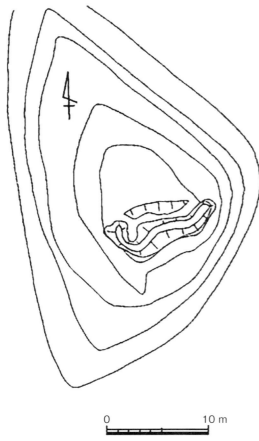

図127 大原越23号多稜堡塁跡（高橋・横澤2009）

くは明確な稜堡系台場は築かず，7月になって大原越の多稜堡塁群を築いた．しかし，その後彼らが移動したうち，延岡市可愛岳北側の会五山周辺には通常の弧状台場跡しか確認できない（高橋2012）．

大分県に移る以前の熊本城籠城中，工兵隊の築造物には橋や建物，台場だけではなく，その他の設備・付属物も存在した．熊本鎮台工兵隊が作ったものを羅列すれば，転堡藍・火薬坑・短射坑・短射壕・空壕・塹溝・塹溝堡・垣束柴・重対壕・野堡・踏落シ地雷2個ノ尋常地雷・胸墻などがある．

熊本鎮台工兵隊隊長の筒井義信大尉は，江戸時代には小筒組差図役下役，北海道の戊辰戦争では旧幕府軍工兵隊頭取改役だった（樋口2004）．戊辰戦争では幕末に築造された五稜郭を利用したことが有名だが，北海道南部には戊辰戦争時に旧幕府軍工兵隊により，四稜郭や川汲台場・七飯台場跡（角田2013）など多くの小型稜堡系統の築造物が造られている．

筒井は工兵隊幹部の一人（工兵差図役頭取改役）としてそれらに関わった可能性が強く，戊辰戦争後は幕臣がそうであったように静岡に移住したらしく，1870年12月に和歌山藩にお貸し人として小菅智淵（幕府では工兵頭並，箱館政権では工兵隊工兵頭）と共に「工兵教授」として派遣され，その後，陸軍に入った人物である（樋口2004）．また，筒井の下に3人いる少尉のうち，渡辺英興（静岡）は陸軍士官学校の前身ともいえる沼津兵学校で学んでいる．ほかにも，岡井高尚少尉は和歌山出身であり，筒井から教わったであろう人物である．大原越の多稜堡塁群は通常の弧状台場に比べて形が複雑である分，築造は手間取ったと考えられる．18号多稜堡塁跡は四稜郭に似たところがあり，久し振りに幕府時代に学んだ知識と北海道での経験を地上に具体化したものと考えられる．

大原越の多稜堡塁群は幕末の蘭学書では何と呼

ばれていたのか，また，熊本城籠城中に築いた剣頭堡と凸角堡は具体的にはどのような形だったのだろうか．今，手元にあって参照できる広瀬元恭「築城新法」(1859年)，大鳥圭介「築城典刑」(陸軍所 1864年)，福沢諭吉「ペル築城書」(緒方洪庵の塾で翻訳し，活字化されたのは1959年) から検討する．これらの挿図はほとんど同じである．

　三書とも，稜堡の外郭線が内側に折れ曲がるものは凹角，突き出るように折れ曲がるものは凸角といい，凸角の角度は60度より小さいと死角が生じるのでよくないとしている．背後から攻撃される恐れのある場合は閉じた形，閉鎖野堡あるいは閉堡といい，その恐れのない場合は啓開野堡 (開堡) という．防禦上，野堡一基で足りるものを独立野堡といい，互いに助け合うように所々に造るものを集列野堡という．大原越のように連続的に設置するものが該当しよう．閉堡の外辺が凹角になるように折り曲げたものを星堡 (星様

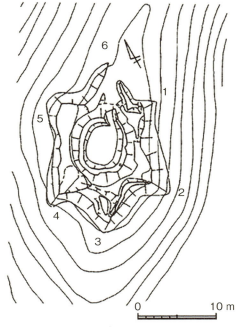

図128　大原越24号多稜堡塁跡 (高橋・横澤2009)

頭) と呼ぶ．四稜星堡の場合は突出部同士を結んだ線の7分の1の長さを内側に窪ませることとし，六稜星堡の場合は7分の2，八稜星堡の場合は7分の3とする．「築城典刑」(図129) の挿図第十六図は「バスチオン」の両半形を合わせたもの，第十七図は第十六図の両端に翼線を付けたもので角堡 (広瀬は僧帽堡) と呼ぶ．第十八図は冠堡という．

　大原越の18号 (図122) は中央を通路とし東西対称形のようだが，よく見ると東部は屈曲が複雑である．「築城典刑」第二十五図に似た部分がある．全体が横長である点は四稜郭に似る．20号 (図124) は出入り口部があるものの，閉じた形の閉鎖野堡に該当する．突出部が一個の帽堡の左右を伸ばし，一方に土塁で補強した出入り口がある．22号 (図126) は4ヶ所の突出部をもち，一端は開く．突出部の形は全て異なる．東部から南部，西部の順に番号を付けると，突出部2を中心に突起部1と3が左右に連なっているように解釈できないだろうか．第十八図の冠堡を意識したのではないかと考えたい．突起部4は付け足しである．24号 (図128) は5個の突出部をもち，別に1個の出入り口部があり，全体では六角形である．中央部には楕円形の土塁が一部途切れて存在する．突出部を北東のものから1～5の番号を付け，出入り口部を6とすると，外形は四稜形に3と6の突出部を加えたのか，あるいは2～4の部分で冠堡を意識したものとも解釈できる．

　以上三書には剣頭堡という言葉はないが，熊本城籠城中に築いた剣頭は西洋の両刃の剣のように幾何学的に尖るものの形容であろう．福沢の「ペル築城書」では将棋頭と訳されている．剣頭堡は大原越の22号に似ていたのではないかと考える．また，凸角は頻出するが凸角堡という単語も登場しない．凸角堡は正面が突き出た大原越20号が最も似ていた可能性がある．とすれば，籠城中に経験を積んでいたので大原越では手際よく完成した可能性がある．

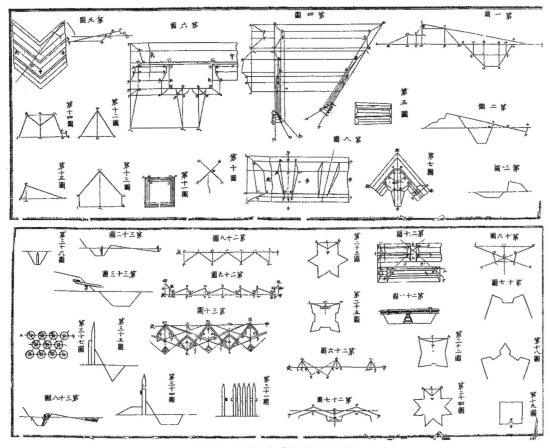

図129 大鳥圭介「築城典刑」挿図

④ 別働第二旅団の稜堡築造

別働第二旅団には，東京鎮台工兵第一大隊第一小隊の91人と，下士養成機関である教導団出身の395人が属しており，通常の台場や塹壕その他の築造作業を行うことが多かったが，長尾山一本松では稜堡系のものも築いている．

イ　延岡市北川町長尾山一本松29号台場跡　8月15日の延岡市和田越の戦い直後に官軍が長尾山一本松に築いた台場跡である（図130）．尾根筋の長さ1.5 kmの間に34基の弧状台場跡が並び，平均45 mに1基の割合で台場跡が分布する．これらは，戦闘後に北方に退却した薩軍を南側から包囲する形で展開した別働第二旅団が築いたものである．一本松頂上付近には比較的大きな台場跡が多いという特徴があるが，29号台場跡は一本松頂上のすぐ南側にある鋭角の土塁と内側の窪みをもつ遺構である（図130）．窪みは土塁に接するように内側に掘られ，鋭角である．土塁に接して山径があるが，その北側に平行する径が古くからあり，台場に接するほうは台場築造後にできたとみられる．

南西側と南東側は新しい道路や開墾のために本来の地形が削られており，内側の窪地も途中で途切れたようになっているので，若干は破壊されたようである．しかし，北側に接する径は土塁が終わる部分で曲がっているところからして，北部土塁は本来の形を保つようである．

それまでの教導団の作業内容からみて，教導
団だけでは稜堡系台場は築けなかったと考えら
れるので，工兵第一大隊が29号台場の築造に
関わっていたと思われる．東京鎮台工兵隊が主
導して築造したのである．尾根筋に多数の台場
跡が分布する中で本例は頂上の傍にあり，この
尾根では唯一の幾何学的な台場跡であり，この
部隊の本営があったのではないかと考えられる．

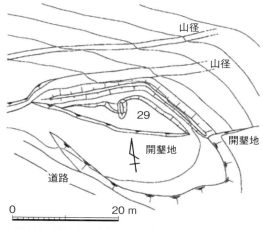

図130　長尾山一本松の官軍本営台場跡（横澤2008）

以上，史料にみられる稜堡系台場と現時点で
確認できた戦跡に残る稜堡系台場を掲げた．西
南戦争時に造られた例は台場全体の中では例外
的な存在である．現在判明している例では，稜堡系の台場築造は東京鎮台と熊本鎮台だけが関わ
っていることが指摘できる．このほかにも熊本鎮台工兵隊が築いた大原越多稜堡塁群のように稜堡
であると文字で記録されなかった例があったことも考えられ，今後の現地調査に期待したい．

戦跡分布調査により，90％くらいの台場跡を確認済みの大分県内では稜堡系台場跡は大原越の6
基だけで，他の約860基は弓形あるいは弧状台場などで，2基が塹壕である．この数字にはもちろ
ん薩軍のものを含んでいるが，稜堡系台場の少なさは明らかである．では，なぜ少ないのだろうか．
その答えになると思われるのが，次の「塹溝堡築設教法略則」（陸軍文庫1877）である．

⑤　塹溝堡築設教法略則

開戦から4ヶ月経った頃，官軍は台場作製教本として「塹溝堡築設教法略則」を作った．下記
「塹溝堡築設教法略則」に関する印刷と配布の伺い起案から，そのことが分かる．

　　局六百六十三号
　　　　　塹溝堡築設教法略則
　　　　　印刷相成度義ニ付伺

　一塹溝堡築設教法略則

　右者歩兵練兵中要用不可欠且方今速成ヲ主トスルノ際最モ必要之モノニ有之候處従前操典其他
　ニモ掲載無之候ニ付先般来距離目測外一点等取調伺出シ已ニ御許可相成候處尚又今般別紙之通
　取調候間是又活版ヲ以而印刷相成各所管与申出次第夫々御渡シ相成度此段相伺候也
　　　　　第二局長代理
　　明治十年六月廿二日　陸軍中佐浅井道博

　　　　　陸軍卿代理
　　　　　　陸軍少将井田譲殿

伺　之　通

　　　　六月廿六日

　　出版之義參謀局ヘ達ス同日印
　　（防衛研究所蔵 C04027256000「大日記　省内各局参謀近衛病院教師軍馬局 6 月水　陸軍省第一局」
0218）

　出版の目的は歩兵が戦地で築造すべき実用的な歩兵用塹壕の構築練習のためである．従来の「工兵操典」にも塹壕の図はあるが，本書では簡便な築造方法や詳細な寸法の記載がなされた簡単な教本として計画され，「陸軍文庫」として 7 月に出版された．出版後は直ちに必要な部署に配布されたものとみられる．現在国立国会図書館蔵本を参照することができるが，見開き 4 枚目の片側だけが欠落している．また，これと同時に「陸軍文庫」として「距離目測演習教法略則」と「エンフィル銃射撃順序」の 2 冊も出版された．後者はスナイドル弾薬の製造が消耗に追いつかず，外国からの購入分も到着に時間を要し，まだ到着していなかったため，官軍は熊本城解放頃から積極的にスナイドル銃から旧式のエンフィールド銃に交換を進めており，その射撃教本の必要性を感じたのであろう．「塹溝堡築設教法略則」は挿図を入れて 10 頁ほどの小冊子だから，全文・挿図を紹介したい．

　　塹溝堡
土地ニ高低及遮蔽物ナクシテ我兵ヲ庇護スルニ由シナキトキハ塹溝堡ヲ造リ以テ第一線ノ大隊ヲ遮蔽スヘシ

塹溝ハ頂端若クハ斜度ノ變際ニ沿フテ敵ノ攻撃スヘキ線上ニ築設スヘキモノト雖トモ其遮蔽スヘキ總テノ大隊若クハ一部隊ノ前面ニ一系ニ連設セス其兵隊ニ適應スル數部ニ區分スルヲ要ス而シテ各部相距ルノ間隔ヲ二十米突以上トス是レ諸兵塹溝堡ヲ超越セスシテ攻戰ニ移ルニ便ナラシメンカ爲メナリ

塹溝堡ハ溝ト胸壁トヨリ成ル其ノ溝ノ上經一米突三十底經一米突零五深サ零米突五十崖徑零米突三十胸壁ノ高サ零米突六十其上經零米突五十底經一米突七十トス而シテ内外斜面ノ傾斜ハ一分一トス

此野堡ハ左ニ示ス如キ四種ノ理益アルヲ以テ方今專ラ之ヲ稱用セリ
第一築設ニ要スル時間人員及ヒ器械共極メテ僅少ニシテ足レリトス
第二塹溝中ニ二列ノ兵ヲ布置シ其前列ハ折敷テ裝塡シ後列ハ溝ノ後岸ニ臀ヲ倚セテ裝塡スルヲ得ヘシ第三新積土中ニ侵入スル小銃ノ彈力ハ二百米突ノ距離ニテハ零米突二十九，百米突ニテハ零米突四十二二十五米突ニテハ零米突五十ナルヲ以テ胸壁上部ノ厚サハ零米突五十ニテ充分ナリトス
第四胸壁ノ高サ僅カニ零米突六十ナルカ故ニ兵隊ハ攻戰ニ移ルトキ順序ヲ亂サス之ヲ超越スルヲ得ヘシ一大隊實地ニ塹溝堡ヲ築設スル法左ノ如シ塹溝ヲ造ルニ全員ノ三分一ヲ以テスレハ過少ナルニ似タリ故ニ豫備隊ノ中隊ヨリ三小隊ヲ採ルヘシ此三小隊ハ其所屬半大隊ヲ蔽フヘキ塹溝堡ヲ設備スルニ足ルモノトス

塹溝ヲ築設スルニハ先ツ鶴嘴鍬一挺ト匙鍬二挺ノ割合ヲ以テ數多ノ工事器械ヲ其線ニ持來シ次

1 戦跡にみられる遺構　169

ニ鶴嘴鍬ヲ以テ溝ノ内縁線ヲ
劃スルカ標柱ト繩トヲ以テ其
線ヲ標示ス下士ハ速ニ左圖ノ
如キ順序ニ從ヒ溝ノ内縁線上
ニ匙鍬ヲ置カシム

若シ匙鍬ノ長サ一米突三十ニ
足ラサル事アルトキハ次圖ニ
示ス如ク鶴嘴鍬ニテ匙鍬ヲ間
シ以テ配置スヘシ

各匙鍬手ハ匙鍬ノ中央ニ到リ
各鶴嘴鍬手ハ共ニ工事ヲナス
ヘキ匙鍬手ノ中間ニ於テ鶴嘴
鍬ノ前ニ立ツ此工手ニハ預メ
三名毎ニ番號ヲ附スルモノト
ス

鶴嘴鍬手一名ト其左右ノ匙鍬
手二名トニテ一區地ヲ受持ツ
モノニシテ其長サハ二米突六
十即匙鍬二挺ノ長サニシテ其

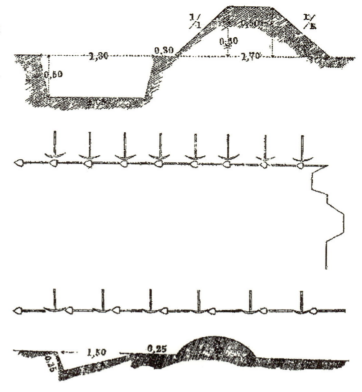

幅ハ溝ノ上經即一米突三十トス此區地ノ工手ハ右ニ示ス面積ノ地ヲ零米突五十ノ深サニ堀開ス
ヘキモノトス

各工手ハ其器械ノ後方ニ位置セシ後鶴嘴鍬ヲ以テ其區地ノ經界ヲ劃シ別ニ命令告諭等ヲ竢ツ事
ナク直ニ工事ヲ始ムヘシ

溝ト胸壁トノ間ニハ崖徑ヲ設クルヲ要シ若シ充分ノ時間アレハ胸壁内斜面ノ基脚ニ一條ノ直線
ヲ劃セシム士官下士ハ溝ニ沿フテ各持場ヲ巡視シ崖徑ヲ設ク（ここに1頁欠落）カ爲メニハ内
方ノ深サ零米突二十五外方ノ深サ零米突ノ塹溝ヲ堀リ其土ヲ前方ニ堆積ス而テ堆土塹溝トノ間
ニ零米突二十五ノ崖徑ヲ設クヘシ其堆土ハ正シキ形狀ヲ成サシムルヲ要セス音高サヲ零米突二
十五ニナスヘキノミ之レ伏射ヲナス散兵ノ爲メニ用ユルモノナリ蓋シ此塹溝ハ少クモ二名ノ用
ニ供ス時トシテハ四名乃至若干名ノ用ニ供スル事アリ

　　明治十年七月　　　　陸軍文庫

　西南戦争中の6月末から7月の段階は戦争が峠を越えていた段階である，と考えるのは戦争がい
つ終わったのか知っている後世の見方であろう．各地の戦場で官軍は台場（冊子では塹溝）を築造
し続けており，すでに参戦していた部隊には今さら，台場の造り方を教える必要はなかったかもし
れないが効率的な築造知識も必要であり，新たに投入されるだろう部隊のためにも出版されたので
ある．それまで工兵隊が野戦築城の教科書としていた「工兵操典」には様々な構築物が説明されて
いるが，略則の出版が示すのは，戦場で必要とされたのは簡単な土塁と窪みを組み合わせた台場を
速成できることだったということである．

国会図書館蔵本では1頁分が欠落しているので間違えているかもしれないが，台場の平面形を示す図と説明がないのは，平面形よりも断面形を優先すべきだったからだと思われる．「工兵操典」類でも断面図だけを図示することが多い．平面図は，臨機応変の措置を取らせるためや簡略化のために省いたのであろうか．現場でツルハシやスコップを使って簡単にそれを造るやり方や，台場相互の間隔を20m以上にせよとか，具体的な造り方だけを示している．即戦力で役立つ情報として改めて小冊子を作製したのであろう．

　冊子に登場するのは推奨すべき2種類の台場であった．第一が立射の歩兵用台場で，設置すべき場所は山の頂上の端や傾斜変換点である．戦跡にある台場跡の立地は，確かに登って来る敵を見下ろせる尾根の先端部がよく選ばれている．また，相互の間隔は20m以上空けねばならなかった．味方の台場が邪魔になって攻戦に移れなくなるのは困るからである．土塁に対する銃弾の貫通力は距離200mで29cm，100mで42cm，25mで50cmだから，土塁上部の厚さは50cmで十分だといい，銃弾の貫通力を勘案して土塁部の厚さは基部で1.7m，上面で0.5mとされた．攻戦に移るときに土塁部を越えるため，外側からの高さは0.6mとされているが，意外に低い．図中の数値はメートルである．土塁部の外側に堀はみられない．戦跡でも土塁外側に堀があるのは比較的大型の舟の尾凸角堡だけである．一般的な歩兵用小型台場の場合，堀は現実的には効果がなかったのであろう．

　第二は伏射用の台場である．築造時点で窪みの深さが25cm弱しかなく，土塁部分も低く現状での確認は困難であろう．戦跡で確認したことはないが見逃してきた可能性もあるし，その痕跡を見ても台場が痕跡的にしか残っていないものと判断した疑いがある．伏射用台場にも留意する必要がある．

　西南戦争で造られた歩兵用陣地の由来について考えたことがある（高橋2010）．直前の幕末には全国的に西洋式兵学に伴う1,000基以上の大規模な海防台場が造られ，由良台場や祇園之洲台場，品川台場，弁天岬台場のように台場と呼ばれていた（原1988）．ほとんどの海防台場は1805年頃から約60年間に造られ，四角い形から弧状，さらに幾何学的な形へと変遷する傾向があった．

　しかし，戊辰戦争時や西南戦争時に主流を占めたのは弧状平面の歩兵用陣地であり，海防台場に比べ規模は極めて小型である．これらについて西南戦争時には薩軍側が台場と呼び，官軍は胸壁，塁壁などと呼ぶという対照的な現象がおきていた．このような歩兵用陣地は大坂冬の陣や島原の乱ではみられず，幕末の長州征伐から登場したようである．蘭学の導入以降に現れたといえる．

　官軍の大多数の台場には砲撃に耐える頑丈さは求められなかった．銃撃や抜刀攻撃に対処できればよかったのである．時には，大砲の傍に短い直線的な土塁である肩墻を築いて砲兵を保護したりしているが，簡略な台場を築く「塹溝堡築設教法略則」が必要とされたというのは，複雑な稜堡系台場は必要とされなかったことも意味しているようである．幕府時代に西洋流築城術を学んだ幹部がいる工兵隊は散発的に稜堡系台場を築いたが，特に熊本鎮台工兵隊は熱心であった．ところが，維新後に短期間教育を受けた教導団工兵隊などは，ひたすら胸墻，鹿柴，堤，竹柵，道路，尖橛，砲台，平坦地雷，釘板布置（4月18日〜5月9日までの作業例）などの教科書にある施設築造を繰り返し，8月15日に延岡市長尾山一本松に東京鎮台工兵隊と一緒に築造した29号台場以外は稜堡系の台場は築いていない（「教導団工兵作業表」『征西戦記稿附録』pp.1〜53）．教導団工兵隊は，開戦により卒業前の未熟な段階で急遽戦場に出てきたことも構築物の種類に影響した可能性がある．

薩軍側は大砲が少なく砲弾不足にも悩まされていたため，歩兵の射撃と抜刀攻撃の占める比率が高かった．官軍が西南戦争で守勢にあったのは熊本城や9月上旬の鹿児島市内の戦闘くらいであり，ほかは攻撃・進撃することが多かった．戊辰戦争の四稜郭のように，事前に時間をかけて要塞を築造し敵の攻撃を待つ，という状況は生じない戦争だったことも築造に時間を要する稜堡があまり造られなかった一つの理由だったと考えられる．

（3）まとめ

分布調査あるいは発掘調査により戦跡の状態がある程度分かってきた地域をみてきたが，これらの戦跡に残る遺構には当時の戦いのあり方を示す共通点がある．

最も目立つ共通点は，官軍が主に胸壁という言葉を使い，薩軍がほとんど全て台場と呼んだ構築物が造られたことである．その後の土地改変がなされなかった所では，今もその痕跡が残っている．平面が屈曲した土塁を敵方向に設け，内側を掘り窪めた形が基本形である．土塁部分は官軍は底の抜けたカゴである堡籃を多用し，並べたり重ねたりすることが多く，薩軍は俵に土を詰めたり単に土を積み上げたりしたらしい．両軍共，その場の状況に応じ墓石を並べたり樹木を横たえたりしたこともあったが，これらは片づけられたりしたはずであり，痕跡の確認は困難であろう．

西南戦争時の台場には，両軍により主に造られた弧状を主とした小型台場，少数造られた長大な塹壕のほかに，官軍だけが造った西洋流築城術による稜堡を採り入れた台場の三種がある．稜堡系台場が，一般的なものに比べ段違いに強固で効果的であったとは思えない．長尾山一本松例では，官軍本営として他の台場と区別する意味も与えられていただろう．官軍の場合，いくつもの戦闘を経験した後，最も効果的だと考えたのは，多大な時間を使ってたった一基の稜堡系台場を造るよりも，一般的な弧状台場を間隔を空けて多数連築する方がよい，ということだった．そのために「塹溝堡築設教本略則」を作成したのである．

台場が造られた場所には共通点がある．山間部の戦いで絶対有利なのは高所を確保しておくことであり，ほとんどの台場跡は尾根の上端にあり，下方を見下ろせる位置を占めていた．稜線から下方に支尾根が下がっている場所では支尾根が上り着く場所に台場が準備された．また，背後の稜線にもっと高い部分があれば，そこを奪われた場合には不利な戦闘を余儀なくされる恐れがあるため，そこにも台場が造られた．同じ尾根線の前方に敵の台場がある場合，台場は尾根線の向きに造られている．敵が高低差の少ない尾根筋から攻撃して来るからである．

両軍の主要な台場であった弧状台場は西洋の書物により幕末に登場し，西南戦争時には両軍が引き継いだ平易な型であり，稜堡の系譜の台場は幕末以来導入を続けた複雑な西洋流築城術の成果であった．ただ，史料上あるいは遺構として確認できる稜堡系台場は，官軍側により田原坂付近，熊本城周辺と大分・宮崎県境の大原越，宮崎県日之影町舟の尾，延岡市長尾山一本松でのみ確認できる．そのうち，大原越と長尾山一本松の場合，史料上はどこにも稜堡系台場であることが記されておらず，現地調査により発見したものであり，ほかにもこれら以外にまだ築造された可能性はある．

戦跡には全く残らないが，台場の前方には柵列や伐採した樹木を再利用した鹿柴が設けられた．「征西戦記稿」には山地の場合，台場の前方100～200mくらいを伐採し，空白域を置いて柵列を設けたとの記述がみられる．これは両軍共に用いたようで，薩軍陣地であった椎葉山戦跡では，柵列の一つが台場の前方約40mに設けられていたことが薩軍銃弾の集中状態から推定できた．柵列

は守備兵員が少ない場合は，その欠を補うのに有効であったし，敵を遠くに釘づけできる利点があった．柵列が最も厳重に設けられた例は，9月に鹿児島市に薩軍が返ってきたときの官軍の包囲網である．鹿柴に加え，四重から六重の竹柵を廻らせて薩軍を包囲したのである（「征西戦記稿」巻六十四　pp.5）．

尾根の戦跡には，敵とは反対側の斜面に削り出した平坦面が存在することがある．台場の守備要員の一時的な休憩所として，そのような場所には簡易な仮小屋，あるいは雨避けになる程度の杉皮その他で葺いた屋根が造られたとみられる．発掘調査を行えば，柱穴や水分補給に使った当時の陶磁器などが発見できるだろう．

戦争初期の吉次峠や田原坂の戦闘は有名だが，その場所での勝敗により戦争全体の決着がつくものではなかった．全般的にみられたのは，両軍共に長い戦線を形成するとともに，敵の戦線をどこかで突破しても，敵は新たな戦線を再構築し，戦況は少しずつ移動する状態だった．

2　戦争中の銃砲・火箭

(1)　官軍の小銃弾薬消耗と補給，海外からの調達

①　戦争初期の弾薬（スナイドル銃）

1877年（明治10年）の西南戦争の初期，熊本県玉名郡玉東町や熊本市の植木町の諸戦場で戦った官軍は以下の通りである．熊本鎮台小倉分営の大部分，すなわち第一大隊左半大隊以外の第十四聯隊と最初に本州から到着した東京鎮台，さらに追加して派遣された大阪鎮台である．

小倉分営部隊について述べれば，小倉を出発し開戦前に熊本鎮台本営の求めに応じて熊本城に入れたのは第十四聯隊第一大隊左半大隊だけで，他は植木町や玉東町木葉等で第一・第二旅団と共に北上した薩軍と交戦を始めることとなった．「熊本鎮台戦闘日記」によれば，小倉分営隊長の乃木希典少佐は熊本県に向け南下途中，福岡県庁で渡辺県令に会い，後から通過するであろう小倉分営部隊が装備しているエンフィールド銃の保管を依頼している．

> 小倉ニアル所ノ各隊出征準備已ニ成ルト雖トモ連日ノ風浪馬關ノ渡船ヲ阻絶シ「スナイトル」銃弾ノ交換辨セサルヲ以テ徒ラニ日ヲ曠シテ之ヲ待テリ
> 此日乃木少佐ハ福岡縣廳ニ渡邊縣令ニ會シ地方ノ警備ヲ協議シ「エンピール」銃此「エンピール」銃ハ従来第三大隊ノ携持セシニ出征ニ付「スナイトル」ト交換シ不用ニ屬スルヲ以テナリノ捨護ヲ依頼ス
> （本省 熊本鎮台戦闘日記附録 但14連隊之部　共3冊　明治10年2月6日～明治10年4月19日　防衛研究所蔵）

これによると，スナイドル銃は小倉分営にすでに備えがあったようだが，十分な弾薬の補充分を本州からの渡船が運び入れるのを待っていたのである．エンフィールド銃は火薬と銃弾を別々に筒先から込める前装銃で，発砲速度は金属薬莢を使用する元込めのスナイドル銃よりも劣る．そのため実戦には元込めのスナイドル銃を装備して戦場に臨んだのである．使用済みの銃弾・薬莢を薩軍が再利用したことはよく知られているが，官軍にも以下の記録がある．

> 是ヨリ先キ戦ヲ経ル毎ニ銃包若クハ残殻ノ其地ニ遺落スル者極テ多ク皆軍用ニ供スルニ足レリ
> 是ニ至テ本営令アリ村民ヲシテ捃拾セシメ砲廠ヲシテ之ヲ購買セシム

(「征西戦記稿」巻十 田原阪戦記 pp.34)

官軍本営が砲廠に命じて，戦場に遺棄された弾薬や使用済み薬莢を村民に拾わせ購入させたのである．薩軍が再利用するのを防ぐためもあろうが，官軍が雷管詰め替え器を戦地に送っていることからみて，自分達も再利用するつもりだったのである．官軍は 1877 年 3 月 3 日から始まった玉東町吉次峠や横平山，植木町田原坂一帯の戦闘では想定を上回るスナイドル弾薬を消耗しており，それを補う国内備蓄分が十分ではないことに困惑していた．陸軍砲兵支廠提理（代表）の関迪教中佐は，兵站担当の参謀局局長の鳥尾小弥太中将に実情を上申し，鳥尾も陸軍最高首脳である参軍の山縣有朋陸軍卿に陸軍兵士の使用銃をスナイドル銃からエンフィールド銃へ交換するよう求めた．山縣はそれを受け，4 月 5 日前線の将軍達に申し入れた．

　　此日山縣参軍弾薬ノ事ニ由リ野津大山三好三少將ヘ内達セラル
　　彈藥之儀ニ付別紙ノ通鳥尾中將ヨリ申来候右ハ先般来屢及告達置候通ニ有之尚製造方精々致督促候得共到底製スル所ヲ以テ費ス所ヲ補フニ足ラス無據追々エンピール銃ニ不引換テハ難相成場合ニ可推移右ハ一般ノ兵氣ニ關係ノ不鮮候得共不得已儀ニ付不取敢貴官迄及内達候各將校ヘモ厚ク御諭達相成度此段申入置候也
　　別紙大坂鳥尾中將ヨリ山縣參軍ヘ電報ノ寫
　　彈藥ノ義追々御申越承知ス右ニ付テハ當方ニテモ一方ナラス痛心種々手段ヲ盡シ候得共何分在来貯蔵ノ分撃尽セシ上ハ差當リ後ヲ繼ク能ハス依テ今ヨリエンピール銃ト漸々引替ヘノ見込ヲ以テ既ニ博多ヘ向ケ六千挺餘ヲ送リ出シタリ右ノ御含ミニテ引替ノ御着手相成タシ昨夜村田少佐着御地ノ事情篤ク承知猶當地ノ都合ハ同人ヱ相含メ差返シ可申し候此段申入ル
　　（防衛研究所蔵 C09083951800「西南戰闘記 自明治十年四月一日至同三十日 旧第二旅団」0391）

鳥尾中将から貯蔵分のスナイドル弾薬を撃ち尽くしたときには，製造が消耗に追いつかない状況であり補充の見込みがないので，スナイドル銃からエンフィールド銃への引替に着手したい，との申入れを山縣参軍も賛同し，官軍はスナイドル銃をやめ前装式のエンフィールド銃と交換していきたい，というのである．官軍の田原坂突破が 3 月 20 日，熊本城入城が 4 月 14 日だったので，4 月 5 日時点ではまだ田原坂と熊本城の中間地帯で戦闘が続けられ，熊本城解放を目指していた段階だった．また，衝背軍が熊本城を目指して八代・宇土方面から北上中だった．まだ，戦争全体の帰趨も不明であり，戦場ではエンフィールド銃よりも装塡速度が断然速いスナイドル銃の人気が当然高かった．しかし，開戦後 45 日ほどで官軍の主力銃であるスナイドル銃は弾薬不足の恐れが現実のものとなり，山縣が前線の指揮官に弾薬不足を説明せざるを得ない状況だった．そこで 4 月 12 日，前線の軍団本営は折衷策として，エンフィールド銃を携帯するのは新着兵と戦闘の第一線を担当しない兵種などに限ることとした．

熊本城解放後は，陸軍・警視隊がスナイドル銃を装備していたのを改め，従来のエンフィールド銃への変更がさらに進められ，山縣は各司令長官に 5 月 9 日付けで申入れをした．下記は熊本鎮台司令長官に宛てた申入れである．

　　彈藥ノ儀ニ付テハ兼テ申入置候次第モ有之尚熊本城ニ連絡ヲ通候後ハ「スナイドル」ヲ「エンピール」銃ニ引替候外無之ニ付追々銃引替可致旨第一二三四旅團エハ既ニ論决ニ及置候處熊本連絡後劇戰ハ只二回其餘ハ休戰同樣今日迄罷過候然ルニ最早梅天ニ打向ヒ候間可成丈ヶ残餘ノ「スナイドル」彈藥爲相用度候處何分残少ニ有之且其製造其費用ヲ償フニ足ラス此後賊ノ平定

豫期難致候ニ付彈藥ハ精々愛惜シ猥リニ發射不致様諸將校ニ於テ厚ク注意致シ尚各部下エ申論可有之此段更ニ申入候也

　　　五月九日　　　　　　　　　　　　　　　　　　　　　參軍山縣有朋
　　　　陸軍少將谷　干城宛
　　　　　　　　　　　　　　　　　　　　　（「熊本鎮台戦闘日記」巻二　pp. 17・18）

　しかし，実際にはスナイドル銃は全く戦場から消えたのではなく，多くの旅団ではその他の銃と共に使い続けていたのだが．

　以上のように，熊本城開放までの段階では官軍の主要小銃はスナイドル銃であり，少数のスペンサー銃・シャープス銃・ツンナール銃（別名ドライゼ銃）なども使用されていた．先述のように近年この時期の戦跡が発掘調査され始め，銃弾・薬莢等の分布状態からも，その時点で両軍が装備した銃の種類を窺えることが分かってきた．

② スナイドル弾薬の補充

　次に官軍の主力銃だったスナイドル銃弾薬の補充，さらにそれに引替が進められたエンフィールド銃弾薬について事態の推移をみておきたい．先にみたように，戦争全期間のスナイドル弾薬消耗数は 3,463 万 2,830 発である．その多くは戦前からの輸入品であったが，ある程度は国産もあった．淺川道夫氏は「スナイドル実包については，本廠が製造あるいは調達（輸入等）したものが二三八二万六五〇発（供給数全体の約六九％），支廠で製造したものが一〇八一万二一八〇発（同約三一％）であった．また，ツンナール実包については，和歌山属廠の製造機械を使い，供給数の全てを支廠が製造した．エンフィールド実包についてみると，本廠の製造数は明らかでないが，支廠での製造数は六三〇万発とされており，これは供給数全体の三二％占めるものだった」（淺川 2013）という．上記は西南戦争中の数値であると明記しておらず，1875 年以降，西南戦争期間を加えた砲兵本廠と砲兵支廠が製造したもののことらしい．したがって，戦争中に支廠が製造した数値ではない．

　特にスナイドル弾薬について支廠が 1,081 万 2,180 発製造とするが，検討の余地がある．陸軍省第一年報では支廠は 1875 年 7 月から 1876 年 6 月にはスナイドル弾薬 108 万 7,550 発を製造しているが，その間本廠での製造数は 0 で，欧州からの購入が 3,400 万発と記録されている．また，1876 年 7 月 1 日から 1877 年 6 月 30 日までを記した第二年報には，支廠がスナイドル弾薬を製造した記録はなく，本廠で 35 万 250 発製造したことだけが記されており，支廠が 14 万発強を製造したというのは疑問が残る．

　官軍におけるスナイドル銃弾薬の購入・製造について，時間を追って跡づけてみたい．西南戦争以前に陸軍が弾薬製造に関心がなかったわけではない．1875 年に陸軍砲兵本廠がイギリスからスナイドル弾薬製造器械を購入するまで，スナイドル弾薬は鹿児島に日本で唯一箇所，製造機械があり稼動していた．その施設は廃藩置県後に政府陸軍の大阪砲兵支廠の属廠として位置づけられ，そのまま製造を続けていた．1874 年 8 月 29 日には「鹿児島幷造兵司等ニ而製造スル所ノ者ハ一日都合九千発」とあり，造兵司でも製造しているように記されるが（防衛研究所蔵 C04026127900「明治 7 年　大日記第 2 号 7 月貞参謀局」白第三千九百廿四号 0723），この時点では造兵司に器械はなく，おそらく属廠以外では手作業による少量製造を行っていたのであろう．

1875年2月8日，元造兵司に砲兵本廠が，大阪の大砲製造所に砲兵支廠が置かれた．その後，同年9月には東京の砲兵本廠に英国から購入したスナイドル弾薬製造器械が到着し（1969年「明治工業史火兵篇・鐵鋼篇日本工学会」），日産製造量5万発を期待された．

　　　第五　砲兵事務

「九月，（一行略）スナイトル」弾製造器械來着セリ（八年九月）此器械ヲユルトキハ大凡一日五萬發ノ弾ヲ製造スル事ヲ得ル

軍用火箭製造器來着セリ此火箭ハ四斤ヨリ十二斤マテノ榴弾ヲ射撃スル事ヲ得ルナリ

　　　　　　　　　　　　（国立公文書館蔵 A07062035400「記録材料 陸軍軍政年報」pp.29）

後述のように，期待通りの成果は得られなかったらしい．1877年2月には東京の砲兵本廠にあるスナイドル銃の弾薬製造器械を大阪砲兵支廠に移し製造するよう決まった．

　　砲第四十五号一スナイトル弾薬製造器械壱台但<u>一日六千発製出之分</u>右砲兵本廠在来之器械其廠ヘ送達備付候条自今右弾薬製作可取計此旨相達候事

　　　　　十年二月十三日　　　　陸軍卿代大山　陸軍少輔

　　　　　砲兵支廠

　　　　　（防衛研究所蔵 C04027360800「大日記 砲兵工兵之部 明治十年二月 木 陸軍省第一局」0310）

本廠にあった製造器械は一日に6,000発のスナイドル弾薬を製造できる能力があるとみなされていた．

③　鹿児島属廠の弾薬・スナイドル弾薬製造器械

　政府側は鹿児島士族の武力蜂起を危惧していたが，熊本士族が熊本鎮台を襲撃した1876年10月の神風連の乱の後はその可能性がますます強くなっていた．そのため，大阪砲兵支廠鹿児島属廠のスナイドル弾薬製造機械を大阪に移送することとした．それは1877年1月10日に陸軍卿から砲兵支廠に達せられた（防衛研究所蔵 C04027152900「大日記　省内各局参謀近衛病院　教師軍馬局　明治十年一月　水　陸軍第一局」0018・0019）．鹿児島属廠で製造した弾薬を全国各地に配布するのは緊急事態の場合に対応しにくいので，大阪の砲兵支廠に移す，という表向きの理由をつけていた．

　イ　スナイドル弾薬製造器械の移送　大阪砲兵支廠に移して製造するため，砲兵支廠は1月29日，民間船の赤龍丸で鹿児島属廠の弾薬製造器械を分解し運び出そうとしたが，事態はこれに怒った私学校徒による弾薬掠奪事件へと発展した（本省報告　西南征討関係書類　明治10年6月1日～明治11年5月3日　防衛研究所蔵）．その際，スナイドル弾薬製造器械は解体することはできたが，赤龍丸に積み込む時間の余裕がなく急いで火薬・弾薬の一部だけを積み込み，鹿児島港を脱出した．

　1902年発行の「大阪砲兵工廠沿革史」『大阪砲兵工廠資料集　上巻』にある1877年2月24日の記事全文を引用する．

　　二月十四日車駕大阪ニ幸セラレ銅砲鑄造所及鍛工所ノ工業ヲ親覽アラセラル洵ニ當廠ノ光榮ナリ

　　西南變起リ賊鹿兒島属廠ヲ襲ヒ其器械及火藥若干ヲ奪フ是ヨリ先キ一月八日<u>鹿兒島属廠備附ノスナイドル銃實包製造器械ヲ當廠ニ移シ以テ製作ニ從事スヘキ命ニ接シ</u>二月三日九等出仕竹下矩方等ヲ鹿兒島ニ派遣シ又属廠貯藏ノスナイドル弾藥ヲ當廠ニ収容スル爲メ一月二十二日備上野秀譽ヲシテ汽船赤龍丸ニ搭シテ鹿兒島ニ到リ命ヲ監務陸軍大尉新納軍八ニ傳ヘシム二十七日

鹿兒島灣ニ投錨シ彈藥若干ヲ搭載スルヤ忽チ私學校黨ノ為メニ襲ハレ殘餘ノ器械彈藥悉ク其掠奪スル所ト為レリ

客月以來火工所ヲ修拓シテスナイドル彈藥製造ノ器械ヲ裝置スルノ計畫アリ是ニ至リテ其工事及器械ノ裝置ヲ促シ以テ彈藥ノ製造ヲ開始セリ

二十四日省令アリ萩小銃製造所ヲ支廠ニ隷シアルミニー銃ヲ急造セシム

（1902年「大阪砲兵工廠沿革史」『大阪砲兵工廠資料集　上巻』pp. 12）

これによると，スナイドル弾薬製造器械は鹿児島属廠から運び出したようにはなっていないが，なぜか製造は開始したという．本書の発行時期は西南戦争から25年後であり，事実確認ができないまま結論を結びつけた記述になったものか．この件に関しては直接，鹿児島属廠に乗り込んだ関係者による報告が防衛研究所にある．史料は長文だが，次に掲げる．

明治十年鹿兒島縣下暴動ノ初メ火藥彈藥等取寄セノ手續及同所火藥庫強盜ノ景況幷織田信之該地出張實地見聞ノ事項

明治九年十二月中鹿兒嶋縣下人心穩ナラサルヨリ當廠所轄鹿兒島属廠ニ於テ曾テ製出スル彈藥火藥取寄セノ義同属廠ヘ屢々相達シ右運送船之義ニ付再三往復スト雖モ適應之瀛船無之ヨリ遷延シ同十年一月ニ至リ彌人心穩ナラス其貯保上甚掛念尠カラサル旨陸軍大尉新納軍八ノ電報ニ因リ当廠第二局長七等出仕星山貞吉ヲシテ右彈藥火藥取寄セノ略ヲ委任セシメ同年一月十四日坂地出發ス後チ陸軍卿ヨリ該属廠中火巧所廢止ノ命アリ此時ニ際シ右火藥彈藥運送船赤龍丸ヲ航海セシムルニ元等外一等出仕上野秀譽_{當時廢官中ノモノナル}者傭申付其火藥彈藥運送ノ都合幷火巧所廢止ノ命アルニ依テ其据付諸器械悉ク取纒メ運送スヘキ旨星山貞吉ヘ含ムルノ書類ヲ為持同船ヘ乗組同年一月廿三日神戸抜錨該地ニ至ルヤ直ニ星山貞吉ヨリ電報ヲ以右火巧所据付器械解除ノ件ハ大ニ人心ニ感激シ不容易勢ヒニ可立到故ニ却テ同縣人ハ然ルヘカラス他縣人ニシテ當廠官員一名至急派出セシム可キ旨申出タルヨリ監護織田信之ヲ派出セシメントスルニ際シ陸軍卿ノ命ヲ受テ元九等出仕竹下矩方_{當時廢官中ノモノ}ニ意ヲ含メ倶ニ出張ヲ命ス此時信之策ヲ建テ曰ク曾テ属廠ヨリ注文ノ火藥製造諸器械現今落成セル分其機關ノ要具ヲ脱却シ其形容ノ大ナルモノ數十個ヲ持シ行キ以テ其火藥製造所ヲシテ盛大ナラシムルノ意ヲ口實トシ而シテ火工所ノ器械ヲ輸出セハ人心ニ感觸セスシテ事ヲ為シ易カラント仍テ其策ヲ許シ其器械ヲ為持瀛船高陽丸_{鹿兒島鹿兒島商船商船}エ積入レ同年二月大阪抜錨ス而シテ同夜曩ニ航海セシ赤龍丸帰港シ該属廠在勤火工下長江田兼親傭北條時義ノ兩人火藥彈藥押解トシテ出阪シ云フ一月三十日夜草牟田村火藥庫エ強賊多人數亂入彈藥火藥若干奪掠シ同三十一日阪元村火藥庫ヘモ同斷依テ三十一日属廠近接ノ倉庫格納ノ彈藥火藥一時積入シ火工所据付スナイトル彈藥製造器械等ハ一旦解除セシ耳積入ヘキ其間隙ヲ得ス黄昏ニ紛レ至急赤龍丸抜錨スヘキ旨新納大尉ノ命ヲ受ケ出帆セリト其彈藥火藥奪掠ノ景況ハ別紙ヲ以申出タリ其後音信斷絶掛年尠カラサル折柄陸軍卿ノ内命ニ有之同月六日其景況探偵且内意ヲ含メ韃工下長吉本義次ヲ髙雄艦ヨリ出張セシムルト雖モ該艦該港ニ至ラスシテ大阪ニ帰ル故ニ吉本義次モ曩ニ派出ノ者等ヘ會シ得スシテ帰廠ス其後征討ノ命アリ日夜兵器彈藥製造幷支給ノ事ニ從フ時ニ三月十三日該港抜錨ノ黄龍丸号瀛船ヨリ右火工所据付彈藥製造器械ノ中若干取聚シ得タルモノ送付ス云々織田信之ヨリ報告シ来ル同月十九日寧靜丸號瀛舩ヲ以右火工所据付器械幷火藥製造所据付小器械類等回漕織田信之押解属廠□該地ヘ着己来ノ景況ヲ告テ曰ク二月九日夜半髙陽丸該地到着スルヤ否忽チ賊小舟ヲ以之ヲ囲ミ終ニ信之ヲ私學校

2 戦争中の銃砲・火箭　177

ニ拘引シ糾弾スル数件就中火工所据付器械ヲ奪掠セン為ニ来リシ時由白状ニ及フ可シト屢鞫問
茲ニ於テ信之ハ火薬製造所在勤ノ命ヲ奉シ来レリト其火巧所廃止ノ如キハ関係セスト雖廃止ニ
属スル故到底動カササル可ラス然トノモ之ヲ動カス為ニ来リシニハ非スト云フモ彼レ許サス尚
其証拠ノ有無ヲ責ムルニ當リ答フルニ火薬製造用諸器械ヲ持シ来リタルヲ以テス賊輒チ人ヲ遣
シ船ニ就テ其虚実ヲ探ルニ果シテ実タルヲ認メ彼レ少シク容ル、所アリシカ其後数回ノ糺問ニ
遭フト雖モ其應答幸ニ冝シキヲ得テ稍彼レノ疑心解ケタルカ如ク黄昏賊ノ糾弾場ヲ退カシメ本
船ニ護送シ来レリ竹下矩方倶々船囚トナッテ一週日間ヲ経タ同月十四日上陸ヲ許シ信之ハ商家
ノ土蔵ヘ押籠メ固ク宿主ニ託シテ守ラシメ外巡査ヲシテ警守セシム竹下矩方ハ自宅ニ於テ禁足
他人接見ヲ許サス是レカ□官セラレ雇用ハ是レカ□官セラレ雇用セシモノト言做シタル故乎セシモノト言做シタル故乎而シテ西郷等出陣後一夕属廠在勤火工下
長竹山盛隆信之ヲ訪来シテ云フ足下持シ来リシ火薬製造諸器械受領ノ云々且西郷大将ノ命令ニ
依リ属廠官員皆一変シ一旦解除セルスナイトル弾薬製造器械等再ヒ据付日夜製造ノ事ニ従フ必
竟是レ止ムヲ得サルミリノ次第ナリト信之問フ止ムヲ得サルトハ何ソヤ曰ク政府自ラ国憲ヲ犯
シタル件々露顕シタルヨリ云々ト討論数刻ス問フ属廠官員ハ皆然ルヤ曰ク否ラサルモノハ町田
実秀廃官後届居江田兼親ハ出阪セリ其他皆然リト又問フ星山貞吉上野秀誉ハ如何シタルカト曰
ク星山ハ火工所据付器械ヲ解除シ其他火薬弾薬ヲ赤龍丸ヘ積入剰ヱ該船ヲシテ脱港セシメタル
等不都合ノ廉アッテ自宅ニ禁足セラル上野秀誉ハ不審ノ廉アリ拘引之末獄ニ投セラル等喋ル漫
言シ去ル其後外人ニ接スル能ハサレハ事実知ル能ハサルモ宿主ニ聊信ヲ受クル所アッテ遂日開
ク一月三十一日後尚火薬庫ヘ強賊乱入シ阪元村火薬庫ニ於テハ奪掠中發火シ倉庫焼亡負傷人十
余名アリシト又属廠製造ヲ大ニスルノ景況同所官員熊本ヘ弾薬運搬ノ景況或ハ属廠ノ位置海邉
ナルヲ以テ山間ヘ移轉スルノ擧其山間ノ家屋建築ハ夜間ニ之ヲ営スル等或ハ該縣廳第四課ニ人
員ヲ増加シ熊本戦闘ノ事務ニ與ル等ノ事ヲ其後囚中苦慮萬策アリシモ成ラスシテ経過同年三月
九日ニ到テ　勅使入港セラレ同十日上陸ナリシト聞キ忽チ奮起夜ニ紛レ脱シテ歩兵第十二聯隊
本営ニ入リ黒木陸軍中佐ヘ會ス茲ニ於テ前条ヲ開申シ其賊ニ左袒セサルモノ悉ク招集スル議決
シ直ニ使ヲ遣シ星山貞吉町田実秀竹下矩方ヲ招ク而シテ黒田参軍ノ令ヲ奉シ賊ノ各地ヘ隠藏セ
ル火薬弾薬及諸器械等取集ノ為四名各地奔走兵力ヲ借リ其得ル所ノモノ并巡査ノ手ニ兵隊ノ手
ニ各取集セルモノ等悉ク鹿児島丸號寧静丸號瀛船并黄龍丸ハ三月十黄龍丸ハ三月十ふ三日抜錨神戸ヘ向フ三日抜錨神戸ヘ向フ三月十六日長﨑
ヘ到ル此處ニ於テ黒田参軍ノ命ニ星山貞吉竹下矩方ヲ同地ニ残シ町田実秀ハ鹿児島丸ヨリ帰廠
ス火薬弾薬ハ曾テ該地貯保ノ数量凡三分ノ二ヲ得器械八十中八九ヲ得ルニ到ル上野秀誉ハ長﨑
裁判所ヲ大阪裁判所ヨリ引受タル次第ニテ別ニ聞取ヘキ時由モ無之候

(防衛研究所所蔵 C09080772300「本省　報告　西南征討関係書類
明治10年6月1日～明治11年5月3日」1144～1151)

　弾薬製造器械については，紆余曲折を経て3月16日に器械の8割～9割を赤龍丸とは異なる別
の船で長崎まで持ち出すことに成功したことなどが，上掲の砲兵支廠員織田信之の報告から分かる.
　赤龍丸は1月24日，神戸から砲兵支廠第二局長星山貞吉を乗せ出港した．火薬・弾薬だけでな
くスナイドル弾薬製造器械も持ち出すよう命じられていたが，鹿児島に着いた星山は他県人でなけ
れば器械持ち出しは難しいとの電報を発し，職員織田信之・元職員竹下矩方が2月初めに高陽丸で
鹿児島に向かう．織田は弾薬製造機械の移送を容易にするため策をめぐらせた．以前，属廠が注文
していた火薬製造器械類の大型部品数十個を高陽丸に積んで鹿児島に行き，いかにも火工所設備の

増強に来たのだというふりをし，弾薬製造機械を運び出そうというのである．大阪港には出港する高陽丸と入れ違いに，弾薬掠奪事件直後に鹿児島を離れた赤龍丸が帰港している．

2月9日，高陽丸が鹿児島に着港するとすぐに私学校徒が小舟で囲み，織田らは私学校に拘引された．そして，器械を運び出しに来たのだろう，「白状しろ！」と問い詰められるが，計略通り持参した大型部品が船内にあるのを見せると追及も弱まったが，結局拘束されてしまう．

それから1ヶ月経った3月9日，島津久光に会うため勅使が来航したときにそれまで薩軍に監禁されていた商家の土蔵を抜け出した．勅使を護衛して来た黒木為楨中佐の了解を得て，自宅に監禁されていた星山のほか，町田実秀・竹下矩方や兵隊と共に各地に隠されていた火薬・弾薬や諸器械を集めて，鹿児島丸・黄龍丸・寧静丸に載せて持ち出すことに成功し，鹿児島丸・寧静丸は21日

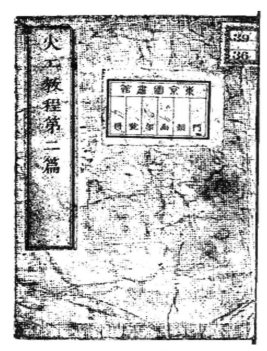

図131 「火工教程第二篇」表紙（国会図書館蔵）

に大阪に到着した（防衛研究所蔵 C09081830700「諸方来翰綴1　明治10年2月13日～明治10年5月1日」）．黄龍丸は13日に神戸に向け出港し，結局，弾薬製造器械の中若干を持ち出すことに成功した．

なお，スナイドル弾薬の製造工程については陸軍省が1884年に発行した「火工教程第二篇」pp.1～90に詳述され，「火工教程第一篇附図」(pp.1～64)，「火工教程第二篇附図」(pp.1～29)では使用する工作機械類の図を掲載しているので，その一部を掲げる（図131～134）．これらが西南戦争時に稼働した製造器械そのものであろう．

最終的に赤龍丸・鹿児島丸・黄龍丸・寧静丸の4隻で火薬・弾薬は貯蔵分の3分の2を搬出でき，製造器械の8割～9割も持ち出すことに成功したのである．織田の報告では持ち出した弾薬の種類については触れていないが，「黒木為楨日記」では記している．

　三月十一日　晴
　一午前第七時過，二等中警部是枝頼行来リ，左之各処々々ニアル弾薬引渡ノ事ヲ談ス，（略）
　一○妙國寺跡三十樽○吉野私学校二百箱及器械○犬迫村百五十樽
　○旧福昌寺ノ内恵燈院薬器械大小鉛○盛院丸百余
　一右午前第八時，國分権少警視来リ，犬迫村火薬六棟ニ収蔵ノ事ヲ談ス，
　一是レヨリ前第六時三十分，吉野村私学校ニアル弾薬并器械等請取トシテ，第三大隊第二中隊ノ内一小隊差遣ス，尤武庫主管楢原記一・福井曹長等同行，同午後第一時五十分，私学校ヨリ弾薬并器械等ヲ護シテ帰，本営ニ治ム，（略）

（「黒木為楨日記」『鹿児島県史料　西南戦争第一巻』p.469）

勅使護衛部隊に便乗し持ち出した弾薬が，私学校徒達により吉野私学校に運び込まれていた弾薬

2 戦争中の銃砲・火箭　179

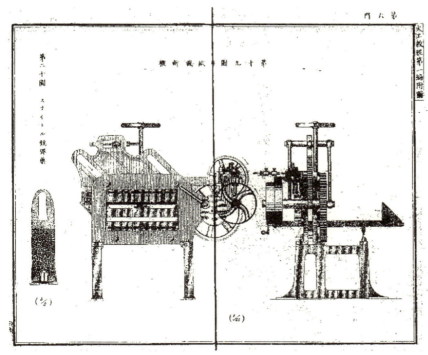

図132　「火工教程第一篇附図」（国会図書館蔵）

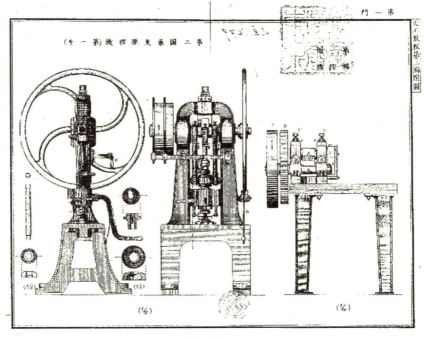

図133　「火工教程第二篇附図」1（国会図書館蔵）

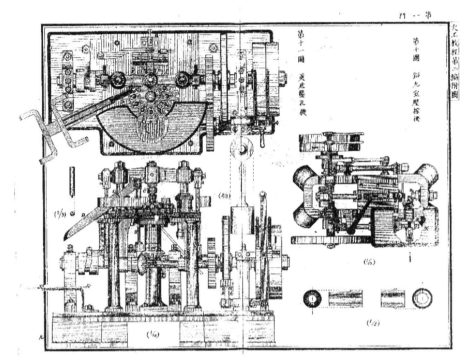

図134 「火工教程第二篇附図」2（国会図書館蔵）

だとすれば，それはスナイドル弾薬であり，量は200箱，これは500発入りとすれば50万発になる．また，弾薬は黄龍丸で運搬したと記されている．弾薬略奪事件の時に私学校党が略奪した弾薬を草牟田私学校に運び込んでおり，その種類は不明であるが吉野私学校にはスナイドル弾薬があったことになる．さらに少なくとも弾薬製造機械の一部は旧福昌寺に移されていたことも分かる．福昌寺は島津家の菩提寺であった寺院である．

上記の運搬に関わった他の汽船についての記録がある．寧静丸と次の文書に登場する鹿児島丸は鹿児島の民間船であり，この二隻が運送した物の種類・数量が記録されているので，みておきたい．

　　第七十号
　　鹿児島丸寧静丸ヘ積込取帰候器械其分御承知被・度旨御照會之趣致承知候則別紙之通ニ而之候
　　此段及御回報候
　　　　三月廿五日
　　　　在大阪　　　　陸軍参謀部
　　　　太政官書記官
　　　　　　　御中
　　別紙
　　一小銃取交　　　廃品　　　　　拾五挺
　　一小銃弾薬製造用器械　三十発入　拾五認キ
　　一短四斤砲装薬炸薬　　　　　　八十五個
　　一長四斤砲装薬炸薬　　　　　　五十三個

一四斤弾　　　　　　　　　　　　百六十八発
　　　一火　薬　　　　　ハメ目入　　　拾九樽
　　　一十二拇三眼弾入　古モノ　　　　四　個
　　　一毛　氈　　　　　コロス入　　　拾　欠
　　　一竿　鉛　　　　　　　　　　　　百四十三本
　　　一丸流シトタン　　　　　　　　　二　個
　　　一銅　板　　　　　　　　　　　　二十八認キ
　　　<u>一スナイトル弾薬製造用器械入</u>　　<u>二　箱</u>
　　　一全解放器械入　　　　　　　　　八十六個
　　　　　右寧静丸ヘ積込之分
　　　一火薬ハメ目入　　　　　　　　　三千四百四十樽
　　　　　右鹿児島丸ヘ積込之分

$\left(\begin{array}{l}\text{防衛研究所蔵 C09081522300「大阪三橋楼陸軍参謀本部}\\ \text{発翰日記　完　明治十年三月自五月一日」0055〜0057}\end{array}\right)$

　結局，スナイドル弾薬製造器械の移送は発案から2ヶ月経ってから実現したのである．

　ところで，当初属廠はミニエー（エンフィールドともいう）弾薬を少なくとも55万6,510発貯蔵していた．1月26日，海冝は鹿児島県下の旧製造所に貯蔵しているその数量を取り寄せることにした（防衛研究所蔵 C09112351200「明治十年公文類纂　前編十九本省公文　器械部3　兵甲第十四号」0831・0832）．これは3年前，1874年の台湾征伐の際，砲兵本廠と鹿児島属廠とに100万発のミニエー弾製造が命じられ，両廠で65万6,510発を製造した時点で中止するよう命じられており，製造数と取寄せ数との差，10万発は本廠で製作した分である．この弾薬は製造時から時間がたっているので火薬と弾丸とに分解し，火薬は吉野火薬庫に置き，弾丸だけを兵器局に貯蔵したいということで2月10日に決裁された．

　なお，1875年12月の段階では，エンピール弾薬412万9,740発・同空砲95万7,880発・シャーフル弾薬2万3,407発・ミニーフル弾薬1万8,310発・スナイドル弾薬83万2,466発・マルチニー弾薬9,500発の計約600万発を属廠から大阪に海路輸送中，山口県沖周防灘で衝突沈没により失う事故が発生している（防衛研究所蔵 C04026717400「大日記　官省使庁府県送達　3月土　陸軍省第一局」0542）．これを参考にすると，2年前の輸送量に比べ56万発弱は10分の1程度である．属廠にはこれくらいしか残っていなかったということだろうか．

　「薩南血涙史」によれば，1月29日政府の弾薬搬出に怒った私学校徒約50人は草牟田隆盛院火薬庫を襲い，弾薬500発入り弾薬箱600個，計30万発を草牟田私学校に運び出している．翌30日にも前出の火薬庫，磯集成館銃砲製作所，阪元上之原火薬庫を襲い，数不明だが多量の弾薬を掠奪し，31日にも同所から小銃若干と弾薬160発入り弾薬箱25個計4,000発を奪った．同書では属廠が「収蔵する所の弾丸は總べてスナイドル式に屬し」とあり，市来四郎著「丁丑擾乱記」では31日の件について触れている．

　　　小銃弾薬五十余函ヲ掠奪シ去レリ〔針打銃弾一函五百個入ナリ〕，校員ノ宅或私学校ヘ運漕セリ，予カ近隣愛甲嘉右衛門カ宅ヘモ，数十個ヲ運ヒ来レルヲ親シク見タリ
　　　　　　　　　　（「丁丑擾乱記」『鹿児島県史料西南戦争第一巻』1988　pp. 889〜1021）

針打銃とはスナイドル銃を指すことが多い言葉である．「薩南血涙史」とは数量が違うが，スナイドル弾薬 2 万 5,000 発を奪ったといっており，この日の掠奪物はスナイドル弾薬だったとみられる．

「鹿児島征討始末」『鹿児島県史料西南戦争第一巻』pp.30 には鹿児島の海軍造船所次長菅野覚兵衛少佐が私学校徒の弾薬略奪事件に際し，大山県令に探索と保護を求めた書類がある．それによれば，1 月 31 日に磯属廠から奪われた弾薬は 960 発入り 25 箱の計 2 万 4,000 発で，2 月 2 日の段階ではなお貯蔵していたのが 545 箱計 523 万 2,000 発あった．それも所員が水に浸して使えないようにし，私学校徒を怒らせている．「又一昨夜略奪ニ遇候残リ之小銃弾薬即チ水ヲ注キタル分……」（菅野「昨一日夜当所内ヘ賊徒乱入致シ，雷管・摩擦管并小銃弾薬等略奪ニ遇候御届」前傾 pp.18・19）とあるように，残りを水に浸けたのである．数量の近似と水に浸けると使えなくなる点から，これはミニエー弾薬とみられる．私学校徒が掠奪したのは，このミニエー（エンフィールド）弾薬と 500 発入りという弾薬，おそらくスナイドル弾薬だったのではないだろうか．赤龍丸が一部の弾薬を持ち去った後，私学校徒は属廠の器械を使いスナイドル弾薬の製造に精を出した．それは 3 月上旬に勅使と共に護衛兵と艦隊が鹿児島湾に入ってくるまで続いている．その時は薩軍がいなかったので，製造中の者達は器械をそのままにして脱出した．

西郷隆盛が河野主一郎に出した 3 月 28 日付けの手紙には弾薬について触れている．

> 八代口の方一向埓明不申候處，昨日縣元より前田一介と申人到着相成，邊見別府抔より書状参申候，千五百餘の兵を引て球摩に出，山中より八代え突込み候策を設，一手は海手より相廻候趣に御座候，大概今日共は八代え相掛候期日に御座候，縣元の處も餘程振起し，當時は一日にハトロンは四萬五千發，雷帽子は三萬づゝは出来候段も申來候，<u>針打玉の器械も又々取起，是も五百發づゝは出来候由に御座候</u>，諸郷には別段に玉彈を拵へ鹽硝も球摩にて千樽到着の報知昨日相達申候，將又尚時延岡並佐土原の兵隊相著し居候趣，相聞間，彈薬等の為先球摩え扣居候様申遣置候，御賢兄にも邊見抔御同行の段申來候，此旨荒々任幸便形勢爲御知申右江候也，
>
> 　三月廿八日　　　　　　　　　　　　　　　西郷吉之助
>
> 河野主一郎様
> 　　　　要用　　　　　　　（大川　信 1927「大西郷全集　第二巻」pp.923〜925）

県元すなわち鹿児島県では，1 日に先込め銃用のハトロン（銃弾の下に火薬を入れて筒状に紙で包んだもの）4 万 5,000 発，雷帽子つまり雷管 3 万発を製作し，スナイドル弾薬製造器械も再び稼働させ 1 日に 500 発ずつ製作できているという．雷管はエンフィールド銃などの先込め銃の発射の度に使い捨てる発火用消耗品である．また，実際スナイドル弾薬はこの程度はできていたのであり，推定だが 30 日間に 1 万 5,000 発程度は製作できたのだろう．この手紙を書いたときには製造器械は放棄されていたのだが．

薩軍の出発時点での四番大隊九番小隊の日記によると，2 月 14 日にスナイドル弾薬 365 箱（500 発入りとして 18 万 2,500 発）・ミニエー弾薬 61 箱（同じく 3 万 500 箱）等を支給されており，スナイドル弾薬が圧倒的に多い（「明治十年薩軍資料」『鹿児島県史料　西南戦争第三巻』pp.440〜542）．これらは鹿児島城の櫓から取り出しており，政府の弾薬とは別に鹿児島県独自で貯蔵していたのだろうか．当初出発した 7 個大隊の計 69 小隊が同様の支給を受けたとすれば，スナイドル弾薬は開戦時には 1,259 万 2,500 発，ミニエー弾薬は 210 万 4,500 発程度あったことになるが，単純な掛け算の

計算通りでなくとも何十万発程度はあったと思われる．ただし，携行した銃の種類によって支給された弾薬も異なり，上記小隊は特に多くなったのかもしれない．

図135〜137は1914年（大正3年），東京砲兵工廠銃砲製造所で高等科砲兵学生が工場実習した際，同廠員の小林清太郎砲兵大尉の講義資料を印刷し，学生に頒布したものである（竹内2002）．西南戦争から37年後の資料であり，西南戦争当時の実包とは相違する点もあるかとは思うが参考のために掲げる．表中でスナイドル銃実包に関し，薬莢が黄銅のみのものと紙・底部黄銅及鉄と記された2種があるが，図137の左上にある薬莢全体が一体化した黄銅製のものは西南戦争時にはまだ存在せず使われていない．さらにエンピール（エンフィールド）銃実包についても掲載されているが，1914年の段階にもなって軍隊の装備銃だったとは考えられないので，参考にとどめるべきである．同様のことが他の実包に関してもいえる．シャスポー銃実包は紙薬莢と金属薬莢の2種の図が示されているし，表と図は当時砲兵工廠が保管していた歴史的な実包類についての説明だととらえるべきだろう．

図135の右欄にある注記を以下に掲げる（上段→下段の順）．

※1　維新前各藩ニ於テ使用シ明治十年西南戰役ノ際東京造兵司ニ於テ製造使用ス

※2　同上

※3　維新前下總國佐倉藩ニテ使用シ明治六年ヨリ東京火工所ニ於テ製造ス（長彈，短彈ノ二種アリ）

※4　維新前和歌山藩ニテ製造使用シ明治三年ヨリ大阪造兵司ニ於テ製造ス（普〔ママ〕戰役及普佛戰役ニ普國ニテ使用ス）

※5　明治六年ヨリ東京造兵司ニ於テ製造ス此實包ハ後ニ薬莢ノ後半部ハ黄銅ニ改メラレ實包全長八十粁重量四十瓦トナル（西南戰役ニ使用ス）

※6　維新前鹿児島藩ニテ製造使用シ明治四年ヨリ東京造兵司ニ於テ製造ス

※7　明治四年ヨリ東京造兵司ニ於テ製造ス（明治二十七八年戰役後台湾ニテ土匪蛮人ニ対シ使用ス）

※8　明治四年ヨリ東京造兵司ニ於テ填替製造ススタール銃實包モ全ク之ニ仝シ（日清戰役ニハ後方部隊ニ支給サレタリ）

※9　明治二十一年ヨリ明治三十二年迄使用ス

※10　陸軍ニ於テ村田連発銃制定迄及海軍ニ於テ使用

※11　明治十三年制定以來明治三十二年迄使用

※12　明治二十二年制定　馬式機関銃ニ使用スル事ヲ得　後チ被甲ヲ白銅ニ改ム又綿塞モ除キタリ

※13　明治三十年制定　弾丸□□ノモノハ弾帯纏アリ　三十五年式海軍銃保式機関銃用トスル事ヲ得

※14　明治三十八年制定（實包ハ四十年制定）三八式機関銃ニ使用スルコトヲ得

※15　大正二年改正

シャスポー銃は普通，紙薬莢であったと言われるが，1873年から東京造兵司で薬莢の後半部を金属製に改め製造したという．西南戦争でもそれが使われただろう．表中の摘要欄は興味深い．スナイドル銃の実包は1871年から東京造兵司で製造したという記述がある．防衛研究所蔵の史料では1875年に英国からスナイドル弾薬製造機械を輸入したことが分かるが，それ以前の記述であり，

図 135　東京砲兵工廠員小林清太郎砲兵大尉の講義資料（竹内 2002）

2 戦争中の銃砲・火箭　185

表7　本邦製小銃弾薬一覧表（図135参照）

名称	全長 m/m	全量 gr	弾丸 質	弾丸 中径 m/m	弾丸 長 m/m	弾丸 重量 gr	小銃弾薬 薬莢	雷管	発火金	蝋盞	紙(綿)塞	帯紙	装薬 種類	装薬 重量 gr	速率 m	摘要
エンピール銃実包	67.0	37.75	鉛(木栓)	14.30	27.9	30.60	紙						黒色小粒薬	4.75		※1
マンソー銃実包	74.5	37.75	鉛	12.40	27.5	31.70	紙						同上	1.75		※2
レカルツ銃実包	長77.5 短65.0	31.65 38.00	鉛	12.00	25.8 29.8	26.45 27.35	紙				厚毛塞一、	紙包兼用	同上	3.80 5.60		※3
ツンナール銃実包	59.0	27.40	鉛(卵形)	11.90	25.5	21.00	紙	装薬前端ニテ弾履ニ発火剤ヲ装ス			厚洋紙ヲ以テ弾履ヲ成形ス	紙包兼用	同上	3.50		※4
シャスポー銃実包	68.0	31.80	鉛	11.50	22.4	24.77	紙、底部黄銅及鉄	黄銅	黄銅		厚洋紙一、	紙包兼用	同上	5.30		※5
スナイドル銃実包	61.0	45.40	鉛(木栓)	14.50	26.4	30.00	黄銅	黄銅	黄銅				同上	4.50	335	※6
同上	61.5	53.90	鉛(木栓)	14.50	26.7	30.60	黄銅	黄銅	黄銅		厚洋紙一、		同上	5.00	335	※7
スペンセル銃実包	41.0	33.50	鉛	13.50	22.0	22.30	黄銅	辺縁撃発			厚洋紙一、		同上	2.60	295	※8
ピーボーチー・マルチニー銃実包	74.5	49.50	鉛(鍚入)	11.50	31.5	30.00	黄銅	黄銅	黄銅	黄蝋二	厚洋紙二、	西洋紙	同上	4.70	355	※9
ヘンリーマルチニー銃実包	79.0	56.90	鉛(鍚入)	11.50	32.0	31.00	黄銅	黄銅	黄銅	黄蝋一	厚洋紙二、	西洋紙	同上	5.54		※10
村田単発銃実包	78.0	46.20	鉛(鍚入)	11.04	29.5	27.00	黄銅	黄銅	黄銅	黄蝋一	厚洋紙二、	西洋紙	同上	5.30	419	※11
村田連発銃実包	75.0	30.50	鋼被甲鉛(鍚入)	8.15	31.0	15.55	黄銅	黄銅	薬莢ト一体		厚洋紙一、後蝋塞ニ改ム		無煙小銃薬	2.40	593	※12
三十年式銃実包	76.0	22.00	白銅被甲鉛(鍚入)	6.65	32.5	10.50	黄銅	黄銅					同上	2.07	678	※13
三八式銃実包	76.0	21.00	白銅被甲鉛(鍚入)	6.65	32.0	9.00	黄銅	黄銅					同上	2.15	747	※14
同上	76.5	21.00	白銅被甲鉛(鍚入)	6.65	32.5	9.00	黄銅	黄銅					同上	2.15	747	※15
備考							三参照									附図一、二、三参照

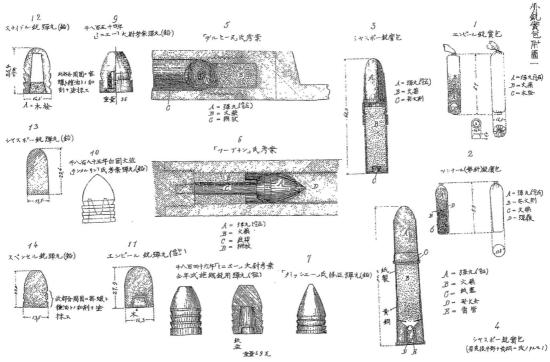

図136　東京砲兵工廠員小林清太郎砲兵大尉の講義資料（竹内2002）

手作業による製造であろう．薩摩藩は廃藩置県以前にスナイドル銃実包を製造できたとされている．1868年旧暦8月23日付の「桂右衛門弾丸鋳造方猶予ノコトヲ兵庫軍務所ニ上申書」という文書がある．兵庫軍務官から薩州役人宛にスナイドル弾也を「今般急速御用之儀ニ候間，鹿児島表於テ精々差急鋳造之上，兵庫軍務官ヘ可被差出候，……」という依頼があったのに対し，「シナイトル弾之儀ハ，製造不相調候間，左様御聞置可被下候，……」と返事をしているところをみると，この時点でスナイドル弾薬製造機械が鹿児島にあったとは断定しにくい．しかし，あったからこそ製造を依頼されたとも言えるのだが．あるいは，それ以後1872年に砲兵支廠に統合されるまでの間に設備を購入したのではないだろうか．

　鹿児島藩の武器工場は新政府に移管され，陸軍の大砲製造所（後の大阪砲兵支廠）の鹿児島属廠となり，その後もスナイドル銃実包を製造していたが，1877年1月9日になって政府はそれを大阪砲兵支廠に移送することにした．西南戦争勃発の直接原因の一つとなった私学校徒による弾薬掠奪事件は，それにより発生したのであるが，私学校徒が奪ったのは弾薬・実包であった．その後一時的に弾薬製造器械も我が物として製造を行った．

　だが，3月に勅使が鹿児島に寄港した時に官軍に取り返され，大阪に運ばれた．しかし，官軍によるスナイドル弾薬の製造は順調ではなかった．水車を動力としたため，その施設から建物までを新設するのに1ヶ月を要し，弾薬製造作業に習熟したのは7月くらいになってからであった．従来，政府のスナイドル弾薬製造器械移送決定はすなわち大阪砲兵支廠での製造に移行したと考えられてきたが，意外に手間取ったのである．

　ロ　移送後の砲兵支廠でのスナイドル弾薬製造　私学校徒による弾薬掠奪事件を引き起こした1月

末の鹿児島属廠のスナイドル弾薬製造器械移送は，赤龍丸だけが行ったように漠然と考えられているが，実際は複雑だった．勅使の鹿児島派遣に伴い，3月下旬になって何隻もの船が関与し支廠に運び込めたのである．大阪砲兵支廠に移送された諸器械のその後について述べたい．

3月26日には，砲兵支廠から弾薬製造器械稼働に必要な蒸気動力設備設置の伺いが出されている．蒸気動力装置を設置せねばならず，諸々の設備を設置する建物の建設も必要だった．それらの経費が認められたのは5月15日になってからである（防衛研究所蔵「伺書綴　指令済之1明治10年5月4日〜19年6月30日」）．全てが場当たり的であり，事前に十分な計画がなされていたとは言いがたい．戦争前，東京砲兵本廠では2年前の1875年9月に英国からスナイドル実包製造器械が到着している（工学会1929「明治工業史」pp.298）．1876年には薬包製造所を建設しているので，この年から実包製造を始

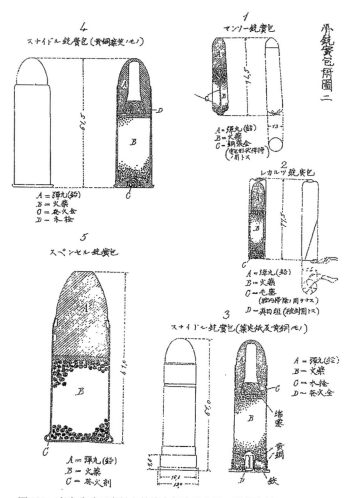

図137　東京砲兵工廠員小林清太郎砲兵大尉の講義資料2（竹内2002）

めたものか．器械を移送すればすぐに稼動できるものでないことは分かっていたはずである．開戦直前の2月13日，本廠のこの製造器械も九州に近い大阪砲兵支廠に移設することにした（「大日記砲兵工兵の部　2月木陸軍省第1局　砲第46号」防衛研究所蔵）．その後，本廠でも製造を続けていることから，おそらく何組かあったうちのいくつかを移設したのであろう．この設備は単に移設するだけでは駄目で，弾薬製造所・鉛熔解所・雷管製造所・粉剤調合所を建築せねばならず，その費用については3月14日付で決裁されている．

④　官軍側の小銃弾薬製造と調達

官軍側による小銃弾薬製造と調達についてみておきたい．

イ　スナイドル弾薬　砲兵本廠から砲兵支廠に移設しようとした製造機械は，本廠でスナイドル弾薬を1日6,000発製作できるものだった．ただし，本廠はこの組合せを複数所有していたとみられる．開戦前の陸軍砲兵本廠において一式で1日に6,000発製作可能であったとすれば，1876年に365日製造したとしても製造量は219万発しかない．間もなく前線では想像以上に1日何十万

表8 「征西戦記稿附録」と砲兵支廠の弾薬出納表の比較

征西戦記稿附録より		明治十年中鹿児島征討ニ際シ兵器弾薬出納表　砲兵支廠					
	消耗数		原　数	消耗及ビ廃棄ノ数	製作数	高橋備考	
スナイドル実包	25514238	良品スナイドル実包	28279410		679370	大部分は英国製・本廠製	
		演習用スナイトル実包	2274714			本廠製	
エンフィールド実包	2941780		8183869	8183869	6480690	大部分は支廠製	
ツンナール実包	2054731		5780383	5780383	1624030	大部分は支廠製	
スペンサー実包	112782		0	0	4168005	大部分は支廠製	
スタール実包	104048		11294	11294		全て本廠製	
マルチニー実包	77843		0	0		全て本廠製	
シャープス実包	28500	シャーフル実包	1049944	1049944	1050000	大部分は支廠製	
レカルツ実包							
		アルミニー実包	5780383	5780383			
		シャスポー実包	10	10			
		ヘンリー実包	3	3			
		鳥打スペンセル実包	7	7			
		中折二番形ヒストル実包		1590	5457		
		蟹目一番形ヒストル実包		5764			
		同二番形ヒストル実包		140			

発もの弾薬を消耗するようになるのであるから，製造が消耗に追いつかなくなるのは明らかである．大阪砲兵支廠では，砲兵本廠から移設した分と鹿児島属廠から移設した分とで弾薬製造に取り掛かったが，その進行状況はどうだったのかみておきたい．

「明治十年中鹿児島征討ニ際シ兵器弾薬出納表　砲兵支廠」（防衛研究所蔵）という史料がある（表8，図138～140　防衛研究所蔵）．一部を掲げる．砲弾，弾薬箱，大砲附属具，小銃と短銃の弾薬等の貯蔵数，製作数，戦地へ輸送の数，戦地から返却された数，消耗と廃棄の数を一覧化したものである．陸軍の正式記録である「征西戦記稿」に砲弾・小銃弾薬の戦争中の消耗表があるが（表8），砲兵支廠史料とは数値が異なり，支廠の方は数が多くなっている．支廠の図139では支廠で製造したスナイドル弾薬は67万9,370発しかない．弾薬製造器械があったとはいえ弾薬材料のかなりの部分は欧州からの輸入に頼っていたので，材料の注文から到着まで数ヶ月を要していて急需に応じられず不便であった．2月26日には砲兵本廠に対しスナイドル弾薬500万発の製造が命じられているが，3月23日付の本廠が新たに1,800万発分の材料を購入したいとする起案には，500万発は製造が終了しつつあるように記載されている（防衛研究所蔵 C04027200500「大日記省内各局参謀近衛病院　教師軍馬局　3月水　陸軍省第一局」局第三百四十五号1170）．

その起案は，小銃弾薬用の銅幷真鍮管製作延鈑製器械を欧州から購入し，別途1,800万発分の小銃弾薬用銅幷真鍮管製作延鈑も欧州から購入するというもので，それぞれ3月24日に決裁された．開戦前の陸軍砲兵本廠において器械一式で1日に6,000発製作可能であったとすれば，一式で500万発製造するには833日必要である．1ヶ月程度で製造したのなら27式が必要である．機械が複数あり，これで製造しつつ人海戦術による手作業でも行ったのではなかろうか．田原坂で1日に最大32万発の銃弾を消耗したとき，吉次峠や横平山等周辺でも多数を消耗していた．

　　来甲第三百六十六号　記入済
　　　滋野中佐殿　　　関　中佐
　　スナイドルアルミニー之内五六十挺巡査ニ渡シ方之儀銃ハ差支ナケトノモ弾薬ハ戦地ニテ費ヤ

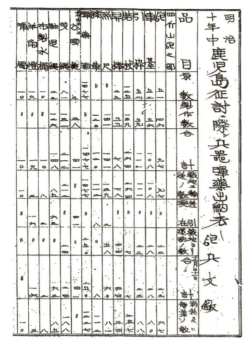

図138 「明治十年中鹿児島征討ニ際シ兵器弾薬
出納表　砲兵支廠」1（防衛研究所蔵）

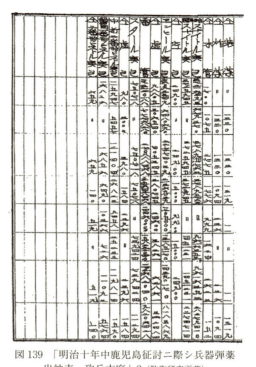

図139 「明治十年中鹿児島征討ニ際シ兵器弾薬
出納表　砲兵支廠」2（防衛研究所蔵）

ス数一日六十萬ナリト井上少佐ヨリ報知アリ
此レニハ甚タ痛心致シ鳥尾中将江上申セシ次
第モアリ可相成ハエンヒールヲ貸渡ナリタシ
何分ノ返事待ツ

　　　三月十六日午後七時五分

（防衛研究所蔵 C09081899200「電報綴2　明治
10年3月1日～明治10年3月18日」0791）

　前記によると，3月16日には戦地で費やすス
ナイドル弾薬は1日60万発だとの報知があり，
砲兵本廠の関中佐は，スナイドル弾薬の貯蔵の実
態を知悉している立場にあり「甚タ痛心」し，鳥
尾中将になるべくエンピール銃を使うよう上申し
たのである．官軍は使用済みの薬莢も再生してい
た．

　同第百九十号
　雷管込替器械トハ則スナイトル弾薬殻ヲ再ヒ
用ユル為メトヲス之底ヲ在ル雷管ヲ抜ク器械
ニシテ御廠ニ者兼テ御承知之由村田少佐申タ
リ

（防衛研究所蔵 C04027809700「明治10年　大日

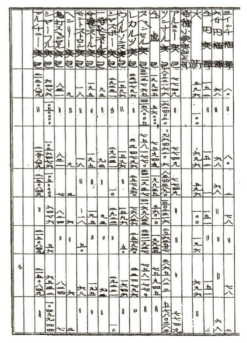

図140 「明治十年中鹿児島征討ニ際シ兵器弾薬
出納表　砲兵支廠」3（防衛研究所蔵）

表9　砲兵本廠から砲兵支廠への弾薬送付一覧（防衛研究所蔵史料集成）

※数字の単位は個・SNはスナイドル

番号	起案日	発送元	送付先	内容	SN弾薬 本→支送附	スペンサ弾薬 本→支送附	EF弾薬 本→支送附	ツンナール弾薬 本→支	レカルツ弾薬 本→支	他	支廠から	スペンサー弾薬	エンフィールド弾薬
[大日記　省内各局参謀近衛病院　2月水　陸軍省第一局〕防衛研究所蔵														
局130号	2月4日	教師軍馬局	大山　巌	本廠貯蔵SN弾薬42万9,750発を支廠に送りたい	429750								
局第193号	2月20日	福原　実	大山　巌	本廠貯蔵スペンサー弾薬20万発を支廠に送りたい		200000							
砲69号	2月22日	原田一道	砲兵本廠	支廠へSN弾薬100万発運れ	1000000								
局第131号	2月25日	大山　巌	西郷従道	SN弾薬450万発・スペンサー弾薬50万発を支廠に送りたい	4500000	500000						500000	
	2月26日	原田一道	西郷従道	25日譲渡されたSN弾薬30万発は送付した									
	2月26日	川路利良	大築提理	SN弾薬500万発作れ(3月23日付で500万発は製造した1,800万発追加正本廠に在る※陸軍卿代理西郷従道)									
局第174号	2月27日	西郷従道	西郷従道	砲兵第一大隊にスペンサー銃165丁・弾薬3,300発を渡せ							3300		
来日記　附伺届　1　大日記局参謀近衛馬院教伺届　明治10年2月24日〜明治10年5月1日														
第124号	2月28日	関中佐	陸軍参謀部	SN弾薬500万発が本廠貯蔵から来る等									
[明治十年三月　大日記局参謀近院馬教伺届　水　陸軍省第一局〕が正式名称。「大日記　省内各局参謀近衛病院　3月水　陸軍省第一局〕防衛研究所蔵														
局第279号	3月9日	原田一道	西郷従道	本廠貯蔵SN弾薬300万発を支廠に送りたい	3000000								
局第293号	3月11日	原田一道	西郷従道	本廠貯蔵SN弾薬200万発を支廠に送りたい	2000000								
局第318号	3月16日	原田一道	西郷従道	本廠貯蔵SN弾薬100万発を支廠に送りたい	1000000								
局第320号	3月19日	原田一道	西郷従道	海軍からSN弾薬30万発借りたい									
局第330号	3月20日	原田一道	西郷従道	本廠からSN弾薬450万発他を支廠へ	4150000								
局第352号	3月24日	原田一道	西郷従道	演習用SN弾薬120万発を支廠に送りたい(演習用は支廠は作らず)	1200000								
局第374号	3月31日	原田一道	西郷従道	本廠貯蔵ツンナール弾薬195万7000発を支廠へ送れ				1957000					
局第376号	3月31日	原田一道	西郷従道	本廠貯蔵SN弾薬100万発・エンフィールド弾薬300万発を支廠に送りたい	1000000		3000000						
大日記　砲工兵方面の部　4月木　陸軍省第一局														
砲合83号	4月11日	西郷従道	支廠	SN弾薬60万発　レカルツ弾薬26万発他	600000				260000				
砲第185号	4月11日	西郷従道	本廠	SN弾薬47万5,800発を東京鎮台後備歩兵二大隊に渡すが、17万2,800発は支廠から渡せ	303000								
	4月12日	西郷従道	本廠	SN弾薬303000発は本廠から渡せ	303000								
砲第193号	4月13日	西郷従道	本廠	エンフィール銃3,000丁・弾薬500万丁・中折拳銃170と弾薬50発を支廠へ渡せ			5000000						5000000
砲第197号	4月14日	西郷従道	支廠	エンフィール弾薬40万発はども巡査に渡せ						500000			
砲第200号	4月15日	西郷従道	本廠	ハーフルランド所持のマシーン銃3,372丁・雷管30万・弾薬60万発を支廠に渡せ									
砲第207号	4月22日	西郷従道	本廠	SN弾薬60万発等支廠へ	600000								
砲第216号	4月27日	井田譲		海軍省から譲渡済みのSN弾薬150万発の代金受け取れ									
砲第217号	4月25日	大築尚志		SN等弾薬箱製造伺い							※本廠従理大築尚志		

2　戦争中の銃砲・火箭　191

【「大日記」砲兵工兵方面　5月木　陸軍省第一局】

砲258号	5月17日	井田　譲	本　廠	SN弾薬70万発を支廠に送れ	700000	※陸軍卿代理井田譲
局747号	8月1日	永　持	井　田	本廠貯蔵SN弾薬160万発を支廠に送りたい	1600000	※第三局長代理永持
砲69号	2月22日	西郷従道	本　廠	SN弾薬100万発支廠に送れ	1000000	
砲179号	4月10日	西郷従道	支　廠	SN弾薬100万発を受け取れ	1000000	
第418号	5月21日	西郷従道	支　廠	ツンナール弾薬25万発を遊撃歩兵第5大隊に送れ		

【陸軍事務所　伺書綴　指令済之1　明治10年5月4日～10年5月30日】

受第737号	5月24日	四　條	西郷従道	遊撃歩兵第5大隊に試射用ツンナール1万発呉れ(支廠より送る)	10000	※大阪鎮台司令長官四條

【伺書綴　指令済之1　明治10年5月4日～10年6月30日】

	5月30日	四　條	西郷従道	遊撃歩兵第5大隊に試射用ツンナール5,000発(支廠より送る)	5000	※大阪鎮台司令長官四條
	6月5日	四　條	西郷従道	スペンセル弾薬419万発他をハアブルに依頼したい、着は契約から60日間に100万発、その後30日間毎に100万発		
	6月26日	四　條	西郷従道	スペンサー実包850発砲兵第一大隊第二小隊に(支廠より受け取れ)		
	6月27日	四　條	西郷従道	遊撃歩兵第5大隊に試射用ツンナール1万6,000発(支廠より送る)		

【「大日記」諸省来翰5月分　陸軍省第一局　防衛研究所蔵】

砲313号	6月9日	井田　譲	本　廠	SN銃3,000挺・SN弾薬50万発を支廠へ送れ	500000	
	6月20日	井田　譲	本　廠	SN実包100万発支廠へ(ハーブルからの空筒)	1000000	
	6月25日	井田　譲	本　廠	SN実包100万発支廠へ送れ	1000000	

【「明治10年大日記」砲兵本支廠工兵方面の部　6月木　陸軍省第一局】

砲356号	7月2日	井田　譲	本　廠	エルミニー銃2,000挺・SN弾薬90万発支廠へ送れ	900000	
	7月14日	井田　譲	本　廠	SN弾薬157万発支廠へ送れ	1570000	

記　庶務の部　二　征討陸軍事務所」0630）

別の文書でも使われ，確実でなかったトヲスというのが薬莢を指す言葉であることが分かる．陸軍は弾薬製造増強準備を進めていたのだが，海軍からもスナイドル弾薬製造機械を借り出そうとした．海軍が製造機械をもっていたということについては裏付ける史料がないが，1873年段階の史料に，佐賀県から取り寄せたスペンサー弾薬製造機械でスナイドル弾薬を製造するというような記述（防衛研究所蔵 C09111677100「公文類纂　明治6年　巻19　本省公文　器械部」）がみられるので，これのことであろうか．そのようなことは現実には不可能ではないかと思われるのだが，直接の製造担当者以外はこの程度の認識だった可能性がある．スペンサー弾薬製造機械は幕末に佐賀藩が所有していた機械のことである．それは4月3日，海軍省に申し入れ，6日には海軍省兵器局から引き渡されたようである（防衛研究所蔵 C09112339000「明治十年公文類纂前編十七　本省公文　器械部1　送第1795号・兵甲第102号」）．

さらに陸軍はスナイドル弾薬の自力製造増強と海外からの輸入を図るとともに，海軍からも弾薬150万発を借り入れた（防衛研究所蔵 C04027195300「大日記　省内各局参謀近衛病院　教師軍馬局　3月水　陸軍省第一局」・表9）．初め，政府は清国からスナイドル弾薬を入手することも試み，4月7日，在中国総領事の品川忠道に電報し，李鴻章から200万発を借り上げるよう指示した（防衛研究所蔵 C09080855100「密事雑書　乙　明治10年5月31日～明治10年8月6日　征討陸軍事務所」1107～1111）．当初，海外からの弾薬調達は順調に進むと思われていた．

4月21日に西郷従道中将が山縣参軍に出した文書では，スナイドル弾薬260万発が中国から2週間程度で到着する予定であり，砲兵本廠が欧州に500万発注文しているのが70日間に到着し，別に大蔵省が欧州に300万発を注文した分が，およそ100日後に到着するとなっている（防衛研究所蔵 C09080854300「密事雑書　乙　明治10年5月31日～明治10年8月6日　征討陸軍事務所」1077～1079）．中国から借り上げようとしたスナイドル弾薬も欧州から輸入したものである．日本が欧州に注文したスナイドル弾薬500万発が，仮に4月21日から70日後に日本に到着するとした場合，到着するのは7月末から8月初めころとなる．これでは一日に最大60万発を消耗していた同弾薬の補充には間に合わなかったであろう．

しかし中国からは，4月上旬時点で，天津からはスナイドル弾薬5万発と火薬のない薬莢2万5,000発が長崎に到着しただけだった（防衛研究所蔵 C09081229800「陸軍事務所伺書綴　既済未決之部　明治10年5月2日～10年10月29日」0410・0411）．しかし，「式違い」の品であると分かり，それ以上の交渉は中止となっている（防衛研究所蔵 C09081595600「電報綴　坤　大阪三橋楼　1　明治10年4月1日～10年5月1日」0513～0517）．また，香港で5万発を購入し5月中旬頃，横浜に到着したらしい（同上）．これらは7月22日の時点で税関に納める金額の問い合わせなどの手間が掛かっており，実際に戦場に届いたのは7月末頃とみられる．

中国との交渉が長引いている間に，大蔵省によりイギリスのギリブル商会から300万発のスナイドル弾薬を購入することが決まり，追々到着する見込みとなった．4月25日にこの300万発がいつ到着するのかという文書が発せられており，それ以前に発注したはずである（防衛研究所蔵 C04026952000「大日記　各省来書　6月月　陸軍省第一局」0655・0656）．これは初め，英国における製造の都合もあり，1ヶ月に100万発ずつが6月下旬から三度に分けて到着する予定だったが，分けての発送は経費が嵩むとの英国からの申入れで一括となり，結局8月23日に横浜に到着した（防

衛研究所蔵 C04026971900「大日記 諸省来書 6月 陸軍省第一局」0500).

　清国からはそれ以上の借入れはできそうにないことも分かった．なお，中国から借り入れたスナイドル弾薬も元々英国から購入したものであった．この借入分は，8月時点で英国から到着した第一陣の300万発の内から返済している．8月になると開戦初期のような激戦もなく，弾薬の貯蔵と消耗との関係には余裕が生じていたし，清国への10万発程度の返却は大勢に影響しなかったのであろう．陸軍は弾丸を充填していない状態のスナイドル銃薬莢500万発の購入方針も4月8日に決定し（防衛研究所蔵 C04027248600「大日記　省内各局参謀近衛病院　教師軍馬局 6月水　陸軍省第一局」局五百八十四号 0055），横浜にあるハーブルブランド商会と4月11日に契約した（契約段階では450万発に減っていた）．納品方法は調印日から70日間に数度に分けて納品するというものだった（防衛研究所蔵 C09082782200「来翰綴　明治10年4月6日〜11年5月14日」1076〜1079）．予定通りなら6月中旬までには全て到着する．

　5月15日にはスナイドル弾丸なしで火薬が入った雷管装着済み薬莢500万発をドイツの商人ゴロスから購入しようと計画している（16日起案，24日決裁　防衛研究所蔵 C09081185000「伺書綴　指令済之1　明治10年5月4日〜10年6月30日」0135〜0141）．その文中，砲兵支廠で10日間に製造できる量が1日消耗分未満とある．一式の設備で1日6,000発製造を10日間続ければ計6万発になる．5月段階で1日にどれくらい弾薬を消耗していたのかは不明だが，数十万発はあっただろう．製造機械はそれぞれの仕事内容が異なるいくつもの器械に分かれて存在したらしい．これが3月に東京の砲兵本廠と鹿児島属廠から砲兵支廠にそれぞれ移設した弾薬製造器械，および砲兵本廠が製造していた量である．とすれば2月26日の500万発製造命令で検討したように，器械が4,5組程度は最低でも必要である．

　ドイツの商人に依頼したスナイドル銃用の雷管装着済み薬莢500万発は契約から70日間（7月20日頃）に100万発，8月30日までに200万発，9月30日までに200万発納入という取決めだった．日本が注文した薬莢・弾薬等は，まず欧州で製造に取り掛かり，出来上がると地球の裏側から船で送られてくるのだから，契約したらすぐに入手できるものではなかった．8月16日の起案によれば，5月25日頃にハーブルブランド商会と契約した薬莢500万個も遠からず到着するので，それと組み合わせる銃弾製造の鉛を購入したいとある．やはり，薬莢単独でも契約から納入まで2ヶ月以上はかかったのである．

　先にみたように，「明治十年中鹿児島征討ニ際シ兵器弾薬出納表　砲兵支廠」（防衛研究所蔵）では支廠は戦争期間にスナイドル弾薬を7万9,370発しか製造していない．支廠では本格的な稼動に手間取ったため，加えて欧州に注文した材料の到着が遅すぎたため，スナイドル弾薬の製造よりも他の弾薬製造に力を注いだようである．表にあるように，エンフィールド銃弾薬648万690発・ツンナール弾薬162万4,030発，スペンサー弾薬416万8,005発，シャープス弾薬105万発の製造に力を振り替えたのであろう（図139・140）．シャープス銃弾は銃としての存続期間後半には金属薬莢に進化しているが，おそらく日本では製造器械がなかったので紙に火薬と銃弾を1発ずつ包んだハトロンというものを製造したとみられる．スペンサー弾薬は海軍から借り出し，元々佐賀藩にあった機械で製造したのであろう．

　砲兵本廠が7月1日から15日に製造したスナイドル弾薬は102万7,000発であった（防衛研究所蔵 C09081037100「受領書綴　3　丙号　明治10年7月9日〜10年10月30日」0675〜0686）．この頃に

は日々 20 万発ずつ製造できるよう諸機械は設置できたが，工具の未熟と器械の破損消耗のため 1 日に 6 万 9,000 発弱しか製造できなかったのである．毎日 1 人 100 発宛支給すれば 690 人にしか行きわたらない数であり，国内製造分だけでは不足しており，不足分は他の銃で代用した．

8 月 20 日頃になると，砲兵本廠におけるスナイドル弾薬製造実績は 1 日 20 万発となったが，品質よりも数量を優先して製造する状態だった（防衛研究所蔵 C04027461800「明治 10 年大日記　砲工兵方面　8 月木　陸軍省第一局」砲四百四十四号 0968～0971）．そのため砲兵本廠で製造した弾薬に不良品が発生し，大分方面と宮崎方面の戦地で 7 月に銃が毀損する故障が頻発したりしていたのである．砲兵本廠はその原因を本廠において野外に保管していた英国製火薬の保管状態に問題が生じて発火力が弱かったため，代わりに猟用の火薬で 60 万発を製造した分が爆発力が強すぎ，薬莢が破損するためと確認している．この弾薬は猟用の火薬を用いており，30 発に 1 発の割で銃の遊底を毀損する事故を起こしていた（防衛研究所蔵 C09081038400「受領書綴　3　丙号　明治 10 年 7 月 9 日～10 年 10 月 30 日」0736～0739）．これ以前にも不発弾薬の記録がある．第十二聯隊長「黒木為楨日記」の 3 月 20 日部分に衝背軍のこととして，黒木に宛てられた将校の次の書翰が転載されている．

　　　一手銃凡ソ十分ノ一ハ不発ナリ，大困却，預備ヲ御送リアレ，　　（「黒木為楨日記」pp.475）

この時期だからスナイドル銃であろう．国産か輸入品かは不明だが，不発弾薬が 1 割あったというのである．

ロ　スナイドル弾薬箱のラベル　ところで，玉東町二俣の古閑官軍砲台跡に隣接する民家に伝来した弾薬箱と内部に入っていたラベルが報告されている（宮本 2012）．ラベルは縦 10.2 cm・横 15.9 cm で（寸法は宮本千恵子氏御教示），「10　Boxer Ammunition For. 577　SNIDER RI□□□ ELEY BROs, LONDON.」と印刷され，外側右に「拾□……□弾□……□ス」，左側に「明治七歳四月」と墨書があり，右上と左下に朱印が押されている（図 141）．

ELEY BROs とは，1828 年にウイリアムとチャールズのイリー兄弟が設立したロンドンの弾薬製造会社のことである．10 発入りの紙包に貼っていたのであろう．木箱にはこの状態で複数の紙包が箱詰めされていたのであろうか．同社は 1857 年にコルト社と共同で英国初の中心打撃式薬莢を開発し，会社は今も存続している（HP「ELEY」2014.7.30）より）．玉東町に伝来したスナイドル弾薬ラベルの存在から，この時期官軍が一部または全部，英国製スナイドル弾薬を使っていたことが分かる．しかもラベルには「明治七年四月」を意味する墨書があるので，3 年前に輸入し貯蔵していたものである．

以下，スナイドル弾薬確保の結果をまとめておきたい．4 月上旬時点で確保できたのは中国から借り入れた弾薬 10 万発と薬莢 2 万 5,000 発，香港からの弾薬 5 万発であった．中国なら数日で到着する距離だったので，契約さえ整えばすぐに入手できたはずである．しかし，数量が圧倒的に足りなかった．7 月前半になると砲兵本廠では 102 万 7,000 発のスナイドル弾薬を製造しており，その後も少しずつ製造能力を高め，8 月 20 日頃には 1 日 20 万発を製造するに至った．欧州からの購入は契約から納入まで長い空白期間が必要であり，7 月下旬にはドイツ商人ゴロスにより薬莢 500 万発の第一陣 100 万発が到着したはずである．さらに，4 月頃に契約したギリブル商会分の弾薬 300 万発が 8 月 23 日に到着したが，移送中の発火や中国への 10 万発返却により使えるのは 258 万 800 発であった．この頃は薩軍の退勢が決定的になっている段階ではあったが，スナイドル弾薬の到着は無駄ではなかったと思われる．戦争前に欧州から購入貯蔵していた弾薬は底を尽き，砲兵本

廠の在庫分も戦地に送ったので，あとは開戦後国産している弾薬しかなかった．

一方，海軍はスナイドル弾薬239万2,000発を東京築地のエッチアーレン社と契約し，外国から購入することが5月28日に許可された（防衛研究所蔵C09100296300「公文原書 巻47 本省公文 明治10年5月24日～明治10年5月28日 往入第千二百八十二号 兵甲第百五十九号」0836～0845）．納付期限に契約日から8ヶ月以内という長期間に及ぶものだった．陸軍と異なり，海軍は弾薬が逼迫していなかったのである．

図141 玉東町二俣に伝来したスナイドル弾薬ラベル
（写真は玉東町教育委員会宮本千恵子氏提供）

これには軍艦に装備するもののほか，陸軍（150万発）・警視局（25万発）に譲渡した分の補充を含んでいた．

ハ その他の弾薬 官軍はこのように，スナイドル弾薬の調達だけでなく，その他の弾薬製造や確保の努力も疎かにはしなかった．官軍の小銃は各種取り混ぜ状態だったため，まず神戸七十番所在のドイツ商人ライマルスと契約し，シャープス銃1,050挺と弾薬を上海で買上げ，4月17日に到着した（防衛研究所蔵C04027809800「明治10年大日記 庶務の部 二 征討陸軍事務所」発第204号0635）．4月7日，鳥尾中将が天津の品川領事に上記を買い上げたので船積みするよう依頼しており，近距離であるため契約して間もなく到着したのである（防衛省防衛研究所C09081531000「発翰日記 完 大阪三橋楼 1」0155）．弾薬の数は不明だが一挺500発とすれば52万5,000発となるが，実数は分からない．シャープス銃薬莢は佐伯市宇目の戦跡で発見されている．

また，金属薬莢を使う七連発銃の米国製スペンサー銃は，その弾薬製造器械を佐賀藩が購入し武雄に設置していたものを砲兵支廠に移設していたので，この弾薬は国内で製造するとともに別に横浜のハーブルブランド商会と6月11日契約し，419万発を取り寄せた．ただし契約日から60日間に200万発，以後30日ごとに100万発を納入する内容であり，8月上旬頃でなければ到着しないものだった．6月24日にはスペンサー弾薬の不発が報告されているが，国産品であろう．戦争中のスペンサー実包消耗数は11万2,782発（「征西戦記稿」），あるいは11万5,132発（「西南戦史」）である．5月20日段階で砲兵本廠が貯蔵していたのは3万8,600発，演習用弾薬100万発である（防衛研究所蔵C09081023800「陸軍事務所 受領書綴 明治10年5月1日～10年5月30日」0334）．支廠はこの弾薬を戦争中に416万8,005発製造している．なぜかスペンサー銃弾薬に関しては確保した分の2.8%程度しか消耗しなかったことになる．

ツンナール実包は支廠が管理する和歌山属廠の火工所で製造した．和歌山藩はツンナール銃で統一した軍隊を構想し整備を進めていたが，途中で廃藩置県が行われたため，武器と弾薬製造器械類は政府に引き継がれたのである．

スナイドル弾薬とは別に，東京において新たに各種小銃の弾薬製造も計画された（防衛研究所蔵C09080854500「密事雑書 乙 明治10年5月31日～明治10年8月6日 征討陸軍事務所」1085～1094）．これは5月18日，陸軍卿代理井田譲から西郷従道に宛てた文書にその詳細が明らかである．つまり，この時点での計画では1日生産量はスナイドル弾薬20万発・エンフィールド弾薬15万発・マ

ンソー弾薬 10 万発で，製造に要する人員は 2,600 人〜2,700 人であった．前記のため用意すべき諸器械は，砲兵本廠，横浜製鉄所，赤羽工作分局，工作大学校，川口鋳物所で分担製作することとした．まず砲兵本廠では，6 月 5, 6 日頃の落成を目指し，スナイドル弾薬を 1 日に 10 万発製造する器械の準備を始めた．同時に，器械を用いない手作業で 1 日 10 万発のスナイドル弾薬を赤羽製作寮，横浜製鉄所，砲兵本廠，小石川橋内練兵場傍で製作することも計画されている．6 月中旬頃までには準備が完了する予定で作業を進めたようである．仮に 1 人が 1 日に 100 発作れば，1,000 人では 10 万発となる．

⑤ 戦争後期の遺物

　大分県梓山・水ケ谷・板戸山・黒土峠・長峰・城之越付近では 7 月 3 日から 8 月 14 日に戦闘があったので，この付近で発見した遺物はこの戦争後期の短期間における両軍の装備状況を反映していることになる（高橋 2005）．代表例を掲げ，この段階で使われた弾薬の特徴をみておきたい．

　イ　小銃弾薬　戦争初期の熊本県中部・北部の戦跡から発見された銃弾に比較すると，相違する面と変わらない面とが認められる．後期段階の薩軍は銃弾の材料となる鉛が不足していたため，錫を混ぜたり，さらに銅を追加したりと合金の状態は様々である．薩軍が使った銃弾の中には純粋に鉛でできたものもあるが，その場合は銃の種類が特殊であり大事に貯蔵していたもの，あるいは当初は使うつもりでなかった銃を持ち出した様子が窺える．

　ロ　スナイドル弾薬（図 142：1〜16，図 143：1・2）　官軍の主力銃であったスナイドル銃は，図 143 に示すような薬莢に鉛製の銃弾を詰めて使用した．底面には雷管が埋め込まれ，薬莢基部と側面筒部は別々の部品を組み合わせて，薬莢基部の円盤が鉄製と銅製がある．

　銃弾は複数種があるので，分類する．玉東町の報告書での宮本分類を踏襲する（宮本 2012）．基部に陶製あるいは木製の断面台形の栓が入り，内側の窪みが深くないもので，側面に 4 条の溝がめぐるものを形態から次の二つに分ける．

　A1 類：頭部に木の細い棒が差し込まれたもの（図 142：1〜4）．側面の環溝内に細かい規則的な刻み目をもつもの（1・2・6・7）と，もたないもの（3・4）がある．器械で製造する際の痕跡であろう．

　A2 類：頭部に木の細い棒がないもの（同図：5〜8）．A2 類は外からは見えないが，先端部に空洞があるとされている．これも A1 類同様の刻み目をもつもの（6・7）と，もたないもの（5・8）がある．

　B 類：次は A2 類に似るが，内側が異なるものである．A 類よりも内側の窪みが深く，外部から見えない空間部だった部分にまで及んでいるもの（同図：9〜12）．基部には断面台形の栓が伴い，撃発時に内側に食い込んだ例，栓があるため A2 類と区別不能のものもある．B 類には A 類の一部に見られる細かい刻み目がなく，この特徴は玉東町の戦跡でも同様である．

　C 類：以上の分類は宮本分類を踏襲しているが，このほか，スナイドル銃弾のうち側面中央部に 2 条の溝が廻り，基部側面に厚さがあり，内側の窪みが A2 類同様のものを C 類とする（同図：13〜16）．C 類は量的には目立たない存在だが，黒土峠で確認されており，どの分類にも該当しないので新たに設定した．この内，衝突時の変形が著しい 16 は環溝内に細かい刻みがあるので A 類かもしれない．

2 戦争中の銃砲・火箭　197

ハ　ドライゼ銃弾（図144：1・2）　鉛製の銃弾である．側面は上部の直径が大きい長楕円形で，銃弾は紙薬莢の先端に置かれ，底を撃針が突き破って銃弾の下に位置する雷管を突いて激発する仕組みであった．大分県の戦場には和歌山県で編成した遊撃第五大隊が派遣されていた．この部隊はドライゼ銃を全員が装備していたので，おそらく彼らが発射した銃弾である．薩軍も少数はドライゼ銃を携帯していた可能性がある．

ニ　スペンサー銃の銃弾・薬莢（図145：1〜5）　鉛製の銃弾で側面に2条の細い溝が廻り，底面が凹み気味である（1〜4）．スペンサー銃の薬莢（5）は銅製の一体成形品である．底の縁を叩くと撃発する仕組みで，5には縁辺部に打撃痕がある．

シャープス銃弾と寸法・形態がよく似ているが，側面の溝の数と大きさ，基部の突出がない点で両者は区別できる．

ホ　シャープス銃の銃弾・薬莢（図145：6〜12）　シャープス銃はスペンサー銃と互換性があり，弾薬口径寸法は同じである．銃弾の溝はスペンサー銃弾のよりも深く幅広い．底は口径よりも小さく突き出るように円形の面があるのがスペンサー銃弾と異なる特徴である（6〜9）．

シャープス銃は，初めは管打ちの先込め銃だったが，後半には金属薬莢を使うように変更された銃である．薬莢（10〜12）はスペンサー銃のよりも長く，底の中央を叩く方式である．筒部はスペンサー銃薬莢よりも厚みがあり，基部はより頑丈である．12は未使用弾薬を地表に転がった状態で採集したが，薬莢上部が錆びてもろく，採り上げるときに銃弾と薬莢が分離してしまった．底面中央に撃針打撃痕があるので不発弾だったため，捨てられたらしい．薬莢基部は厚みのある銅製で，別個体

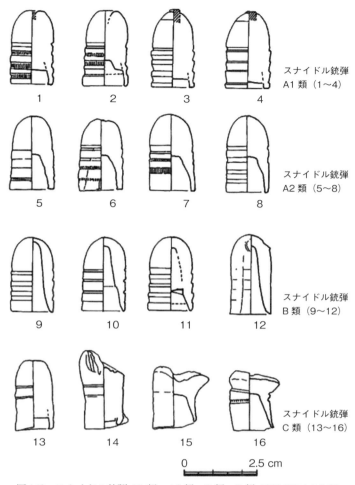

スナイドル銃弾 A1類（1〜4）

スナイドル銃弾 A2類（5〜8）

スナイドル銃弾 B類（9〜12）

スナイドル銃弾 C類（13〜16）

図142　スナイドル銃弾 A1類・A2類・B類・C類（高橋2005より改変）

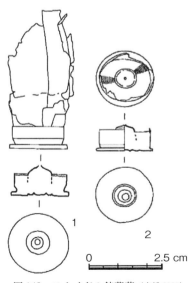

図143　スナイドル銃薬莢（高橋2005）

図144 ドライゼ銃弾（髙橋2005）

へ　官軍のエンフィールド銃弾（図146：1～8）　ペンチ状の銃弾鋳造器で製作した銃弾が官軍のエンフィールド銃弾であるとされる場合があるが（熊本県内の発掘調査報告書他），官軍のエンフィールド銃弾というのは，銃弾の壁の厚さが末端で極端に薄くなる銃弾だと判断した．熊本県内で見つかっているペンチ状の銃弾鋳造器で製造された一般的なエンフィールド銃弾に薩軍のものであろう．官軍のエンフィールド銃弾は，今のところ大分県では多数が発見されており，熊本県内でも田原坂と付近の船底遺跡で採集された計3点が報告されている．形状からA類・B類に区別する．

　A類（1～4）は内側の窪みが比較的浅く，全長の半分くらいまである．外側面に2条の浅い溝線をもつものや全く溝のないものがある．基部断面はB類同様に尖るように細くなる．衝突の衝撃で破損した3を見ると先端部に空洞が認められる．この存在から考えるとA類は先端部に外見では見えない空洞が隠れているようである．

　B類（5～8）は内側の窪みが極端に深いために先端が薄く，断面は基部に向け尖るように細い．外面には3条の浅い溝線をもつものや，消えてしまったのか認められないものがある．

　A類・B類のエンフィールド銃弾は後述のように蛍光X線分析から金属成分は鉛だけでできていると分かっている．薩軍は次第に鉛不足のために，錫と鉛の合金銃弾や銅製の銃弾，稀に鉄製銃弾を製造し使用するようになったこと，類例点数の多さ，戦争初期の熊本県北部・中部の戦跡から

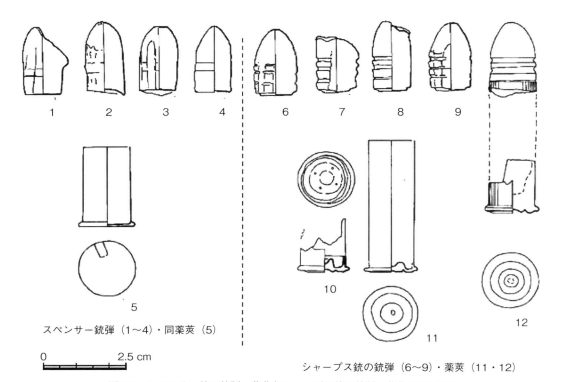

スペンサー銃弾（1～4）・同薬莢（5）

シャープス銃の銃弾（6～9）・薬莢（11・12）

図145　スペンサー銃の銃弾・薬莢とシャープス銃の銃弾・薬莢（髙橋2005）

ほとんど発見されていないことなどから，この銃弾は官軍の先込め銃，エンフィールド銃に使われた銃弾だと判断した．スナイドル弾薬や薩軍の先込め銃弾にみられる断面台形の基部栓を伴う例がなく基部が極端に薄いので，火薬の爆発を受けると簡単に裾が広がり，栓がなくても銃身に密着したのであろう．

ト　砲　弾（図147・148）佐伯市黒土峠では砲弾頭部にネジ込む亜鉛製信管部品（図147：1～3），四斤砲弾の本体破片（同148：1・2），砲弾側面の鋲（同図：3）や臼砲弾片（同図：4）を発見した．これらは，黒土峠の北方に位置する城之越付近に置かれた

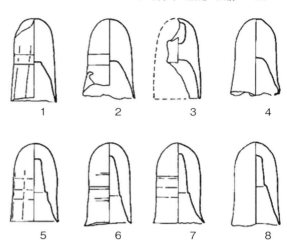

図146　官軍のエンフィールド銃弾（上段はA類，下段はB類　高橋2005に加筆）

官軍の大砲が発射したものである．城之越頂上から，亜鉛製信管（山本2015）が見つかった黒土峠南西部までの距離は約1,100mである．野砲の場合は3km強，山砲の場合は約2kmの射程をもつ四斤砲弾の到達距離としては余裕のある数値である．

四斤砲の亜鉛製信管部品（図147：1～3）は管頭（頭部）を上から見ると円形で，対応する2ヶ所に方形の窪みがある．これに工具を入れて回せば，砲弾本体に着脱できるわけである．管身（管下部）は外面にネジが刻まれ，下端だけに溝がない．信管部品には上から下まで中央に円形の貫通孔がある．

孔は上部で広く，下に向かって次第に狭くなる．この筒状の空間に紙製信管を入れて発射し，目標上空での爆発を目指した仕組みである．信管は目標の距離に合わせて切り離し，爆発時間を調整できた．黒土峠では亜鉛製信管部品の完全なものが2点，同種部品の筒状下半分が1点あり，3点とも榴弾に使われたものである．

図148：4は臼砲弾片で，信管を差し込む穴の一部を含んだ破片である．

⑥　スナイドル弾薬の実態

スナイドル銃弾・薬莢・装薬などを組み合わせた本場イギリスにおけるスナイドル弾薬について，B. A. Templeは変遷案を発表している（Temple 1977）．それによると，銃弾は1～7型に，薬莢はI～VII段階に区別される．彼の分類を基に，寸法・重量を日本流にした欄を加えて次に示す．

まず，弾薬の部位名称は図149の通りである．単語の和訳は新たに加えたものである．薬莢基部には円盤形の基底盤がある．この中央に一孔を穿ち，外側から雷管を嵌める．基底盤は真鍮製の外側容器に接着し，さらに外側容器の内側に重ねて背の高い内側容器を重ねる．ただし，初期の薬莢は基底盤と外側容器が一体化している．薬莢の胴部が莢胴である．莢胴は真鍮の薄板を内側に巻き，一部重ねて外側に紙を巻いて作られる．雷管は内側容器の内壁に接するように紙を何重にも巻いて動かないように固定する．銃弾の下部に接して円盤形の綿を固めた固形紙が置かれる．これは火薬の爆発力が漏れなく銃弾に届くためである．銃弾の環状溝の一番下の溝部分は莢胴を絞って密着させる．

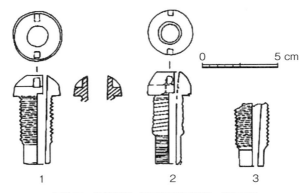

図147　信管部品（紙製信管用亜鉛管　高橋2005）

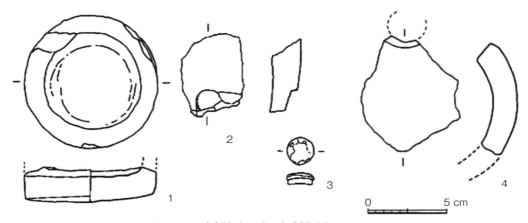

図148　四斤砲弾（1〜3）・臼砲弾（4）（高橋2005）

次に銃弾の分類を説明する．太字で示す項目は前段階と異なる点である．なお，グレインとは64.79891 mgのことで，インチの国際基準値は25.4 mmである．鼻栓としたのは銃弾先端部に差し込まれた細い木製の棒のことである．また，基部栓とは銃弾基部に下側から差し込まれた縦断面が台形をなす陶器栓のことである．

ボクサー銃弾1型；重量525グレイン（340.2 g）・純鉛・全長1.12インチ（28.45 mm）・直径0.573インチ（14.55 mm）・環状溝4条丸断面・全長：口径＝1.95：1・鼻栓イチジク類・基部栓型押し粘土・使用薬莢I型・II型

ボクサー銃弾2型；重量480グレイン（31.1 g）・純鉛・全長1.04インチ（26.42 mm）・直径0.573インチ・環状溝3条丸断面・全長：口径＝1.81：1・鼻栓イチジク類・基部栓型押し粘土・使用薬莢I型

ボクサー銃弾3型；重量480グレイン（31.1 g）・純鉛・全長1.04インチ・直径0.573インチ・環状溝4条鋸歯・全長：口径＝1.81：1・鼻栓イチジク類・基部栓型押し粘土・使用薬莢III型・IV型

ボクサー銃弾4型；重量480グレイン（31.1 g）・純鉛・全長1.04インチ・直径0.573インチ・環状溝4条鋸歯・全長：口径＝1.81：1・鼻栓イチジク類・基部栓型押し粘土・使用薬莢V型・VI型

ボクサー銃弾 5 型；重量 480 グレイン（31.1 g）・純鉛・全長 1.04 インチ・直径 0.573 インチ・環状溝 4 条鋸歯・全長：口径＝1.81：1・鼻栓無・基部栓型押し粘土・使用薬莢 VII 型

ボクサー銃弾 6 型；重量 480 グレイン（31.1 g）・純鉛・全長 1.065 インチ（27.05 mm）・直径 0.573 インチ・環状溝 4 条鋸歯・全長：口径＝1.85：1・鼻栓無・基部栓型押し粘土・使用薬莢 VIII 型

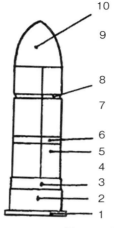

図 149　ボクサー弾薬の各部名称（Temple 1977）

ボクサー銃弾 7 型；重量 480 グレイン（31.1 g）・純鉛・全長 1.04 インチ・直径 0.573 インチ・環状溝 3 条鋸歯・全長：口径＝1.81：1・鼻栓無・基部栓型押し粘土・使用薬莢：IX 型

　以上，スナイドル銃弾の主な相違点は，1 型から 4 型には頭部に木栓があるが，それ以外は頭部に空洞をもつ点，1 型と 2 型の環状溝断面は丸みを帯びるが，3 型〜7 型は鋸歯状となる点，2 型と 7 型の環状溝は 3 条であるのに対し，他は 4 条である点などである（図 150〜158）．

　銃弾と薬莢を組み合わせた弾薬 I 型から IX 型の内容は次の通りである．以下の表中で太字は前段階から変更があった項目である．原典ではグレイン・インチ単位であるが，グラム・ミリ単位も換算して加えた．供給時には，全ての段階で弾薬は 10 発ずつ紙で包装されていた．英国のボクサー銃弾の底に詰める栓は型押し粘土，つまり陶器で作られた円錐の上部を水平に切り離した形の陶器栓である．

a　スナイドル小銃弾薬 0.577 インチ I 型（図 150）
　この型式は 1866 年 8 月 20 日に英軍から採用許可が下り，導入されたのは同年 12 月 7 日である（表 10 の最上段に記す．以下では説明を省く）．この薬莢が他と異なる主な点は，基底盤と外側容器が一体化している点である．全体の長さは 61.84 mm，薬莢部分の長さは 50.80 mm である．薬莢下部の直径は 19.30 mm，体部の直径は 15.74 mm である．薬莢基底部（基底盤）は真鍮製で，側縁が丸い形状をもつ．銃弾重量は 34.019 g，装薬重量は約 4.536 g である．図 149 の模式図 1 の基底盤該当部は I 型段階だけは 2 の外側容器と一体金属からなり，II 型からは分離独立する．基底盤の下面中央は雷管を入れる穿孔部がある．3 の内側容器は I 型にはなく，II 型から登場する．基底盤から内側に突き出た雷管はぐらつきやすいため，細紙を幾重にも巻いて内側容器の中に固定する．5 の薬胴は薄い銅板と紙を重ねて巻いている．8 の頸部緊縮は銃弾の尾一番下にある環溝に喰い込んで薬莢と銃弾を堅く固定する役目をもつ．断面図で説明すると，銃弾の下端と火薬との境界には円盤形厚紙が置かれる．これは全ての段階に共通である．

　基底部は真鍮で，側縁断面は直線的ではなく丸みをもつが，この特徴はこの段階だけにみられる．

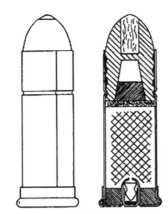

図 150　スナイドル弾薬 I 型（Temple 1977）

表10　スナイドル弾薬 I 型の諸元

許可時期：1866.8.20		導入時期：1866.12.7	
寸　法	単　位	インチ	mm
長　さ	全　体	2.435	61.84
	薬　莢	2.000	50.80
直　径	縁	0.760	19.30
	基　部		
	体　部	0.620	15.74
厚　さ	基部蓋		
	真鍮容器	0.003	0.076
		グレイン	グラム
重　量	全　体		
	入れ物		
	銃　弾	525	34.019
	装　薬	70±2	約4.536

　I 型薬莢には 1 形銃弾が使われ，銃弾頭部には深い穴がありここに木栓が入る．この木栓は命中した場合に銃弾の先端部が広がる目的である．

　銃弾側面には断面に丸みをもつ 4 条の溝が廻り，油が塗られた．油は銃弾が銃身内を通過する際に溶けた鉛が付着しないで速やかに通過するように潤滑油として塗られた．当時の銃がそうであったように，スナイドル銃弾は鉛のままであり，表面が銅などで覆われていないため，発砲を繰り返すと銃身内部に溶けた鉛の滓が溜まり，射撃できなくなったのである．

b　スナイドル小銃弾薬 0.577 インチ II 型（図 151）

　銃弾はボクサー 1 型を使う．これは先端部に木栓があり，側面に四条の環溝がある．薬莢底部の直径は 19.05 mm で前段階よりも 0.25 mm 小さくなり，基部が側面とは別素材となっており，前段階のように一体ではない（矢印で示した箇所）．

　スナイドル弾薬は複数の型式が同年に英軍に導入される場合があり，II 型と III 型，IV 型は 1867 年 8 月 14 日に導入されている．これらは前年の 5 月から 12 月に採用が許可されていたが，同じ日に導入されている．複数の微妙に異なる弾薬が共存していたことになる．

c　スナイドル小銃弾薬 0.577 インチ III 型（図 152）

　ボクサー 2 型と 3 型銃弾を用い，先端部に木栓があり，2 型では丸い断面の環状溝 3 条があり，3 型では側面に 3 条の鋸歯環状溝がある．薬莢は前段階よりも 0.13 mm 直径が小さく，銃弾重量が 2.916 g 減少している．ボクサー銃弾 3 型が用いられる．

d　スナイドル小銃弾薬 0.577 インチ IV 型（図 153）

　銃弾は先端部に木栓があり，側面全体に 3 条の環溝がある．銃弾はボクサー 3 型である．薬莢の底にある円盤はこれまでの銅とは異なり，この段階から鉄製になる．

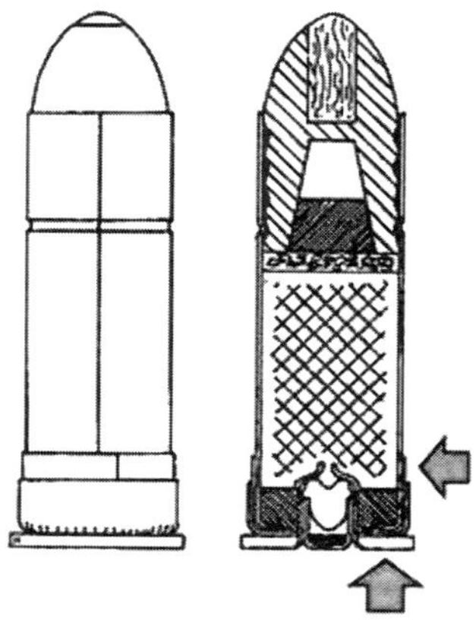

表11 スナイドル弾薬II型の諸元

許可時期：1866.12.8		導入時期：1867.8.14	
寸　法	単　位	インチ	mm
長　さ	全　体	2.435	61.84
	薬　莢	2.000	50.80
直　径	縁	0.750	19.05
	基部・銅		
	体　部	0.620	15.74
	頸　部		
厚　さ	縁	0.045-0.050	1.143-1.270
	外側容器	0.014	0.356
	内側巻部	0.003	0.076
	真鍮容器	0.003	0.076
重　量		グレイン	グラム
	全　体		
	入れ物		
	銃　弾	525	34.019
	装　薬	70±2	約 4.536

図151　スナイドル弾薬II型（Temple 1977）

e　スナイドル小銃弾薬 0.577インチV型（図154）

　銃弾は先端部に木栓があり，側面に4条の環溝がある．ボクサー4型銃弾を用い，薬莢基部の円盤は鉄製である．円盤の上位にある外側容器，その内側の金属巻部は表のようにIV型とは数値が異なる．

f　スナイドル小銃弾薬 0.577インチVI型（図155）

　ボクサー4型銃弾を用いる．銃弾は先端部に木栓があり，側面に4条の環溝がある．薬莢中部のやや下に黒色の線が描かれる．

g　スナイドル小銃弾薬 0.577インチVII型（図156）

　銃弾はボクサー5型で，先端部を鉛で塞ぎ木栓はなく中空になり，銃弾側面に4条の鋸歯環状溝がある．薬莢側面に識別のため1条の茶・黒線がある．薬莢中部のやや下に黒色の線が描かれる．薬莢は前段階よりもわずかに大きい．

h　スナイドル小銃弾薬 0.577インチVIII型（図157）

　ボクサー銃弾6型を用い，銃弾先端部を鉛で塞ぎ，木栓はなく中空で，4条の環溝がある．薬莢側面に識別のため黒色の2条の帯線がある．その他の寸法などはVII型と変わらない．

i　スナイドル小銃弾薬 0.577インチIX型（図158）

　ボクサー7型銃弾を用い，先端部を鉛で塞ぎ，先端の木栓はなく頭部は中空である．側面に3条の鋸歯溝がめぐる．薬莢側面に識別のため1条の赤色帯線があり，基部の内側容器は背が高い．

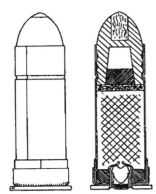

図152　スナイドル弾薬III型（Temple 1977）

表12　スナイドル弾薬III型の諸元

許可時期：1867.5.4		導入時期：1867.8.14	
寸　法	単　位	インチ	mm
長　さ	全　体	2.435	61.84
	薬　莢	2.000	50.80
直　径	縁	0.745	18.92
	基部・銅		
	体　部	0.620	15.74
	頸　部		
厚　さ	縁	0.045-0.050	1.143-1.270
	外側容器	0.014	0.356
	内側巻部	0.003	0.076
	真鍮容器	0.003	0.076
		グレイン	グラム
重　量	全　体		
	入れ物		
	銃　弾	480	31.103
	装　薬	70±2	約4.536

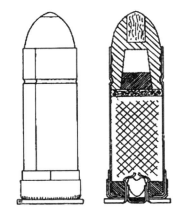

図153　スナイドル弾薬IV型（Temple 1977）

表13　スナイドル弾薬IV型の諸元

許可時期：1867.7.8		導入時期：1867.8.14	
寸　法	単　位	インチ	mm
長　さ	全　体	2.435	61.84
	薬　莢	2.000	50.80
直　径	縁	0.745	18.92
	基部・鉄		
	体　部	0.620	15.74
	頸　部		
厚　さ	縁	0.045-0.050	1.143-1.270
	外側容器	0.014	0.356
	内側巻部	0.003	0.076
	真鍮容器	0.003	0.076
		グレイン	グラム
重　量	全　体		
	入れ物		
	銃　弾	480	31.103
	装　薬	70±2	約4.536

　以上，イギリスにおけるスナイドル弾薬の変遷と諸要素について記した．表19は各型の特徴一覧である．西南戦争では多くのスナイドル銃弾・薬莢が消費されており，薬莢は残りにくいのでよく分からないが，基底部の円盤は鉄製・銅製が見つかっている．少なくとも銃弾はテンプルの分類したものがすべて戦跡から発見されている．

　西南戦争後のことだが，1883年に発行された山内万寿次編「皇国海軍舶砲問答　火工之部」に

表14 スナイドル弾薬V型の諸元

許可時期：1867.7.8		導入時期：1867.11.16	
寸　法	単　位	インチ	mm
長　さ	全　体	2.435	61.84
	薬　莢	2.000	50.80
直　径	縁	0.745	18.92
	基部・鉄	0.660	16.76
	体　部	**0.625**	15.74
	頸　部		
厚　さ	縁	0.045-0.050	1.143-1.270
	外側容器	**0.007, 0.010**	0.178, 0.254
	内側巻部	**0.005**	**0.127**
	真鍮容器	0.003	0.076
重　量		グレイン	グラム
	全　体		
	入れ物		
	銃　弾	480	31.103
	装　薬	70±2	約4.536

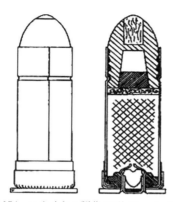

図154 スナイドル弾薬V型 (Temple 1977)

表15 スナイドル弾薬VI型の諸元

許可時期：1868.10.8		導入時期：1867.12	
寸　法	単　位	インチ	mm
長　さ	全　体	2.435	61.84
	薬　莢	2.000	50.80
直　径	縁	0.745	18.92
	基部・鉄	0.660	16.76
	体　部	**0.620**	15.74
	頸　部		
厚　さ	縁	0.045-0.050	1.143-1.270
	外側容器	**0.014**	**0.356**
	内側巻部	0.005	**0.127**
	真鍮容器	0.003	0.127
重　量		グレイン	グラム
	全　体		
	入れ物		
	銃　弾	480	31.103
	装　薬	70±2	約4.536

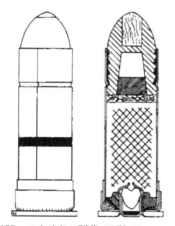

図155 スナイドル弾薬VI型 (Temple 1977)

スナイドル銃弾についての説明がある．
　　問　スナイダア銃の薬包に用ふる彈丸の制をのべよ
　　答　此彈丸ハ純鉛を以て造る其形状ハ一種別様にして<u>頭の内部ニハ空所を設け尾部ニハ凹みを設く</u>而て其頭部の<u>空所の口ハ同質の鉛片を以て之を塞き</u>全き鈍錐状となす尾部の凹みにハ粘土をつめ栓となし彈丸の外周にハ数條の帯溝を設け之に蜜蠟をつむ

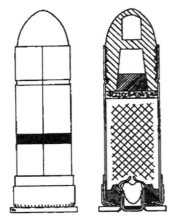

図156 スナイドル弾薬 VII 型（Temple 1977）

表16 スナイドル弾薬 VII 型の諸元

許可時期：1869.3.1		導入時期：1869.4.-	
寸　法	単　位	インチ	mm
長　さ	全　体	2.445 ± 0.020	62.10
	薬　莢	2.000	50.80
直　径	縁	0.750 ± 0.010	19.05
	基部・鉄	0.660 ± 0.005	16.76
	体　部	0.620	15.74
	頸　部		
厚　さ	縁	0.045-0.050	1.143-1.270
	外側容器	0.014	0.356
	内側巻部	0.005	0.127
	真鍮容器	0.005	0.127
		グレイン	グラム
重　量	全　体		
	入れ物		
	銃　弾	480	31.103
	装　薬	70 ± 2	約 4.536

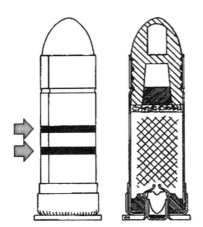

図157 スナイドル弾薬 VIII 型（Temple 1977）

表17 スナイドル弾薬 VIII 型の諸元

許可時期：1869.9.6		導入時期：1869.-.-	
寸　法	単　位	インチ	mm
長　さ	全　体	2.445 ± 0.020	62.10
	薬　莢	2.000	50.80
直　径	縁	0.750 ± 0.010	19.05
	基部・鉄	0.660 ± 0.005	16.76
	体　部	0.620	15.74
	頸　部		
厚　さ	縁	0.045-0.050	1.143-1.270
	外側容器	0.014	0.356
	内側巻部	0.005	0.127
	真鍮容器	0.005	0.127
		グレイン	グラム
重　量	全　体		
	入れ物		
	銃　弾	480	31.103
	装　薬	70 ± 2	約 4.536

問　此彈丸の頭部に設けたる空所ハ何の爲め乎

答　是ハ彈の重量を加ふる事なくして其全長を延ばし且其重心を後部にとり周圍を重くして旋回を助け以て射中を密にする爲なり

問　尾部の凹みに粘土をつむるハ何の爲乎

答　是ハ發火のとき瓦斯力の彈尾を開張するを助け之を以て直ちに銃の膅渠の中に迫り入らし

表18 スナイドル弾薬 IX 型の諸元

許可時期：1871.6.18		導入時期：1871.-.-	
寸法	単位	インチ	mm
長さ	全体	2.445±0.020	62.10
	薬莢	2.000	50.80
直径	縁	0.750±0.010	19.05
	基部・鉄	0.660±0.005	16.76
	体部	0.620±0.005	15.74
	頭部		
厚さ	縁	0.045-0.050	1.143-1.270
	外側容器	0.014	0.356
	内側巻部	0.005	0.127
	真鍮容器	0.005	0.127
重量		グレイン	グラム
	全体		
	入れ物		
	銃弾	480	31.103
	装薬	70±2	約 4.536

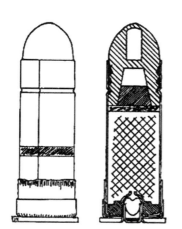

図158　スナイドル弾薬 IX 型 (Temple 1977)

表19　スナイドル弾薬各型式の特徴一覧

型	銃弾			薬莢	
	先端の木栓	先端の中空	銃弾の環溝数	基底部の素材	側面の識別線
I	有	無	4	銅（外側容器と一体）	黒
II				銅（外側容器と別）	
III			3		
IV					
V				鉄（外側容器と別）	
VI			4		黒色1本
VII					黒色1本
VIII	無	有			黒色2本
IX			3		赤色2本

　　むる者なり
問　帯溝中に密蠟をつむるハ何そや
答　是も亦發火の際弾尾開張して膅面を摩し走出するに當り自から拭油の用をなさしめんか爲なり
問　此弾丸の重さ．長さ．及ひ徑ハ如何
答　重さ四百八十レーン．長さ一尹強．徑〇尹，五七三※尹＝インチ？

（国会図書館蔵 1884年「火工教程」第1編　陸軍省 pp.101・102）

　後期（VII～IX式）のスナイドル弾薬の銃弾頭部に外側からは見えない空洞があるが，同質の純鉛片で塞ぐ方法で作ったことが分かる．そして空所の目的は重さを増やさずに重心の位置を後ろに

208　第4章　野戦構築物と銃砲・火箭の使用

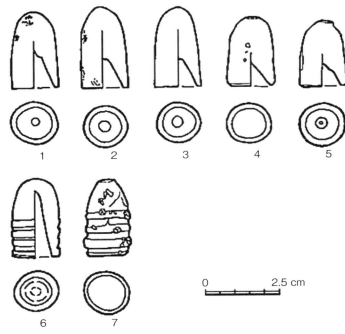

図159　五稜郭出土遺物（1～2はエンフィールド銃弾，6はスナイドルB類，7はシャープス銃弾か．野村他2006）

置くとともに，周囲を重くすることにより回転を助け命中しやすくする，との説明だが，重心は前にあってこそ安定すると思えるのだが．命中時に弾が拡がり，殺傷効果を増すという一般的な説明はみられない．効果を上げるよりも命中することが優先事項である，ということだろう．あるいは筆者は殺傷効果の件は知らなかったのか．尾栓の目的は発射時に弾尾が膨らんで銃身に密着するようにしたのである．

鉛丸ハ鉛ヲ以テ搾製シ其形圓墻形ニシテ重量三十一瓦四ナリ而メ底ニハ口径十一密米深サ十密米ノ圓墻孔ヲ穿チ爰ニ木栓ヲ挿入ス又四個ノ刻線ヲ圓墻面ニ彫シテ弾体ノ膨脹ヲ助ク（同上）

とあり，銃弾の重量は31.4g，底には直径11mm・深さ10mmの円墻孔があり，ここに木栓を挿入する．外面には環溝4条が廻り，その目的は発砲時に弾丸の膨脹を助けることであるという．説明文はスナイドル銃弾のうちのスナイドルA類であるが，同書の挿図にはスナイドル弾丸は1点だけ示され，それは底から内側に穿たれた円墻孔の深さは約22mmで，宮本分類のB類である．本文の説明と挿図の特徴が異なるわけである．これをどう理解すべきなのかは明確にはいえないが，「火工教程」作成時にはB類が普遍的な存在だったので，その図を掲載したのか．それにしても本文と図が相違する説明がつかないのだが．なお，すでに記したようにスナイドル弾薬の器械による製造は明治初年頃から鹿児島で開始され，1876年（明治9年）からは陸軍砲兵本廠でも器械による製造が行われている．

内側に深い窪みがあるスナイドルB類は，西南戦争頃に作り始められた国産弾丸であるとも考えられている（淺川2012 pp.166）．B類のスナイドル弾丸は，二俣瓜生田・二俣古閑の両官軍砲台跡や横平山・半高山・田原坂・黒土峠などの西南戦跡のほか，戊辰戦争戦跡でもある五稜郭跡からも出土しており（図159：6），もしかすると古くから国産されていた可能性がある．同図：6は4条の溝をもち，直径1.42cm，長さ2.66cm，重量29.31gであり（野村・神林・吉田他2006），スナイドルB類の範疇に入れてもよい形態・寸法・重量である．このような銃弾頭部に内部空間をもたない銃弾は，手作業によりペンチ状の鋳型でも製造が可能であろう．

⑦　戦争初期と後期のスナイドル銃弾の割合

黒土峠・城之越周辺を主とする宇目のスナイドル銃弾は三つの形態に大別できる．まず，先端か

表20 戦争初期と後期のスナイドル銃弾の割合
※基部の栓や東部の木芯のために分類不能のもの「A類」または「A2 or B類」とした.

	分類	A1類	A2類	A類	B類	A2 or B類	C類	計
横平山	点数	14	77	44	63	85	0	283
	%	4.9	27.2	15.5	22.3	30.0	0.0	100.0
半高山・吉次峠	点数	61	218	181	90	152	0	702
	%	8.7	31.0	25.8	12.9	21.6	0.0	100.0
宇　目	点数	16	154	0	18	188	8	384
	%	4.3	40.1	0.0	4.7	49.0	2.1	100.0

ら木栓が差し込まれているA1類が16点（4.3％），次に内側の窪みが中程度のA2類が154点（40.1％），最後に内側の窪みが深いB類が18点（4.7％）である．また，側面環溝が2条で内側の窪みがA類に類するC類も8点（2.1％）みられる．

現時点で比較できる例は少ないが，玉東町の横平山戦跡，半高山・吉次峠戦跡と比較してみる．横平山では出土遺物の一覧表があり，出土した銃弾597点の24％にあたる143点が図化されている．それ以外に遺物観察表だけに分類が記されているものも加え一覧化した．報告書の分類はスナイドル銃弾A類とは弾底凹部断面が台形のもの，またA類のうちで先端部に木片が入るものをA1類，中空の先端が塞がれたものをA2類としている．B類は弾底凹部断面が先細りの柱形のものであり，今回新たにC類を新設する．C類は側面の環溝が2条で，内側の形状はA類に類するものである．

表20では基部に栓が詰まっているため窪みの深さを観察できず，頭部に木栓がないものを「A2 or B類」とした．横平山ではA1類14点（4.9％），A2類77点（27.2％），B類63点（22.1％），底部に栓があるためA2類かB類か不明のもの85点（30.07％）のほか，A類とだけ分かるもの44点（15.5％）の計283点がある．A1類の割合は宇目と大差がない．

半高山・吉次峠ではA1類が宇目と横平山の倍程度あるのが目立つ．A2類は横平山27.2％，宇目40.1％と差がある．スナイドルB類は宇目が4.7％，横平山が22.3％で，横平山が多い．両遺跡共にA2類が最多であるのは共通するが，宇目ではA2類の比重が大きくなっている．日本で考案されたと考えられるB類が時間経過と共に多くなるという状態ではなく，逆に少なくなっている．宇目ではスナイドル弾薬の編年で古手の特徴をもつA1類は他地域に比べて若干少なく，水ケ谷周辺での戦闘があった7月3日以降の時期における官軍使用のスナイドル銃弾の状態を反映している．基部に栓が詰まっているため窪みの深さを観察できず分類が完全にできないのが難点である．

以上，スナイドル銃弾は底部の栓があるため正確に比率を出すことはできないが，先端に木栓のあるA1類だけは戦争後期の宇目で減少している傾向は認定できそうである．全体的にみればA1類は5～9％程度と少なく，A2類とB類が残りの大部分を占める傾向がある．特に宇目ではA2類とB類が93.8％と圧倒的である．C類としたのが宇目だけでみられる点はこれが日本製で新しいという可能性も考えられるが，今後の調査例の増加により判明するだろう．

今後対比できる調査例が増えれば，輸入品と国産品の割合や細かな内容の変動を検討できるようになると考えられる．

官軍の小銃装備面では国産初の制式銃である村田銃も開発以前であり，銃も弾薬も多種多様で不便だった．主力銃のスナイドル銃でさえ初めから演習用の弾薬を供給したりしていたが，弾薬貯蔵

がすぐに底を尽きかけていた．3月からは大急ぎで海外からの調達に努力したが，当時の輸送事情では欧州から到着するのに2ヶ月以上を要したため，極力スナイドル銃の使用を減らし，代わりにエンフィールド銃の使用が要請されたのである．

⑧　官軍のエンフィールド銃弾

　戦争後期の戦跡から見つかった官軍のエンフィールド銃弾と判断したものの形態は前述のようにA・Bの2種類がある（図146）．どちらも銃弾基部の厚さが末端に向かって細くなる点が共通している．

　A類は内側の窪みが浅く，B類はそれが深い．A類は外面に2条の浅い沈線が中位にめぐるものが多く，なかには1条のものもある．溝の目的は油を塗り込め，銃身内部を円滑に通り抜けるためであろう．「火工教程」の説明のように銃弾を拡張しやすくするためならもっと下の方にめぐらせるはずである．図146：3のように先端部に空洞がある破損品の存在から，A類は先端に空洞があるのかもしれない．とすればスナイドル銃弾B類の特徴と同じである．エンフィールド銃弾B類は内側の窪みが深く，ほとんど先端近くまでに達し，スナイドル銃弾B類に似ている．この背景にはエンフィールド銃弾A類とB類にはスナイドル銃弾の影響があったからだと考えられる．エンフィールド銃弾A類・B類は外国に類例を探し出せなかったので，日本で考案されたとみられる．エンフィールド弾はスナイドル銃に比べれば旧式の先込め銃である．官軍側では大量の銃・弾薬を保有していたが戦争初期には使わなかった．スナイドル弾薬の欠乏が進行すると，貯蔵量が多く弾薬製造も容易なエンフィールド銃への交換が奨励され，それを反映してか2月から4月に戦場になった玉東町の戦場ではスナイドル銃弾は多いが，エンフィールド銃弾は全く出土していない．しかし，薩軍一部隊の公式日記である「明治十年薩軍資料」には2月22日に植木町向坂で乃木希典の熊本鎮台小倉分営の第十四聯隊から針打銃5挺・ミニヘル2挺を分捕ったと記されている．針打銃とはスナイドル銃のことであり，ミニヘル銃とはエンフィールド銃である．この時期，官軍はエンフィールド銃を持ち込んでいないはずだが，少しは携帯していたのであろう．この日の戦いは小倉から来た第十四聯隊にとって初戦であり，しかも終始負け戦だったので，薩軍から分捕ったエンフィールド銃だったとは考えにくい．官軍がエンフィールド銃を持ち込んでいた証拠に，田原坂発掘調査概要報告書ではエンフィールド銃弾A類1点・B類1点・分類不詳1点が三ノ坂と西側の船底遺跡から採集されている（中原2014）．

　玉東町の戦跡で1点もみられないことから，これらを薩軍が発射したとは思えない．反面，6月以降に戦場になった大分県佐伯市宇目の戦場では，官軍のエンフィールド銃弾が一定量みられる．黒土峠周辺では官軍の銃弾はスナイドル，スペンサー，シャープス，ドライゼ，エンフィールドがあり，銃種にかかわらず鉛製である．一方，薩軍の銃弾は鉛と錫の合金や銅製，稀に鉄製がある．これ以外に少数だが鉛製の銃弾があるが，官軍がここには持ち込んでいない希少な銃のものであり，薩軍が発射したものとみられる．鉛と錫の合金銃弾はペンチ状の銃弾鋳造器で作られたものであり，同形態の銃弾は熊本城・玉東町・植木町でも普遍的に出土する薩軍側の銃弾である．ただ，この段階ではほぼ鉛でできているのが戦争後期の黒土峠などと異なる点である．

　鉛が豊富な段階の2月から4月の薩軍は，ペンチ状の銃弾鋳造器で鉛製のエンフィールド銃弾を製作し，それ以後は材料が合金になっただけである．しかし，銅や鉄の銃弾は作り方が異なる．官

軍のエンフィールド銃弾を観察すると，ペンチ状の鋳型で鋳造した際に残る縦方向の合わせ目を残すものがなく，スナイドル銃弾のように器械で回転させつつ製造したのであろう．内側の窪みが浅いB類は，おそらくスナイドル銃弾A2類のように先端部に空洞をもつようである．スナイドル弾薬を製造する場合，薬莢の製造に材料や手間がかかるが，同じ器械を使って銃弾だけ製造してエンフィールド銃に使えば時間と経費の面で手っ取り早いと考えた結果，このような銃弾が生まれたのではないだろうか．

(2) 薩軍の銃弾事情

西南戦争で薩軍が携帯した小銃は多種類にわたり，銃弾の種類も多い．当初持参した弾薬はすぐに使い切ってしまい，西郷の手紙によると，鹿児島にある陸軍のスナイドル弾薬製造器械で1日500発の弾薬を3月上旬までは製造していた．また，その当時先込め銃の弾薬を鹿児島では1日4万5,000発，雷管3万発を製造していた．その他，諸郷でも製造したというからこの数字は鹿児島市での製造高であろう．薩軍は全期間を通じてこのように鹿児島・宮崎・熊本などの後方地域において手作業で製造した弾薬の補給を受けたり，官軍から分捕ったり，発射済みのものを拾い集めて各地の弾薬製作所に送り再生したりして，その場をしのいでいた．しかし，時間経過と共に銃弾材料となる金属不足のため材質に変化を生じ，戦争初期の2月から4月段階とそれ以降とでは大きな違いがみられた．

① スナイドル銃弾

薩軍本隊は当初は第一〜第七まで各々約2,000人からなる部隊を大隊と称していたが，熊本城解放後，4月下旬に熊本平野から去った際に編成替えを行い，勇壮な隊号を付けた．奇兵隊・振武隊・正義隊・鵬翼隊・行進隊・干城隊であるが，人吉に移ってからさらに雷撃隊・常山隊・破竹隊を追加した．

薩軍部隊の中には，出軍時点では多数のスナイドル弾薬を支給されたものがあったことは先述の通りだが，1月末に政府が鹿児島属廠のスナイドル弾薬製造器械の移送に失敗した直後，3月上旬まで薩軍側がその器械で製造を行い，先に西郷の手紙でみたように，その間1日に500発を製造できたようである．しかし，3月上旬，官軍から鹿児島属廠設置のスナイドル弾薬製造器械を持ち去られてしまったのだが，その後前線の薩軍部隊にはスナイドル弾薬の供給はなかったのだろうか．その後の状態について，懲役刑になった薩軍参加者の興味深い記述がみられる．

> 高鍋ニ於テハ又小銃弾薬并大砲ノ器械・大砲等ヲ数門製造スル，（略）小銃弾薬ハ一日一万発内外製作スル，然ルニ又アルミニースナイドル弾薬ヲ同県下士族本田清兵衛発明シテ同県下山田郷ニ製作所ヲ開器械アリ，各々兵士ニ渡付，出先ニテモ出来スル之器械ニシテ便利十分ナルト雖モ其功十分ナラス，右器械ヲ佐土原廣瀬製造所ニ持参スル，同所ニ於テ又々工夫スルニ管ナシニシテ，舶来法之弾薬ヨリ手数三品ヲ抜キ製造スル，女子ニテモ出来スル工夫相付試験スルニ火テンシ強キコト十分ナリ，舶来法之弾薬ヲ製作スルニハ，十分器械無クシテハ製造スルコト不能ト雖トモ，五六寸位之器械四五本ヲ以テ出来スルヲ発明シテ各隊ニ渡ス，（略）

（「義岡實義上申書」『鹿児島県史料 西南戦争第二巻』pp.420）

すでに3月あるいは4月には，宮崎県中部の高鍋で銃弾・大砲等を製造している．高鍋では官軍

に占領される8月上旬まで製造を続けたのであろう．アルミニー銃とスナイドル銃は同種類のボクサー薬莢の弾薬を使用できる特徴があった．官軍にスナイドル弾薬製造器械を持ち去られた薩軍が，その事態にどう対応したのかを伝えるものである．本田清兵衛が発明した弾薬製造器械を佐土原広瀬製造所で改造し，管なし，すなわちおそらく金属薬莢を使わない弾薬を簡単に作れるようにしたのである．具体的な資料の状態は不明だが，銃弾鋳造器で作った銃弾を使い，火薬を詰めた紙筒基部に雷管を付けて弾薬とするようなことがあったのではないだろうか．

② 薩軍銃弾材質の変遷

　ここで，戦争中の薩軍銃弾の材質変遷について検討する．当時通常の銃弾は鉛製であり，現代のように表面を銅で包んでいなかった．制海権をもたず銃弾を輸入できなかった薩軍は，四国や大阪方面から漁船で密かに鉛買入れを試みたものの，多くは政府側から捕獲され失敗しているが，なかには成功した例もあった．鉛素材は自給自足するか官軍から奪うしかなく，次第に鉛が欠乏していった．開戦段階から熊本隊の弾薬製作を担当した人の「永田勝馬上申書」は薩軍全般の弾薬事情を反映しており，これを中心に薩軍側弾薬の時間的変遷と弾薬事情の変化をみておきたい．

　イ　薩軍熊本隊の弾薬事情　薩軍が熊本に進んで来たとき，熊本士族の主流派は約1,400人で熊本隊を結成し，薩軍に合流参戦した．以下は，熊本隊の弾薬係を隊長の池辺吉十郎に頼まれた永田勝馬の記述である．熊本隊が戦争全期間を通じてどのような弾薬を製造したのかがよく分かる．

　　初メ熊本隊ノ起ルヤ急遽ニシテ弾薬ノ備エナク，諸隊之ヲ憂フ，是ヲ以尚又吉十郎ノ頼ヲ受，弾薬ヲ求ト雖，人家皆消失求ルニ所ナク，本陣未ダ金ノ備エ無ケレバ，同志懐中ノ嚢ヲ振ツテ之ヲ集メ，近郷ヲ求テ<u>鉛三百余斤</u>，<u>火薬許多ヲ得</u>，<u>朝山淡水等数十人ト高橋町ニ弾薬製造局ヲ設ク</u>．本陣漸ク用金調達スルヲ以広ク魚網ノ鉛且銃猟ニ備ル処等ノ火薬ヲ購ヒ，一日綾四五千ノ弾薬ヲ製ス．戦争数日ノ後ハ相射処ノ弾丸ヲ土中ニ得テ鬻グ者数人アツテ日々ニ数百斤ヲ得，火薬ハ製造ヲ始ルニ至リ，漸ク弾薬ノ数ヲ増シカ共，未ダ進撃スルニ足ラズ，（略）諸隊ト共ニ熊本隊モ人吉ノ南大口ロト北五木口ニ出張ス．人吉ハ其中間ナルヲ以薩陣ノ同局ト共ニ此ニ留リ製造ス．其中隆盛征討ノ命下リ惣督ノ宮御下向ノ聞エアリト雖，浮説巷ニ満チ未ダ其実ヲ知ラス，脚テ敵ノ訛言トシ，益マス製造ヲ励ミ，数人ヲ球磨川ノ上下数里ニ馳，漁網ノ鉛ヲ高価ニ購ヒ，一旦余計ニ得ルト雖限リアル漁網終ニ続キ難キヲ察シ，錫ヲ購ヒ鉛ニ加ル事半ニシテ製造シ，薩局ニ談シ鉛ヲ以火薬ニ替或ハ分与ヲ受ル事多ク，製ヲ努メテ日々大口・五木両口ニ送リシカバ，両口共一旦大ニ勝利ヲ得，大口ハ既ニ海近ク追迫リ，五木モ川俣ノ辺迄追退ケ，其後数十日各勝敗アリシカ共，錫ヲ加ヘシヨリ弾丸悪シク，遠敵ヲ傷ル事少ナケレバ，五月三十日北方遂ニ敗レ（略）大口遠ク隔ルヲ以局ヲ隅州幸田ニ移シ，鉛錫乏シキニ付日州宮崎ニ致リ，桐野利秋ニ求テ得ズ，又隅州横川ニ返リ桂久武ニ求メシニ，鉛乏シウシテ錫許多ヲ分与ス，其後錫亦乏シク，久武周旋，令ヲ薩・隅ニ下シ錫器ヲ集メ又是ヲ分与ス，大畑・加久藤ノ破ルヽヤ遠ク大口ノ軍威ヲ減ギ，惣軍敗レ，熊本隊ハ本城ニ退キ川内河ノ上流ヲ前ニセシガ，遙ノ川下不意ニ破レ諸所皆潰タリト報知ス，依テ局ヲ踊ニ転ス，其後諸隊連戦利アラズ，故ニ踊ヲ退キ荘内ヲ通リ都ノ城ヲ過ギ蓼池村ニ転局ス，爰ニ至テ錫器亦殆ト竭キ分与ヲ得ザレバ止事ヲ得ズシテ鍛冶師ニ命シ，鉄ヲ以弾丸ヲ錬ヒ，鋳師ニ命シ鍋釜ヲ以同ク溶セントス，然レ共両師皆已ニ薩陣ニ役セラレ，数里ノ外ニ求メ老贏ニ三四人ヲ得タレ共，一日一人ノ錬スル処弾丸

百数十ニ過ズ，局中少シク鍛錬ニ習ヘル二三人アリ，之ヲ合テ六七人一日錬丸千ニ満ズ，薩陣ニ鉄ノ溶丸ヲ乞トモ得ル事僅ニ二千許，弾薬ノ多少ハ則勝敗ノ係ル処，責其局ニアリ，是ヲ以局中百法手ヲ尽シ大ニ心ヲ傷マシム．　　　　（「鹿児島県史料　西南戦争　第二巻」pp. 20〜22）

最初，熊本隊は弾薬製造局を熊本市南西部の高橋町に置いていた．これは2月から4月に，玉東町・植木町・菊池市・山鹿市や熊本平野周辺が戦場となっていた頃に該当し，熊本隊はまだ他の金属を含まない鉛製銃弾を製造したのである．まず，初期段階の具体的銃弾は熊本城飯田丸跡・半高山・横平山等の出土遺物に明らかなように，ペンチ状の銃弾鋳造器で鉛製の銃弾を作っていたのである．

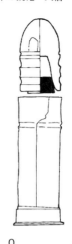

図160　銃弾再利用のスナイドル弾薬

銃弾の材料についてみると，初めは熊本近郷で鉛三百余斤や漁網の鉛を購入し1日に4,000〜5,000発の弾薬を製造した．数日間の対戦の後は戦場に落ちている銃弾を採集する者からこれも1日に数百斤を得ることができ，鉛製の弾丸を製造することができた．当時一斤は約600 gである．銃弾の重さは30 g前後なので，仮に三百斤（180 kg）あれば6,000発が製造可能だが，官軍兵士が1人100発以上を持たされたことを当てはめると，6,000発は60人分である．熊本隊全員に分配すると1人分は4発にしかならない．使用済みスナイドル銃弾を回収し，その後具体的にどうしたのかは永田の記述では分からない．鋳直して再びスナイドル銃弾の形にすることはあり得なかったと思われる．その場合，ペンチ状の銃弾鋳造器で製作した銃弾を薬莢に組み込んだのではないだろうか．また，完全に近い形のものはそのままの形状態で薬莢に組み込めただろう．

図160は伝来・時期等不明のものだが，当初は薬莢と一体であったと伝えられているスナイドル弾薬である（高橋蔵）．銃弾の寸法は本体が長さ2.75 mm，直径が14.33 mm，重量は33.8 gである．外面に4条の溝があり，銃弾下部外面には薬莢側面の紙と固化した油が付着している．木栓は高さが6.61 mm，直径10.07 mm，重量は0.4 gである．木栓を外して中を覗くと，天井にBの文字が浮き出ているのは類例を知らない．

この資料の最大の特徴は銃弾に施条痕が刻まれている点である．一度発射済みの銃弾をもう一度使おうとしているのである．当然薬莢も再利用である．薬莢は基底盤と外側容器が一体型で，内側容器もある．これらの材質は表面が金色に光るので真鍮であろう．筒部は金属板を365度巻き（360度で1回転するという意味），外側に茶色に変色したやや厚手の紙を440度で巻いている．先に英国でのスナイドル弾薬の寸法を記したが，そこでは薬莢の長さは全て50.80 mmであるが，この資料では48.63 mmと短く薬莢も筒部を再製作した可能性がある．この資料が西南戦争時のものである証拠はないのだが，薬莢基部の信管を入れ替え，上部に少し手を入れる程度なら薩軍もこのようなスナイドル弾薬の再生を行えたのではないだろうか．

吉次越や半高山などの戦跡発掘調査で出土した先込め銃弾は，ほんの少し他の成分を含む数点の例外を除き，大部分は鉛でできていることが判明している（大坪・平木2012）．熊本隊士は吉次峠や田原坂で採集した鉛弾を弾薬製造局に後送し，再生した弾薬の補給を受けて戦ったのである．戦場において鋳型を利用して弾丸製作を行うということもあったが，多くはなかっただろう．

熊本城下を去った後，5月いっぱい，薩軍は本拠を人吉に移した．熊本隊は人吉の南西側，鹿児

島県大口盆地や東側の五木方面に移動し，永田等は弾薬製造局を中間の人吉に移し製造していた．人吉を東西に貫流する球磨川の上流域・下流域から漁網の鉛を購入するとともに，将来の鉛不足を見越して錫と鉛を半々にした合金弾を製造した．人吉に来る前はほとんど鉛だけで銃弾を作っていたのに，この時点から錫を半分含んだ銃弾に変更したのである．鉛に錫を加えるようになったのは熊本隊以外の地域でも同様だった．

　その後，薩軍本営は5月30日，西や北から進撃してきた官軍のために人吉を脱出し，宮崎に向かった．弾薬製造局は戦局の変動に伴って鹿児島県高岡，鹿児島県栗野町幸田，同牧園町踊，宮崎県三股町蓼池に移動している．鉄製銃弾の登場は蓼池においてである．熊本隊弾薬製造局は鹿児島県中部の姶良郡湧水町幸田に移ったときには鉛・錫が乏しくなってきたため，薩軍の兵站担当だった桂久武に頼んだところ，錫を沢山得ることができた．その錫で作られたため，おそらく割合は鉛よりも錫が多い銃弾に変化しただろう．その後は錫も欠乏する状態となり，桂は薩摩・大隅から錫製容器を収集し熊本隊に与えた．

　次に熊本隊弾薬製造局は7月1日頃鹿児島県霧島市踊に転じ，さらに，宮崎県北諸県郡三股町蓼に転局した．このときには材料とする錫の容器を得ることもできない状態となり，同時に薩軍が鍛冶師を先に確保していたため熊本隊は職人を探すのに苦労した．やっと職人6，7人を集めたが，その人数では鍋や釜を溶かした鉄製の銃弾を1日に1,000発未満しか製作できなかった．また，薩軍から鉄を溶かした弾丸を1,000発くらい入手したこともあった．

　熊本隊が鉄製銃弾を作り始めたのは蓼池に移ってからとあるので，それは7月上旬頃からであろう．この頃を境に鉄製弾だけを使った記録もみられる．その後は官軍に追われ日向灘沿岸を北上し続け，8月17日に延岡市北川町で熊本隊は降伏した．

　同じく熊本隊の佐々友房の「戦袍日記」では，8月1日の部分に関連記する記述がある．

　　此時惣軍弾丸既ニ尽キ民家ノ錫銅器若クハ寺院ノ梵鐘ヲ取リ以テ弾資ニ充ツ錫銅等既ニ尽ク鍋釜ヲ溶シテ之ニ充ツ故ヲ以テ銃ヲ放ツ毎ニ弾敵ニ達セス一二丁ニシテ地ニ落ツ其苦知ル可也

　　　　　　　　　　　　　　　　　　　　　　（佐々友房「戦袍日記」pp.180・181）

　熊本隊は8月1日時点では鉄製銃弾しかなかったようである．それは100mか200m程度しか到達しなかった．錫銅器・青銅の梵鐘が尽きたので鉄鍋を溶かして作った銃弾に移行したとあり，先にみた熊本隊弾薬製造担当の永田勝馬の記述では銅の段階を書き漏らしたのであろう．永田の上申書には銅製銃弾は登場しないが，他の熊本隊の記録では熊本隊も銅製銃弾を製造したらしい．

　　横川敗軍，都ノ城隊敗ノ時分ヨリ鉛甚乏シク，依リテ民家ノ焼酒釜ヲ鋳溶シテ弾丸ヲ作ル，硝薬ノ如キハ到ル処製造所ナラサルハナシ，然ルニ日ヲ経テ錫抔モ亦竭尽セント欲ニ付，寺院ノ釣鐘・半鐘等ヲ溶シテ銅丸ヲ造リ，或ハ神社ノ銅瓦或ハ民家ノ銅器ヲ引上ケ雷管ヲ造リ民家ノ斧鎌抔ヲ冶シテ鉄丸ヲ造リ，以テ各隊ニ送ル，故ヲ以テ弾丸久シキヲ持スル事ヲ得タリ

　　　　　（「中村信雄外五名（熊本隊戦状上申書）」『鹿児島県史料　西南戦争』第二巻 pp.841）

　上記の横川敗軍は7月1日で，都城敗退は7月24日である．この頃から鉛がはなはだ乏しくなり錫を用いていたが，それも欠乏したため，銅弾を作って薩軍各隊に供給したというのである．したがって7月下旬頃には熊本隊も銅製銃弾を作り始めたようである．

　発射されたスナイドル銃弾を回収し，その後具体的にどうしたのかは永田の記述では分からない．鋳直して再びスナイドル銃弾の形にしたとは考えられず，完全に近い形のものはそのままの形で薬

莢に組み込んだのではないだろうか．

　以上は薩軍側熊本隊の状況である．銃弾の材料が鉛のみの段階から錫を加える段階，錫が多くなる段階，銅製銃弾も作るようになった段階，鉄製銃弾を作る段階の順に変遷している．ただし，地域によっては微妙な金属の割合差があり，さらに時期差も求めることができそうである．

　　ロ　薩軍奇兵隊の弾薬事情　前述の熊本隊とは別に，薩軍諸隊のうち史料が比較的多く残る奇兵隊に関する銃弾事情を検討してみたい．

　大分県佐伯市宇目の椎葉山で8月6日に官軍から攻撃を仕掛けた戦闘については後述するが，この前後の薩軍の銃・弾薬類に絞ってみておきたい．薩軍が守備していた椎葉山の部隊では，薩軍全体では唯一部隊日記が残っている．「明治十年薩軍資料」（『鹿児島県史料　西南戦争第三巻』）として活字化された原本は五分冊が伝わり，ここで参照するのは，第一分冊の第四大隊九番小隊の給養担当が記した日記，第三分冊の同じ隊の陣中日記，第四分冊の奇兵第三大隊三番中隊の陣中日記である．隊号は変化したがほぼ同じ構成員だったとみられる．2月14日の鹿児島出軍時から8月14日までの部隊日記が残り，日々の暗号から守備分担，戦闘記録，戦傷者名と，病院や埋葬地，銃弾事情等々を窺うことができる貴重な史料となっている．

　彼らは5月中旬以降には宮崎県延岡市を後方兵站拠点として大分県内に侵攻し，宇目・竹田・三重・臼杵・佐伯等を占拠した．6月中旬には一端宮崎県内に撤退したが，すぐに大分県南部に再度侵入し，8月14日まで大分県南部の宮崎との境界付近に張り付いていた．宮崎県延岡市北川町・北浦町に分散して豊後水道沿岸の尾根筋や大分県境尾根にある陸地峠や椎葉山・宗太郎越・観音山などに台場を築いていた．近在の村々を宿として，交替で台場の守備につき，時々，後方の延岡市街地にあった奇兵隊製作所から出先の熊田本営や矢ケ内出張本営等を経由して銃・弾丸・弾薬その他が供給されていた．

　まず，第一分冊によると四番大隊九番小隊は総計239人からなっており，開戦前の2月8日から7月31日までの部隊記録を残していた．この部隊は4月下旬からは奇兵十二番中隊と改称している．第一分冊記録者は給養，すなわち銃・弾薬類の取扱いをはじめ食糧買付け，死傷者の搬送・埋葬など前線の裏方を担当した伊地知正介である．第三分冊の記事と共に彼らが開戦前から戦争中に支給され，あるいは分捕った銃・弾薬類を，「明治十年薩軍資料」（『鹿児島県史料　西南戦争第三巻』）の日記から抜き出してみる．

○2月14日：一部の薩軍はこの日鹿児島を出発した．九番小隊は出軍にあたり次の弾丸・弾薬を支給された．ミニヘル弾薬筵包2（椎の実形のいわゆるミニエー弾．先込め銃用で，銃弾と紙に包まれた火薬が一組になったものがミニヘル弾薬である）・ミニヘル弾薬61箱（通常1箱に500発を入れたと推定すると合計3万500発）・スナイドル弾薬365箱（同18万2,500発）・スペンサー弾薬1（同500発）・種不明弾薬2箱（同1,000発）．1人あたり897発である．充分の量があるように思えるが，官軍兵士が1日100発宛だったのに倣い1日100発を消耗すると仮定した場合は9日分であり，10日目からはどうするのか心配になる量である．スナイドル弾薬は藩政時代に製造した分と鹿児島属廠から分捕ったものであろうし，この部隊に限れば出軍当初，ミニエー弾の6倍弱を所有していたのは注目すべきである．

○2月22日：植木町向坂で乃木希典の熊本鎮台小倉分営の第十四聯隊から針打銃5挺・ミニヘル2挺を分捕る．官軍はスナイドル銃で初戦に臨んだとされるが，先込め銃も所持していたと

分かる．
○2月27日：熊本県庁が隠していたミニヘル銃15挺を獲得．
○3月15日：薩軍山鹿本営に数量不明の弾薬を受取りに行き，前以て連れて行った12人に運ばせた．官軍の場合は2人で2箱を運んでいるので，12人で12箱（6,000発）か．また，針打銃（以下，針打銃はスナイドル銃だと推定する）10挺を分捕る．
○4月12日：針打銃20余挺を分捕る．
○4月18日：針打銃1挺を分捕る．
○4月24日：銃種不詳弾薬を受け取る．
○5月31日：ミニヘル弾薬3,000発・雷管（先込め銃の点火用消耗品であり，ミニヘル弾薬と雷管は一対ずつ消耗する）3,000個を受け取る．
○6月9日：ミニヘル銃3挺を延岡の奇兵隊製作所から受け取る．
○6月17日：肩から掛けたり腰に着ける弾薬入れである胴乱4個を製作所から受け取る．
○6月18日：ミニヘル弾薬4,000発・雷管4,000発を受け取る．
○6月20日：火薬入れ用の竹筒81個．雨防ぎに有効でミニヘル銃所持の者全員に渡す．
○7月1日：宗太郎越・観音山の戦闘時に矢ケ内本営から弾薬が届く．
○7月4日：予備として保管していたミニヘル弾薬3箱（1,500発），雷管1,500個，スペンサー弾薬70発を台場に送る．
○7月5日：使用済みスナイドル薬莢814個を柚ケ内本営から延岡製作所に送るように申しつける．
○7月6日：ミニヘル弾薬1,000発を熊田本営から受け取る．使用済みスナイドル薬莢765個，使用済みスペンサー薬莢110個，損玉（発射済み弾丸だろう）160個を柚ケ内本営に送り，直ぐに延岡製作所に届けて再生次第送り返すよう依頼する．
○7月10日：予備保管のものから台場へミニヘル銃1挺・スナイドル銃2挺を送る．
○7月11日：使用済みスナイドル薬莢を直接延岡製作所に送る．ミニヘル弾薬1,000発・雷管1,000個を柚ケ内本営から受け取る．また，スナイドル弾薬1箱（但し350発）を本営から受け取り，おそらく同じそのスナイドル弾薬1箱（350発か）を陸地峠台場に送る．この日総員156人か，パンを1人5個宛，計780個を熊田方向にある松葉大小荷駄方から受け取る．6月20日にミニヘル銃所持が81人だったので，その後死傷者がなかったとした場合，75人はスナイドル銃かスペンサー銃を装備していたらしい．
○7月12日：スナイドル銃2挺・施条銃（先込め銃）6挺を陸地峠用として熊田本営から受け取る．
○7月13日：施条銃6挺を陸地峠に送る．同弾薬2箱（1,000発）を左小隊に送る．
○7月14日：雷管1,000個を柚ケ内本営から受け取る．施条銃弾薬1箱（500発），雷管500個を右小隊の守る陸地峠に送る．
○7月10日：ミニヘル弾薬1,000発・雷管1,000個を受け取る．
○7月21日：施条銃弾薬4箱（2,000発）・雷管2,000個を矢ケ内本営から受け取る．針打弾薬1箱（ただし400発）を他の隊から借り入れる．スナイドル弾薬のことである．施条銃弾薬5箱（2,500発）・針打弾薬1箱（ただし400発）を台場に送る．

○7月3日：予備弾薬4箱（2,000発）・雷管2,000発を受け取る．弾薬は雷管を使う先込め銃用だろう．

○7月26日：鉄製弾220発を番兵先に送る．「右ハ番兵先為探打左右小隊エ差送候事」と記され，探打とは夜間に威嚇のため時々発砲することだろう．

○7月27日：鉄製弾330発・雷管330発を左右小隊番兵先に送り，鉄製弾70発・雷管170個を左小隊右半隊守場へ送る．鉄製弾の合計は27日に500発，26日に受け取った220発を合わせると計720発である　26日より前に箱単位で受け取ったのである．これはもちろん，先込め銃つまり管打銃用である．

○7月30日：ミニヘール切玉95発（鉄の棒を切断して製作した弾丸だろう）・針打損シ玉4発が番兵所から持ち帰られる．ミニヘール切玉は不良品だったのか．

以上が四番大隊九番小隊の日記である．記録は7月31日まであるが銃弾類の記事は7月30日で終わる．

以下は隊号を変更し奇兵第三大隊三番中隊となった同隊の日記．第四分冊で8月1日から8月14日までがある．

○8月4日：宮崎県三河内の戦闘でスナイドル銃・弾薬等多数を分捕る．ミニヘール損シ鉛玉210発・鉄製弾丸7,8発・針打銃薬莢10個を矢ケ内本営に差し出し，延岡製作所に至急送付するよう依頼した．

○8月6日：右小隊が守備中の椎葉山に官軍が襲来したが撃退した．この戦いでは，スペンサー弾丸1,000発余・針打弾薬1,000発・針打銃4挺・長スペンサー銃10挺・短銃（S＆W22口径薬莢が大分県埋蔵文化財センターの調査で出土した）1挺を分捕る．戦闘後の夕方，針打銃弾薬240発が延岡奇兵製作所から届く．分捕り品の内容から，この官軍は先込め銃であるエンフィールド銃は装備していなかったことが分かる．

○8月7日：使用済み針打銃薬莢4,050発・同スペンサー銃薬莢1,260発・損シ鉛玉70発を延岡製作所に送る．これらは前日の戦闘後，戦場で回収したのであろう．

○8月11日：針打銃弾薬400発が奇兵製造課から届く．7月11日に350発受け取って以来久々のスナイドル弾薬である．

○8月14日：「針打銃玉薬190発・ミニヘール」の箇条書きがあり日記は終わる．熊田へ引揚げ指令があり，日記の部隊は出張先から去る．

以上は薩軍奇兵隊一部隊の出軍から8月までの記録である．日記には数量不明の箇所もあるが，全期間の受取数はスナイドル弾薬が18万3,250発，スペンサー弾薬が500発，先込め銃弾薬が4万4,500発，不明弾が7,000発である．割合はスナイドル弾薬が77.9％，先込め銃弾薬が18.9％，スペンサー弾薬が0.2％，不明弾が3.0％となる．仮に不明弾を先込め銃弾薬とした場合，その割合は21.9％に増えるが，スナイドル弾薬の圧倒的多さは変わらない．これをもって薩軍は主にスナイドル銃を使っていたというなら早計であろう．スナイドル弾薬は出軍当初に受け取ったものが同弾薬の99.6％を占めていて，すぐに消耗したはずである．残りの長い期間は，少量ずつ補給が来る先込め銃弾を惜しみながら主に使った，というのが実態であろう．7月1日に先込銃所持者が81人だったとすれば，7月11日のパンの配給数からみて全員で156人くらいいたとして，部隊の半数が先込銃，半数がスナイドル銃・スペンサー銃をもつか，一部は無銃の者もいたかもしれない．

スペンサー銃は少なかっただろう．

7月26日には「一鉄製弾弐百弐拾発　右ハ番兵先為探打左右小隊エ送リ候事」とあるが，81人前後の先込め銃所持者に鉄製の銃弾220発を供給したのである．探り打ちというから戦闘のないときに威嚇のために発砲するための銃弾である．鉄弾は通常の鉛弾よりも軽いため遠くに飛ばず，しかも命中精度が悪かった．この頃の薩軍は官軍よりも劣る錫と鉛の合金弾，あるいは銅弾を戦闘用に装備していた段階である．しかし，それさえこの前後には供給されていない．鉄製銃弾が登場するのは7月26日の記事からで，合計720発を供給されたようである．この直前，23日に予備弾薬4箱（2,000発）・雷管2,000発の補給を受けているので，これには鉄製銃弾720発が含まれていた疑いがある．なぜなら，この7月23日には日記を残した奇兵隊は宗太郎越やそれよりも北方にある大分・宮崎県境尾根を守っていたのだが，同じ日に奇兵隊の別部隊が数キロメートル西方の赤松峠付近や城之越を攻撃している．その際，官軍が薩軍の銃弾について報告を残しており，鉄製銃弾が登場する．

　　第四十号
　　七月廿三日午前第六時三十分賊赤松峠古道ニ襲来續テ七時賊城ノ越右翼ニ襲来ス適暁霧未タ霽レス賊我胸壁前面百五十米突ノ地ニ逼ルト雖ノモ我隊鹿柴若クハ竹柵ヲ植ル二重或三重ナルヲ以テ進事能ハス一小阜ニ據リ射撃ス我隊正面ノ胸壁及左翼ハ赤松峠本道与右翼ハ側面ノ突出セル小阜ニ據リ始ト三方与夾撃ス適霧霽ル彼レ進退谷リ頻ニ發射ス我亦臼砲及山砲各一門ヲ發射ス遂ニ堪ル能ハスシテ退却セントス其機ヲ察シ赤松本道ノ側面与迂回ス賊大ニ敗レテ走ル時ニ午後二時三十分ナリ我兵尾撃シ銃壱挺弾丸四千發ヲ分捕ス其丸錫丸最モ多ク其他銅丸及鋼鉄丸ニメ鉛丸ハ全ク見ヘス其窮想フヘシ城ノ越ニ来ル賊ハ其始メ我隊一斉發射ヲ為ス賊辟易進事能ハス少須ニメ遂ニ退走ス此地亦銃五挺弾丸若干ヲ得ル死屍一個ヲ委テ去ル本日ノ戦ヒ全捷ヲ得タリト謂ヘシ我隊死者僅ニ壱名傷者拾壱名ノミ堀江中佐左腕前膊ニ銃創ヲ蒙ルモ極軽傷ナリ（※メはシテと読む）
　　　　　　　　　　　　　　　（防衛研究所蔵 C09080552600「戦闘報告原書　明治10年6月22日〜明治10年9月17日」0293・0294）

薩軍が委棄した銃弾4,000発は錫製が最も多く，その他は銅や鉄ばかりで通常の鉛製銃弾は全くなかったという．これらはおそらく，500箱入り弾薬箱の状態で薩軍が遺棄したものであろう．この戦闘には前記の日記を残した薩軍部隊の一部も参加している．しかし，応援のみで実際の戦いには加わらなかったが攻撃した部隊も同じ延岡製作所から弾薬の補給を受けていた薩軍奇兵隊であり，日記の部隊がその前に受け取っていた弾丸の内容と基本的の同様の弾薬を使用したとみられる．ここでは錫製が多いと報告されているが，実際は含有量の差はあるが鉛と錫の合金弾であろう．そして鉄製銃弾も混じっていたのである．

同じ日のことについて，赤松峠周辺へ薩軍が襲来したときの別の官軍側記録がある．

　　我兵追撃シ銃一挺弾丸四千個ヲ獲タリ，弾ハ錫ヲ以テ鋳成セシ者又銅丸鉄弾モアリ，<u>銅ハ沙型ニテ鋳鉄ハ棒鉄ヲ断チ切リシモノナリ</u>，其窮追知ルヘシ
　　　　　　　　　　　（「征討始末（太政類典）『宮崎県史史料編　近・現代2』」pp. 1141）

初めに錫，次に銅・鉄の順に記されていることから，錫を混ぜた銃弾が最も多かったのであろう．銅製銃弾は砂を用いた鋳型で作られ，鉄製銃弾は棒鉄を断ち切って作られていると観察している．

西南戦争時に砂を用いた銃弾鋳型の実物が残っており,「西南記伝」に写真が掲載されている(現物は靖國神社遊就館蔵).棒を切断したものというのは,黒土峠採集例の基底部に直線的に盛り上がる鉄製銃弾が該当するようである.

日記の部隊ではないが,5月12日に大分方面に侵攻した薩軍奇兵隊は6月上旬臼杵で戦っている.その戦場となった諏訪山で採集した銃弾も鉛と錫の合金であり,一個の銃弾における金属の割合は鉛9:錫1程度であった(山田2005).

以上,薩軍奇兵隊の銃弾事情をまとめると,彼等は守備地で直接弾薬を製作してはおらず,必ず後方から補給を受けていた.戦場で回収した使用済み銃弾・使用済み薬莢や分捕った弾薬・小銃は後方に送り届け,修理が必要な銃も後方に送っていた.スナイドル銃やスナイドル弾薬・スペンサー弾薬も少ないが補給されていた.スナイドル弾薬は必ずしも官軍が使うようなものではなかったかもしれない.ペンチ状の銃弾鋳造器で作ったエンフィールド銃弾のようなものでも,薬莢の形をしたものに組み合わせて使ったのかもしれない.

鉄製銃弾が初めて補給されたのは7月23日かその直前くらいである.その後の8月6日の椎葉山の戦いでは錫と錫の合金銃弾や銅弾を戦闘に使っており,調査範囲からは鉄製銃弾は出土していない.鉄製銃弾は威嚇や探り撃ち用という使い分けをしていたらしい.この点,鉄製銃弾だけを使うことのあった熊本隊とは異なっていた.

ハ その他の薩軍に関する弾薬事情 次に熊本隊や奇兵隊以外の部分的情報を掲げる.薩軍のその時々の銃弾事情が見えてくる.

一三月中旬比ニテモ候哉県庁ヨリ御用申来出頭候処,大属松元良蔵ヨリ熊本県下肥後国人吉へ出張弾薬製造所設置候様,尤彼地ニハ本営モ有之候間万端指揮ヲ可受旨相達,草道泉同様工人相連レ差越候処,人吉本営ニハ淵邊群平罷在,新町学校ト申所製造場ニ借受置候段申聞,同人指揮ニテ昼夜弾薬并雷管等製造致サセ,尤諸科料ハ本営大小荷駄方ヨリ相渡申候,

一其后念仕候用向有之帰県イタシ居拾日位過候テ又候人吉へ出張候処,其時分熊本県下諸方之味方相敗レ,西郷隆盛并村田新八等モ人吉へ致滞陣居,新八ヨリ同僚草道泉召呼,鹿児島県下出水郷之内へ鉛山之場所有之候間,親平帰旅次第申談両人之内壱人差越鉛山可取設旨相達由申聞候ニ付,鉛払底之折柄ニテ直様承諾,村田新八エモ申聞工人相連レ出水郷鉛山差越,専ラ鉱業ニ従事,人吉製造所其他諸所へ製鉛差送リ申候事,

一六月十一日官軍出水郷ヲ攻抜キ鉛山エモ打入相成候ニ付,

(「川上親平上申書」『鹿児島県史料 西南戦争 第二巻』pp.712・713)

川上は鹿児島県大属の松元から呼び出され,人吉に弾薬製造所を設置するよう命じられたので人吉に出向いた.薩軍幹部の淵辺群平(高照)から新町学校を確保しているのでそこを使うよう言われ,昼夜弾薬と先込め銃の雷管等を製造した.その後村田新八から,鉛がなくなったので出水郷の鉱山で鉛を製造するよう依頼され,工人を連れて行き鉛を製造し,人吉その他の弾薬製造所に送付していたが,それも6月11日に官軍が出水を占領した時点で終了した.

4月20日の熊本平野での会戦に敗れた薩軍は,その後数日のうちに東南方にあたる阿蘇外輪山裾の木山,浜町を経て人吉盆地に入った.次の史料は5月19日,人吉弾薬製作担当から鹿児島県重冨の正副戸長へ鉛や錫等の供出申入れである.本営を人吉に置き,大口・水俣・球磨川・人吉北方諸道等の盆地出入り口を固め,長期戦の準備を進めていた頃である.

　　　　　　　重冨居住
　　　　　　　　士族　　（※姓名塗潰し）
右ハ其許近郷諸所ヨリ鉛并錫其他物品等買求方付候就テハ右品類買入ノ上ハ時々宿継ヲ以送致
候様可致旨相托置候ニ付自今同人ヨリ品物等当地ヘ向ケ差出□□□無滞人馬差立宿継ヲ以而送
出御取計可給此段申入置候也
　　　　　　　人吉在陣
　五月十九日　　　彈藥本局
　　　　　　　　田原篤宗（印）
　　　　　重冨驛
　　　　　　正副戸長
　　　　　　　　御中

（防衛研究所蔵 C09085035200「探偵書綴　明治 10 年
3 月 2 日～10 年 9 月 29 日―別働第一旅団―」0483）

　重富は鹿児島湾北西部に位置するが，他の地域の行政担当者にも同様の文書が発せられたであろう．人吉弾薬製作所のために鹿児島県内各地の行政組織を利用し，県民が所持する鉛錫製の製品を買い取っていたのである．
　「黒木日記」5 月 23 日には川村参軍から次の探偵書が回送されている．
　　○人吉船場製作スルミニヘール弾薬二千宛，諏訪製作処モ同シク二千宛，新町製作所ハ四千余
　　宛製作スル趣，且製作所ハ其他ニ六七ケ処之レアリ，日々盛ンニ製作スル由
　薩軍の弾薬製作所は人吉に前記の新町製作所を入れ 10 ヶ所ほどあり，それぞれ毎日数千発を製造していたことが分かる．
　以下は薩軍が人吉を長期間本拠にしようとしたにもかかわらず，官軍の攻撃により人吉から追い出される直前の 5 月 29 日の官軍側の探偵による鹿児島県内の報告である．
　別紙探偵書第四旅団ヨリ差出候旨ヲ心得差廻候也
　　十年五月三十日　　川村参軍
　　　　高島少将
　　　　田辺中佐殿

別紙之通當旅團ニ於テ探偵致候方進達仕候也
　　十年五月廿九日　第四旅司令長官
　　　　　　　　曽我陸軍少将
　　　　川村参軍殿
一　田上村ヘ土民救恤所ヲ取設タル由
一　哨兵線通行印鑑ヲ所持スルモノ線外テ殺害シ之ヲ奪ヒ線内ニ立入ルモノアリト云フ
一　鹿児嶋下町市衛ニテ火ノ手揚ルノキハ全ク鹿児島人数勝利ヲ得タルモノニ心得ベシト土民
　　等ニ示ス由
一　伊敷吉田蒲辺ノ賊ハ貴島清引卒出水方ヘ出タルトノ事是ハ出水口官軍進撃スルニ依リ援兵
　　ヲ乞フノ書翰到来致出張スト

一　蒲生ニテ合薬ヲ製スル由
一　同所ノ患者谷山ノ内小田ト云所ニ病院ヲ設ケ之ニ移セリト云フ
一　谷山ノ内錫山ノ錫ヲ取揚鉛ト混和シテ銃弾ヲ鋳ト云フ
一　昨今兵隊ノ頓在所ハ下ハ……（略）
　　　　　五月廿九日

(防衛研究所蔵 C09085036400「―別第一旅団―探偵書)
(綴　明治10年3月2日～10年9月29日」0519～0521)

　5月下旬段階では薩軍が鹿児島湾北岸の蒲生で火薬を作っていること，鹿児島市谷山の錫鉱山で採掘したこと，鉛と混ぜた弾丸を製造していることが分かる．大部分は人吉本営に送ったのであろう．
　次は5月末から6月上旬の宮崎県南西端の都城の状況報告である．

第百七拾六号
別紙都ノ城辺ノ近況当縣櫻島出張官員ヨリ差越其確否之義ハ不分明ニ候得共為御参考差上置候也
　　　明治十年六月五日　　　鹿児島縣令岩村通俊
　　　征討参軍川村純義殿

　　　　都ノ城辺ノ近況
一　都ノ城ノ旧主ハ島津某千石トカ元来賊徒ニ関係セス縣下騒擾ノ際ヨリ其旧臣当今士籍ニ入ル者百名餘ト供ニ櫻島ニ轉居ス
一　初メヨリ賊徒ニ與シ出軍ス士族モ若干名アリ其数詳ナラズ
一　出軍後跡ニ残ル者ハ近来賊之強迫ヲ恐レ去月末本月初メヨリ櫻島ヘ立退来ル者数人ナリ
一　賊ハ去月末頃ヨリ都ノ城辺人民所有之錫ノ器物ハ多少ヲ不問都テ取揚候由是ハ銃玉ノ用ニ供スト云
一　士族之外農工商共壮年ノ者ハ強迫シテ募兵トスト云
一　近日米金及ヒ有高ヲ取調中ト云
一　都ノ城辺ハ別段屯在ノ兵ハ昨今迄見掛ケズ三四名ツヽ巡回強迫ス其魁ハ人吉口ノ輜重方ニテ前田一介ナラント云フ
一　人吉口ノ賊ハ必ス敗北スナラント五六日前ヨリ都ノ城辺頻リニ風説アリ然ルニ一昨日彼地ヨリ櫻島来着ノモノヽ説ニハ既ニ人吉破レタリト其故如何ト問ヘハ糧米等是迄北方ニ運送スルヲ逆ニ南方ニ運ト云
一　近況ニテハ都ノ城近傍小林郷辺ヘ據ル所存カ頻ニ胸壁ヲ築ノ風聞アリ
一　細島ヘ軍艦数艘着ト云其島ハ賊徒三十名餘ニテ守リ着艦ノ報ヲ聞ヤ一二千ノ兵ヲ増加スト云
右風説ニ候得共若シ哉御見合ノ筋ニモ可相成哉存候ニ付此段上申仕候也
　　明治十年六月五日　　　　　　　　　　　赤水出張所

　　　岩村縣令殿

(防衛研究所蔵 C09082312400「探偵書　明治10年5月1日～10年7月18日」0307～0312 海軍省罫紙)

　重富には5月19日に指令文書が出されたが，同じ時期，5月末頃から都城辺りの住民が所有する錫の容器は多少を問わず全て取り上げ，錫弾の製作に供したという．買い取ったわけではなさそうである．この頃には鉛は供出し尽くし，錫の番になっていたのである．

　薩軍本営が人吉に移って以降，薩軍本隊の銃弾材料が錫から鉄に変遷した記述がある．5月上旬から7月中旬の部分である．

　一日官軍簸瀬（葦北）ノ塁ヲ抜キ将ニ神瀬ノ営ニ逼ラントス，黒木孝助中隊長砲声ヲ聞クヤ迅ニ山巓ヲ邀リ横撃之ヲ卻ク，翌日官軍復タ撃テ炮墩ヲ取ル，孝助・今村直二等接戦又之ヲ卻ケ自ラ之ヲ守ル，一夜中線蒲生隊守ヲ棄テ官軍ニ降ル，兵ヲ分テ微ニ之ヲ塞ク，大野・祝坂等ノ戦ヒ最モ劇ク戍線疎ナルヲ以テ援ヲ神瀬ニ請フ，竟ニ扞ク能ハス走テ告村ニ拠ル，是ニ因テ神瀬等ノ兵咸ナ退ク，黒木孝助等澤見ヲ守リ以テ告村ノ戦線ニ聯合ス，明震官軍澤見ノ塁ヲ攻ム，我半隊長天辰静蔵，分隊長持原二惣太戦歿ス，小隊長山澤盛親・今村直二等力拒ス，利アラスシテ渡邨ニ走リ椎屋ノ険ヲ守ル，是ニ至テ初テ錫丸ヲ用ユ，幾何モ無ク官軍昭角ヲ破リ井口ニ逼リ将ニ人吉ヲ衝ントス，（略）我曹能ク捍クヲ以テ止ム，而後大挙シテ我中線ノ鵬翼隊ヲ破ル，鮫島義番半隊長兵ヲ率テ之ヲ援ントス，途ニシテ我軍ノ敗レ走ルニ遇フ，遁ル者僅ニ十余名義番等ノ踪跡如何ヲ知ラス，此日惣軍小林ニ退キ兵ヲ野尻・高原ノ二道ニ岐ツ，我曹平野正助ニ従テ野尻ニ抵リ岩瀬ニ拠ル，高原方部敗積ス，此地タル突出戍便ナラス退テ天谷野尻ヲ戍ル，此地真ニ絶険也，是ニ至テ銃弾専ラ鉄製ヲ用フ，

(「徳丸吉蔵上申書」『鹿児島県史料　西南戦争　第二巻』p.338～341)

　簸瀬を守っていた薩軍蒲生隊が降伏したのは5月22日である．薩軍が沢見から渡村・椎屋に退いたのは5月中旬で，この頃初めて錫製弾丸を使ったとあるのは鉛に錫を混ぜた弾丸であろう．先述の熊本隊は5月当初から錫・鉛合金弾を製造しているので，記録上薩軍本隊がそれを使用した日よりも熊本隊の方が20日ほど先行したことになる．その後，6月1日，人吉から薩軍が退き徳丸らが天谷野尻を守った7月中旬にはもっぱら鉄製弾丸を使ったという．

　一鉛山ハ美々津并ニ都ノ城辺ノ山奥ヨリ頻リニ堀出スト云フ，

(「鹿児島征討始末　別録一」『鹿児島県史料　西南戦争　第一巻』p.229)

　前に鉛を鹿児島県出水の鉱山で掘り出した史料を掲げたが，鉛は宮崎県内から採掘したものもあったのである．

　　　　　　　　戦闘報告

　七月十五日午前五時ヨリ賊千余人其隊ヲ分ツテ四トシ及ヒ大砲一門ヲ以テ我福山原ノ哨兵線ヲ襲フ我兵激戦防禦数時賊稍退ク十二時ニ至リ全ク走ル我兵追テ嘉例川ニ至テ返ル賊死尸十余小銃三四十挺ヲ捨去ル降伏数名アリ此日我兵死傷十五人アリ

　此襲来ノ賊ハ振武行進ノ諸隊ニシテ先キノ切隊ニアラス之ヲ生口ニ糺スニ前宵末吉邉ヨリ追々来ルト云フ今日賊ノ発ツ弾中ニ銕製ノ小銃弾アリ是ヨリ先キ未タ見サルモノナリ

　　　明治十年七月十六日　　　曽我陸軍少将
　　　　　山縣参軍殿
　　　　　川村参軍殿

2 戦争中の銃砲・火箭　　223

$$\begin{pmatrix}防衛研究所蔵\ C09082195900「軍団本営\ 探偵戦闘報告\\ 1\ \ 明治10年6月14日～10年7月21日」1035・1036\end{pmatrix}$$

　7月15日，霧島市喜例川の戦いで薩軍の放った銃弾の中に鉄製弾があり，曽我少将は初めて見たと言っている．この日薩軍が放った銃弾の多くは錫や銅入りのものであり一部に鉄製銃弾が混じる状態だったのだろう．

　下記は別働第二旅団が官軍上層部に7月21日に報告したもの．

　　別帋高富善蔵義當方面左翼ニ於テ怪敷キ者ト看認候間取糺候處而別帋之通申出候条此段御含之上御上申候
　　一過日来賊兵錫之銃丸相用候處最早錫ニモ乏キ趣近日ハ鉄丸相用候得共迚モ鉛丸之如ク遠ク達スル能ハス然ルニ賊兵等ハ矢張リ鉛丸之心持ニ而頻リニ発火セシニ我軍ニ達セサル事アリキ之レニテ弥、弾丸ニ乏シク且賊兵之日、多廉スルノ一端ヲ窺フニ足ルヘク心得候間幸便ニ托シ錫鉄各壱宛差出申候
　　一円札ハ過日其筋ヘ斥候兵差遣候節拾取置候間写シ廻達書相添帰電□申候也
　　　七月廿一日　　　　黒川大佐
　　　山縣参軍殿　　（略）

$$\begin{pmatrix}防衛研究所蔵\ C09082201300「戦闘報告並部署及賊情探偵\\ 書類\ 明治10年2月24日～10年8月16日」0053・0054\end{pmatrix}$$

　前半は，近日薩軍の銃弾が鉄製になったこと，鉛製銃弾のようには遠く飛ばないのに薩軍兵士はそれを知らずいつものように射撃していることを述べ，参考のために錫弾・鉄弾各一を山縣に届けている．銅弾がないのをみると，この方面の薩軍は錫混入弾から鉄製弾に進んだのだろうか．後半は薩軍に囚われていた大分県人のことであり，略す．

　7月29日，宮崎県高岡付近の戦闘で第二旅団は小銃関係として小銃鉄丸2,500発，雷管5,000，弾薬5箱を鹵獲している．弾薬5箱には鉄弾以外であろう2,500発が入っていたとみられ，結局鉄弾は全体の半数程度を占めていたのであろう（「征西戦記稿」巻五十五　日州各地戦記　pp. 43）．

　以下は8月4日，宮崎市佐土原から官軍が発した電報である．7月末から8月上旬は薩軍が日向灘沿岸を官軍に急速に追い詰められ，南から北に敗走を続けていた段階である．

　　第四十六号
　　　八月四日午後五時二十分到来在鹿児嶋小澤大佐ヨリ電報
　　一昨三十一日夜佐土原ヲ抜キタル所別働第二旅團米良谷口ノ一手モ賊ヲ破リ追々進ミ出テタルニ依リ即チ別働第二旅團右翼ノ兵ハツマ町ニ出テ米良谷口ノ兵ト聯絡ヲ取リ同時ニ一瀬即チ佐土原前面ノ賊ノ側面ヲ攻撃シ第二旅團一瀬川賊ノ前面ニ當リ其左翼ハ別働第二賊ノ側面攻撃ノ手ト聯絡シ第三旅團ノ分遣七中隊モ第二旅團ノ右翼ヨリ並ヒ進ムヘキ部署ニ決シ今早朝ヨリ進撃ノ筈ノ處昨夜彼ゞ一瀬川ヲ渡ラントセシニ因リ我兵撃テ之ヲ御ケ續イテ砲戦天明ニ至リ諸道濟シク進撃大勝利破竹ノ勢シテ午前第十時高鍋ニ進入守備ヲ設ケタリ近時賊弾錫銕銅等多ケレトモ昨日来ハ鉛丸多キニ居ルト云フ二日午後六時佐土原発ニテ山縣参軍ヨリ報知アリ

$$\begin{pmatrix}防衛研究所蔵\ C09080553200「戦闘報告原書\ 明治10年\\ 6月22日～明治10年9月17日」討総督本営罫紙\\ 0305\end{pmatrix}$$

この方面でも8月4日頃は錫鉄銅の銃弾が多かったが，2日の戦いでは薩軍が鉛弾を多く使用したと注目している．薩軍がそれまで大事に貯蔵し，使わないでおいた鉛製銃弾を8月2日から急に使い出したという．すぐに戦争が終わりそうなのでこの際使ってしまおうと考えていたのか，敗走に次ぐ敗走のために弾丸を製作する余裕がなかったのかであろう．

　ニ　薩軍銃弾材料の変遷　大分県・宮崎県で発見した銃弾のうちのいくつかについて，山田拓伸氏（大分県立歴史博物館）に蛍光X線分析による金属成分組成調査を依頼し，その結果を一覧表で頂戴したので，次に掲げる（表21・22）．分析は，土や埃あるいは錆などが付着した状態で分析しており，本来の成分値とは違って正確なものではなく，また，標準資料を使って分析した値ではなく，分析装置（フィリップス製：PW2400LSII・管球：スカンジウム管球・出力：60KV，40mA・検出器：シンチレーション検出器，ガスフロー検出器）に付属しているソフトで簡易定量した不正確なものであり，参考値と考えてほしいとの注釈つきである．分析対象の銃弾は大分県佐伯市黒土峠・サムガリ（黒土峠の北側）・椎葉山，臼杵市諏訪山，宮崎県延岡市和田越の遺物である．一覧表では理解しにくいので，検出した成分のうち，鉄（Fe_2O_3）・銅（CuO）・錫（SnO_2）・鉛（PBO）を100％として各成分の割合を円グラフにした．上記4成分以外を除外した割合であり各個体の中における％ではないので，付記しておきたい．

　薩軍の場合，初期の頃以外は銃弾の材料となる鉛不足に悩まされ，次第に錫・銅・鉄を加えたり，単独で用いたりした．熊本県中部・北部で戦っていた2月から4月の銃弾材料は純鉛製がほとんどだったが，人吉に本拠を移動した時から鉛に錫を混ぜるようになり，5月以降の戦場で使われた．7月になると鉛と錫の合金銃弾に加えて銅製あるいは銅を加えた銃弾が登場し，大分県黒土峠・サムガリ，宮崎県の和田越・延岡市烏帽子岳で発見されている．地域によって1ヶ月程度も時間差があるが，7月上旬頃からは鉄製銃弾が一般的に作られるようになる．

　ホ　蛍光X線分析を行った銃弾　図161・162について，みていくことにする．1～15はスナイドル銃弾である．内側に栓が入る4は分類できないが，1～3・5・6はスナイドル銃弾A類で，内側の窪みが深い10～13・15はスナイドル銃弾B類，1条または2条の7～9・14はスナイドル銃弾C類である．微量の錫あるいは鉄を含むと分析結果が出たものもあるが，圧倒的に鉛が多い．16～20は外面に環状溝あるいはその痕跡があり，鉛製の官軍エンフィールド銃弾であると考えた銃弾である．21～23はドライゼ銃弾である．24・29はスペンサー銃弾で25～28はシャスポー銃弾である．この2種類は鉛が主体である．

　30～51はペンチ状の銃弾鋳造器で製造した薩軍の先込め銃弾，エンフィールド銃弾である．内側の窪みに断面台形の栓を詰める銃弾である．鉛が主体の30・31・41・52はサムガリ，36・39・45は6月上旬に戦闘があった諏訪山，38・46・47・49・51・56は8月上旬に官軍が攻撃した椎葉山，57は8月中旬に戦闘があった和田越で，その他は黒土峠である．58はウィットオース銃弾，59・60はシャスポー銃弾である．

　鉛と錫の関係では，①鉛が圧倒的に主体の30～33・39・40・58～60，②鉛に加えて少量の錫を含む42・43，④やや錫が増える34・36・45・49・50，⑤鉛と錫の比率が半々ないし錫が多い37・38・41・46，⑥錫が鉛を圧倒する47・48の六種類の在り方に分類できる．

　銅を混入するようになった51～57のうち，形態上51だけは内側に窪みがあるが，その他は窪みがない．全てに錫を混入するが，鉛のないもの（56），鉄のないもの（51）もある．51は錫が主体

表21 蛍光X線分析による銃弾分析結果1

番号	1	2	3	4	5	6	7	8
試料	黒土峠5	黒土峠20	黒土峠88	黒土峠133	黒土峠77	黒土峠165	黒土峠226	黒土峠178
ファイル名	01-125	01-126	01-130	01-137	01-128	01-76	01-48	01-79
検出元素	Al, Si, S, Cl, K, Ca, Cu, Sn, Pb	Al, Si, S, Cl, K, Ca, Fb	Al, Si, S, Cl, K, Ca, Sn, Pb	Al, Si, S, Cl, K, Ca, Cr, Sn, Pb	Al, Si, S, Cl, K, Ca, Cr, Sn, Pb	Na, Al, Si, S, Cl, K, Ca, Ti, Fe, Sn, Pb	Al, Si, S, Cl, K, Ca, Cr, Cu, Sn, Sb, Pb	Al, Si, S, Cl, K, Ca, Cu, Sn, Pb
Fe_2O_3						2.0		
CuO	0.2						0.1	0.2
SnO_2	2.1		2.0	2.4	0.6	1.2	1.9	4.8
PbO	93.8	92.8	93.2	89.8	94.8	68.5	90.4	86.9
%	95.9	92.8	95.2	92.2	95.5	71.7	92.4	91.9

番号	9	10	11	12	13	14	15	16
試料	黒土峠80	黒土峠196	黒土峠195	黒土峠28	黒土峠134	黒土峠166	黒土峠78	黒土峠129
ファイル名	01-56	01-62	01-61	01-127	01-73	01-77	01-58	01-71
検出元素	Al, Si, S, Cl, K, Ca, Pb	Al, Si, S, Cl, K, Ca, Fe, Pb	Al, Si, S, Cl, K, Ca, Cr, Cu, Pb	Al, Si, S, Cl, K, Ca, Pb	Al, Si, S, Cl, K, Ca, Cu, Pb	Na, Al, Si, S, Cl, K, Ca, Fe, Cu, Sn, Pb	Al, Si, S, Cl, K, Ca, Pb	Na, Al, Si, Cl, K, Ca, Cr, Pb
Fe_2O_3		1.6				0.2		
CuO			0.1		0.1	0.2		
SnO_2						3.1		
PbO	96.6	83.6	96.5	95.5	93.8	86.0	96.5	95.2
%	96.6	85.2	96.6	95.5	93.9	89.5	96.5	95.2

番号	17	18	19	20	21	22	23	24
試料	黒土峠133	黒土峠157	黒土峠175	黒土峠24	黒土峠102	黒土峠136	黒土峠177	黒土峠182
ファイル名	01-137	01-75	01-78	01-57	01-136	01-138	01-140	01-135
検出元素	Al, Si, S, Cl, K, Ca, Cr, Sn, Pb	Al, Si, S, Cl, K, Ca, Cu, Sn, Pb	Na, Al, Si, S, Cl, K, Ca, Fe, Cu, Sn, Pb	Al, Si, S, Cl, K, Ca, Cr, Fe, Cu, Sn, Pb	Al, Si, S, Cl, K, Ca, Pb	Si, S, Cl, K, Ca, Pb	Na, Al, Si, S, Cl, K, Ca, Cr, Pb	Al, Si, S, Cl, K, Ca, Cr, Pb
Fe_2O_3			0.1	0.2				
CuO		0.2	0.1	0.2				
SnO_2	2.4	2.4	3.1	4.5				
PbO	89.8	91.4	88.1	90.4	91.9	97.3	91.4	92.9
%	92.2	94.0	91.4	95.3	91.9	97.3	91.4	92.9

番号	25	26	27	28	29	30	31	32
試料	黒土峠176	黒土峠123	黒土峠112	黒土峠15	黒土峠84	サムガリ18	サムガリ6	黒土峠85
ファイル名	01-134	01-133	01-132	01-131	01-129	01-69	01-63	01-41
検出元素	Al, Si, S, Cl, K, Ca, Cr, Pb	Al, Si, S, Cl, K, Ca, Pb	Na, Al, Si, S, Cl, K, Ca, Cr, Pb	Al, Si, S, Cl, K, Ca, Pb	Al, Si, S, Cl, K, Ca, Pb	Al, Si, S, Cl, K, Ca, Fe, Sn, Pb	Al, Si, S, Cl, K, Ca, Fe, Cu, Sn, Sb, Pb	Al, Si, S, Cl, K, Ca, Cu, Ag, Sn, Sb, Pb
Fe_2O_3						1.4	1.2	
CuO							0.1	0.1
SnO_2						2.1	2.3	4.5
PbO	94.2	94.3	93.6	94.0	93.6	84.5	81.7	87.8
%	94.2	94.3	93.6	94.0	93.6	88.0	85.3	92.4

表22　蛍光X線分析による銃弾分析結果2

番号	33	34	35	36	37	38	39	40
試料	黒土峠273	黒土峠357	黒土峠359	諏訪山2	黒土峠358	椎葉山30	諏訪山3	黒土峠282
ファイル名	01-45	05-11	05-13	01-55	05-12	05-18	01-56	01-46
検出元素	Al, Si, S, Cl, K, Ca, Cu, Sn, Pb	Na, Al, Si, S, Cl, K, Ca, Cr, Zr, Ag, Sn, Pb	Na, Al, Si, S, Cl, K, Ca, Cr, Zr, Sn, Pb	Al, Si, S, Cl, K, Ca, Cr, Fe, Cu, As, Ag, Sn, Sb, Pb	Na, Mg, Al, Si, S, Cl, K, Ca, Cr, Zr, Ag, Sn, Pb	Na, Al, Si, S, Cl, K, Ca, Cr, Fe, Zn, As, Sr, Zr, Sn, Pb	Al, Si, P, S, Cl, K, Ca, Cr, Fe, Pb	Al, Si, S, Cl, K, Ca, Fe, Cu, Sn, Pb
Fe2O3				0.3		0.5	0.5	2.0
CuO	0.0			0.2				0.2
SnO2	2.7	13.7	13.4	12.9	42.0	47.9		1.5
PbO	92.0	64.5	68.2	74.7	43.3	34.2	81.3	82.2
%	94.8	78.3	81.6	88.2	85.3	82.6	81.7	85.9

番号	41	42	43	44	45	46	47	48
試料	サムガリ13	黒土峠242	黒土峠327	黒土峠229	諏訪山1	椎葉山28	椎葉山29	黒土峠356
ファイル名	01-66	01-44	01-47	01-42	01-54	05-16	05-17	05-10
検出元素	Al, Si, S, Cl, K, Ca, Fe, Cu, Zn, Sr, Sn, Pb	Al, Si, S, Cl, K, Ca, Cr, Fe, Sb, Pb	Na, Al, Si, P, S, Cl, K, Ca, Cr, Fe, Cu, As, Sn, Sb, Pb	Al, Si, S, Cl, K, Ca, Cr, Fe, Cu, Sn, Sb, Pb	Al, Si, S, Cl, K, Ca, Fe, Sn, Pb	Na, Al, Si, S, Cl, K, Ca, Cr, Cu, As, Ag, Sn, Pb	Na, Mg, Al, Si, P, S, Cl, K, Cr, Cu, As, Ag, Sn, Pb	Al, Si, S, Cl, K, Ca, Cr, Sn, Pb
Fe2O3	0.9	1.0	0.8	1.1	0.8			
CuO	0.1		0.0	0.0		0.1	0.2	
SnO2	56.7	5.1	3.6	6.4	10.9	36.1	72.7	13.9
PbO	30.2	84.6	85.2	80.5	80.3	50.1	15.9	73.5
%	87.9	90.7	89.6	88.0	92.0	86.3	88.8	87.4

番号	49	50	51	52	53	54	55	56
試料	椎葉山27	黒土峠240	椎葉山31	サムガリ12	黒土峠148	黒土峠111	黒土峠71	椎葉山32
ファイル名	05-15	01-43	05-19	05-9	01-40	01-60	01-39	05-20
検出元素	Al, Si, S, Cl, K, Ca, Cr, As, Sn, Pb	Al, Si, S, Cl, K, Ca, Cu, Sn, Sb, Pb	Na, Al, Si, P, S, Cl, K, Ca, Cr, Fe, Cu, As, Ag, Sn, Pb	Na, Al, Si, P, S, Cl, K, Ca, Ti, Cr, Mn, Fe, Cu, As, Sn, Pb	Al, Si, S, Cl, K, Ca, Fe, Cu, Zn, As, Ag, Sn, Sb, Pb	Al, Si, P, S, Cl, K, Ca, Ti, Cr, Fe, Mn, Fe, Cu, Zn, As, Sn, Sb, Pb	Al, Si, P, S, Cl, K, Ca, Ti, Cr, Fe, Cu, Zn, As, Ag, Sb, Pb	Na, Mg, Al, Si, S, Cl, K, Ca, Cr, Mn, Cu, As, Sn, Pb
Fe2O3			0.1	0.8	11.1	2.3	8.8	
CuO		0.2	18.0	16.1	25.3	67.1	37.7	64.7
SnO2	74.4	10.0	39.3	24.8	16.9	12.2	8.6	24.7
PbO	17.6	81.6	2.6	3.5	13.5	8.0	5.5	0.1
%	92.0	91.8	60.0	45.1	66.9	89.6	60.7	89.5

番号	57	58	59	60
試料	和田越	黒土峠270	黒土峠275	黒土峠314
ファイル名	01-38	01-49	01-50	01-51
検出元素	Al, Si, P, S, Cl, K, Ca, Ti, Cr, Fe, Co, Cu, As, Sn, Sb, Pb	Al, Si, S, Cl, K, Ca, Cu, Pb	Al, Si, S, Cl, K, Ca, Cr, Fe, Pb	Al, Si, P, S, Cl, K, Ca, Pb
Fe2O3	1.7		1.0	
CuO	62.0	0.1		
SnO2	3.8			
PbO	0.9	94.9	92.5	90.3
%	68.4	95.0	93.5	90.3

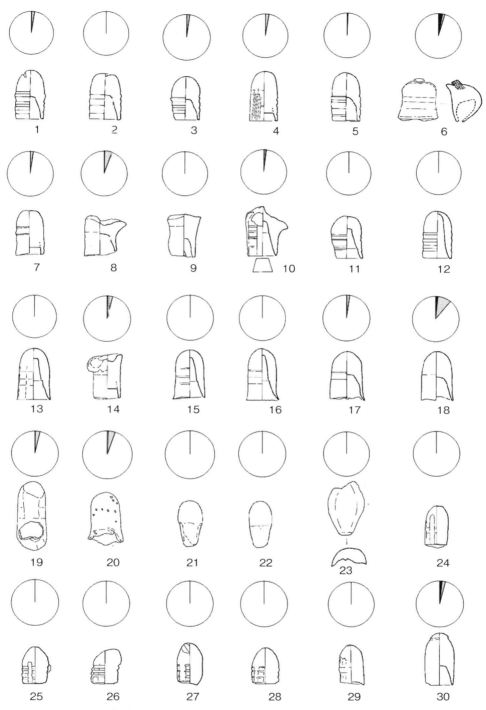

図 161　各種銃弾の蛍光 X 線分析 1（白色は鉛，灰色は錫，薄黒色は銅，黒色は鉄）

で銅がそれに次ぎ，鉛も微量ある．52 は錫が主体だが外見は銅のような色である．58〜60 の 3 点は鉛を主体としており，残りの成分は夾雑物が検出されたとみられる．これらは比較的希少銃であり，薩軍兵士がこの時点まで使わずに個人的に所蔵していたものを持ち込んだのであろう．

228　第4章　野戦構築物と銃砲・火箭の使用

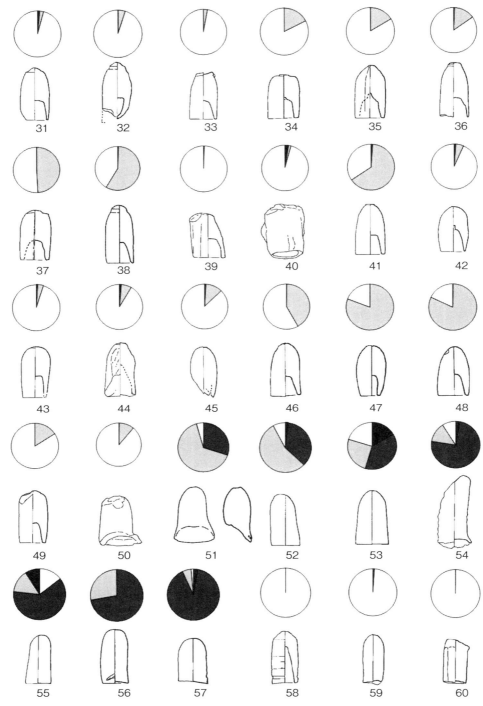

図162　各種銃弾の蛍光X線分析2（白色は鉛，灰色は錫，薄黒色は銅，黒色は鉄）

　なお，先込め銃に関して官軍はエンフィールド銃で統一されていたが，薩軍の場合は各種の先込め銃を装備していたと考えられるので，本文中では表27その他の記述の都合上，エンフィールド銃と先込め銃を区別して記述している．先込め銃という大きな分野の中にエンフィールド銃が包含

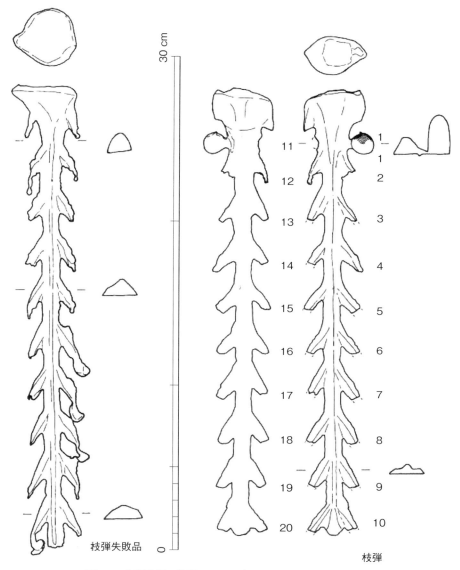

図163　銅製銃弾の枝弾（右），同失敗品（左）（靖國神社遊就館蔵）

されているわけである．

　ヘ　枝　　　弾　銅製銃弾は基部を窪ませない点が，他の鉛製や錫と鉛の合金銃弾と異なっていた．窪ませたのでは軽量すぎてしまうからであろう．銅製銃弾はどのような方法で製造していたのか不明だったが，鋳型から取り出した直後の枝銭状の物が遺存していることが分かった．靖國神社遊就館を見学していて銃弾を製作する際の遺物があることに気づいた（図163・164）．その後，遊就館蔵の弾箒と称する3点の写真が「西南記伝」に掲載されていることが分かり，そのうちの2点がここで紹介する遺物である．玉箒という箒に玉を多数付けたもので蚕室を掃く儀式があったらしいが，玉の字を弾に換えて説明したものである．「西南記伝」の写真を見たことはあったがそれが何であるか，その際は気づかなかった．弾箒ではなく枝弾と呼ぶことにする．枝弾に付いている付箋によるとこれらは靖國神社遊就館に陸軍軍人吉田清一が寄贈した品である．

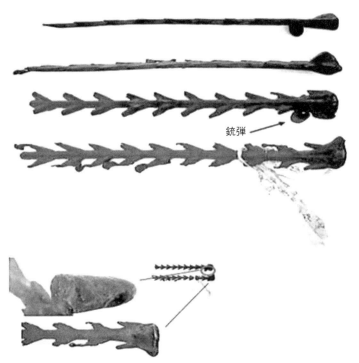

図164 銅製銃弾の枝弾（上），同失敗品（下），近接写真（左）
（靖國神社遊就館蔵）

この人は薩摩出身で，1848（嘉永元）年に生まれ，1869年に西郷隆盛が西郷小兵衛ら薩摩藩士5人を京都の陽明学者春日潜庵の門に遊学させた内に含まれている．1871年に陸軍に入っているが途中出向したらしく，1877年4月5日には開拓使出仕から別働第一旅団付となり，4月13日に陸軍大尉に任じ参謀を務めた．ただ，「征西戦記稿附録」陸軍職員録は1877年2月1日改のものであるため，吉田清一の名は記載されていない．軍人としては中将で退職し1917年に没した（生没年は福川秀樹2001「日本陸軍将官辞典」pp.793 芙蓉書房出版による）．

4月以降吉田が参謀を勤めた別働第一旅団は，初め2月27日に編成されて大山巌少将が司令官だった．3月8日には島津久光への勅使護衛兵として鹿児島へ同行した高嶋鞆之助大佐が3月28日に新規の別働第一旅団司令官（この時は少将）となった．東京・広島・名古屋・仙台・熊本各鎮台と近衛砲兵・工兵から引き抜いた部隊から成る混成旅団だった．別働第一旅団は3月19日熊本県日奈久南方の巣口上陸後は北上を続け，一転4月26日には鹿児島に上陸，6月29日鹿児島を発し大隅半島へ渡った．以後の戦闘場所・経過地名と日付を記す．

7月1日大隅半島西部の高須，5日垂水市二川，6日槻野（垂水市岳野か）・鹿屋市市成，8日鹿屋市百引，11日曽於市末吉・荒佐，23日曽於市鍋村，24日都城，25日飫肥，8月6日佐土原，7日高鍋．8月7，8日，二個大隊が大分方面へ分遣されている．吉田が寄贈した枝弾はどこで入手したかの情報は全く伝わっていないが，従軍していた別働第一旅団が捕獲したものであるとすれば銅製銃弾が登場した時期の上記の経路のどこかで入手したものであろう．上記経路の中で該当しそうなのは長期間薩軍の武器製造を続けた佐土原または高鍋であったかもしれない．そうであれば8月上旬となるが．

別働第一旅団ではないが，この間，8月7日の別働第二旅団の「征西戦記稿」（巻五十七美々津戦記pp.36）の鹵獲表には銃弾1万6,700個や「鋳形三十一」等が記録されており，鋳型31個が目をひく．どこで捕獲したかの記載はないが，この時点であり銅弾か鉄弾の枝弾を指すのであろう．

遊就館には2点の銅製枝弾があるが，正確には枝弾と枝弾失敗品である（図163・164）．遊就館の枝弾1個では銃弾20個を作っており，一般に一個の枝弾で20個の銃弾ができるとすると31個の枝弾では計620個の銃弾ができたことになる．銃弾1万6,700個を作るとすれば，最低でも835個の枝弾が必要となる．枝弾もまた金属であり，多くは再び鋳つぶされて銃弾製造の材料になった

と思われる．この日別働第二旅団は耳川下流の南岸から進み，戦闘しつつ山陰から富高新町に到着している．枝弾を戦場に持ち込むのは不自然であり，31個は富高新町の銃弾製造所で捕獲した可能性が大きい．捕獲されたために薩軍により再び溶かされずに残ったのである．

枝弾は長さ27.1cm，頭部の幅3.6cm×2.3cm，重量261.5gである．全体は一直線の軸の左右に10個ずつの分岐点がある．そこから小枝が分かれ，その先端でそれぞれ銃弾1点ずつを作ろうと試みている．長軸に直角の位置の断面は片面（A）が平坦で反対側（B）は凸状に近い．溶けた銅の注ぎ口（湯口）を上にした状態で説明する．長軸（湯道）から突き出た小枝は20個あり，1から20の番号を付けると，湯口部分の上面は両端の尖った楕円形で表面中心部の状態は均一ではなくぶつぶつ状態である．枝弾全体の側面観はやや弓なりで，わずかに中央が突出気味である．

湯口のすぐ下右に湯道に直角に突き出た短い小枝の先に銃弾が1点ある（同図：1番）．銃弾は先端を手前にし，基部を向こう側にした状態で，側面基部で枝と繋がっている．また，銃弾の側面に1ヶ所小さい窪みがあり，溶けた銅が鋳型の全体に行き渡らなかったことが分かる．このため，使用に耐えないと判断されこの銃弾は折り取られなかった可能性がある．あるいは分捕った時点では20個の銃弾が付いていたが，19個はその後に折り取られたのかもしれない．銃弾の基部には細い突起が1ヶ所みられるが，これは後で削除されるべき湯張りである．左側は根元から折り取られている（同図：20番）．

同図：2～19番までの小枝の角度は中心軸に対して斜め下方約40度の傾斜がある．溶けた銅が枝先に向かって容易に流れ込みやすくした工夫とみられる．2番・12番は枝の先端が丸まっており，溶けた銅が銃弾用の空間に充填できなかったのである．その他は先端が折り取られているので銃弾ができていたことが分かる．

枝弾失敗品は長さが28.5cm，湯口の幅3.9cm×3.5cm，重量274.5gで枝弾とほぼ同寸同形である（図163左）．側面観は枝弾と同様やや弓なりで小枝が斜めに左右10個ずつある．同図の小枝5番・10番以外の先端は丸味を帯びる．小枝5番・10番は「西南記伝」の写真では先端が6番や11番のように小さく丸まっており，現在に至るまでのいつかに折損したわけである．したがってこの枝弾失敗品ではひとつも銃弾製作ができなかったのである．

枝弾と枝弾失敗品はどちらも長軸断面の片面が三角形に突出し，反対側は平坦である．三角形に突出したのと同じ側に一つ残った銃弾の先端が位置し，銃弾基部は枝弾平坦面に並ぶ位置にある．鋳造に際しては箱に詰めた砂型の表面に断面三角の溝を彫り，そこから各小枝を延ばし先端に模型となる銃弾を基部が上面に並ぶように押し込んだ後に抜き取って鋳型を成型したと考えられる．抜き取る際は手前には引き抜きにくいので，銃弾の頭の方から針金か細い棒を砂型に刺して銃弾を押し出したのではないだろうか．完成時には銃弾の頭部にバリが生じるので，それを削って平坦にしたのではないかと想像する．

靖國神社遊就館蔵の鋳製銃弾関連遺物は，以上の通りである．銅製銃弾にはペンチ状の銃弾鋳造器を使ったときに残る縦方向の合わせ目がないので，砂や粘土を使った何らかの方法で製造していたとは考えていたが，天保通宝でも作るようなやり方を行っていたのである．遊就館蔵品を観察した後に戦跡で発見した銅製銃弾を改めて見直したところ，これまで見落としていた点に気づいた．それは銅製銃弾には枝弾の小枝を折り取った痕跡の処理痕が残っている点である．銅製銃弾を説明する．銅製銃弾で観察できた例としては，大分県佐伯市宇目の黒土峠（図165：1～5）・椎葉山遺跡

232　第4章　野戦構築物と銃砲・火箭の使用

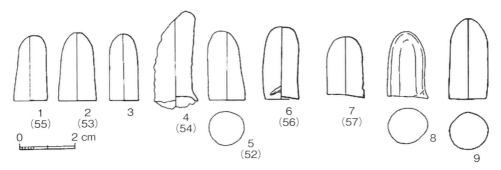

図 165　銅製銃弾集成（1〜5は大分県黒土峠，6は大分県椎葉山，7は宮崎県和田越，8は宮崎県烏帽子岳，9は宮崎県天包山にて出土）※（　）内は図162の番号

図 166　小枝部分を叩いて潰した銃弾（左は7の和田越の銃弾，右は8の烏帽子岳の銃弾）

（同図：6）・宮崎県延岡市和田越（同図：7）・烏帽子岳（同図：8）がある．その他，実見してないが宮崎県天包山でも発見されている（同図：9）．枝弾の小枝処理には次の三つの方法が認められる．

1．小枝部分を叩いて潰す方法

　和田越例（図165：7・図166：8）は長さ23.69mm・直径13.53mm・重量22.6gである．研いだ痕跡はなく，代わりに下部側面に小枝との連結を折り取った跡を叩いて平坦にした横6mm・縦4mmの痕跡がある．底面は凹んでおりきれいな平坦面ではない．1ヶ所，叩いて平坦にした側だけが底側に飛び出ている点からもこの部分で小枝と繋がっていたことが窺える．明瞭に枝部分が残るので実用に耐えなかったとみられる．側面には溶けた銅が行き渡らなかった小さい凹みがある．

　烏帽子岳例（図165：8・図166：8）は長さ26mm・基部の直径13.5mm×14.5mm・重量23.8gである．側面下端の一箇所が真円形よりも1mm程度外側に張り出し，その部分は枝弾に繋がっていたとみられる．その先端部は折れた状態ではなく丸みを帯びている．二次的に修正したのであろう．この銃弾は黒土峠例や椎葉山例のように鑢で研いだような痕跡は全く認められず，側面の一部には7，8ヶ所小さい粒粒が観察できる．本来なら出っ張りや粒粒は削り落としたはずであるがそのままになっており，このままでは銃身に入らなかったようである．幅数十センチ内の同じ場所で多数の使用済み雷管も採集したので，ここで射撃を繰り返した兵士がこの銃弾は使用できないと判断し，この銅製銃弾をここに捨てたのであろう．

2. 小枝部分をヤスリで削り，痕跡を消す方法

　黒土峠（図165：2・図167）は長さ26.53 mm・基部の直径13.65 mm・重量25.1 gである．側面の下から9 mmの幅は横方向に鑢（ヤスリ）のようなもので研がれ，細かい線条痕が横方向に密に並んでいる．手に持った部分を研ぎ終わると少し回転し，同様に研ぐという動作を繰り返したことが分かる．どこで枝弾の小枝と繋がっていたのか痕跡は残らない．外底面は平滑で，鋳型から取り出したままと思われるが，平坦面に置くと斜めに立つ状態となる．鋳型を作るときに斜めに見本を差し込んだのであろう．先端は直径3 mm程度の円形平坦面をなす．

図167　小枝部分をヤスリで削り，痕跡を消した銃弾（黒土峠の銃弾　図165：2）

3. 小枝を折り取った後で痕跡を磨く方法

　椎葉山例（図165：6・図168）は8月6日の戦いで使われたと考えられるもので，長さ27.9 mm・直径13.9 mm・重量22.8 gである．頂部先端中央は幅3 mmほどの平坦面になっているが，光沢がある面が三つあり，敲いて平らにしたのかもしれない．側面には銅が行き渡らなかった空洞がいくつかある．底面はやや窪み，側面との境は

図168　小枝を折り取った後で痕跡を磨いた銃弾（椎葉山の銃弾　図165：6）

凸凹で下方に出た部分を研磨している．基部底面外周から基部外面下部にかかり，凹凸の部分が2ヶ所あり，そのうちの1ヶ所で枝弾の小枝との連結部を折断したと考えられるが，どちらであったかは分からない．

　以上，銅製銃弾は枝弾から折り取る方法で製造されたことを確認した．側面下部の全周を鑢で研いだものと側面下端付近の小枝部分を叩き潰しただけのもの，磨いたものがあることを確認した．どれも枝弾から折り取ったものと考えられ，その相違は鋳上がった製品の形状が，特に側面下部が歪な場合には念入りに砥いだり磨いたりし，整っている場合は小枝折断部を叩き潰したのである．内側に窪みを作らなかったのは，銅製銃弾が鉛や錫が多く入るものよりも軽量だったため，重さを増すためだったのは確実である．このほか，宮崎県西米良村天包山でも原形をよく保つ銅製銃弾1点が採集されている（図165：9　堀田2015）．9は3に似た形で，長さ2.83 cm・直径1.37 cm・重さ24.8 g．7月22日の戦闘で次に示す鉄製銃弾などと共に薩軍が発射したものであろうと報告されている．

　ト　鉄製銃弾　鉄製銃弾が残っているとしても錆びてしまって原型を留めていないだろうと思っていたが，意外に良好な状態のものが和田越と黒土峠から見つかっている（図169：1〜10）．最近，天包山でも1点採集された（堀田2015）．

234　第4章　野戦構築物と銃砲・火箭の使用

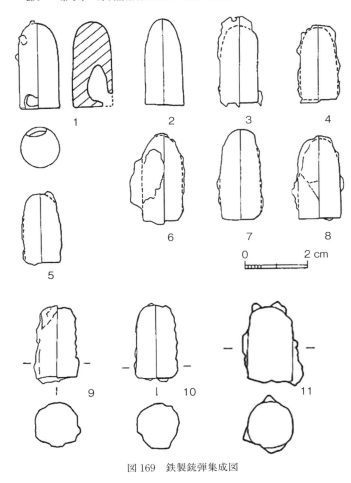

図169　鉄製銃弾集成図

図169：1〜8は和田越，9・10は黒土峠採集品である．11は銅製銃弾と同じ天包山で採集され，7月22日に薩軍が発射したものであろうと考えられている．錆が進んでいるとされる．和田越例は和田越旧道の脇に施設を建設する際に宮崎市在住の吉田俊行さんが採集したものである．

1・2はほとんど錆びておらず，表面は当時の状態に近く底面は平坦である．1は基部から側面にかけて1ヶ所欠け，そこから内部に空洞が広がる．枝弾から折り取る際に内部に空洞ができていたので，このような欠損状態になったのであろう．残りの銃弾も底面は平坦である．それぞれの長さ・直径・重さは次の通りである．1（2.6 cm・1.25 cm・1.65 g），2（2.7 cm・1.25 cm・19.10 g），3（2.4 cm・1.2 cm・19.80 g），4（2.25 cm・1.2 cm・17.10 g），5（2.15 cm・1.2 cm・1.58 g），6（2.6 cm・1.3 cm・20.50 g），7（2.8 cm・1.3 cm・18.80 g），8（2.5 cm・1.35 cm・17.20 g）．

9は黒土峠例で，長さ24.09 mm，直径1.539〜1.368 mm，重さ18.30 g，である．錆が進んでおり，表面は凹凸がある．基部は平坦ではなく，中央に稜線が通るように見える．棒鉄を切断したものか．10も黒土峠例である．長さ2.3 cm，直径1.45〜1.35 cm，重さ18.70 g，である．基部面は平坦である．11は天包山例で，長さ2.48 cm・直径1.45 cm・重さ13.70 gである．

　チ　材料による重量の相違　鉛製銃弾・鉛と錫の合金銃弾・銅製銃弾・鉄製銃弾などについて，材料の違いが銃弾の重さにどれくらい反映していたのかについてみておきたい（表23：1〜32）．

　比較に用いる戦跡は以下の期日に戦闘が行われている．熊本県玉名郡玉東町半高山は3月3日から4月15日まで，玉東町二俣官軍砲台は瓜生田と古閑に分かれるが3月4日から4月20日まで，大分県臼杵市諏訪山は6月9日，大分県佐伯市黒土峠は7月3日から27日までの間，宮崎県延岡市和田越は8月14・15日，烏帽子岳は8月16日から18日の戦闘で薩軍が使った，あるいは使おうとした銃弾である．表23：1〜3は玉東町出土の薩軍の先込め銃弾で，6はイギリス型のスナイドル銃弾（宮本分類によるA類），7は内側の窪みが長い日本型のスナイドル銃弾（宮本分類によるB類）である．8〜31は薩軍先込め銃弾である．8〜11は鉛を主とし錫少量のもので，重量の平均値は31.18 g．12は同様で鉛と錫が拮抗するもの．13は鉛3割・錫7割程度のもの，14は錫が5割

表23 材質による銃弾の重量比較

No.	銃弾の種類	金属成分	戦跡名	図番号	重量g ※は平均値	戦闘時期
1	エンフィールド	鉛	半高山	原報告書	※32.09	3月
2	エンフィールド	鉛	横平山	原報告書	※30.73	3月
3	エンフィールド	鉛	二俣官軍砲台跡	原報告書	※29.76	3月・4月
4	エンフィールド	鉛	諏訪山	原報告書	※30.73	6月上旬
5	エンフィールド	鉛	黒土峠	原報告書	※29.66	7月・8月
6	スナイドルA類	鉛	横平山・半高山	原報告書	※29.91	7月・8月
7	スナイドルB類	鉛	二俣・横平山・半高山	原報告書	※29.14	7月・8月
8	先込め銃(薩軍)	鉛主・錫従	黒土峠	図162：33	32.50	7月・8月
9	先込め銃(薩軍)	鉛主・錫従	黒土峠	図162：49	33.00	7月・8月
10	先込め銃(薩軍)	鉛主・錫従	黒土峠	図162：34	29.00	7月・8月
11	先込め銃(薩軍)	鉛主・錫従	サムガリ	図161：13	27.80	7月・8月
12	先込め銃(薩軍)	鉛錫半々	黒土峠	図162：37	29.30	7月・8月
13	先込め銃(薩軍)	錫＞鉛	サムガリ	図162：41	28.30	7月・8月
14	先込め銃(薩軍)	錫＞銅＞鉛	サムガリ	図161：5	22.00	7月・8月
15	先込め銃(薩軍)	銅＞錫＞鉛	黒土峠	図162：55	20.20	7月・8月
16	先込め銃(薩軍)	銅＞錫＞鉛	黒土峠	図162：54	26.70	7月・8月
17	先込め銃(薩軍)	銅主体？	天包山	図165：9	24.80	7月中旬
18	先込め銃(薩軍)	銅	黒土峠	原報告書	20.50	7月・8月
19	先込め銃(薩軍)	銅	黒土峠	図162：53	25.10	7月・8月
20	先込め銃(薩軍)	銅＞錫＞鉛	和田越	図165：7	22.60	8月中旬
21	先込め銃(薩軍)	銅	烏帽子岳	図165：8	23.80	8月中旬
22	先込め銃(薩軍)	鉄	和田越	図169：1	16.50	8月中旬
23	先込め銃(薩軍)	鉄	和田越	図169：2	19.10	8月中旬
24	先込め銃(薩軍)	鉄	和田越	図169：3	19.80	8月中旬
25	先込め銃(薩軍)	鉄	和田越	図169：4	17.10	8月中旬
26	先込め銃(薩軍)	鉄	和田越	図169：5	15.80	8月中旬
27	先込め銃(薩軍)	鉄	和田越	図169：6	20.50	8月中旬
28	先込め銃(薩軍)	鉄	和田越	図169：7	18.80	8月中旬
29	先込め銃(薩軍)	鉄	和田越	図169：8	17.20	8月中旬
30	先込め銃(薩軍)	鉄	黒土峠	図169：9	18.30	7月・8月
31	先込め銃(薩軍)	鉄	黒土峠	図169：10	18.70	7月・8月
32	先込め銃(薩軍)	鉄	天包山	図169：11	13.70	7月中旬

以上で銅が3割程度，鉛少量である．15・16は銅が7割程度で残りは錫・鉛と少量の鉄を含み，16は銅を主体とするがやや長いので重い．17は肉眼観察で銅製と考えられている．そう考えるのは形態から不自然ではない．銅製銃弾の平均値は23.39gである．

21は錫・鉛を含むが，銅が9割程度のもの，23〜29は和田越の北側，現在金属製のタンクがある場所で採集されたもので，おそらく備蓄された状態でまとまって発見されたらしく，この鉄製銃弾8個の重量平均値は18.10gである．黒土峠の30・31も鉄製銃弾で平均値は18.50gである．32の天包山例は錆ぶくれによる変形が著しいが鉄製弾丸の可能性が指摘されている．おそらくそうであろう．全ての鉄製銃弾の平均値は17.96gである．その重量は銅製銃弾の23.20gに比べると78％，錫と鉛の合金製銃弾と比べると62％しかなく，鉄製銃弾が極めて軽量であるのは明らかである．鉄製銃弾を重たくするには長くすればよいが，長さと直径には最小限こだわるべき比率が必要であろう．極端に言えば針金を真っ直ぐ発射することはできないようなものである．合理的な長さを外れれば直進性が損なわれるだろう．

諏訪山と黒土峠で採取されたものを合わせた錫と鉛の合金製銃弾の重量は平均29.50gであるが，この数値はスナイドル銃弾I類からVII類の公式重量31.103gとほとんど同じ値である．前者は

陶栓を除外した数値であり，重量の点では必要な重さを備えており全く問題がなかったとみられる．この銃弾はペンチ状の弾丸鋳造器を使い1個ずつ製作されたと考えられる．銃弾成分に銅が増えると急激に軽くなる．黒土峠と和田越の銅製銃弾の重量平均値は23.2g．錫と鉛の合金製銃弾に比べ6.3gも軽く，黒土峠と和田越の鉄製銃弾になるとさらに軽量化し18g台になっている．銅製銃弾と鉄製銃弾に内側の凹みがないのは，重量を少しでも重くしようとしたためである．これらはスナイドル銃弾のような基部の凹みがないので，射撃時の爆発力を充分に受け止め推進力に替えるという点でも劣っているし，銃弾の裾部が拡張して銃身に密着するということもできない．

鉄製銃弾の作り方には次の二つがある．和田越の鉄製銃弾4点のうち1点の内部には空気が入り込んだ広い空間があり，内部が覗けるように基部から側面にかけて長さ8mmが欠けている．この部分で枝弾の枝に連結していたと思われる．枝から折り取るときに内部に空洞ができていたため，銃弾部分まで欠けてしまったのであろう．これにより鉄製銃弾も枝弾から折り取ったことが分かる．

一方，黒土峠の一例は棒鉄を切断して作った可能性がある．錆が進行し不確かだが基底部の中央に低い山脈のような一直線の稜らしきものが認められる．黒土峠近くの赤松峠周辺で，7月23日に官軍が観察した「鋳鉄ハ棒鉄ヲ断チ切リシモノ」は鉄棒を切断し先端を研磨し整形して製造されたもので，黒土峠例がそれに該当する可能性がある．

鉄製銃弾が作られたのは鉛・錫・銅が不足したからであり，一般に登場するのは7月になってからで，熊本隊永田勝馬上申書では鉄製銃弾の登場は7月上旬頃三股町蓼池においてである．

鉄製銃弾の威力について熊本隊の古閑俊雄が遺した「戦袍日記」では，7月30日宮崎県において，

> 同三十日，薩兵官兵ト河ヲ隔テヽ相戦フ，此時薩兵及ビ熊本隊弾丸既ニ乏シク，丸多クハ鉄弾ヲ用フ，此ニ於テカ我ガ發スル所ノ弾丸敵寨ニモ達セザル者多シ，官兵鍋弾ヲ以テ之レヲ目笑ス，
> 　　　　　　　　　　　　　　　　　　　　　　　（古閑俊雄「戦袍日記」pp. 131）

薩軍と熊本隊の鉄製銃弾は官軍陣地に届かず，官軍兵士達は鍋からできた弾だと笑ったのである．同様の記録は一々触れないがしばしば見られる．鉄製銃弾というのは要するに鉛や錫，あるいは銅製の銃弾に比べて軽量でおそらく多くの銃では口径に適合していなかったため紙を巻いて銃の内径に合うよう調整し射撃していたので，遠くに真っ直ぐに飛ばない代物だった．したがって，錫と鉛の合金弾や銅弾が手元にある場合の薩軍は，威嚇のためや探り撃ちなどの本格的な戦闘でないときには鉄製銃弾を使い，戦闘になると大事に貯めておいた錫と鉛の合金弾丸や銅製弾丸を使う傾向があった．

その後の状況は8月6日の大分県佐伯市椎葉山の戦いで判明する．戦場の一部について遺物の分布調査・測量調査を行った結果，交戦範囲とみられる場所から薩軍の放った銃弾は錫と鉛の合金弾と銅弾が認識できた（高橋2009）．この部隊に10日前に供給されたと部隊日記にある鉄製弾丸は調査では1点も確認できなかったので，この日の戦いでは効果の少ない鉄製銃弾は使わず，夜間などの戦闘のない時の探り打ちや威嚇のために用いたのであろう．

1943年発行の「大西郷終焉悲史」（田中萬逸1943）は後世の著述だが，鉄製銃弾について次のような記述がある．

> 又た小銃弾の如きは，始めの内は漁網の錘を徴發して，これを鋳造して作製して居たが，旋て錘が盡きて了つたので，今度は民家の鍋釜，寺院の梵鐘を徴發し，これを鋳造する事となつた．

2 戦争中の銃砲・火箭　237

　即ち圓く鑄あげた彈丸の上に紙を巻いて，此亦柿澁を塗つて使用したのであるが，切角苦心の
　彈丸も，餘りに輕きに失して，遠距離に到達しないのみか，第一照準が定らない爲め少しも用
　をなさず，さしも旺盛なりし士氣も，日々に沮喪するのみであった．

　　　　　　　　　　　　　　　　　　　　　　　　　（1943「大西郷終焉悲史」pp.156・157）
　鉄製銃弾に紙を巻いて柿渋を塗って発射したという点はほかでは見られない部分である．生存者
から聞いたのであろうか　軽すぎて遠くに飛ばず，狙いも定まらなかったという．

③　まとめ
　以上，薩軍が戦争中に使用した弾薬について検討した結果をまとめる（図170）．
　2月から4月中旬まで熊本県中部・北部が戦場であった時期には薩軍側も官軍同様に鉛製の銃弾
を使い，製造していた．戦場で回収した銃弾をそのまま鋳直して鉛製銃弾を再生した．稀に他の金
属が混じることもあったが，その場合も極少量であった．その後，時間経過とともに銃弾材料とな
る金属不足のため材質に変化を生じ，戦争初期の2月から4月段階とそれ以降では大きな違いが
みられた．まず，初期段階の具体的状況は熊本城跡や半高山・横平山等の出土遺物に明らかなよう
に，ペンチ状の銃弾鋳造器で鉛製の銃弾を製造していたのである．その後の変化の様子は以下のよ
うに，戦跡から採集された銃弾や戦後服役した薩軍側の人達が残した口供書，両軍の戦記類などか
ら概要を窺うことができる．薩軍本営が熊本県南部の人吉市に移ると，将来の鉛不足を見越して錫

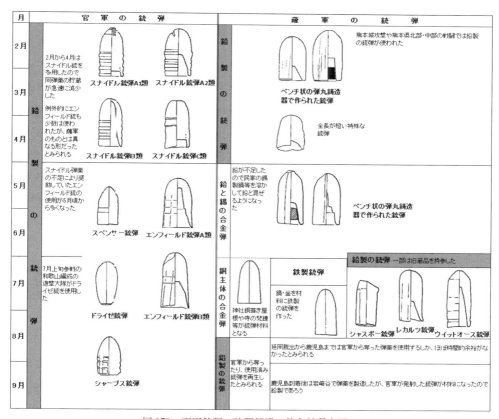

図170　両軍銃弾の時間経過に伴う材質変遷

を意識的に加えた銃弾製造が始まった．

しかも時間経過とともに鉛が底をつくようになったため，錫の含有量が増加し，新たに銅も加わるようになり，7月頃には銅が主体となる銃弾が製造され始めた．鉛と錫の合金弾は鉛製に比べ重量差はほとんどなかったが，銅製になると明らかに軽量になったため，それまで内側を窪ませていたのをやめ重量増加が図られた．やや遅れた7月のある段階には多くの地域で鉄製銃弾が登場する．鉄製銃弾は一段と軽量化が進み，明らかに到達距離や命中精度が落ちるものであったため，初めは夜間の威嚇射撃用だったが，最後は実戦に使われた．

これとは別に戦争初期や後期でも薩軍が鉛製銃弾を使うこともあったが，それはレカルツ銃，ウィットオース銃やシャスポー銃など希少な銃を持ち込んだときである．薩軍は人吉に撤退したときから鉛以外に金属も混ぜた合金銃弾を製造していたが，9月に鹿児島市城山一帯に包囲されたときには，民家にわずかに残る錫器や官軍から撃ち込まれた銃弾を溶かして，ペンチ状の銃弾鋳造器で製造せざるを得なかったようである．このときの状況について

> 彈藥製造所は桂久武，新納軍八，島津啓次郎之を主管し専ら製造の任に當りしも其材料竭乏し岩崎谷の民家を捜索し錫器等を以て日々製造したりしも谷中限りあるの戸敷なるを以て材料竭き敵彈を拾集して製造するに至れり．　　　　　　　　　　　（「薩南血涙史」pp.819）

とあり，おそらくほとんどは鉛製の銃弾を製造使用したようである．

以上のように，薩軍が使った弾薬の変遷は戦跡の調査とそこで発見された銃弾を観察することにより初めて明らかになった．関係する各地の戦跡の調査を積み重ねることで，さらに多くのことが分かってくると期待できる．

(3) 四斤砲の砲弾・摩擦管

ここでは，数箇所の戦跡で実物が発見されている四斤砲弾と摩擦管について検討する．

① 信　　管

官軍の主な大砲は四斤砲であった．弾薬には榴弾，榴霰弾，霰弾があり，榴弾は内部に火薬だけを詰めたもの，榴霰弾は火薬の他に鉛製の球形の玉—直径14.7 mmの霰弾子—が詰まったもの，霰弾は亜鉛製円筒内に直径26 mmの鉄製弾子が詰まったものである．

四斤砲により榴弾を発射したことが紙製信管用亜鉛管の出土によって分かる．この種の部品は砲弾を空中で爆発させる型式であり，黒土峠・椎葉山や半高山などからも発見されている．これは亜鉛製の金属筒を砲弾先端にネジ込み，筒の長軸に空いた孔に火薬を詰めた厚紙製の信管を装着する部品である．紙製信管は燃焼時間に応じて必要な長さで切り離して燃焼時間を調節し，着弾する前に空中で爆発させる仕組みである．四斤砲には衝突することにより爆発させる着発信管も存在した．

図171は田原坂で発見されたデマレー式という着発信管付きの不発弾である（古賀2005）．今のところ西南戦争戦跡における信管の発見例は少ないが，この種の着発信管はこれだけであり，台場自体を撃破するよりも，台場に隠れる兵士を上空で爆発させた榴弾（火薬が詰まったもので，鉄製の砲弾がバラバラに飛散するもの）・榴霰弾（火薬と鉛の球—弾子—を詰めた鉄製の砲弾が飛散するもの）の威力で掃討しようとしたようである．

山本達也によると，榴霰弾は空重量2.600 kgの鉄製で，霰弾子80個1.496 kgを詰める．炸薬

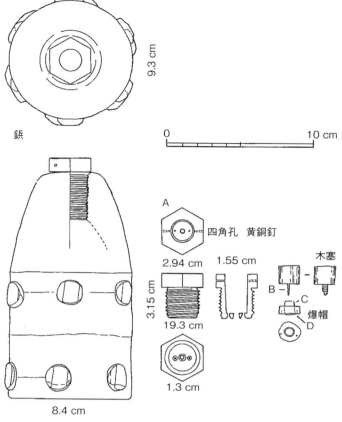

図 171　田原坂採集の四斤砲榴弾の不発弾（古賊 2005）

は 0.085 kg で，砂 0.085 kg，硫黄 0.130 kg を詰め，全重量は 4.523 kg になる．弾子は直径 14.7 mm の鉛製で重量 19.2 g である．また，西南戦争では着弾して爆発する着発信管よりも空中で爆発する紙管の方が多く使われた（山本 2015）．陸軍省が 1884 年に発行した「火工教程第二篇附図」には，これによく似た品の図がある（図 172）．説明文を引用する．

　　紙製信管用亜鉛管製造
　紙製信管用亜鉛管ハ管頭管身ノ二部ヨリ成ル其管頭ハ六角形ニシテ上面穹状ヲ為シ管身ハ圓・（土篇の壽）形ニシテ其上部ニハ弾口ニ吻合スル螺縁ヲ設ク而メ紙製信管ヲ嵌入スヘキ管膣ハ管心ニ準ヒ上下ニ貫通ス

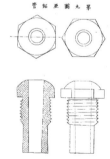

図 172　「火工教程第二篇附図」の紙製信管用亜鉛管

（「火工教程第二篇附図」pp. 82）

　図 172 は内側に入れる紙製信管と組み合わせて使い，着弾する前に爆発させる曳火信管の部品である．図示された亜鉛管と図 173 例はどちらも管頭上部が丸い（穹状ヲ為シ）が，図 172 の亜鉛管はその下側が六角形であり，図 173 例にあるような二つの方形の窪みがない．よって，六角形のこの部分を摑んで回せばよかったのである．別の相違点は縦横比率が異なり，亜鉛管の方は高さが低いようである．これは標的にぶつかって爆発する着発信管ではない．

　1888 年発行の「砲兵教科提要　第二編」は初年兵向けの教科書であるが，信管の記述を引用す

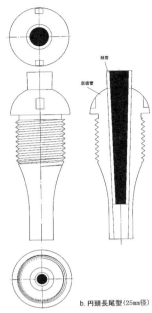

図173 紙製信管と亜鉛管を組み合わせた状態（山本2015）

問　信管ノ種類ハ如何
答　着發信管曳火信管木制信管ノ三種トス
問　着發信管ノ効用ハ如何
答　榴弾ニ用ユルモノニシテ弾ノ激突ニ因リ撃針爆管ニ触レテ發火シ内部ノ炸薬ニ火ヲ傳フルモノナリ
問　曳火信管ノ効用ハ如何
答　通常榴霰弾ニ用ユルモノニシテ此信管ハ点火ノ際火ヲ取リ所望ノ距離ニ應シテ火ヲ炸薬ニ傳フ又該信管ニ着發ノ効用ヲ兼ヌルモノアリ
問　木制信管ノ効用ハ如何
答　臼砲弾ノミニ用ユルモノニシテ外部ニ秒数ヲ記シ所望ノ距離ニ應シテ鋸断ス其作用ハ曳火信管ニ異ナラス

（1888年「砲兵教科提要　第二編」）

　曳火信管とは前出の紙製信管のことであろう．山本達也によれば四斤砲弾には榴弾・榴霰弾・霰弾があり，外形からの区別は榴弾は先頭部が胴部から尖るだけだが，榴霰弾は先頭部に頸のあるビンのような屈曲があるので区別できるという．霰弾は上下が平たい円筒形で，内部の詰め物は火薬の他に直径26 mmの鉄製弾子という球体である．

　また，榴弾・榴霰弾の先頭部に穿たれた信管孔は直径22 mm（1858年式・1859年式）と25 mm（1861年式・1863年式）があり，信管は着発信管（1859年式デマレー信管）・1863年式二節時信管・1865年式四節時信管・紙管がある（山本2015）．節時信管とはデマレー式信管に似た形で，細い穴が信管上部側面から筒部の壁に穿たれたものである（図175右上）．官軍の場合，信管の消耗割合は

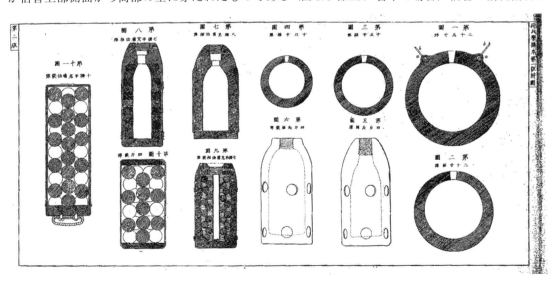

図174　「砲兵学講本第一版」挿図（左端：十珊半クルップ霰弾・下段左から：四斤霰弾・七珊半クルップ榴霰弾・四斤尖榴霰弾・四斤尖榴弾・臼砲用二十寸榴弾　上段左から：七珊半クルップ榴弾・八珊クルップ榴弾・以下3点は臼砲用十三寸榴弾・十五寸榴弾・二十九寸□〔異体字：火偏に上・下〕）

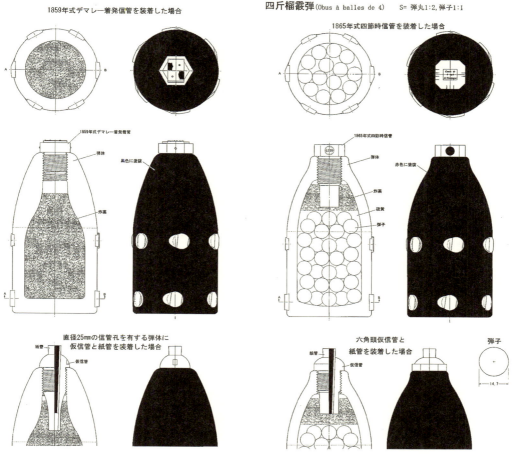

図175　四斤榴弾（左）・四斤榴霰弾（右），下は紙製信管の場合（山本2015）

砲兵隊毎に異なるが曳火信管が過半数，あるいは圧倒的に多い例が多かった（山本2015）．西南戦争ではコンクリート製の強固な陣地があるわけでもなく，直近の上空で爆発させれば大抵敵の台場を破壊しないでも歩兵を倒すことができたからである．西南戦争の戦跡で見つかった四斤砲弾で榴弾か榴霰弾か区別可能な破片は，田原坂・半高山・黒土峠・椎葉山があるがどれも榴弾である．熊本城飯田丸跡では砲弾に詰め込まれた直径14.7mm前後の鉛の弾子が出土しており，四斤砲の榴霰弾が撃ち込まれたことが分かる．また，直径26mm前後の鉄製弾子もあり，四斤砲の霰弾が榴霰弾よりも近い距離から撃ち込まれたことも分かる．

② 摩擦管

　摩擦管（図176）は大砲や火箭を発射するときに火薬に点火する部品である．我が国では江戸時代から存在が知られており，長崎市出島のオランダ商館長部屋跡から複数が出土している（梶2008）．西南戦争戦跡では宮崎県延岡市可愛岳で最初に発見され（吉田2003），竹内力雄が摩擦管の歴史，何の用途であるのか指摘した（竹内2003）．可愛岳北西尾根は8月18日に官軍の第一旅団・第二旅団合同本営が薩軍に襲撃され，打ち破られた場所である．本営の傍に物資を集積した砲廠部があり，そこに積んであった弾丸・小銃などと共に薩軍に奪われた際に，散乱したと考えられてい

242　第4章　野戦構築物と銃砲・火箭の使用

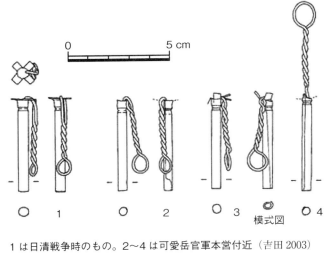

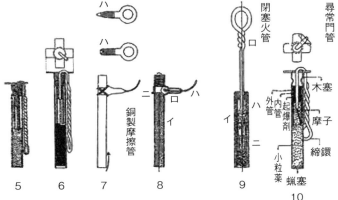

図176　西南戦争戦跡発見の摩擦管と幕末以降の摩擦管（※一部記号を変更）

表24　図176：1～4の摩擦管計測値

番号	管部全長	管の直径	針金の長さ	針金直径	重量	備　　考
1	46.3 mm	5.2 mm	40.2 mm	1.5 mm	6.3 g	完形品（日清戦争時）
2	45.1 mm	4.85～5.0 mm	38.4 mm	1.2 mm	3.4 g	翼欠落（西南戦争時）
3	45.3 mm	5.0 mm～5.2 mm	37.5 mm	1.3 mm	3.9 g	翼屈折（西南戦争時）
4	46.7 mm	4.7 mm～5.0 mm	48.0 mm	1.45 mm	4.2 g	翼欠落（西南戦争時）

る（吉田2003）．金属管の一端が四つに割れて直角に開き，管部に埋め込まれた捻られた針金部品がその一端から飛び出し，針金端部は円形の環をなしている．一発発射するごとに使用済みになるので，発射した場所に捨てられることになる．摩擦子という針金からなる部品の環状部に紐をつけて引くと発火し，砲身内に詰められた火薬が爆発する仕組みであった．図176：1は日清戦争時のものである．素材も形状も西南戦争時のものと区別できず，本来の形態を保っているので参考のため掲げる．可愛岳採集品は全て摩擦子が存在するので未使用の摩擦管である．第一旅団・第二旅団は当時四斤砲を使用していたので，これらはそれに使う予定だったはずである．計測値を表28に

2 戦争中の銃砲・火箭　243

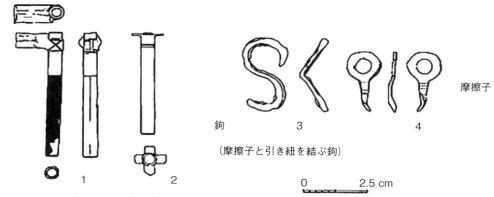

L字形摩擦管（イギリス式）　I字形摩擦管（フランス式）

図177　二俣瓜生田官軍砲台跡出土の摩擦管（宮本2012）

示す．

　使用済みの摩擦管が見つかれば，そこで大砲か火箭が発射されたと判断可能であり大砲等の設置位置を推定できる．熊本県玉東町の二俣瓜生田官軍砲台跡と二俣古閑官軍砲台跡は，田原坂方面に四斤砲で砲撃を加えた官軍の大砲陣地が置かれた所である．ここで摩擦管が見つかれば大砲を発射したことを実物資料で裏付けることになると期待された．最近の発掘調査では，摩擦管が多数発見されると共に大砲の轍も発見された（宮本2012）．当時は雨の日が多かったので地面がぬかるんでいたため，轍まで残っていたのである．

　二俣官軍砲台跡では摩擦管は二つの種類がみられる（図177）．報告書ではL字型摩擦管・I字型摩擦管と呼ばれるもので，他に摩擦子が多数出土した．L字型摩擦管は厚さ1mmの銅板を直径5.5mm，全長5.6cmの筒状に成形し，上部2cmには薄い銅板が巻かれ，その上に薄い銅板を筒状にしたものが本体に直角方向に付く．細い針金で幾重にも巻いて固定し×印に針金を絡め巻いている．本体表面には錫鍍金がされている．本体上部に直角に付く筒内部には，摩擦子という一端が環状の板状の部品が差し込まれていた．これを引き抜くときに発火する仕組みであった（軍港堂1897）．

　I字型摩擦管は可愛岳例と同じ型である．官軍砲台跡では使用済みであるため，針金部分は引き抜かれている．摩擦管の点数は，瓜生田砲台跡ではI字型が10点とそれに伴う捻子状の摩擦子が1点，L字型が5点とそれに伴う杓子形の摩擦子が12点ある．捻子状の摩擦子が少ないのは細い針金であるため保存状態が悪かったのであろう．古閑砲台跡ではI字型が14点で摩擦子はなし，L字型が25点と杓子状の摩擦子が34点出土した．この二種類の相違はI字形がフランス式，L字形がイギリス式である（山本2015）．出土点数はI字型摩擦管がやや多いが，何のために区別したのか不明である．おそらく互換性があったのであろう．瓜生田砲台跡からは摩擦子の環に引っかけて紐で引くための鉤が一点出土している（図177：3）．

　熊本城飯田丸の五階御櫓跡と百間御櫓跡からも摩擦管が出土している（美濃口他2014）．ここは官軍が籠城中に四斤砲を置いた場所の一つで，五階御櫓跡では摩擦管の内訳はI型の未使用品2点，使用済のI型摩擦管本体5点，杓子形の摩擦子1点があり，百間御櫓跡ではI型の未使用品1点，使用済のI型摩擦管本体5点，使用済のL型摩擦管本体3点がみられる．ここでも2種類を使い分

けた意味は不明である．

　今後戦跡で使用済みの摩擦管が発見されればそこで大砲を発射した可能性が高いことになり，戦跡の特定や戦闘状態の復元に有効な資料となることが期待される．

（4）軍用火箭

　西南戦争時に官軍が火箭を使用したことが陸軍関係は「征西戦記稿」，海軍関係は「明治十年西南征討志」に数ヶ所記載されているが，あまり注意を引いてこなかった．それらでは火箭・火矢・ロケット等の言葉が使われ，もっとも多く使われたのが火箭であり，ここでも火箭と呼ぶことにする．

　「戦記稿」の記述だけではそれがどのようなものであるのか不明であるし，近代の武器・装備について述べた書物にも簡単な記述しかなく，ますます実態が分からない．西南戦争後に火箭が発達しなかったため，現在に至るまで見過ごされてきたのであろう．ここでは西南戦争前後の火箭について検討したい．

① 江戸時代・明治初頭の火箭

　江戸時代には火縄銃や大砲類を扱う砲術流派がいくつもあり，燃焼する火薬を入れた袋を木製の軸の周りに巻き付け，人が抱えた筒から発射するとともに導火線に着火して放つ棒火矢を行う流派もあった．現代に伝わる遺存例や発掘調査で現物が出土した例もある．岡山市の津島岡大遺跡第12次調査では，発射された棒火矢が地面に斜めに突き刺さった状態で発見されている（岩﨑2003）．この棒火矢は長さ47.6 cmで直径4.2 cmのコナラ属アカガシ亜属の棒の先端に鉛玉を埋め込み，三枚の羽根が付いたものである．羽根の上側には火薬を巻きつけるべき部分があり，羽根と羽根の間にある導火用溝状部は焦げている（図178）．棒火矢の全国的なあり方は明確ではないが，関連する史料は各地に伝わっている（宇田川2003）．本例は江戸時代に岡山藩が砲術訓練を行っていたことを示す実例である．棒火矢という武器は火縄銃伝来後に国内で考案されたと考えられており（宇田川2003），欧米との接触が増えた19世紀には幕府が砲術を奨励する一環として岡山はじめ各地で実物を用いた稽古がなされた．徳川幕府が長州を攻めた1866年の長州征伐の記録には，双方ともこのような棒火矢を使った記述がある（「山口県史　史料編　幕末維新4」

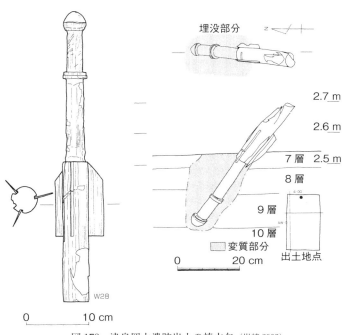

図178　津島岡大遺跡出土の棒火矢（岩﨑2003）

pp. 272・285・746).

　筒から火薬を爆発させて棒火矢を発射するわが国の方式に対して，当時の欧米では火矢に点火して自らの推進力で飛翔する方式が用いられていた．これは大帝国を築いた元の武器である火箭に起源を有すものともいわれ，19世紀前半から中頃の欧米では大砲の命中精度が悪かった分，火箭が幅を利かせていた．長州征伐よりも遡るが，1863年8月の薩英戦争で英国艦隊は火箭を鹿児島市街に放って大火災を発生させているし，1864年の英・仏・蘭・米の4ヶ国艦隊による下関攻撃でも火箭が使われている．

　薩英戦争に火箭が使われたという記録がある．

> わが方は鹿児島の町を焼き払うため火箭をも発射したが，これは実際うまく行きすぎたほどであった．烈風が吹きつのっていたので，火炎を消そうとする町民のあらゆる努力も無益であったに違いない．尖った青白い炎の塊りによって下から照らし出された煙の雲は，空一面に広がって，恐ろしくも，また壮観であった．（略）大火災は偶然に発生したものだとの釈明がなされた．砲台との交戦が終わってからもパーシュース号が鹿児島の町に火箭をはなった事実から見ると，それが事の真相を正しく述べたものとは受取れないし，また砲撃によって百万ポンドの値打ちのある財物を破壊したと報じている公信書の中の，あの得意げな調子とも矛盾する．
> 　　　　　　　　　（アーネスト・サトウ 1960「一外交官の見た明治維新」（上）岩波文庫 pp.110）

後述するが，英国軍隊が自力で回転して進むヘール火箭というものを採用したのは1867年であり，薩英戦争で使われたのは一段階古い形式である本体に長い棒を取り付けたコングリーブ火箭である．薩摩側にもこの時外国艦隊が火箭を使用したとする記録がある．

> 一上町ヨリ興国寺幷不断光院浄光明寺辺火矢ニ而放火ニ相成候由承候事
> （上床雄左衛門「英国人鹿府江渡来ニ付　出陣日帳」『維新戦役従軍記』川内市史料集4 1974 pp.20）

これらの興国寺・不断光院・浄明寺は鹿児島市街北部にある南洲神社を取り巻くような地域に分布していて，鶴丸城の北東側にあたる地域である．

　当時，鹿児島の町に住んでいた人の回顧録にも火箭が登場している．

> ポーシュース艦は此の頃より盛に火箭焼弾を放ち商人の有する硫黄庫を焼き此より市街侍屋敷に延焼し偶ま風強くして数百戸を焼失せり　　（佐多武彦 1937「回顧六十年」pp.264〜265）

筆者の佐多は鹿児島市に生まれた人で，薩英戦争時には10歳くらいだった．火箭を使ったのはアーネスト・サトウの記述と同じ軍艦である．盛んに火箭を放ったというので，多数を発射したのである．戦争時点では英国軍艦の名を知るはずがないから，後日何等かの情報を得たのであろう．初め商人の硫黄庫に火が付き，それから数百戸に延焼したのである．その焼失範囲は「元帥公爵大山巌」に挿図がある（図179）．

　薩英戦争の数ヶ月前，1863年5月・6月，関門海峡を通航する米仏の外国船に対して長州藩は攘夷を決行し，沿岸砲台から砲撃を加える事件が起きた．翌1864年8月，英・仏・蘭・米の4ヶ国からなる艦隊が長州に報復したのが下関戦争あるいは四国艦隊下関砲撃事件である．この時も外国艦隊が火箭を使用している．

「下之関戦争報告」『甲子六月五日』

> （略）無程ハッテイラ八艘江弐百人計異人乗込，筒類を積込ハッテイラより打出し，追々地方江押付上陸致候処．長州勢陸戦出陣双方小筒ニ而前田村と申所脇手暫時筒雑り相成候処，長州

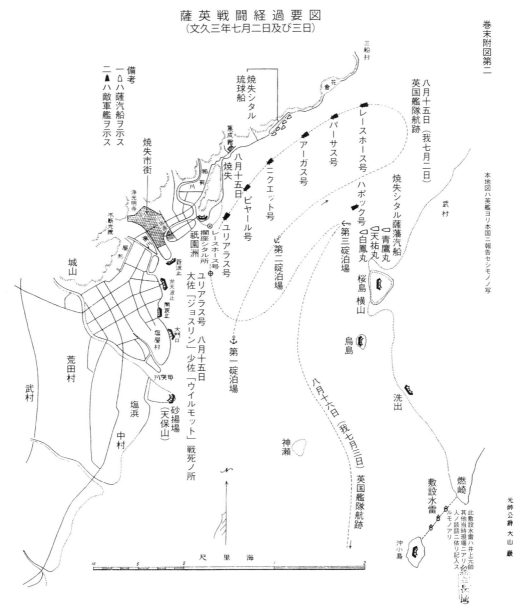

図179　薩英戦争での鹿児島市内焼失範囲（「元帥公爵大山巌」より）

勢引色ニ相成候趣, 尚又ハツテイラニも異人乗込居候を大砲ニ而放発致し候処, ハツテイラ迄当り候趣, 不叶哉ハツテイラ五六丁も上へ引退候処, 軍艦より是を見請候哉, 軍艦俄ニ旗ヲ引上, 長州勢よりハツテイラ江打出候筒元ヲ目当ニ大砲数放打出し候処, 長州勢も是ニ当り候趣, 其外山々谷々より長州勢打出候筒元軍艦より目当ニ打出候, 陸戦之方ハ長州勢引色, 異国勢も弐三丁引取候折から亦々異国人助勢ニ行逢, 又々一同ニ相成取て返し, 長州勢打掛候, 長州亦々引色, 長府方江引取申候, 其内前田村人家江異国人共所々江相分レ水をさし又ハ火矢等打掛焼申候, 寺壱ケ所其外人家十五六軒も消失致候, （略）

　　六月五日夜

2 戦争中の銃砲・火箭　　247

右は小倉中原屋より津吉正助方江六月八日到着書状之写，

（「鹿児島県史料」玉里島津家史料三 pp.381）

　甲子は文久三年の誤りである．筒類というのはロケットつまり火箭を発射するときに使う発射管で，火矢は火箭だとみられる．戦闘の局面は様々であったが，この日，外国艦隊側は初め大砲で長州側の台場を砲撃したところ，長州側は台場から退去した様子なので軍艦から小舟8艘に兵士200人ばかりを乗せ，火箭発射管を積み込んで海に降ろして進みながら発射管から火箭を発射した．その後一旦2,300m引き返した小舟であったが，結局また陸に向かい前田村に上陸し火箭で寺一ヶ所，人家156軒を焼いたのである．

　次も同戦争の情報で，前記情報から6日後のもの全文である．

　下之関戦争報告『「甲子六月十一日」下之関より申来候由ニ而夫を長崎表より申来候書付ニ而産物方江差出候事』
　　　　下之関合戦
当月五日辰刻周防沖よりフランス船軍艦弐艘下之関之瀬戸口田之浦湊江走り込，同所江四五人上陸，当地江は何茂乱妨不致候間，驚間敷候哉申候，此間中下之関よりフランス船江砲発いたし候意趣返しニ参着いたし候段申たる由，然ルニ同刻両艘共下之関江乗入り出，此度は下之関江は不乗込，下之関上ノ手壇之浦と申所江台場有之，右江砲発，其所より少し脇手江杉ケ谷と申所江も台場有之右両所江両艘より砲発，長州方よりも右両台場より砲発互ニ打合，合戦相始，長州方少し引色，足だまりこらへかたく，然ルニ壱艘より<u>バッテイラ八艘ニ鉄砲積入上陸凡弐百人，右両陣江相掛候処，たまり兼長州方前田邑迄引退キ，彼所より双方小筒を以暫ク合戦，是亦長州方引色，既ニ両台場は勿論，前田陣所迄乗取，前田在郷江諸所火矢打込焼打</u>，弐百人之異人列ヲ正しく引，ハッテイラニ而帰船仕候処ニ下之関之助勢参，又候合戦，此節は蒸気船より砲発いたし，下之関勢ヲ打ちらし為申由，夫故無事ニハッテーイラ本船江帰参候，異人四五人死亡之由ニも承候へ共，いまた不相分，下之関方多分死亡有之由大敗軍見苦敷次第と申事ニ而候，右合戦五日辰刻より巳刻過キわつか弐時之合戦，其夜迄田之浦口江両軍艦滞船夜半何方江欤行衛不相分，

　　右実説追々御聞及候筈候へ共，此段念のため申上候，
　　　六月十一日　　　　　　高崎
　　　　　　　　　　　　　　申拝

　　浜崎様
　　　右御存知なくハ，五代様江御咄し可被下候，
（甲子トアルモ文久三年ノ誤リカ）　　　　　（「鹿児島県史料　玉里島津家史料三」p.383・384）

　これも小舟で上陸した兵隊が火箭で前田村の諸所を焼いたことを記している．

　以上によれば，下関戦争において外国船が軍艦から降ろした小舟から，さらに火箭を上陸させ発射したのは確実である．後者の情報では全ての小舟は一艘の外国船から降ろされたとある．

　この戦いでは外国艦隊側の砲撃は正確で，長州側の砲撃は艦隊にほとんど届かず被害ばかりが拡大した．外国船は射程の長い尖頭弾を砲身内部に回転施條のある大砲で発射し，長州藩の大砲は丸弾で射程は短かったのである．その後，長州側が台場から退去した様子なので軍艦から小舟8艘に兵士200人ばかりを乗せ，火箭発射管を積み込んで海に降ろして進みながら発射管から火箭を発射

した．その後いったん 2,300 m 引き返した小舟であったが，結局また陸に向かい前田村に上陸し火箭で寺 1 ヶ所，人家 15, 6 軒を焼いたというのである．

火箭を使ったのがどの国かはこの文では判断できないが，前年の薩英戦争で英国艦隊が使用し，今回も最大の艦数で参加しているので，おそらく英国艦隊が該当すると思われる．当時，英国ではコングリーブ火箭を採用しており，すでに存在した新式のヘール火箭は後年の 1867 年になって採用しているので，下関戦争ではコングリーブ火箭を使ったのであろう．別の史料では，上陸した外国軍隊は「棒火矢を射掛け壇ノ浦の八軒屋を焼払ふて本船に引取る」（「元治甲子前田壇浦始め各台場手配の事」『資料幕末馬関戦争』p.164）とあり，棒火矢と呼んでいる．この点でも，飛行安定のために棒を付けていたコングリーブ火箭が相応しい．ヘール火箭には棒はなく，回転して前進する方式であった．

② 日本在来の火箭使用例

1866 年の第二次長州征伐の山口県大島口戦争で，幕府軍から長州軍が分捕った品の一覧に，「棒火矢箱弐荷二人持」（慶応 2 年 6 月 17 日）がある（「柏村日記」pp.135）．

島根県益田市の石州口戦争では幕府方，長州側が火矢を使っている．

　　城下市中ハ敵兵（※長州軍のこと）之足溜ニ不相成タメ焼払可申ト，<u>火矢ヲ打掛ケ候由ニテ</u>

　　　　　　（「石州浜田落城仕候趣申上候書付」pp.801〜803『山口県史　史料編　幕末維新 4』山口県 2010）

幕府方の浜田藩が城下に火矢を放って焼き払ったのである．次は長州軍が火矢を使った記録である．

　　七月十九日暁七時騎士鴻城帰着，

　　石州口報知書（※旧暦 7 月 15 日 1866.8.24 の戦闘）

　　本月十五日朝六ツ半前井の村より中谷・国司二中隊，精鋭隊臼砲隊・<u>火矢隊</u>共押出し，（略）
　　我臼砲寺内ニ落チ敵を打殺，<u>火矢寺内ニ相発候事，</u>（※六ツ半＝午前 7 時）

　　　　　　　　　　　（「山口県史 史料編」幕末維新編「四境戦争一事」pp.746 2010 山口県）

1866 年 8 月 24 日（旧暦 7 月 19 日），島根県に入った長州軍が火矢を使ったのである．六ツ半は午前 7 時頃で，すでに朝日は上がっている時間であり照明弾などではない．これらは岡山で出土したような日本在来の棒火矢だったと思われる．

このように幕末期にはわが国内の戦闘において外国軍隊が西洋式火箭を使用し，内戦では在来の棒火矢を使う状態だった．

③ 戊辰戦争の火箭

戊辰戦争では新政府側の各藩寄せ集め部隊の中に火箭が登場している．「元帥公爵大山巌」に戊辰戦争で大垣藩が棒火矢を使ったことが出ている．

　　<u>大垣藩では，本役に火箭砲と称する一種の火砲を使用した．これは棒火矢を打ち出す加農の称である．</u>該火砲は別段特種の構造を有するものではない．棒火矢の木桿を火砲の口径に適する如くすれば，如何なる砲にても使用することが出来るが，専用砲があつても不合理ではない．<u>棒火矢は敵の城砦を焼き落し，陣営を焼き払ひ，又は敵の軍艦を焼き崩す等に用ふるもので，木桿に羽翔（銅或は木板）を装し，頭部に焼夷剤（火薬，松脂）を充塡し火用として門線を附</u>

す．該門線は發射火焰に因り点火するものである．　　（「元帥公爵大山巖」本編 1935　pp. 191）

　記述は津島岡大遺跡で出土した火矢の説明の如くである．この段階はまだ江戸時代以来の棒火矢を使っているが，1870年になると西洋式火箭の導入が始まる．

④　英国式火箭の導入・展開

　明治初頭の我が国では前述のように火箭といえば棒火矢であったが，西洋の技術・装備の導入を進める政府は1870年，火箭についても在来の棒火矢を捨て，軍備の中に西洋式火箭を採り入れようとしていた．では，西洋式火箭とはどのようなものだったのかみておきたい．

　中原正二は火箭の歴史に関して斎藤利生や有馬成甫の説を紹介している（中原2006）．有馬は金軍が蒙古軍に対して飛火槍というものを使用しているが，これは紙を16枚重ね貼りした筒中に火薬を充填し槍の先に結びつけたものであり，火炎を前方に噴出する武器であり火箭ではないという（有馬1987）．その飛火槍は火炎を前方に噴出するものであると泉水巖も述べている（泉水1980）．また，斎藤利生は明代の飛槍は火薬を後方に噴射して槍を飛ばす武器であり，最初のロケット兵器であるといっており（斎藤1987），それが現代の火箭の源流となったのであろう．

　イ　英国のコングリーブ火箭・欧州の火箭　1780年，インド軍の鉄製火箭が英国東印度会社との戦争に登場し大きな損害を受けたのを契機に，イギリスでは火箭の研究が始められ（C. E. Franklin 2005），1804年，英国のサー・ウイリアム・コングリーブ（図180）が棒火箭を開発した．先端の本体内部に詰めた燃剤に空気がよく行き渡り燃えるように内部には長い三角形の空間があるが，燃焼ガスは基部から噴出するだけで，砲弾のように回転はしない．コングリーブ火箭は本体側面に長さ約2.5mの飛行制御用の単なる棒を付けたもので，射程は最大2.5km程度である（図181・182）．

　英国海軍は1806年にはフランスのブローニュ港をコングリーブ火箭2000発で攻撃し，市街の大部分を焼いた．ロシアではアレクサンダー・ザシズコがコングリーブ火箭を模倣し，露土戦争（1828〜1829）で使われた．コングリーブ火箭の命脈は永く，1855年のクリミア戦争でロシアのタガンログ要塞を攻撃したり（図184），前述のように薩英戦争や四国艦隊下関戦争でも使われている．統一以前のイタリアでも1840年にサルディニア公国が開発し，オーストリアはコングリーブ火箭に似た棒付きのオーギュスタン火箭を開発し，1848年のイタリアとの戦争で使われた．清時代の中国ではコングリーブ火箭を導入していたが，竿は竹を使っていた．この他，スイスには棒の代わりに三角翼を付けた火箭もあった．19世紀前半頃は世界各国で火箭の開発に力を注いでいたのである（Frank. H. Winter 1997）．

　ロ　ヘール火箭　コングリーブの後，イギリス人ウイリアム・ヘールが1847年に飛行制御棒が不要の回転方式の火箭を開発した．しかし，最初にヘール火箭を採用した国の一つは1846年のアメリカだった．

　彼らは1848年の米墨戦争で使い，1861年〜1865年の南北戦争では両軍が用いている．イギリス軍がヘール火箭を採用したのは1867年になってからである．当時これには重量が3ポンド・6ポンド・12ポンド・24ポンドの4種類があった．火箭は4つの主

図180　ウイリアム・コングリーブ（Frank. H. Winter 1997）

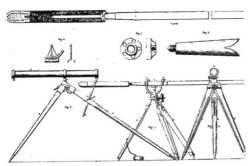

図181 コングリーブ火箭の陸上発射台
(Frank. H. Winter 1997)

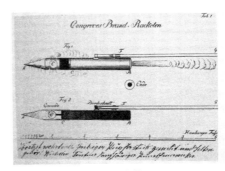

図182 コングリーブ火箭 (Frank. H. Winter 1997)

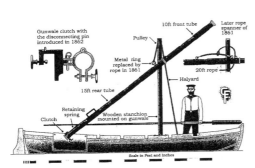

図183 コングリーブ火箭の海上用発射台 (C. E. Franklin 2005)

図184 英軍がクリミア戦争 (1855年) でロシアのタガンログ要塞を火箭で攻撃 (Frank. H. Winter 1997)

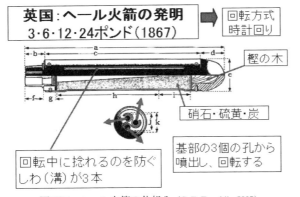

図185 ヘール火箭の仕組み (C. E. Franklin 2005)

図186 ヘール火箭の海上発射風景 (C. E. Franklin 2005)

な部分からなり，頭部・筒部・内部に詰められた燃剤（硝石・硫黄・炭）・基部である（図185）．
筒内部には同時に多くの燃剤が燃焼するように長い三角錐形の空洞が穿たれており，基部の3個の斜め方向に空けられた穴から燃焼ガスが噴出し，右回転しつつ前進する方式だった．速度が遅い

表25 ヘールⅠ式火箭の寸法・重量 (C. E. Franklin 2005)

		ヘールⅠ型火箭(1867年11月)			
	計測位置	3ポンド	6ポンド	12ポンド	24ポンド
全 長	a	13.0	16.25	19.25	23.18
尾・ケースまでの長さ	b	1.24	1.56	1.95	2.43
ケース長	c	10.38	12.93	15.10	18.0
鼻 長	d	1.40	1.76	2.20	2.76
外 径	e	2.00	2.50	3.00	3.75
尾 長	f	1.18	1.48	1.85	2.305
基礎部分の厚さ	g	0.64	0.80	1.00	1.25
円錐部の長さ	h	6.10	7.60	9.50	11.875
孔より前方	i	3.10	3.85	3.75	3.813
穴シールド，内部幅	j	1.10	1.40	1.80	2.20
穴シールド・外部幅	k	1.20	1.50	1.90	2.40
孔直径	—	0.32	0.40	0.50	0.625
ケースの厚さ(SWG)	—	12	12	11	10
ケースの厚さ	—	0.014	0.014	0.012	0.13
構成の重さ(lb oz.)	—	1-8	3-0	5-0	25-12
火箭の重さ(lb oz.)	—	4-8	8-6	14-2	9-7

表26 ヘール二十四斤火箭の性能表 (C. E. Franklin 2005)

項 目	Ⅰ式・Ⅱ式・Ⅲ式・Ⅶ式				Ⅳ式・Ⅴ式・Ⅵ式			
仰 角(度)	10	15	20	25	10	15	20	25
到達範囲(ヤード=0.9144 m)	1,650	2,851	3,615	4,073	2,110	3,259	3,986	4,719
※メートルにすると	1,509	2,607	3,303	3,724	1,929	2,980	3,654	4,315
最高高度(フィート=約0.3 m)	111	423	886	1,444	171	558	1,080	1,689
飛行時間(秒)	8.3	14.5	19.1	24.5	9.7	15.95	21.37	26
最大速度(フィート/秒)	761	755	745	738	839	831	824	817
平均速度(フィート/秒)	598	590	545	498	653	560	560	429
※メートルにすると	179	177	163.5	149.4	195.9	168	168	129

ため右から風が吹いていれば火箭は高度を上げ，左からの風では降下する．さらに飛翔中に空中で燃剤が消耗するので重心の位置は変動するが，これらを制御する技術はなかった．

二十四斤火箭の到達距離・到達高度・飛行時間・最大速度等を表27に示す．ヘール火箭はⅠ型～Ⅶ型式に分けられるが，Ⅰ式は1867年8月，Ⅱ式は187085月，Ⅲ式は1870年8月，Ⅳ式は1872年5月，Ⅴ式は1874年9月，Ⅵ式は1877年3月，・Ⅶ式は1878年1月以降に製造された（表31）．同時に複数のものが存在したのである．時間的に西南戦争にはⅦ式は間に合わなかった．

性能は，例えば最大性能を発揮するのが二十四斤火箭では25度の仰角で発射した時に最も遠くに達し，その距離は4,315 mで飛行時間は26秒である．火箭の金属材料と塗料は型式毎に変化があった（表27）．表中のアトラス金属とはベッセマー法という工法（銑鉄を還元させて不純物を除き鋼を作る工法）で製作される鋼である．燃剤の影響を受けて変質しやすかったため，本体に塗る錆止めのための塗料には気を遣っていた．

軍用火箭の発射装置は陸上用と海上用で形が異なる（図188）．陸上用は一人で持ち運べる大きさで，断面V字形の樋のようなものの上に火箭を載せ発射する．海上用は円筒形の筒を舟に固定したり，三脚で設置する方式である．大砲のように重くないので簡単に端舟に降ろして海岸に近づいて発射したり，容易に陸上に持ち運ぶことができた．

以上のヘール火箭は攻撃のために使う軍用火箭であり，信号火箭は以後もコングリーブ型火箭が使われた．

⑤ 西南戦争時の軍用火箭

明治初期に西洋式の火箭が導入され，官軍が西南戦争で使用したことはほとんど西南戦争を扱った書物で紹介されたことがない．「征西戦記稿」に少し記述があることに簡単に触れていればよい方である．例えば「新編西南戦史」ではどこにも登場しない．現在では西南戦争時の火箭使用は忘れ去られようとしているが，今から90年くらい前の書物には次のように記述さ

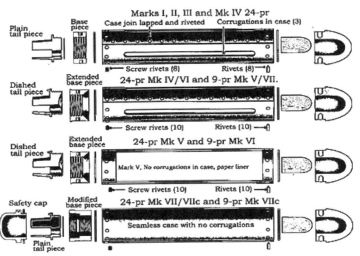

図187　ヘール火箭Ⅰ～Ⅶ式断面図（C. E. Franklin 2005）

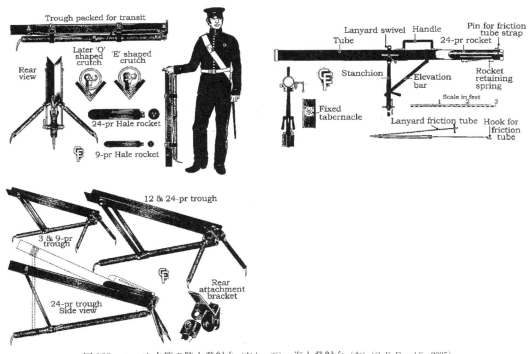

図188　ヘール火箭の陸上発射台（左上・下）・海上発射台（右）（C. E. Franklin 2005）

表27　ヘール火箭の開発時期・材料・塗料の変遷 (C. E. Franklin 2005)

型式開発時期	規格	本体の材料 塗料の色	筒内面処理・材質	備　考
ヘールⅠ式 1867.7.25～(3・6・12ポンド) 1867.8.31～(24ポンド)	3・9・12・24ポンド	鍛　鉄	獣　脂	
		黒　色		
ヘールⅡ式 1870.8～		アトラス金属	獣　脂	AMはアトラス・メタル
		黒　色		
ヘールⅢ式 1870.8.9～	9・24ポンド	アトラス金属	白い反腐食ペンキ	
		1870.11から赤色		
ヘールⅣ式 1872.5～		アトラス金属	1874.3から内面：ペンキを廃止しブリキ化	内面円錐長は11.875から13に変更(インチ)
		赤　色		
ヘールⅤ式 1874.9～	9ポンド	アトラス金属	内面：錆止めブリキ	
		赤　色	筒：しわを再導入しわ無	
ヘールⅥ式 1877.3～		アトラス金属		頭部の鋲が8本になる
		赤　色		
ヘールⅦ式 1878.1.24～	9・24ポンド	アトラス金属	内面：錆止めブリキ	
		赤　色	筒：しわを再導入	

れている．

明治九年

　六月，本廠内小銃鍛冶場薬包製造所及び火箭製造所新築落成す．（略）……明治十年二月，西南事件起り，スナイドル銃彈薬の需要増大したるを以て，支廠の外，本廠に於いても之が製造機械を増設したり．而して本廠に於いては從來の火工所尚ほ狹小なるを以て，小石川練兵所の傍（現時の神田三崎町）に假火工所を設け，專ら該銃彈を製造し，又本火工所に於いては軍用火箭を製造し，之を戰地に輸送せり．

（社團法人工學會1929「明治工業史　火兵篇　鐵鋼篇」pp.298 東京砲兵工廠の節）

とあるのがそれである．また，同書には火箭用火薬を製造した場所も記録されている．

　當時當廠に於いて製造したる火薬は，有煙薬五種類にして，明治十年度内に於ける其の製造量概ね左の如し．……（略）……火箭及び信管用火薬四，五〇〇瓩

（同上第五節　板橋火薬製造所 p.334・P335）※瓩＝キログラム

しかし，同書も火箭に関する記述は以上のみである．その後，長く軍隊が軍用火箭を装備しなかったので19世紀に火箭全盛期があり，日本もその影響を受けていたことも忘れられたのであろう．現在，防衛省防衛研究所や国立公文書館には西南戦争当時の史料が所蔵され，アジア歴史資料センター経由でインターネット閲覧ができる状態である．史料を調べた結果，火箭については次のような導入の経緯が判明した．全ての史料を掲載するのは煩雑なので1,2点を示し，後は文書名を基にアジ歴で確認できるよう史料名を付記し，年月日順に列挙する．補足すると当時の用語では重量単位であるポンドは封度と記され，あるいは斤に置き換えられているが，四斤砲の場合はkgを斤に置き換えていた．

　幕府が1862年に作った大砲鋳造の関口製造所は1870年4月（明治3年3月）新政府に引き継がれ，造兵司の管轄となった．1871年には諸設備は小石川に移転しており，信号火箭の試験も計画

された．信号火箭は 1871 年 7 月（明治 4 年 5 月）以降，軍艦（千代田艦）に搭載されたが，この時点ではまだ国産はされていない．軍艦千代田形に信号火箭であるブリツキヒールが渡されたのは 8 月 30 日（旧暦 7 月 15 日）である（防衛研究所蔵 C09090469600「武庫司往復留 百卅八 公文類纂 明治 4 年 巻 32 本省公文 器械部」0729・0730）．

翌 1972 年 2 月 6 日（明治 4 年 12 月 28 日）になると，造兵司での信号火箭製作が命じられた（防衛研究所蔵 C09090469900「公文類纂 明治 4 年 巻 32 本省公文 器械部」0735・0736）．1872 年 4 月 11 日（壬申三月四日）段階で摩擦管を月に 3,000 本製造し，火箭は半分くらい完成していた（国立公文書館蔵 C09110817400「公文類纂 明治 5 年 巻 32 本省公文 器械部 3 止 丁一号大日記」1625・1626）．廃藩置県は 1871 年 8 月 29 日（明治 4 年 7 月 14 日）だが，その後に三重県は独自で英国から火箭を購入し，それらは 1872 年 5 月 23 日，海軍の龍驤艦に積載することになった（防衛研究所蔵 C09111122200「公文類纂 明治 5 年 巻 43 本省公文 図書部 2 止」1368）．「明治十年西南征討志」によると西南戦争中に龍驤艦は六斤火箭 351 本を装備していたので，三重県が購入したのはこの軍用火箭であろう．1872 年 5 月 13 日（明治 5 年 4 月 7 日）火箭類をフリツキヒユール・号火・ヒユールベール・火箭と四つに区別した文書の中で，造兵司で造ってほしいとの依頼がなされた（防衛研究所蔵 C09110818000「海軍省-公文類纂」-M5-32-104：1637・1638）．1872 年 6 月 2 日には半斤 686 本と一斤 20 本の小型火箭を造兵司で製作できるまでになっていた（防衛研究所蔵 C09110819400「公文類纂 明治 5 年 巻 32 本省公文 器械部 3 止」1675・1676）．同じく 6 月，鵬翔艦がブリツキヒユール・ヒユールペールを初めて備えたいと申し出る．7 月 20 日，日進艦からブリツキヒールを消耗したので 50 本追加したいとの申出があった（防衛研究所蔵 C09110818300「公文類纂 明治 5 年 巻 32 本省公文 器械部 3 止」1653・1654）．

1873 年 10 月 2 日，国産していないので英国から軍用火箭 1500 本購入してはどうかという起案がある（防衛研究所蔵 C09111695500「公文類纂 明治 6 年 巻 19 本省公文 器械部」0447）．11 月 22 日，日進艦からブリツキヒールを諸合図などで消耗したので 50 本追加したいとの申出があった（防衛研究所蔵 C09110819800「公文類纂 明治 5 年 巻 32 本省公文 器械部 3 止」1683・1684）．ブリツキヒールとは軍用火箭ではなく，信号火箭であろう．

1873 年 10 月 27 日，横浜にある商社アーレンス社を経由し英国のヘール 24 ポンド火箭 1,500 本と発射台の購入契約を結ぶ．購入は以下のような理由で行われた．

　　甲五套第二号
　　原名「ロケツト」
　　一軍用火箭　　　　　　　　　一千五百本
　　　　此代凡七千五百弗計
　　右ハ諸艦ヨリ申出相成候處當司御貯蔵無之候ニ付略取調ヘ候處當地ニテハ手馴レ候職工モ無之儀ト存候ニ付前行之員數丈ケ英國ヘ御註文ニ相成リ其内漸々ニ當地ニ於テモ製造向相成候様着手致シ候テハ如何御坐候哉此段御伺申候也
　　　明治六年十月二日　　　　　　　　武　庫　司　（※1873 年 10 月 2 日）
　　　　　　本省
　　　　　　　御中
　　　　　　　（防衛研究所蔵 C09111695500「公文類纂 明治 6 年 巻 19 本省公文 器械部」0447）

諸軍艦から軍用火箭を装備したいとの希望が寄せられているが，熟練職人がいないので国産できない状態であり，英国へ注文したいということ．軍用火箭の詳細は同文書の下記契約にある通り，24ポンド型である．

第二百四十五号　　　　　　（※1873年10月27日）
一軍用火箭　　　　　　　一千五百本
　　〆
右ハ甲五套第二号御検印済ニ付別紙之通リ定約致シ度此段御伺申候且又代價之義ハ過日申出候ヨリハ少々相増シ候得共市中之直段ト政府之定メ直段トハ相違モ有之候条其段ハ御含被下「ハドル」半ノ限リ直段ニテ定約被下度旨「ベール」ヨリ申出候其通リ定約致シ候テ可然哉尤舶用臺二タ通リモ其内へ込メテ之直段故相應ト存候ニ付此段和文洋文トモ相添御伺申候也
　　　明治六年十月廿七日　　　　　　武　庫　司
　　　　　　　本　省
　　　　　　　　　　御　中
　　　　　　　　　　　（會計局廻）
日本皇帝海軍省武庫司ノ石川武直並ニ岡喜智両君ト東京築地四十一番地寓居「アーレンス」會社ノ「エムニベア」ト今日次ノ條約ヲ確定ス
第一「エムニベア」ハ日本海軍省ノ注文ニ付軍艦ニ用ユル「ペール」氏ノ二十四封度火箭千五百挺砲車一挺並脚舩用砲車一挺ヲ歐羅巴ニ於テ買上ケ帆舩ヲ以テ横濱ニ送リ届クル事
　此火箭並ニ架砲車ハ英國海軍ニ所用ノモノト同品タル可キ事
第二右火箭一挺ノ價ハ八ドル半ニテ求メ得ルノキハ日本海軍省ノ注文通リ買上ケ可申併シ價ノ義ハ成ル丈ケ廉ニ買求ル様ニ盡力可致事
但シ右八ドル半ノ内ニ火箭及ヒ車ノ價ト運賃保険賃利金其他諸雑費モ悉ク算入スル事
第三荷物ハ帆舩ニテ運送ス可キニ付今日ヨリ大抵十ケ月間ニ着致スヘキ事
第四右荷物ノ代價運賃保険等ノ書付本書ハ「エムニベア」ヨリ日本海軍省ヘ相渡シ可申事
第五「エムニベア」ハ右荷物ノ全價百分ノ二ツ半ノ口銭ヲ日本海軍省ヨリ請取可申事
付箋
　（二割半ハ二分五厘ノ誤欤）
第六此荷物ノ價ヲ惣計シテ一万二千七百五十「ドル」ニ相成候此内百分ノ二十五即チ三千「ドル」ハ前金トシテ同省ヨリ「エムニベア」ニ相渡シ可申餘ハ荷物着到ノ上請取可申候事
付箋
　（惣代價ノ百分ノ二十五割ハ三千百八十七弗半ナル欤
百分ノ二十五ハ 惣価ノ大數ヲ一万二千ドルトシ其
　　　　　　　百分ノ二十五則チ三千ドルナリ

（防衛研究所蔵 C09111695500　0449～0452）

　1873年10月27日の契約である．英国海軍のものと同等のヘール24ポンド軍用火箭1,500発と，陸上用と船用の発射台各1の輸入を東京築地の外国商社と契約する件である．契約日から10ヶ月以内に納入することになっている．西南戦争が勃発して急遽欧州から輸入したスナイドル弾薬は早くて2ヶ月で納入することになっていたのに比べれば，こちらは悠長である．

　また別に1873年火箭製作器械・火巧薬品をフランスに依頼しており，薬品は到着したが器械は

1 年以上後の 1875 年 3 月に到着した．その費月を知らせよとの文書がある（防衛研究所蔵 C09120285600「明治 7 年 12 月　諸省 918」0758・0759 日本大使館罫紙）．これによれば 1875 年には四斤・六斤・十二斤火箭を製作できるようになったことが分かる．

　西南戦争の前年冬，1876 年 12 月 13 日付で翌年 1 月京都及びその西方を巡幸する際高尾丸で使うブリッキヒール・火矢を製作してほしいと東海鎮守府から川村純義海軍大輔に依頼している（防衛研究所蔵 C09112192000「公文類纂　明治 9 年　巻 16　本省公文　器械部」0615）．夜間に軍艦を輝かせるのであろう．1876 年 12 月 15 日，東艦が端舟用火箭発射台を初めて装備したいと申請し，翌年 1 月 20 日付で兵器局から受け取るようにとの海軍大輔の回答があった（防衛研究所蔵 C06090513400「明治 10 年公文備考亻入巻 12」0389〜0391）．1876 年 12 月 19 日，高雄丸用火箭・号火の試験伺いとそれに対する許可が下りている（防衛研究所蔵 C06090271000「明治 9 年公文備考亻入巻 24 自 966 至 1045」1860〜1862）．

　1877 年 1 月 29 日，西京行幸が契機となり諸艦船からも号火を置きたいとの希望があり，製造したいとある（防衛研究所蔵 C09100055100「海軍省　公文原書巻 9　本省公文　明治 10 年 2 月 1 日〜明治 10 年 2 月 3 日」0099・0100）．1877 年 2 月 14 日，千代田形が初めて 6 ポンド軍用火箭・台を装備する件の文書がある．信号火箭は装備済みであった（防衛研究所蔵 C09100105300「公文原書　巻 16　本省公文　明治 10 年 2 月 18 日〜明治 10 年 2 月 20 日」0746〜0748）．1877 年 2 月 17 日，軍艦千代田形への発射台は至急製造するとの文書（防衛研究所蔵 C09100105300「公文原書　巻 16　本省公文　明治 10 年 2 月 18 日〜明治 10 年 2 月 20 日」0749・0750）がある．同日，軍艦日進が追加で 3 ポンド火箭を註文．以前から装備していたという．併せて発射台を初めて注文した（防衛研究所蔵 C09112356300「公文類纂　明治 10 年　前編巻 20　本省公文　器械部 4 止」）．

　以上は西南戦争の戦闘が始まる 2 月 19 日までの海軍における火箭配置，造兵司での火箭・発射台製造，輸入状況の略記だが，まとめておきたい．

　火箭については，1872 年 6 月段階には小型の半斤と一斤は造兵司で製作できるようになっていたが，これらは信号用や夜間に艦体を照らす輝飾用の火箭である．軍用火箭を初めて搭載したのも 1872 年である．1872 年 5 月 30 日（明治 5 年 4 月 24 日），三重県が英国ブリングレイから購入していた六斤軍用火箭を軍艦として初めて龍驤艦に装備するため政府が買い入れている（前掲）．1873 年 10 月には二十四斤軍用火箭を英国から購入する契約が結ばれた．1874 年には火箭製造機械を仏国に依頼していたが，翌年 3 月に到着した．同年中に四斤・六斤・十二斤の軍用火箭は国産できるようになっており，すでに製作していた半斤や 1 斤の信号火箭等はこの器械を使わずに製作していたのである．しかし，もっとも大型の二十四斤火箭の国内製作は 1875 年以降であった．

　1876 年 12 月から翌年 2 月にかけて，明治天皇の西国巡航の際に同行する諸軍艦に信号火箭・号火火箭が搭載されている．龍驤艦以外で軍用火箭を軍艦に装備するのは開戦直前の 1877 年 2

表 28　西南戦争中の軍用火箭装備数（「明治十年西南征討志」附録）

	二十四斤	九斤	六斤	三斤	計
本営其他陸地			250		250
龍　　驤			351		351
日　　進			30	20	50
清　　輝				58	58
浅　　間					
鵬　　翔			38	31	69
春　　日		3	8	10	21
孟　　春			78	50	128
筑　　波	15				15
丁　　卯				18	18
計	15	3	773	169	960

月 14 日の千代田形からの依頼が最初で，日進もこの時点では追加で装備した．総じて軍艦が軍用火箭を装備したのは開戦直前であった．海軍の公式記録「明治十年西南征討志」附録 pp. 646・647（1987.9.1 復刻）による戦後の集計では，表 28 のように軍艦 8 隻に軍用火箭が装備されている．

　二十四斤と九斤が少ない一方，兵器局で製作した 6 斤が最多で三斤はそれに次ぐ量である．表中，本営其他陸地欄に六斤軍用火箭 250 発があるのはどこにどれだけ配置したのかは不明であるが，陸軍の火箭使用例は熊本県内陸部・宮崎県で数例記録がある．

　防衛研究所に残る下記の史料には，この表の他にも千代田形が六斤軍用火箭 25 本・発射台 1 基を搭載したことが記されている（前掲）ので，軍艦 9 艘に 735 本，本営その他陸地に 250 本，合計は 985 本となる．史料によれば，1876 年 12 月 5 日に端舟用のロケット台 1 基の新規搭載希望を東艦が出している．同様の発射台を装備したことが分かるし，東艦への搭載許可も 10 年 1 月 20 日に出されている（防衛研究所蔵 C06090513400「明治 10 年公文備考件入巻 12」0391）．

　イ　開戦後の火箭　以上のように陸海軍が西南戦争に際し装備した軍用火箭は戦闘で実際に使用されている．しかし，装備した合計 985 本のうち実際何本が使われたのかは分からず，使ったという記録も少ない．その少ない使用記録と戦争中の火箭製造について，時間を追って明らかにしたい．

　以下の記述が本当なら最初の火箭使用例は 2 月 19 日である．

　「明治十年日記」3 月 12 日に熊本から鹿児島に帰って来た人からの聞き書きである．

　　一市中焼払ハ（※24 日の）三日前ヨリ大砲三発放火ノ相図イタシ，夫ヨリ火矢を打込ミ川ヨリ本町ノ方都テ焼失ス，風不相立漸々両日燃ル，　　　　　　　　　　（「明治十年日記」）

熊本の市街地は開戦直前に熊本鎮台が焼き払ったのだが，その際に火矢を放ったという．熊本鎮台も火箭を装備していたのだろうか．鎮台自身による記録は存在しないようである．

　明治 10 年 2 月 26 日，軍艦龍驤が島原湾の熊本県川尻海岸で火箭で攻撃しようとした．

　　龍驤艦長モ亦楢崎中尉照義永淵少尉明奥等ヲ端舟ニ乗セテ遣シ火箭ヲ鹽屋村ニ放タシム鹽屋村河内ハ高瀬植木ノ側面ニ當リ相距ル匩（異体字）ニ三里餘ニ過キスト云フ是日風波大ニ激シ端舟動揺シテ定ラス已ニ火箭ヲ放ツ火箭舟中ニ落チ火忽チ發ス掌砲長波江野喜太郎直ニ之ヲ一掬シテ海ニ投シ端舟遂ニ火ヲ免ルト云フ　　（「明治十年西南征討志　巻一　三十頁」pp. 67・68）

不慣れだったのであろう．火箭は船の中に落ちて火を噴いていたので海中に蹴り落としたのである．関係者三人の記録がある．軍用火箭攻撃の初例である．

　　明治十年二月十九日鹿児島縣暴徒征討ノ命アリ此時長嵜港ヘ碇泊ス同月廿一日長嵜港ヲ発シ茂木浦ヘ回艦ス同月同日野茂三ツ瀬内ニテ春日艦ニ行逢ヒ賊船迎陽丸所在探偵ス同月廿六日肥後海ヘ回艦ノ信号ニ依テ同所ヘ回艦海岸人家ヘ軍用火箭并野砲等発砲ス（略）

　　甲板次長加藤嘉七郎成績

　　　　　種類

　　二月二十日　　艦隊指揮官ヨリ賊船迎陽丸探偵ノ命アリ隈元少尉児玉少尉随行熊本縣下富岡ニテ北邊巡回船浪花丸ニ出會同船ヘ乗組百貫沖牛深八ツ代迠海路所々ヲ探偵シ終ニ日奈久湾ニ漁船ヲ遠望漸ク進ミ見ルニ迎陽丸ト分明ス両少尉ト共同船ヘ乗移リ富岡迠曳来ル即チ廿四日也是カ為メ賊業ノ兵器粮米ノ運搬ヲ断ツ

　　三月廿七日　　肥後海ニテ前両少尉ト共光運丸ヘ乗組同所河内ニ於テ野砲ヲ発射シ又軍用火箭ヲ打込放火ス（以下略）※三月は 2 月が正しい．

(防衛研究所蔵 C11080960400「海軍省公文備考類　枢密書類　入　3 止　明治11年」1556)

以下は龍驤艦の四等水兵石井勇の軍功について記す中に同じ2月26日の軍用火箭発射が出てくる（防衛研究所蔵 C11080960400「枢密書類　入　3 止　明治11年」1566)．また，2月26日・27日の記事がある．

廿六日

午前零時二十分運轉ヲ止ム此時貳艘之舩体ヲ見レハ則春日艦鵬翔艦ナリ同三十分楢崎中尉春日艦ヘ尋問之為メ罷越ス同四十分帰艦ス一時二十分川尻沖ヘ右舷錨ヲ投ス八時三十分我艦長春日艦ニ行ク午後零時三分艦長帰艦ス五時二十分漁舩之通リタルヲ招キ直ニ来艦名前ヲ尋問ス漁業嶋原之住義衛ト申者ニテ陸上賊之擧動及尋問候得共更ニ不相分直ニ退艦為致九時比ヨリ端舟ヲ以海岸人家ヘ号火火箭打込右云々ハ別ニ委詳御届書差出ス

二十七日

午後一時五十分光運丸當海ヘ回舩ニ付野砲幷号火箭積入海岸人家ヘ打込候云々ハ前同断別ニ御届書指出ス十一時二十五分光運丸嶋原ヘ向ケ出帆ス

(防衛研究所蔵 C09112273700「長﨑出港ヨリ肥後海航海概略記事 御届拾遺 1　本省公文　自明治9年至同11年」0770・0771)

次は2月27日の別の記録である．

二十七日春日鵬翔二艦長崎ニ入リ春日艦長若水兵長宗政市ヲ梅ケ崎長崎ニ葬ル」植木ノ賊大擧シテ高瀬ニ逼ル第一旅團ノ哨兵逆ヘ撃ツ未タ利アラス日已ニ午ヲ過ク賊ノ別軍其左翼ヲ襲フ三好少將自ラ兵ヲ督シ奮戰撃テ之ヲ走ラス是ニ於テ正面ノ賊モ亦退ク蓋シ別軍ハ山鹿ヲ兵轉シ來テ援クルナリ」時ニ河内ノ龍驤艦ハ復タ隈元兒玉二少尉ヲ光運丸ニ乗セ進航シテ火箭ヲ河内村ニ放タシム日暮又火ヲ其海岸ニ放テ之ヲ焚カシム」

(「明治十年西南征討志巻一　三十二頁」pp. 71・72)

軍艦ではなく小型船に乗り換えてロケット攻撃している．陸地に接近できるからか．龍驤は6斤のみ装備した軍艦である．

龍驤関係の史料をまとめると次のようになる．

2月20日，龍驤は薩軍の迎陽丸を捜索する命を受け長崎から肥後海（肥後海という名称は現在使われておらず，今は熊本県西側の海域は北から有明海，宇土半島の北側を島原湾，南側を八代海，島原半島と天草島を結ぶ線の西側を天草灘と呼んでいる．この場合は天草灘に面した富岡で政府側の浪花丸に遭遇したので3人の乗組員が乗込み，島原湾南西部の百貫沖・天草島南西端の牛深・牛深から八代海東側の八代までの海上を捜索し，ついに八代市街南側の日奈久湾で目的の迎陽丸を発見したので，24日，龍驤から乗り換えた富岡まで曳航して行き，迎陽丸が積載していた薩軍の兵器・糧米を取り上げた．その後26日宇土半島基部の北にある川尻沖に投錨したが，夜9時頃から端舟に載せた火箭と大砲を海岸の人家に向け発射した．

2月27日，光運丸が回って来たので肥後海にて前両少尉と共に光運丸に乗組み，同所河内において野砲を発射し，軍用火箭を打込み放火した．民間の光運丸は文久三年に進水した138トン・120馬力の木造外輪汽船で最大乗客定員250人（防衛研究所蔵 C09121444100「各県　雑　明治7年8月　諸県　9　32　陸軍事務所　来翰綴　明治10年10月2日〜10年10月28日」1211）で，当時，天草近海取締のため海軍兵を乗せ航海中だった（明治10年「大日記 軍機の部 上 征討陸軍事務所」）．戦争

2 戦争中の銃砲・火箭　259

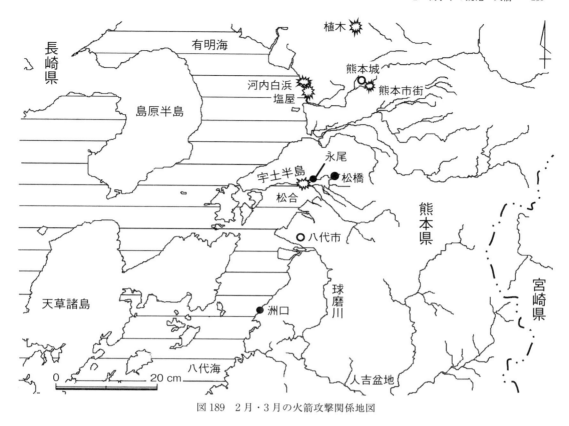

図 189　2月・3月の火箭攻撃関係地図

期間中，軍人の輸送や大久保・山縣を始めとした政府や軍首脳その他の移動など休みなく活動していた船である．

　これらの海軍による火箭攻撃について，攻撃を受けた側の薩軍側には記録が残っている．薩軍第六大隊の「桑幡孫七上申書」には2月26日・27日のこととして，

　　河内村ヘ繰出様報知アリ，則彼地ヘ繰込ミ所々ニ哨兵ス，翌廿六日第午前八時頃バッテーラ二艘白濱ノ前岸ニ相見得，直ニ駈付砲発致候処，壱艘ハ殆んと覆没セント欲スル処辛フシテ本艦ヘ漕付候ニ付，旧守場エ曳揚居候処，即日午后一時頃ナラン官艦三艘ヨリ頻ニ砲発ス，夜ニ及テ火矢ヲ放チ，是レガタメ民家二十軒内外焼失ス，翌日モ同断砲撃スルコト甚シ，

　　　　　　　　　　（「桑幡孫七上申書」『鹿児島県史料　西南戦争　第二巻』p. 859・860）

　河内村白浜（図189）に26日午前8時頃小舟2艘が近づいたので発砲したところ，1艘が沈没しそうになりながら本艦に漕ぎ着けたこと，午後1時頃軍艦3艘から砲撃され，夜になって火箭を放ち民家20軒内外が焼失したのである．27日も同様の攻撃を受けたという．

　また，「原田源太上申書にも2月27日に火箭で攻撃された記録がある．

　　廿五日河内村ヘ六番大隊ノ五番小隊，六番大隊ノ二番小隊転陣午後六時比着，廿六日十二時頃バッテラ二艘ヨリ白濱ヘ漕上ルニヨリ，六ノ二番小隊右半隊ヲ池田静治引キ巌上ニ登リテ，私ニハ左半隊ヲ引キ新田堤ヘ駆上リ，双方ヨリ烈シク砲発スルニヨリ，船中ヨリ応砲モ不致直ニ去ル，櫂一本ヲ分取ス，廿七日四時頃四五艘ノ軍艦ヨリ大砲・火矢ヲ頻ニ発ツテ，夜七時頃当村大半焼失ス，仍テ二小隊分配シ新田堤ヘ伏ス，廿八日例ノ如ク砲発ス，

(「原田源太上申書」『鹿児島県史料　西南戦争　第二巻』pp.17　1978）

　上記は官軍が2月27日に熊本市街の西方海岸部に対し火箭を使ったことを，薩軍側が記した史料である．砲撃もあったが，河内村の白浜は大半が焼失したとある．薩軍側が記した火箭記録は今のところこの2例しか確認していない．

　田原坂をはじめ熊本県北部で戦闘が行われていた頃，海軍は玉東町・植木町に近い西側海岸に対し火箭攻撃を行っていた．

3月10日　孟春の記録である．

　<u>艦長之ヲ聞キ艦ヲ進メ鹽屋ニ向テ擊射シ又石津少尉</u>幹七<u>坂田少尉補</u>次郎<u>ヲシテ端舟ヲ飛シ海岸ニ接シテ火箭ヲ發セシメ</u>本艦更ニ河内村ニ向テ砲撃ス

（「明治十年西南征討志　巻一　四十六頁 pp.99・100）

　単に河内村というのは白浜のことであろう．

3月12日

　孟春ハ飯田少尉石津少尉種子島輔ニ北村敬愃兩少尉補ヲ<u>端舟ニ載セテ陸（※鹽屋）ニ迫リ火箭ヲ發セシム</u>而シテ本艦大砲ヲ放チ賊眼ヲ眩誑シテ其舟ノ近ツクヲ望ム能ハサラシム

（同上 pp.105・106）

3月12日

　日進ハ……又迎少尉敦忠ヲシテ<u>野砲及ヒ火箭ヲ端舟二艘ニ裝載シテ以テ（※河内）海岸ヲ擊射セシム</u>賊應セス

（同上 pp.106）

3月16日

　十六日午前日進艦長孟春艦長ト相議シテ河内村海岸ノ賊屯ヲ砲撃セントス是ヨリ先キ孟春ハ鹽屋沖ヨリ長崎ニ赴キ<u>火箭ノ猛烈ナル者ヲ載セ以テ昨鹽屋沖ニ還ル</u>

（同上 pp.121）

　この16日は孟春は砲撃のみを行い，火箭は使用しなかった．

3月17日

　<u>孟春艦ハ猶鹽屋沖ニ在リ午前火ヲ賊據ニ放タント欲シ近ク海岸ニ前進シテ砲撃シ且火箭ヲ發射ス命中シテ火起ル</u>然レノモ風ナクシテ意ノ如クナラス因テ發射ヲ罷メ河内沖ニ還テ次ス

（同上 pp.4）

3月29日

　休戰　本日諸口休戰兵ヲ息フ殊ニ砲兵第四大隊第二小隊二分隊臼砲一門ヲ植木口ノ右翼ニ出シ<u>火礟火箭ヲ發シ</u>同口賊壘ノ本據ヲ煆ク幾モナク炎烟空ヲ掩フ又工兵ヲシテ木留口ニ塹壕ヲ增鑿セシメ……

（防衛研究所藏 C09083953500「西南戰闘記自　明治十年三月一日至同三十一日　旧第二旅團」0188）

　3月20日に陸軍は田原坂を突破し，引き続き熊本城に向かって前進しようとしたが薩軍の抵抗のために熊本城を解放したのは4月14日になってであった．その間，1ヶ月近く田原坂と熊本城の中間地帯で戦闘が続き，その時に陸軍が火箭を使用したのである．以下は海軍関係の諸史料にある火箭使用の記事を日時順に記す．

3月30日

　<u>鵬翔艦ハ午前三時松合</u>肥後<u>近傍ニ航進シテ第一端舟ハ高木少尉</u>英次郎<u>第二端舟ハ鮫島中尉ヲシテ</u>各之ヲ率井其應援ヲ爲サシム既ニシテ兩端舟齊シク發シテ松橋ニ向フ時ニ砲銃ノ聲正ニ轟然タ

リ鮫島乃チ奮前シ岸ニ近ツキ火箭ヲ發ツ高木モ亦進テ波戸場ニ近ツク賊群集シテ頻ニ銃ヲ發ス兩端舟小銃ヲ連發シ應擊スル良々久シクシテ又少シク退キ端舟ヲ適應ノ距離ニ止メテ火箭ヲ發シ之ヲ擊ツ頃クアリ第一端舟ハ永尾村肥後ニ進ミ第二端舟ハ松合村ノ正面ニ當ル賊兵忽チ松橋ヨリ馳セ至ル鮫島其賊ノ未タ松合村ニ入ラサルニ先シテ火ヲ放タント欲シ端舟ヲ進メテ岸ニ近ク賊三面ヨリ亂射シ銃丸交々下テ雨ノ如シ永尾村ノ第一端舟モ亦流丸霰集シ舷板ヲ洞シテ水兵龜次郎ノ脛ヲ傷ツク兩舟少シク沖ニ退テ相持ス時ニ第一端舟ハ銃丸盡クルニ因テ一旦傷者ヲ護シテ本艦ニ還レリ第二端舟ハ復タ奮進シテ火箭ヲ松合村ニ發ツ時ニ風雨浪ヲ激シテ進退自由ナラス遂ニ亦柁ヲ旋ヘシテ本艦ニ還ル此間本艦ハ大砲ヲ空發シテ聲援ヲ爲セリ

(明治十年西南征討志」卷一 三十二頁 pp. 151〜153)

鵬翔から下した二艘の小舟で宇土半島南部の宇城市不知火町松合村に火箭を發射した記錄である．松橋は半島の付け根に位置し，相互の距離は約7kmである．松橋が翌4月1日に衝背軍に占領されているところをみると　陸軍と示し合わせて攻擊したのである．

4月2日　次は筑波の記錄である．

本艦即時錨ヲ起シ復タ太田尻ニ往ク」初メ筑波艦ノ戶口浦ヲ砲擊スルヤ距離二千五百「ヤード」加フルニ夜色暗黑ニシテ賊ノ所在ヲ辨スル能ハス因テ砲擊ヲ止ム頃クアリ福村海軍少佐周義新井海軍中尉等端舟ニ乘リ進テ火箭ヲ發射ス然レノモ洲渚相接シテ舟岸ニ近ツク能ハス且夜未タ明ケサルヲ以テ人家ヲ認識スルヲ得ス因テ又他ニ方向ヲ轉シ火箭ヲ放テ還レリ

(「明治十年西南征討志　卷二　三頁」pp. 164)

2月から4月まで，海軍は衝背軍とは別に獨自に海岸部に對する火箭攻擊を繰り返していたことが分かる．初めは玉東・植木の側面海岸部の火箭攻擊に集中していたが，海軍は本格的に上陸して海岸部を占領する積りはなかったようであり，薩軍の兵力を少しでも海岸部に引き付けようとしていたように見える．その後，3月末になると八代から宇土半島基部に火箭攻擊の重點が移っている．衝背軍を海上から應援し始めたのである．

　ロ　衝背軍と火箭　熊本籠城中，官軍による北からの南下救援作戰が進展しないので，熊本城の南方背後に新規編成の官軍を上陸させ薩軍を挾み擊ちにする計畫が實行された．3月16日衝背軍といわれる別働第二旅團（高島鞆之助大佐が司令長官心得．3月29日名稱變更し別働第一旅團となる．別に別働第二旅團を編成し山田顯義少將を旅團長とした）が編成され，3月19日別働第一旅團が八代海沿いの日奈久南部にある洲口に上陸し，引き續き參戰した別働第二・第三旅團（旅團長川路利良陸軍少將兼大警視）と共に北上を開始した．

　衝背軍は熊本城に向かい次第に北上し，3月25日宇土半島付け根南側の宮の原付近，26日小川，31日松橋，4月1日半島付け根の北側の宇土町，東方の堅志田，2日甲佐を占領した．ちょうどその時期，薩軍側も別府晉介・辺見十郎太を鹿兒島に募兵に歸し新たに集めた1,500人があり熊本に向かおうとしていたが，上陸した官軍の背後から襲おうと人吉を経て八代を攻擊した．4月4日から6日までの戰鬭は球磨川沿岸を人吉から河口に向かって進んだ薩軍が衝背軍を南から攻擊し，一時は八代市街まで達したが押し返され，籠瀨・神の瀨まで退却しそこに守備を布いている．衝背軍は背後の薩軍に對して兵力を割くとともに北上を續け，別働第四旅團（旅團長黑川通軌大佐）も7日に合流した．4月4日から7日までは熊本平野南部の綠川を挾んだ地域で川尻の薩軍と交戰を續け，4日と5日には陸軍兵により火箭が使われている．

衝背軍が編成されているとき，海軍の兵器補給を担当する兵器局では今後火箭の需用が多くなると予想していた．3月15日，兵器局からの火箭1万本を製造したいとの申出（防衛研究所蔵 C09112358100「公文類纂 明治10年 前編 巻20 本省公文 器械部4止」1368・1369）に対し，川村純義海軍大輔は千本を許可したが再上申により，3月18日付で9斤5,000本，24斤5,000本が製造許可となった．しかし，「明治十年西南征討志」では陸海軍合わせて計960本を装備したことになっており，またそれに掲げられた実際の装備表では9斤が3本，24斤が15本しか記載されていないので，実際に製作されたとしても材料の輸入などの問題があり戦争には間に合わなかったのかも知れない．

衝背軍の進撃は宇土町で数日間北上が停滞していたが，熊本城との中間にある川尻方面に対して陸軍の攻撃は続いていた．

3月30日

　別働第一旅團「此戦死傷併セテ三十一名者内士官傷ナリ孔道ノ軍モ折田少書記官ノ率ユル大砲及ヒ格林砲ロケット等ヲ以テ頻リニ發射スレノモ賊固ク守テ退カス時ニ午後六時ナリ」

（「征西戦記稿」「衝背軍戦記」巻二十二：pp.55）

4月4日

　宇土と川尻の間を西流する緑川流域で火箭が使われている．

　第二旅團ハ是日攻襲偵察ヲ行ハン爲メアルムストロンク砲一門四斤山砲一門ヲ以テ廻江村ニ至リ川尻市街及ヒ杉島村ヲ射撃シ又ロケットヲ放テ大渡町ニ放火シ且ツ歩兵二中隊ヲ緑川ノ南岸ニ配布シ發銃シテ戦ヲ挑マシメシニ賊遂ニ應セス（※10年4月4日）

（「征西戦記稿　上　衝背軍戦記巻二十二」pp.80　正しくは別働第二旅団）

廻江は熊本市南区富合町の地名で，緑川支流左岸下流にある．杉島は同じ富合町で支流右岸，廻江の対岸に位置し緑川が形成した中洲地形にある．川尻は杉島よりも北方で緑川本流の右岸にある川尻町のこと．大渡は川尻町の西部で緑川の右岸に接した位置にあり，杉島方向から川尻に渡る橋の西側にあり地名はそのことを示している．4月4日，第二旅団は廻江村に進みアームストロング砲1門と四斤山砲1門で対岸の杉島村，さらに向こうの川尻町を砲撃したのである．また，川尻町南西部の大渡町に火箭を放ち，歩兵二中隊が緑川支流北岸から銃撃した．これを記した住民の記録もある．

　四日　天氣　右同斷　甲佐合戦，川尻善左衛門橋焼流，出火，火矢……打出火なく

（川尻町役場1935「肥後川尻町史」所収川尻町米村家記後年松本家所蔵　1980 青潮社復刻本）

翌日も陸軍が火箭を使用した

4月5日

　仝五日

　午后第一時山田少将兵凡一大隊ヲ以テ國丁川ニ至リアルムストロン砲四斤砲及ヒ火矢ヲ以テ川尻ノ賊巣ヲ焼撃ス賊遂ニ應セス午后第六時宇土本陣ニ帰ル

（防衛研究所蔵 C09082210000「別動第2・第3旅団戦闘報告　明治10年3月24日～10年7月22日」0303）

4月5日，一大隊で大砲・火箭による攻撃を行ったが薩軍の反応はなかった．国町という地名が緑川右岸で新幹線路線西側の富合町古閑付近にあるので，国丁川はこの付近の緑川支流，浜戸川の

ことか．

　衝背軍が北上を続けている間，薩軍の注意を分散させるため海軍が八代の南側にいる薩軍に向かって下記のように火箭を含む攻撃を繰り返している．

　4月6日　孟春・鵬翔・丁卯の記録である．

　　　　日奈久回航同所ニ於テ砲撃之末太田尻江回艦迠之形行御届

　　　日奈久江回艦之義川村参軍殿与御達ニ依リ昨六日午前五時二十分松合沖抜錨同七時巣口沖ニ着スルヤ丁卯艦長青木海軍少佐即刻来艦候ニ付日奈久及巣口賊情承リ合候處巣口ニ賊凡百名日奈久ニ凡弐百名餘モ屯集致居候趣ニテ丁卯艦ニハ既ニ拂暁ヨリ砲撃致候趣右ニ付同艦長ヘ協議之上同八時ヨリ當艦ニハ巣口砲撃候處賊魁トモ思ハシ海岸ニ出左右指揮致致候様之景況ナルニ依リ小銃ヲ以テ狙撃スルニ其者山中江迯込ミ遂ニ跡ヲ不見然ルニ新田土堤上茅内及巣口民家ニ潜伏シタル賊本艦ヲ目的トシ頻ニ小銃打発致候ニ付當艦発砲数回スルニ少時アリテ更ニ應スルナシ依之當艦ニハ日奈久ニ向テ静ニ前進ス此時丁卯艦ニモ日奈久ニ向テ發砲セリ同五十五分日奈久ヘ端舟ヲ出シ「ロケツト」ヲ以テ町家ヲ放火セントスレノモ不能同時鵬翔艦水俣ノ方ヨリ回艦シ来リ九時當艦日奈久砲撃ヲ止メ既ニ碇セント欲シ針路ヲ屈曲シ本艦ヲ回航スル折丁卯艦ヨリ為探偵端舟ヲ飛シ浦堤ニ近ツクヤ否哉右浦堤ヲ壘トシ賊発銃スル事雨降ノ如シ遂ニ端艇ヲ返シ候處賊續ヒテ當艦ヲ狙ヒ頻ニ発銃ス依之當艦ヨリモ発砲銃烈敷打発スルト虽ノモ砲銃ニテハ賊等浦堤ノ陰ニアルヲ以テ充分ナラス依テ臼砲ヲ以テ速ニ打発シ檣上狙撃人ハ賊ノ所在ヲ号令聲ニ通シ発銃スル事亦頻リナリ此時鵬翔丁卯及當艦盛ニ発砲シ当艦ニハ巨离凡四丁ニテ散弾ヲ以テ堤上ニ放ツニ賊等萎靡不堪シテ山間ヲ指シテ遁ル依テ九時五十五分打方ヲ止メ同浦沖ニ碇ス十時四十分鵬翔丁卯艦長来艦候ニ付協議策ヲ談シ午後二時頃ヨリ日奈久ヘ砲撃其刻陸戦之形容ヲ三艦斉シクナスニ賊不屈陸上ヨリ頻ニ発銃當艦附属弐番艇舮板ヘ銃弾来リ又水兵中村仲次郎鵬翔ニ銃玉来ルト虽トモ幸ニシテ人身ニ不障同時ヨリ更ニ巣口ニ向テ砲撃ス同二時五十分打方ヲ止メ沖ニ碇ス午後五時過鵬翔艦ニ行キ更ニ協議シ八時十分ヨリ當艦端艇ヲ出シ「ロケツト」ヲ巣口村ニ射入シ同四十分抜錨臼砲ヲ射発シ陸軍應援ヲナス九時四十分打方ヲ止メ同沖ニ碇ス翌七日午前七時三十分沖ニ漁舟来ルアリ依テ忽チ端艇ヲ差出シ當艦ヘ呼寄セ日奈久賊情ヲ探偵ナサシメン為〆同所ニ遣ス同四十九分陸地為探偵鳳翔艦長ト協議當艦ヨリ端舟ヲ出スニ賊壱名モ不見ヨリ上陸民家ヲ探索スルニ賊及浦民壱人モ不相見候ニ付是即チ隈川邊江応援セシナラント種々賊情ヲ探リ発銃日奈久ニ到ラントスル途中山間ヨリ賊走リ出テ銃発ナスニ依リ當方人員ニモ頻ニ応銃発射スト虽ノモ元来此人数迚モ對敵六ケ敷ヲ察シ別端舟ニ乗シ帰艦スル途中賊頻ニ狙撃ナスニ依リ八時十分本艦与砲撃ヲ始メ賊ノ発銃ヲ防ク九時五十分打方ヲ止メル午後零時十七分鵬翔艦長来リ薩賊之内弐名降伏シ来ルト云フ依テ之レヲ松橋本営江送達旁當地之景況御届及隈川邊之亭情為承知同艦長ト協議之上抜錨松合沖ニ進艦シ途中日進艦ニ行逢ヒ候處両艦行進ヲ止メ日進艦長来リ當艦ニハ日奈久辺賊情速カニ太田尻碇泊之旗艦ヘ報知可致傳達有之候間其侭降伏人等乗セ付當所ヘ回艦仕右形行不取敢御届候也

　　　　　太田尻沖碇泊
　　　　　　孟春艦々長
　　十年四月七日　　海軍少佐笠間廣盾
　　東海鎮守府司令長官

海軍少将伊東祐麿殿

　追テ當艦ニ於テ降伏人申出候条々別紙相添御届仕候也
　　　　　　　（防衛研究所蔵 C11080617300「明治10年鹿児島暴徒征討艦船報告書乾」0913〜0919）

巣口は日奈久の南側に位置する洲口のことである．3月19日，ここに上陸した衝背軍を輸送した軍艦鵬翔・丁卯・孟春が差し向けられたのである．4月6日，日奈久と洲口の二箇所に対し孟春艦は端舟を降ろして陸地に接近し，火箭を発射した．孟春は戦争中に6斤火箭78発・3斤火箭50発を装備した軍艦である．この日の戦闘については薩軍側の「薩南血涙史」にもあるが，火箭攻撃を受けたとの記述はみられない．

　第百七十八号

　　附属 ｛ 熊本鎮台歩兵第十三連隊第一大隊
　　　　　 開拓大附属カツトリングミタライスロケット砲一隊

　　分派 ｛ 第二旅団砲兵第一大隊第一小隊右分隊
　　　　　 第三旅団砲兵遊撃第一小隊右分隊

今般他旅団ヨリ當旅団ヘ附属成ハ分派相成候歩砲兵隊最書之通ニ御間此候御届申候也
　　十年　　　　第一旅団司令長官
　　四月十三日　高嶋陸軍大佐
　　　征討参軍黒田清隆殿
　　　　　　　　　（防衛研究所蔵 C09085113300「別働第1旅団　残務往復書類 明治10年2月1日〜18年4月16日」0777・0778）

（※筑波）本艦鹽屋沖ニ航海シ凡ソ三千「ヤード」ノ距離ニ次シテ數砲ヲ發シ尋テ伊月大尉一郎平山藤次郎矢部少尉補興功等ヲ端舟ニ乗セ且六斤野砲ヲ裝載シ尾形中尉惟善安田少尉補虎之助等ヲ小蒸氣船ニ乗セ二十四斤ノ火箭ヲ装置シ共ニ鹽屋ニ向テ發セシム兩舟漸ク進ムニ隨ヒ先ツ火箭ヲ發シ其勢ニ乗シテ灣内ニ入リ砲ヲ發ス賊忽チ左右ノ山林ヨリ銃ヲ發シテ端舟ヲ撃ツ即チ又發砲シテ之ニ應ス然レノモ賊林叢ノ間ニ據リ海上ヨリ之ヲ撃ツニ便ナラス且賊丸間々小蒸氣船ニ達セリ是ニ於テ大尉等一時退（別字）避シテ舟ヲ旋ヘセリ
　　　　　　　　　　　　　　　　　（「明治十年西南征討志　巻二　八頁 pp.173・174」）

4月4日の記事である．1ヤードは0.9144mであるから3,000ヤードは2,743.2mとなる．水深不詳の海域では陸に接近することに龍驤としては不安があったのだろうか．筑波は24斤を15本装備した軍艦である．塩屋という地名は宇土半島にいくつかあり，史料の記述ではどれが該当するのか特定できないが，図186には戸口浦近くの塩屋を記入した．

4月13日段階には，陸軍の別働第一旅団にガットリング砲・ミタラリューズ機関銃・ロケットを担当する砲隊が組み込まれていたことが分かる．

4月8日，熊本城から突囲隊一個大隊が薩軍の包囲を破り，宇土の官軍と合流し，14日には衝背軍が入城し籠城は終わった．

　ハ　熊本城解放後の火箭　衝背軍起用が成功した後も火箭は海軍・陸軍で使われた．日時順に掲

げる．
5月1日
　一火矢若干

　　　右至急御差送リ有之度此段及御依頼候也
　　　　　五月一日　　高島少佐
　　　　　　山地中佐殿

　　　近日濁酒而已ニシテ一滴ノ喉ヲ濡ホスナク困却罷卸推察之上何分之御取斗有之度此段相願候也

　　　（防衛研究所蔵 C09085355700「諸向来翰　ル第2号　乙　明治10年3月24日～10年5月28日」0381）

　人吉盆地方面に対し南西側の佐敷から進撃しつつあった別動第二旅団の依頼文である．早速受け取ったようで，4日には下記の受取通知を出している．

5月4日
　　　　　　　記
　一揚火矢　　　　弐拾本
　一筆　　　　　　拾本
　一熊本近傍圖　　壱面
　一半切　　　　　五本
　　右正ニ請取候也
　　　十年　　五月四日
　　　　佐敷派出　　　別働隊第四旅團
　　　八代　参謀部
　別動第四旅團参謀部御中

　　　（防衛研究所蔵 C09085354400「諸向来翰　ル第2号　乙　明治10年3月24日～10年5月28日」0355）

　揚火矢20本他の受領届けである．揚火矢とは本体の側面に棒を付けた一段階古いコングリーブ型の信号用火箭のことか．1883年海軍省主船局発行の「英国火工問答」（pp.247～248）によると，信号火箭はその時点では1ポンド（約0.45 kg）の一種があり，発射管または物に立て掛けて発射していた．燃料が燃え尽き高度360～450 mで最高地点に達すると火薬に点火し，星火が散乱する仕組みであった．晴天の夜間には48 km離れても確認できたという．

5月9日
　一今日モ連戦於同所発砲ノ声絶ス，然レトモ双方台場ヲ警護シテ唯嘖ミ合候ノミニテ，間々軍艦ヨリ破烈丸ノ砲声御邸ノ山峰ニ相響キ，耳ヲ裂キ肝胆ヒシヒシト痛ムノミ，終日激戦ノ萌ナクシテ寛緩タル砲声ナリ，
　一夕刻ヨリ官軍頻リニ火箭ヲ発ス，今宵亦夕篝ヲ海岸ニ照ラス，終夜砲声絶ス，

　　　　　　　　　　　　（「磯島津家日記」『西南戦争　第三巻』）

5月12日・13日
　五月十二日十三日鋒野峠哨所報告
　十二日午後七時頃鋒野峠ニ到リ永野曹長ト交代シ第一中隊ノ内二分隊ヲ松生峠ニ分遣シ浅山軍

曹之ガ司令タリ第一中隊ノ内二分隊第四中隊ノ内二分隊ヲ以テ歩哨處ニ散布シ此四分隊ノ内一分隊ヲ以テ斥候巡察且ツ援隊ヲ為致置候外異状無之候也

十三日午前二時頃ヨリ哨處側面背面等ノ谷間ニ時々提燈相見ヘ申候ニ付斥候差出候得バ其提燈相見ヘ不申候處同四時頃松生峠分遣哨處ニテ放火致シ且ツ相図ノ火矢ヲ掲ケ申候ニ付請火矢ヲ揚ケ且ツ砲ヲ打チ申候而森軍曹ニ半分隊ヲ附ケ松生峠ニ到ラシム其内放火相止候處松生ヨリ傳令使来リ賊一名討留申候耳ニテ賊ノ人員不詳其他異状ナキ旨申候然處追々援兵ヲ被操出候而後終ニ引揚ニ相成申候而テ同十二時頃大森曹長ト交代致シ佐敷へ引揚候也

鉾野峠大哨兵司令

十年五月　　　　　　　陸軍少尉楢崎小次郎印

（防衛研究所蔵 C09086067400「戦時報告　ト第12号　明治10年4月7日〜9月26日」1094・1095）

当時，第四旅團は球磨川流域の薩軍に対し，佐敷方面に多くの哨兵所を設け分散していた（佐敷市街出入り口・八幡村・湯浦峠・松生峠・鉾野峠等）．それぞれに火箭をもたせ，敵襲を知らせ合っていたらしい．当時，人吉盆地西部の球磨川左岸の籃瀬周辺，右岸の神瀬・水無などには，官軍の攻撃を警戒した薩軍部隊が配置についており，鉾野峠東方の屋敷野越には薩軍陣地があった．

5月□日

　○鹿児島ノ火薬製造所ニ於テモ五月中旬頃迄製造セリ，官軍ハ愛宕山東福ケ城ニアルニモ公然製シタリ，五月□日頃官庫火箭ノ為メニ燃発セリ，其鳴動山岳ヲ動カセリ，

　　　　　　　（「丁丑擾乱記」八九　火薬製造ノ為硫黄ヲ奪ヒ或ハ県官雷管製造ニ尽力）

　日付を抜かした記述である．5月中旬頃，鹿児島の旧火薬製造所で薩軍が火薬を製造中に官軍の火箭攻撃のため蔵が爆発したのである．恐らく海軍による攻撃であろう．

5月27日

　一諸塁砲声異事ナシ，夕刻ヨリ官兵破烈・火箭トヲ発砲スルコト頻リニ烈敷，暮ニ及テ圖師ケ迫辺ノ人家ヲ焼ク，火焰天ヲ焦セリ，然レトモ薩ノ驍兵恐怖ノ色相見ヘズ，罵声止ムナシ，

　　　　　　　　　　　　　　　　　　（「磯島津家日記」『西南戦争　第三巻』pp.422）

　日記の筆者は島津家の屋敷がある鹿児島湾西岸の磯にいた．海軍が島津邸の背後山地や周辺に向け大砲に加え頻りに火箭を発射し，27日には火災が発生している．

5月27日

　午後七時過第三中隊持場山伏坂哨線外ニ出火ノ始末取調候處海軍ヨリ火箭ヲ以テ放火ノ旨第三大隊ヨリ届出ル

　　　（防衛研究所蔵 C09084968400「日記第2号　明治10年4月16日〜明治10年10月3日」0085）

　これは鹿児島市付近の記録である．

5月27日

　隈元少尉火箭ヲ發射シテ賊舎六七軒ヲ焚ク（「明治十年西南征討志　巻二　七十七頁」P311 ※於鹿児島・龍驤乗組み）※龍驤は六斤火箭のみ装備．

　上記は鹿児島市磯付近のことである．

6月29日

　鵬翔（略）賊果シテ森崎越田尾ノ間ニ奔走セリ本艦進テ越田尾ヲ砲撃シ尋テ森崎山ニ及フ賊皆

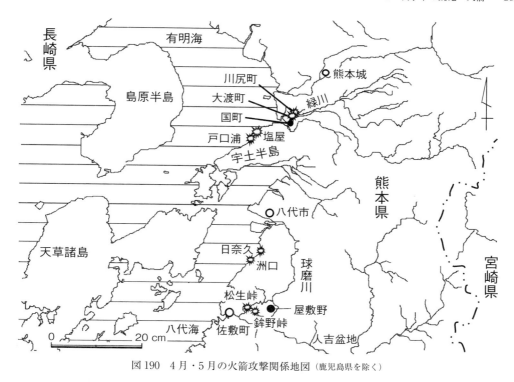

図190　4月・5月の火箭攻撃関係地図（鹿児島県を除く）

逬散ス猶居民ヲ遣シテ探偵セシメ復タ本艦ヲ回ヘシ屋形島ニ次シテ其還ルヲ待ツ夜ニ治テ試ニ火箭ヲ放ツ賊應セス　　　　　　　　　　　　　（「明治十年西南征討志　巻三　三十頁」pp.386）

豊後水道沿岸では大分県南端の佐伯市蒲江に薩軍が出没していた．当時，隣接する宮崎県北川町・北浦町は完全に薩軍の領域化しており，そこから薩軍が出没していた．鵬翔が火箭を放ったが薩軍は応じなかった．

7月1日
　　春日艦福山ニ進航シテ賊屯ヲ砲撃シ又火箭ヲ發ス（「西南征討志」P392）※福山は鹿児島湾奥部．

7月28日
　　一廿八日午前十一時三十分志布志ニ着，兼テ牒合セシ如ク，火箭凡二十発・号砲三発ヲ以テ合図ヲナセ共，如何シタリケン，凡ソ半時間余モ応セサル故，尚亦端舟ヲ漕出シ探偵ナスニ，弥官軍ニ紛レナキコト瞭然，其時陸上ヨリモ火箭応放セルヲ以，午后一時士官ト倶ニ上陸，都ノ城陥落ノコトヲ委シク聞キ，　　　　　　　　　（「鹿児島県庁日記」『西南戦争　第三巻』pp.41）

　上記は7月28日に清輝艦で戦地視察を行った鹿児島県官員の報告である．清輝艦は3斤火箭58発を戦争中受領しているので，この際，陸上の友軍と合図のため発射しあったのも3斤火箭であろう．合図のためだけに火箭約20本を放っている．この時，志布志にいて合図の火箭を放った官軍は別働第一旅団である．

8月12日
　　今般火箭致持参候曹長倉次諒義砲兵部長福原大佐ヨリ當砲廠ヘ差向相成参軍之命ニ依テ進退可致被申越相成候処當廠ハ未タ都濃町ニ滞在候故参軍之本営ニ隔絶シ急ニ命令ヲ受ケ難き場合有之依テ本人差出置候間可然御指揮被下度且荷物之義ハ當廠ニ預リ置候沙汰次第速ニ差送リ可申

候此段申進候也
　　　　　都濃町滞在
　　　　　　第三旅團砲廠
　八月十二日　　　　隈部大尉

　　　山縣参軍本営
　　　　　　御中
　追テ同人義戦闘線一見之義ハ福原ヨリ預メ候許在候間此段申添候也
（防衛研究所蔵 C09082266300「来翰及探偵戦闘報告　明治10年7月29日〜10年8月16日」0185・0186）
倉次諒曹長は砲兵で，7月23日付で征討軍団付に任ぜられている（防衛研究所蔵 C09081337400「陸軍事務所　辞令并達原稿乾　明治10年5月1日〜10年10月29日」）．8月12日頃に陸軍砲兵が宮崎県都濃町に火箭を持ち込んだことが分かる．

8月14日
　日暮日進艦熊ノ江山上ニ當リ賊ノ聚ルヲ見之ヲ砲撃シ夜ニ治テ鵬翔ト共ニ又火箭ヲ發射ス賊應セス是ニ於テ日進鵬翔ハ島ノ浦ニ泊シ清輝ハ延岡ヨリ細島ニ赴キ又猪ノ串ニ還リ孟春ハ細島ニ抵ル
（「明治十年西南征討志」pp.468）
宮崎県最北部の豊後水道沿岸で日進・鵬翔が夜間に火箭を山上に発射したのである．

9月19日
　其後戦ナシ哨兵ノ互ニ狙撃スルアルノミ囲ミ日ニ堅ク彼ノ根據ヲ砲撃シ或ハ火箭ヲ散射ス〇昨日ハ私学校及ヒ岩崎谷等ヲ焼ク昨日来彼頗ル匡却ノ様子竊ニ脱シテ我哨兵線ニ投スル者既ニ百人餘リ
（防衛研究所蔵 C09085254400「別働第二旅団　日記イ第二十四号」0520）
別働第二旅団は5月に佐敷の哨兵所で火箭を合図に使っていた部隊だが，薩軍を城山に包囲している時に戦闘に使ったのである．

　以上，火箭の使用例を日時順に探してみた．開戦初期の2月19日に熊本市街に対し熊本鎮台が「射界の清掃」のため焼き払っているが，民間の記録ではこの際に火箭を使用した可能性がある．確実なのは2月26日の海軍の使用である．2月から4月まで，海軍は独自に海岸部に対する火箭攻撃を繰り返していた．初めは玉東・植木の側面海岸部の火箭攻撃に集中していたが，海軍兵が本格的に上陸して海岸部を占領するつもりはなかったようであり，薩軍の兵力を少しでも海岸部に引き付けようとしていたように見える．その後，3月末になると八代から宇土半島基部に火箭攻撃の重点が移っている．衝背軍を海上から応援し始めたのである．

　4月上旬は熊本城解放を目指す衝背軍の北上に伴い，宇土半島北部から川尻町付近で火箭が使われた．陸軍は大砲と共に火箭を発射し，人家密集地を焼いて薩軍に損害を与えようとした．熊本城解放後も引き続き火箭は使われたが，戦場の移動に伴い球磨川流域から八代海沿いの佐敷町山間部では，陸軍が点々と配置した哨兵所に火箭を置いて敵の襲撃を味方に知らせたり，それを確認した合図に使ったりしている．海軍は鹿児島湾沿岸や豊後水道沿岸で散発的に使用の記録を残している．海軍は1,000発近く準備した割に使用記録が少ない．一度の攻撃に何発使用したという記録は全くないが，端舟には数発ずつ搭載したのではなくもっと多かったらしい．明治16年海軍主船局出版

の「英国火工問答」pp. 210 によれば「問　火箭艇ニハ火箭幾個ヲ装載スヘキ乎　答　二十四個」という．出版は西南戦争から 6 年後だが，戦後火箭が改良発達を遂げていないところからしても，この記述内容は戦争時と全く同じ状況だったと思われる．7 月 28 日の使用記録も「兼テ牒合セシ如ク，火箭凡二十発・号砲三発ヲ以テ合図ヲナセ共」としている．およそ 20 発というのは，正確には 24 発のことではないだろうか．

　全体を通してみると，終戦直前の 9 月 19 日まで陸海軍を問わず軍用火箭を使用したことが分かる．海軍は軍艦から直接発射することは少なく，端舟に搭載し海岸に近づいてから発射した例が多い．これは英国においても火箭の使用方法として想定されたやり方であり不自然ではない．

　ニ　火箭の戦果に対するその後の評価　西南戦争の全期間に主に海軍で，一部は陸軍も使用した軍用火箭であったが戦後の評価は芳しくなかった．1883 年，川村純義海軍卿を代表とする首脳部は軍用火箭を廃止したいとして各艦長に意見を求めた．

別紙東海鎮守府長官中艦隊司令官上答各艦備付火箭ノ存廃何分ノ御詮議相伺候也
　　　鎮守府長官艦隊司令官上答ノ旨趣
艦長等ヘ下問ニ及候処現今ノ火箭ヲ被廃弐拾四斤以上ノ分備付相成度旨申出候得共火箭モ機砲ノ弾薬モ充分搭載スルノ容積無之候間火箭ヲ捨テ機砲ノ弾薬ヲ充分装載スル方可然十年ノ役火箭ヲ用ヒシモ一度モ奏功セシ事無之候兵器ノ存廃取捨ハ兵略上ニ大ニ実備ヲ有シ国力ノ強弱之レニ起因スルニ付深ク御詮議有之度
　　　各艦長意見
諸児典砲追々御備付相成ルモ機砲ト軍用火箭トハ使用スル処相異ナリ且ツ火箭ノ功能伊東中尉陳述ノ通ニ付従来ノ小火箭ヲ被廃廿四斤以上ノ分御備付相成度諸児典砲追々御備付相成ルモ機砲ト軍用火箭トハ使用スル処相異ナリ且ツ火箭ノ功能伊東中尉陳述ノ通ニ付従来ノ小火箭ヲ被廃廿四斤以上ノ分偂備付相成度
　　　伊東中尉意見
火箭ノ利用タル英人ｻｰﾀﾞﾌﾞﾘｳｺﾝｸﾞﾚｰﾌ氏ノ説モアリ海戦上ニ欠クベカラズ如何トナレバ端艇ヲ軍装スルニ當リ艇砲ヲ備ルニ耐ヘザル小艇ト虽トモ能ク装載シ陸上ニハ野砲ヲ行ルベカラザル荒蕪森林ノ野湿地険山モ能ク運搬シ之レヲ放発スルニ僅々一二人ノ之レカ使用ヲ全ウスル事ヲ得ベシ（実益証拠ハ別紙ノ通）尤製造保存ノ取扱ノ不注意ヨリ却テ不利ヲ来ス事アリソノ憂ヲ防クニハ製造者ト使用者トノ注意ニアリ云々

　　　　　　　（防衛研究所蔵 C11018759500「明治 16 年　普号通覧　巻 29　普 1911
　　　　　　　　号至 1960 号　7 月分　本省公文」0048〜0051　　　　　　　　　　）

　海軍首脳は「十年ノ役火箭ヲ用ヒシモ一度モ奏功セシ事無之候」といい，火箭の効用について否定的である．これによると，戦争中に各艦が海岸集落に向かって軍用火箭で攻撃したり，陸軍の衝背軍が宇土半島付近で薩軍攻撃に使用した例等々は，戦果としてはあまり評価されなかったと思われる．海軍首脳はさらに，軍艦に大砲の弾薬を搭載する方が狭い艦内空間の有効利用だというのである．各艦長の意見では砲と火箭は使用場所が異なるので，二十四斤以上の軍用火箭は残したいという意見であり，陳述した中尉の主張も古臭いものだった．結局軍用火箭の追加供給は中止されている．

　軍用火箭が廃止された後の 1893 年刊「海軍掌砲学問答」によると，摩擦管には紙製摩擦管・銅

製摩擦管・鷲製摩擦管・閉塞火管・螺旋摩擦管の5種があり，海上では火箭には鷲製摩擦管を使うという．

> 銅製ノ者ハ發火ノトキ其殻高ク飛揚スルカ爲メ或ハ甲板ノ裏面ヲ打チ或ハ砲手ヲ傷ツクル等ノ損害アルノミナラス製造ノ費額モ亦容易ナラス鷲管ハ此等ノ弊一モナク（略・鷲製摩擦管は）救難火茨及火箭ヲ發火スルニ用フ
>
> （1891「海軍掌砲学問答」pp. 175）

とある．摩擦管は砲弾の発射と同時に猛烈な勢いで火門の上方に向かって煙とともに飛び出すので船上では危険であり，海軍は火箭発射時にはやわらかい鳥の羽軸を用いたという．ただしこの時点では軍用火箭は使われていないので救難火箭のことである．イギリス海軍はヘール火箭を使うときにL字形の摩擦管を使用したようだが，西南戦争で使ったのがどの種の摩擦管かは不明である．

⑥　火箭のまとめ

　火箭が西南戦争で使われたことは「征西戦記稿」・「明治十年西南征討志」などに記載されているが，これまで特に注意を向けられることもなかった．近年，アジア歴史資料センターの史料を簡単に検索・閲覧できるようになったのでそれを利用するとともに，江戸時代まで検討対象を拡げ調べてみた．

　その結果，江戸時代に砲術訓練の一環として行われた抱え火矢・棒火矢の類が長州戦争や戊辰戦争で使われたこと，それとは異なる英国式のコングリーブ火箭が外国軍隊により薩英戦争と下関戦争で使われたことが理解できた．世界中で19世紀は火箭にとって黄金期であった．

　明治初期には英国からヘール式火箭を導入・製造しようとする機運が生じ，1872年には英国のヘール式半斤と1斤の軍用火箭製造を始めるまでになっていた．西南戦争時点では軍用・信号用・輝飾用があり，海軍の軍艦が735本，陸軍が250本装備し，開戦段階から終戦間際まで実戦に使われている．

　しかし，主に装備した海軍にあっては，西南戦争時の軍用火箭の戦果について戦後の評価は低く，1883年には軍用火箭の新規製造が中止された．この頃大砲は砲身内部にライフル方式の溝をもち，砲を固定して発射できる駐退機構が普及しつつあり，2発目からは照準の修正が可能で命中精度が飛躍的に向上しつつあり，大砲の方が有効であると判断されたためである．

　火箭は大砲に比べて遙かに軽量であり持ち運びも簡単であり，地面がぬかるんだ湿地にも容易に持ち込むことができるという利点もあったが，筒中の燃剤を燃やして前進するため重心の位置が変動する欠点があり，また砲弾に比べ速度が遅いので風の影響を受けやすく命中精度は劣っていた．右回転して進むため，右からの風を受けると高く飛び，左からの風を受けると低く飛ぶというように風の影響を受けたためである．欧州で火箭が盛んに開発された19世紀前半から中頃は，新たな武器として諸外国も期待して採用を進めたが，やがて英国では本国の軍隊への装備を止めて装備するのは植民地に限定するなど火箭にとって将来性のない状況になっていった．当時の技術では飛行中の自動制御や無線操縦は無理であり，火箭よりも当時発達しつつあった大砲の方が優先されたのである．

　軍用火箭はその後追加配備されないままで我が国では消えたが，信号火箭はその後も装備され続けている．第二次大戦時には，アメリカやドイツは火箭の発展型である多連装ロケットや対戦車ロケットを，ドイツは英国本土攻撃用のV1号・V2号ロケットを開発・使用している．中断時期が

あった我が国でも，破裂弾頭を組み込んだ墳進砲という火箭を製造した．発射台を使うものは重噴進弾（弾体重量 660 kg・射程 1600 m），二十糎噴進通常弾改一（同 84.65 kg・4500 m），二十糎噴進焼霰弾（同 88.9 kg・3700 m），十二糎噴進通常弾（同 23.9 kg・4800 m）があり，対戦車ロケット（バズーカ）砲として十糎噴進穿甲弾（同 9.8 kg・100 m 以上）と八糎噴進穿甲弾（同 5.58 kg・100 m 以上）があった（佐山 1992）．一部は硫黄島で実戦に使われており，回収してきた実物発射筒と噴進砲弾本体が靖國神社遊就館に展示されている．対戦車ロケットも沖縄・硫黄島で使用された．

19 世紀は世界的にみても火箭の流行期であったが，我が国もその潮流に乗っていたのである．しかし，攻撃に用いる軍用火箭は西南戦争で使われたが，その後技術は継承されなかった．第二次世界大戦になり再び導入したのである．

第 5 章　西南戦争の考古学的検証

1　戦跡と出土遺物からみた西南戦争の特徴

　各地の戦跡と遺物をみてきた．西南戦争では両軍がどのようなものを戦場に築き，どのような銃砲弾を使ったのか現時点での結論を述べたい．

　　（1）　戦場での対峙状態

① 　応急臨時の施設を築造し戦線を形成

　分布調査あるいは発掘調査により戦跡の状態がある程度分かってきた戦跡をみてきたが，これらには当時の戦いのあり方を示す共通点がある．最も目立つ共通点は，官軍が主に胸壁という言葉を使い，薩軍がほとんど全て台場と呼んだ構築物が造られたことである．その後の土地改変がなされなかった所では，今もその痕跡が残っている．平面が前方に突き出すように屈曲した土塁を敵方向に設け，内側を掘り窪めた形が基本形である．土塁部分は官軍では底の抜けたカゴである堡籃を多用し，並べたり重ねたりすることが多く，薩軍は俵に土を入れたり単に土を積み上げたりしたらしい．その場の状況に応じ墓石を並べたり，木を横たえたりしたこともあったが，これらは片付けられたりしたはずであり，痕跡の確認は困難であろう．

　戦跡に全く残らないが台場の前方には柵列や鹿柴が設けられた．「征西戦記稿」には山地の場合，台場の前方100〜200ｍくらいを伐採し空白域を置いて柵列を設けたとの記述がみられる．これは両軍共に用いたようで，椎葉山戦跡では薩軍の柵列の一つが台場の前方約40ｍに廻っていたことが薩軍銃弾の集中状態から推定できた．柵列などは，比較的長期に対峙した場合は漏れなく設置したようである．

　尾根の戦跡には，敵とは反対側の斜面に削り出した平坦面が存在することがある．台場の守備要員の一時的な休憩所として，そのような場所には簡易な仮小屋あるいは雨避けになる程度の杉皮その他で葺いた屋根が造られたとみられる．最近では，山城跡においても斜面を削って狭い平坦面を築き臨時の増員に対応した場合が知られるようになったが，西南戦争の場合はそれを敵の銃弾や着発榴弾が来ない側に築いたのである．

　西南戦争の戦場となった地形は，比較的高低差のない平坦地・尾根・峠・独立気味の山などの組み合わせからなるといえる．戦争初期の吉次峠や田原坂の戦闘は有名だが，その場所での勝敗により戦争全体の決着がつくものではなかった．中世の戦いのように密集した軍同士が衝突して決着がつく決戦ではなく，全般的にみられたのは両軍共に長い戦線を形成するとともに，敵の戦線をどこかで突破しようとする戦闘であった．その結果，一部で戦線を突破しても少し下がった位置に新たな戦線が作り直され，新たな戦線で戦いは継続した．熊本県内に具体例はないが，大分県や宮崎県では戦線は台場を点々と連ねて構成されるのが普通であった．大分県内の場合，豊後大野市三重町と佐伯市宇目との境界で約6kmにわたり濃密に台場や塹壕を築いて対峙し，その戦線が突破さ

ると数キロメートル後退・前進して榎峠・重岡周辺に新たな戦線が造られている．またその戦線が崩壊すると官軍は前進し宮崎県境周辺に延約30 kmの長さに台場群を連ねた．宮崎県延岡市では薩軍本営を中心に両軍の対峙状態が変動する様子が戦跡から明らかになった．

　兵士が身を隠し射撃するための臨時施設を築くのは，当時一般的になりつつあった戦闘方法だった．17世紀後葉から18世紀中頃には，密集隊形の歩兵同士が相互に接近し，銃撃・白兵戦を行って決着をつける方法がとられていた．当時の小銃は丸い銃弾と火打石を使用し，有効な射程は30 m程度であったため狙撃という発想はなかった．戦場は発射に伴う煙が充満し敵味方の区別もできにくくなってしまうので，目立つ色彩の軍装で敵味方を区別していた．大砲の砲弾も球形で，敵の密集隊形の中に転がっていき，多数をなぎ倒すことができた．砲兵・騎兵・歩兵が連動してぶつかる会戦で，一気に決着をつけようとするのがアメリカ独立戦争（1775〜1783年）やナポレオン戦争期のやり方だった．幕末の日本には三兵戦術として知れわたっていたが，武器の発達がその戦い方を無効にした．18世紀後葉，椎の実形の銃弾が銃身内の螺旋の間を通り抜ける際に回転力を与えられ飛んでいくようになると，飛躍的に銃弾の飛距離と狙撃性能が向上した．歩兵は散開して物陰から銃撃するようになり，それまでの密集隊形で衝突する戦闘は消滅した．南北戦争（1861〜1865年）でも時代遅れで無能な指揮官は初期には密集隊形の戦闘を行ったが，やがてそれは不利な戦法であることが知れわたった．戦場で歩兵が身を隠す台場を築くのもこの頃，西洋で考案された戦闘法だった．

　1868年（明治元年）発行「軍事小典」は，1852年以降のオランダの本を陸軍兵学校が抄訳したものである．第百六十四章にはこのような施設，堡塁の目的を記している．

　　野衛に堡塁を築く可きの時機既に第百十七章に所論なり
　　築堡術者は土工職務の中緊用者にして陣地を警固するに甚僅（糸偏）の時間を以て即時の用に充旦其地に現する物品時として些少の物品を用ひ寡を以て衆を支へ得るに適するの術を教ふる者なり（略）左の目的に充るを要す
　　（第一）敵兵我陣地を洞視する能はす
　　（第二）敵の放火に対して守兵を遮蔽す
　　（第三）兵器の使用軍兵の指揮便にして障碍なし
　　（第四）要害の陣地に敵兵容易く近つく能はす又近つき来るに随ひ我放火に触るる事
　　　　　　愈多く愈愈且障碍を設け以て進む能はさらしむ

（兵学校1868年「軍事小典」pp. 48・49 国会図書館蔵）

野戦では敵弾を避けるために，ここでいう堡塁を築くのである．戦場では双方とも地面を掘り，前面に土を盛り上げた施設，いわゆる台場を相互に20 m前後の距離を置いて築造した．兵士は台場に身を隠して射撃し，そこから飛び出して突撃するという戦法がとられたのである．本書出版以前の長州戦争でも台場という言葉が頻出するが，台場は日本独自に考案されたものではなくオランダ由来のものだったのである．日本では映画やテレビでは必ずそのような場面が登場するが，両軍が初めから抜刀して戦いを始めるという戦闘は古来存在しなかったという（鈴木2003）．まず遠くにいる敵に弓を射かけ，接近すると槍で戦い，負傷して地面に転がる負傷者にとどめを刺すのが刀だった．自分をできるだけ安全な状態にしておいて，敵が遠くにいるうちに倒したいという合理的なやり方である．最前線において抜刀し敵と斬り合えば五分五分になり，極めて危険である．戦跡

での対陣状況をみると西南戦争でも発想は同じで，自分は身を隠して攻撃してくる敵兵を遠くから狙撃する方法が主流だった．攻める側も観音山戦跡で判明したように，時間があれば台場を築きながら進撃したのである．

　熊本城救援のため官軍が田原坂を突破したのが3月20日だが，直後に薩軍が構築した新たな戦線のために南下を目指す官軍は，4月14日になるまで熊本城に入ることはできなかった．その日入城したのは熊本城の南方背後に上陸し，少しずつ前進してきた別部隊であり，薩軍の北部戦線は熊本城に南から官軍が入ったことを知り，その結果，夾撃を受けることを恐れ自ら撤収したのだった．このように熊本県中部・北部の戦闘で戦線が形成されたことは史料から推定できるが，具体的に台場跡が点々と連なる状態はこの地域では未確認である．個別戦跡での激戦は喧伝されるが，具体的に戦線の全体像を把握するのはこれからである．

② 戦場での構築物

　一般的な台場や長大な塹壕の他，西南戦争時には西洋流築城術による稜堡を採り入れた台場があった．戦跡と史料から，稜堡の築造に関与したと分かる例は熊本鎮台工兵隊と東京鎮台工兵隊であったが，どちらも幹部は旧幕府時代に西洋兵学を学んだ経験をもつ者，その流れをくむ沼津兵学校で学んだ経験を有する者であった．戊辰戦争では四稜郭・七飯台場をはじめ多数の稜堡を旧幕府軍工兵隊が北海道南部に築いているが，旗本として工兵隊に従軍し，その後，熊本鎮台工兵隊長となった筒井義信は熊本城籠城中に多くの稜堡，凸角堡や剣頭堡を築造したことが「征西戦記稿」にみられる．史料に載っていないが，大分県に転戦したときも大原越に6基の稜堡を築いている．幕末に学習した西洋流兵学の成果を西南戦争時に活かしたのである．明治国家を下支えした色々な分野で旧幕府出身者が組み込まれたが，軍事関係者も同様であった．工兵隊に入ったり，教導団の幹部として地図作成や各種の工兵作業を指導・指揮したりしていたのである．

　下士官養成機関である教導団出身者単独の場合，各種の築造作業を行っているが，指導者の立場で稜堡を造ることはなかった．熊本鎮台工兵隊には教導団出身者が配属されていた．幹部になるには若かったということもあるが，教導団だけの部隊が作業した一覧表に稜堡の類は登場しない（「征西戦記稿附録」所収「教導團工兵作業表」）．

　台場が造られた場所には共通点がある．山間部の戦いで絶対に有利なのは高所を確保しておくことであり，局地的にみればほとんどの台場跡は尾根の上端にあり，下方の斜面を見下ろせる位置を占めている．下方に支尾根が下がっている尾根では支尾根が上り着く場所に台場が築かれた．また，背後の尾根線にもっと高い部分があれば，そこを奪われた場合には不利な戦闘を余儀なくされる恐れがあるため，そこにも台場が造られた．同じ尾根線の前方に敵の台場がある場合，台場は尾根線の向きに造られている．敵が高低差の少ない尾根筋から攻撃してくるからである．

　両軍共，弧状の複数の台場からなる野戦陣地を尾根筋に構えた敵を攻撃するという戦闘がほとんどであり，熊本城のような堅固で永久的な要塞が戦場になる場合や，平野部で激突することは稀であった．しかし，日露戦争で行ったようなジグザグの塹壕で敵要塞を取り巻き，さらに塹壕を延伸し，敵要塞の下にトンネルを掘って爆破するといった16世紀には登場していた西洋式攻城法はみられない．熊本城を永久要塞に例えるなら，ジグザグに迫る攻城法も可能だったかもしれないが，薩軍はそうはしなかった．小口径砲も少なく，日露戦争でロシア軍要塞を破壊したような大口径砲

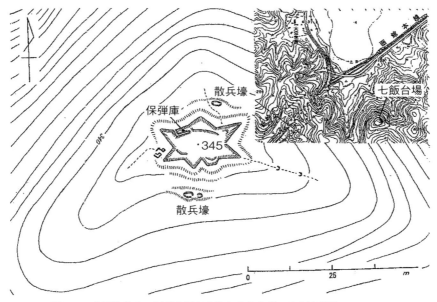

図 191　戊辰戦争時に旧幕府軍が築造した北海道の七飯台場跡（角田 2013）

もなかった．

　両軍の主要な台場であった弧状台場は西洋の翻訳書物により幕末に登場し，西南戦争時には両軍が引き継いだ平易な型であり，稜堡の系譜の台場は幕末以来導入を続けた西洋流築城術の成果であった．ただ，稜堡系台場は官軍側により田原坂付近，熊本城周辺と大分・宮崎県境の大原越，宮崎県日之影町，延岡市長尾山一本松でしか造られなかった．大原越の場合，史料ではそれが稜堡系台場であることが記されておらず，現地踏査により発見されたものであり，これ以外にも築かれた可能性はある．

　角田誠は欧州の例と日本とを比較し，大原越の多稜堡塁群の意義を次のように指摘している．

　　欧州では普仏戦争（一八七〇～七一年）が勃発し，例えばフランスの稜堡式城郭の城壁も簡単に破壊されてしまうことがわかり，以降は巨大な城郭を構えるというより，多数の小規模城郭を都市などの周辺に配備するという築城法に変わってゆくのである．例えば，パリ周辺には，普仏戦争後に新たに一三個所もの堡塁が築造され，その半数近くが現在も使用されている．そして，この築城方法の流れをくんだと思われる施設もまた日本に残っていた．すなわち，西南戦争（明治一〇年）における政府軍防御陣地の『大原越多稜堡塁群』（註 12）がそれである．図 9 に示すように，尾根筋上に複数の稜堡式の堡塁が並んでいて，必ずしもすべてに大砲が配備されていたわけでもなさそうである．（略）臨時築城においては，戊辰戦争段階（明治二年）での稜堡式城郭は独立堡であったのが，西南戦争段階（明治一〇年）には分派堡へと変化しているのである．そして，これをもって星型城郭や蝶々型城郭の時代は終わり（略）

　　　　　　　　　　　　（角田　誠 2013「稜堡式城郭の伝来と変遷」pp. 182～188）

という．図 191 は角田が比較に用いた戊辰戦争時，旧幕府軍が築いた七飯台場跡（25 m×20 m）である．規模は大原越例よりも少し大きいが，明らかに稜堡形式を採り入れ，土で造成されているという共通点がある．

フランスの例では，大砲を備えた頑丈な堡塁を都市の周囲に間隔を置いて並べ相互に補強し合うのに対し，大原越の場合は大砲があったとしても最前線に近い六稜形の24号多稜堡塁だけであり，要地周囲に間隔を置いて設置した砲台で守るという教科書的な解釈を持ち込むのは若干意味合いが違うのではないかと思う．西南戦争では一般的な弧状台場跡が間隔を置いて並ぶのが普通である．大原越はあくまでも歩兵の陣地が主体であって，通常の弧状台場が稜堡の形を借りただけであろう．薩軍は少ない大砲を各地に分散して使用しており，しかも7月段階では弾薬も少なく，ほとんど効果的に使うことがなかった．大分方面の熊本鎮台は四斤山砲2門と臼砲1門しか装備していなかったように，西南戦争は大砲で攻撃し合う場面が少ない戦争だった．「熊本鎮台戦闘日記」では，7月2日にエゴオノ山に臼砲1門，7月6日に城之越に山砲2門，7月21日に城之越に山砲1門と記されているのをみると，大原越に持ち込んでいたとしても山砲1門・臼砲1門が最大数であったであろう．戊辰戦争時は稜堡が単独で存在し，西南戦争では大原越に並んで存在したというが，旧幕府軍も時間があれば四稜郭だけでなく左右にいくつも稜堡を築造したかったであろう．しかし，地面が凍結する冬季に重なり時間がなかっただけであろう．これらの築造に関わった熊本鎮台工兵隊隊長の筒井大尉が，はたして1870年前後のセダンの戦訓を理解していたのかは疑問である．

西南戦争では台場類の築造は戊辰戦争段階と大差はないが，その他の構築物・施設の築造は飛躍的に増加している．現物が残っていないので一々列挙しなかったが，官軍工兵隊の作業記録には塹溝・急造橋・堡塁・砲台・木柵・竹柵・鹿柴・胸しょう・急造肩しょう・堰堤・尖蕨（木偏で草なし）・舟橋・平坦地雷・釘板布置・凹道・杭橋・木製銃眼・堡藍・歩兵廠舎・火薬庫・拒馬等を多数築造し続けていたことが記録されている（防衛研究所蔵 C09083906800「第一旅団　雑綴　明治10年8月31日〜12年3月31日」，防衛研究所蔵 C09083994200「戦闘報告　明治10年4月15日〜10年11月12日（第二旅団）」，防衛研究所蔵「C13080001600「近衛工兵第1小隊　戦闘報告表　明治10年6月24日〜10年9月24日」，「征西戦記稿附録」所収「教導團工兵作業表」他）．

西南戦争頃の戦闘といえば西南戦争の前年6月，アメリカではインデアンと第七騎兵隊の間で行われたリトル・ビッグホーンの戦闘が有名である（Douglas D. Scott 1989・鈴木 2000・穴澤 1988）．約2,000人のインデアンのダコタ・シャイアン族の集会を発見した騎兵隊が三方向に分かれて一方的に戦いを仕掛け，その一部を構成したカスター中佐に率いられた第七騎兵隊250人が全員戦死したのである．戦跡は1985年に発掘調査され，報告書が出された（Scott 1989）．戦場は低い丘陵と谷が連続する地形で，玉東町や植木町の戦場に似た点もある．銃弾・薬莢等の分布状態を調べ，それが騎兵隊とインデアンのどちらが使ったのかを調べた結果，戦闘は移動しつつ行われ，攻撃を仕掛けた騎兵隊がやがて追われ始め，包囲されて全滅したことが明らかになった．薬莢に刻まれた撃鉄の痕跡は銃ごとに異なり，同一銃の動きが推定されたとされる．騎兵隊は最後の段階で小さい丘で包囲され，馬を並べて弾除けとし，塹壕などは造られなかったのは，西南戦争の戦闘がアメリカでのこの戦闘と全く異なっていたことを示す．なお，騎兵隊の戦闘と異なり南北戦争では稜堡・塹壕が多用されている．

この報告書は遺物の分布や薬莢に残った撃鉄の痕跡を銃ごとに特定し，戦場において銃がどのように移動したかを検討するなどの分析が有効に利用されているが，残念な点は結論だけが示されていることである．個別遺物を特定した形での分布状態が報告書に明示されず，遺物の実測図もないため，報告書の結論を第三者が検討したり，再構成したりできない．

西南戦争の前年に行われたこの戦いの直後，東京鎮台の野津道貫大佐がネブラスカ州にあった対インディアン戦闘のために造られた陸軍駐屯地，ロビンソン砦を訪ねている（阿部2001）．当時の戦闘がどのように行われたのか，知識を得たに違いない．ただ，陸軍ではない騎兵隊の戦い方であり，しかも軍隊同士の戦闘でもなく大砲も多用した南北戦争などとも全く違う戦闘方法だったはずだが，どんな感想を抱いたのだろうか．彼は翌年，吉次峠攻撃を指揮したのだが，騎兵隊の戦い方を参考にしたのだろうか．

（2）　官軍・薩軍の弾薬

①　小銃弾薬

　官軍が西南戦争で使用した銃は種類が多く，弾薬の寸法も大小様々であった．したがって，弾薬の補給は煩雑で，銃や弾薬があっても組合せが適合していないと使えなかった．望ましいのは銃を一種類に統一することだが，それは戦後の課題となった．

　西南戦争勃発の直接原因の一つとなった政府による陸軍砲兵支廠に属した鹿児島属廠からの弾薬製造器械・弾薬の大阪への持ち出し作業は，私学校徒による弾薬掠奪事件を誘発した．私学校徒が奪ったのは弾薬・実包であった．その後，一時的に弾薬製造器械も我が物として弾薬製造を行ったが，5月に勅使が鹿児島に寄港した時に官軍に取り返され，大阪に運ばれた．しかし，官軍によるスナイドル弾薬の製造は順調ではなかった．水車を動力としたため，その施設から建物までを新設するのに1ヶ月を要し，弾薬製造作業に習熟したのは7月頃になってからであった．従来，政府のスナイドル弾薬製造器械移送はすなわち大阪砲兵支廠での製造に順調に移行したとみなされてきたが，意外に手間取ったのである．

　官軍は戦争初期にスナイドル銃を主に使ったが，弾薬の貯蔵が払底しそうになり国内製造も追いつかなくなったため，すでに3月には海外から小銃弾薬を購入しようと努め始めた．しかし，欧州からの輸入は早くて8月にならなければ到着しない状態だった．早くも3月にはエンフィールド銃との交換を奨励し始めている．吉次峠・半高山・横平山で見つかるエンフィールド銃弾，つまり先込め銃弾は薩軍のものであり，それはペンチ状の銃弾鋳造器で製造された．この時点では薩軍の銃弾は純粋に鉛からなるものが大部分で，他の金属が混じっていたとしても微量であった．ただ田原坂三ノ坂と田原坂の西側にある船底遺跡では官軍のエンフィールド銃弾が合わせて3点発見されている．戦争初期の時点でも少量のエンフィールド銃を官軍も装備していたのである．

②　官軍のエンフィールド銃弾

　戦争後期の戦跡から見つかった官軍のエンフィールド銃の銃弾と判断したものの形態は次のA・B 2種類がある（図148）．どちらも銃弾基部の厚さが末端に向かって細くなる点が共通している．

　A類は内側の窪みが浅く，B類はそれが深い．A類は外面に2条の浅い沈線が中ほどに巡るものが多く，なかには1条のものもある．溝の目的は油を塗り込め，銃身内部を円滑に通り抜けるためであろう．「火工教程」の説明のように銃弾を拡張しやすくするためなら，もっと下の方に巡らせるはずである．図146：3のように先端部に空洞がある破損品の存在から，A類は先端に空洞があるのかもしれない．とすればスナイドル銃弾B類の特徴と同じである．エンフィールド銃弾B

類は内側の窪みが深く，ほとんど先端近くまでに達し，スナイドル銃弾 B 類に似ている．この背景にはエンフィールド銃弾 A 類と B 類にはスナイドル銃弾の影響があったからだと考えられる．

　エンフィールド銃弾 A 類・B 類は外国に類例を探し出せなかったので，日本で考案されたとみられる．エンフィールド弾はスナイドル銃に比べれば旧式の先込め銃である．官軍側では大量の銃・弾薬を保有していたが戦争初期には使わなかった．スナイドル弾薬の欠乏が進行すると貯蔵量が多く弾薬製造も容易なエンフィールド銃への交換が奨励され，それを反映して 2 月から 4 月に戦場になった玉東町の戦場では，スナイドル銃弾は多いがエンフィールド銃弾は全く出土していない．

　しかし，薩軍一部隊の公式日記である「明治十年薩軍資料」には 2 月 22 日に植木町向坂で乃木希典の熊本鎮台小倉分営の第十四聯隊から針打銃 5 挺・ミニヘル 2 挺を分捕ったと記されている．針打銃とはスナイドル銃のことであり，ミニヘル銃とはエンフィールド銃である．この時期，官軍はエンフィールド銃を持ち込んでいないはずだが，少量は携帯していたのであろう．この日の戦いは小倉から来た第十四聯隊にとって初戦であり，しかも終始負け戦だったから薩軍から分捕ったエンフィールド銃だったとは考えにくい．官軍がエンフィールド銃を持ち込んでいた証拠に，田原坂発掘調査概要報告書ではエンフィールド銃弾 A 類 1 点，B 類 1 点，分類不詳 1 点が三ノ坂と西側の船底遺跡から採集されている（中原 2014）．

　ペンチ状の銃弾鋳造器で作られた鉛製の銃弾を官軍のエンフィールド銃が発射したものと解釈する場合がままみられるが，このような間違いはこれまで発掘調査で西南戦争の遺物が出土しても埋蔵文化財として扱わず，報告書から漏らしてきたための弊害であろう．玉東町の戦跡で 1 点もみられないことから，これらを薩軍が発射したとは思えない．反面，6 月以降に戦場になった大分県佐伯市宇目の戦場では，官軍のエンフィールド銃弾が一定量みられる．黒土峠周辺では官軍の銃弾はスナイドル，スペンサー，シャープス，ドライゼ，エンフィールドがあり，銃種にかかわらず鉛製である．このうち，ドライゼ銃は和歌山県編成の士族部隊である遊撃第五大隊が携帯した．一方，薩軍の銃弾は鉛と錫の合金や銅製，稀に鉄製がある．これ以外に少量だが鉛製の銃弾があるが，官軍がここには持ち込んでいない希少なレカルツ銃・ウィットオース銃・シャスポー銃の銃弾であり，薩軍が発射したものとみられる．鉛と錫の合金銃弾はペンチ状の銃弾鋳造器で作られており，同形態の銃弾は熊本城飯田丸跡や玉東町・植木町でも普遍的に出土する．ただ，この段階はほぼ鉛でできているのが戦争後期の大分県や宮崎県の戦跡と異なる点である．

　鉛が豊富な段階の 2 月から 4 月の薩軍はペンチ状の銃弾鋳造器で鉛製のエンフィールド銃弾を製作し，それ以後は材料が合金になっただけである．しかし，銅や鉄の銃弾は作り方が異なる．官軍のエンフィールド銃弾を観察するとペンチ状の鋳型で鋳造した際に残る縦方向の合わせ目を残すものがなく，スナイドル銃弾のように器械で回転させつつ製造したのであろう．内側の窪みが浅い A 類は，おそらくスナイドル銃弾 A2 類のように先端部に空洞をもつようである．スナイドル弾薬を製造する場合，薬莢の製造に材料や手間がかかるが，同じ器械を使って銃弾だけ製造してエンフィールド銃に使えば時間と経費の面で手っ取り早いと考えた結果，このような銃弾が生まれたのではないだろうか．

　薩軍の場合は幕末の争乱や戊辰戦争で使用したスナイドル銃やスペンサー銃もあったが，最終的に 4 万人強になった出兵者の多くは前装銃を装備した．戦争中，薩軍の記録ではスナイドル弾薬も製作したとの記録があるが，少量なら手作業での製作も可能であるし，使用済み薬莢の雷管を抜き，

新たに雷管を差し込み、火薬と弾丸を組み込むことは不可能ではなかったので、この作業程度の作業を継続的に行ったと思われる．

　薩軍は終始弾薬不足に悩まされていた．4月中頃までの戦場では，薩軍は弾丸に鉛以外の金属を混ぜて製作することは玉東町の発掘調査報告書で示されるように稀であったし，あったとしても混入量は微量であった．その後薩軍が熊本平野から去り人吉を拠点に据えた時には将来の弾薬不足が予測されたため，薩軍に合流した熊本隊は球磨川沿いの集落から鉛・錫を集め合金の弾丸製作を進めている．ほかの隊も大同小異である．薩軍側は5月には銃弾用金属は鉛と錫であったが，6月くらいから銅も利用し，7月には鉄製銃弾も作られ始めた．銃は消耗品であり，薩軍側は次第に前装銃の比重が多くなっていったようである．

③　四斤砲弾・摩擦管

　両軍とも四斤砲が主要な大砲であり，戦跡でもこの砲弾が最も発見されている．他にもっと大きい砲の砲弾片や臼砲弾も見つかるが点数は少ない．四斤砲弾は砲弾本体と信管部品・内部に詰める球形の弾子が見つかっている．

　砲弾は先端部の形から榴弾と榴霰弾に区別できる．弾子は鉛と鉄では重さが異なり，使われる砲弾の種類も違うので，榴弾・榴霰弾・霰弾の種類を区別できる．砲弾を爆発させる信管には2種があった．地面や目標物に衝突すると爆発するデマレー式着発信管，標的の上空で爆発させる曳火信管である．官軍の場合，信管の消耗割合は砲兵隊毎に異なるが曳火信管が過半数，あるいは圧倒的に多い例が多かった（山本2015）．西南戦争ではコンクリートやベントで固められた強固な陣地があるわけでもなく，たいてい敵の台場を破壊しないでも歩兵を倒すことができたからである．

2　考古学的手法と史料から戦跡を解釈する

　分布調査や発掘調査により台場跡や銃弾，薬莢，砲弾などの遺物から西南戦争の戦跡を解釈することができるようになった．もちろん，史料は不可欠であるが史料を参考にするといってもただ単に史料を読むだけで，登場する地名がどこにあるのかを検討しなければ表面的な理解にとどまってしまう．現地を調査しどこにどのような戦跡が存在しているのかを確認した上で，消えた地名，変わってしまった地名，あるいは記述に相当する場所を探さなければならない．なぜなら，戦闘を記録し戦闘に従事した人達は地元の人でないことがほとんどで，かつ戦況の変動に伴い常に新たな場所に移動することを繰り返していた．彼らは地名の追究に来たわけではなく，□□村の近くに山があれば□□山と名付けるといった便宜的なやり方がしばしば見受けられる．したがって，史料をいくら読んでも具体的な場所を特定できないことが多い．また，記録されたこと以外は史料からは分からない．

　戦跡に対する地表面の分布調査は類例が増えたが，それだけでは得られる情報が限られている．現在，西南戦争の戦跡が発掘調査され，報告書が公になる例が少しだが存在する．それぞれ遺物の解釈が行われ遺構や遺物の出土状態が検討され戦跡の解釈が行われているので，次にそれらを改めて検討してみたい．

(1) 熊本城飯田丸跡について

　まず，熊本城飯田丸跡について検討する．飯田丸はいくつかの構造物を隔て天守の南方に位置し城域の南東部縁辺に近く，坪井川を挟んで市街地に面していた．出土した小銃関係遺物はスナイドル銃の薬莢と先込め銃すなわちエンフィールド銃の銃弾が多い．四斤砲弾片や十二斤以上の砲弾片かと思われる破片や臼砲弾片も出土している．用途不明で同形の小型陶器壺もみられる．

　報告書では「熊本鎮台戦闘日記」の飯田丸関係の記述を検討し，砲撃被害は受けたが銃撃は受けなかったと結論している．そうだろうか．大分県内の銃弾を検討した際，官軍のエンフィールド銃弾を特定できたが飯田丸跡ではそれが1点もみられない．飯田丸跡の報告書において官軍のエンフィールド銃弾だとしているものは，そうではなく実際は薩軍が発射し飯田丸に撃ち込まれたものだと考えられる．「熊本鎮台戦闘日記」2月22日には

　　第七時賊高田原ニ散布シ我カ下馬橋ニ向テ進ム飯田丸砲臺ヨリ榴弾及ヒ榴霰弾ヲ連發シ<u>下馬橋ノ守兵ト共ニ防戦ス賊モ亦火力ヲ熾ニシ漸ク進テ旧花畑ノ地物ニ拠リ射撃スルコト最モ劇シ</u>

（「熊本鎮台戦闘日記」巻一　pp.7・8）

とある．飯田丸の南に下馬橋があり，川を隔て橋の南に旧花畑が位置する．薩軍は旧花畑の物陰に身を隠して射撃することが最も激しかった，というのである．大砲ではなく小銃であろう．飯田丸の官軍は下馬橋の守兵と共に防戦したのである．当然飯田丸も小銃で射撃されただろう．

　当時の正規の銃弾は鉛製で，発射直後は高熱状態で銃身内を通過し，1,000m強の距離に到達した．その後の銃弾のように銅で表面を覆うということはなかった．近距離から発砲した場合はまだ高熱のまま着弾するため銃弾は変形する．大分県椎葉山の戦いでは40m前後の距離で戦闘が始められたと推測できるが，官軍の放った銃弾の多くは極端にひしゃげていたのが好例である．一方，椎葉山で薩軍が放った銃弾はそれほど変形していない．当時の薩軍は鉛が不足していたため，錫と鉛の合金弾を主に使っており，錫が混じることにより強度が増し変形しにくかったとみられる．熊本城を薩軍が攻撃していた頃は，ほとんど錫を混入しない鉛だけの銃弾を使用していた．鉛弾は一般的に遠距離に着弾するときには冷めた状態で着地するので原形を保つ．飯田丸跡から出土した先込め銃弾が元のままの姿を保つ状態であるのは，報告書で述べられたような官軍の未使用弾ではなく，薩軍が相当遠距離から発射した銃弾だからである．

　このように熊本城跡で西南戦争関係の報告がなされるようになり，戦争初期の両軍の弾薬事情の一面が明らかになってきた．遺物の意味するものを正確に汲み取らなければ，折角の情報も無意味になる．意外だったのは，スナイドル銃弾が発見されていない点である．薩軍は出軍当初相当多数のスナイドル弾薬を携帯したと考えるが，この飯田丸方面の攻撃部隊はスナイドル銃を持たず，出土した多数の銃弾が示すように先込め銃を投入したとみられる．おそらく田原坂や山鹿市・菊池市などの激戦地，あるいは熊本城の別方面にスナイドル銃やスペンサー銃などの金属薬莢を用いる後装銃を投入したのであろう．山鹿・菊池での調査に期待したい．

　一方，飯田丸跡において官軍はスナイドル銃を主に使ったらしいことが，使用済み薬莢の多さから明確である．薬莢が比較的多く出土したにも関わらず銃弾が全く見られないのは，外部に向かって発射したためである．一部，未使用弾薬があるのでスペンサー銃も使ったのであろう．官軍のエンフィールド銃弾はまったく出土していないが，この時期にはあまり使われていないと記録されて

いるし，エンフィールド銃の発射に必要な雷管が1点も出土していないので，出土遺物を見る限り官軍はここから先込め銃を射撃しなかったと考えられる．ただ，先込め銃の発射に必要な雷管の認知度が低いのは問題ではあり，具体的に指摘はしないが，出土した雷管を用途不明とする発掘調査報告書をしばしば目にする．

　出土した砲弾片は熊本城を攻撃した薩軍砲隊の使用した砲弾の実物資料であり，鉄製砲弾本体の他，四斤榴霰弾に詰められた鉛製球形の弾子と，霰弾に詰められた鉄製球形の弾子が出土し砲弾の種類が判明した．1870年（明治2年）には鹿児島藩においてゲベール銃の届出はなかった（南坊 1974）ので，出土した球形の玉は報告書にいうゲベール銃の銃弾ではないと考えられる．ただ，当時の史料に薩軍がゲベール銃を所持していたという記述は皆無ではない．例えば，「征西戦記稿」巻二十二　衝背軍戦記 pp. 122 にはゲベール銃1挺を薩軍から分捕ったことが記されている．球形の玉は四斤砲弾の詰め物，霰弾子であろう．直径 14.7 mm の弾子は榴弾の詰め物であり花岡山から到達できるが，直径 26 mm の鉄製弾子を用いる砲弾は有効射程が山砲ならおよそ 300 m，野砲ならおよそ 500 m ほどであり，薩軍は当初砲を置いた花岡山から飯田丸跡の近くに移動して砲撃したのである．

　また，四斤砲の他に臼砲や大口径の尖頭弾が飯田丸跡攻撃に使われたことが明らかになった．飯田丸跡の例は，銃砲弾の分析が西南戦争戦跡の解釈に必須であると認識させる．熊本城で出土した陶製の特殊壺の用途は現在不明だが，出土例が増加した段階には意味が解明できるかもしれない．兎に角，戦跡を発掘調査して用途不明のものも全て報告書に掲載していけば，いつか些末な情報が集積して用途も生産地も分かってくるだろう．今まで西南戦争に関しては考古学的な蓄積があまりにも少なく，考古学研究者の関心も西南戦争には向いていなかったため，発掘調査が始まったばかりの戦跡で発見する遺物は初めて目にすることが少なくないが，関係する各地で少しずつ発掘調査の対象になりつつあるので，今後は西南戦争を取り巻く情勢も変わっていくだろう．

(2)　玉東町の戦跡について

　本格的に西南戦争戦跡が発掘調査され調査報告書が出された戦争初期の戦跡である熊本県玉名郡玉東町の吉次峠・横平山・半高山などと，後期の戦跡である大分県・宮崎県で見つかった小銃弾薬について比較検討しつつ，遺物の分布状態が示すものを検討してみたい．

　玉東町や熊本市の植木町田原坂方面で戦った第一・第二旅団は開戦当初から4月まで合同の行動をとり，その会計・輜重を担当した川口武定が記した「従征日記」によると，当時官軍の使った銃はスナイドル銃に限定されていたと考えられる．この時点の記事中には官軍の銃に関してはスナイドル銃しか登場しない．

弾薬 スナイドル銃包 ハ箱ニ入レ，五百發 四百五六十發ナルモノアリ ヲ一箱トシ，二箱ヲ一擔トシテ軍夫二名之ヲ擔フ

（「従征日記」巻一　pp.27　2月28日の記述）

　「従征日記」の3月13日部分にある「明治十年三月自三日至十三日第一第二旅團スナイドル彈藥受拂表」には，158万9,480発の記録があり，その他の弾薬については述べられていない．

　銃弾の項で述べたように，西南戦争時にペンチ状の銃弾鋳造器で製造された先込め銃弾は薩軍側のものである．官軍がスナイドル銃，薩軍がエンフィールド弾，すなわち広い意味での先込め銃およびスナイドル銃を含むその他の銃を使用したとすれば，戦跡での分布状態から何を読み取るだ

ろうか．

① 半高山・吉次峠

　玉東町半高山とその南麓を通る吉次峠では，官軍が来る前から薩軍側が守備を布いていた．熊本城へ向かう官軍が吉次峠を突破しようとしたのは3月3日からである．植木町田原坂の戦闘が始まる前日である．西方から進んだ官軍は攻撃しながら前進したが，東方の半高山や吉次峠一帯に待ち構えていた薩軍側熊本隊の反撃にあい，多数の死傷者を出しても突破できない状態となり撤退した．戦いはその日以降も続いたが，以後は官軍は攻撃の中心を吉次峠・半高山とは谷を挟んだ東側丘陵にある田原坂や半高山の北方にある二俣丘陵先端部に移した．

　図192は半高山の遺物出土状態を示した報告書の図に加筆したものである．吉次峠は調査できた

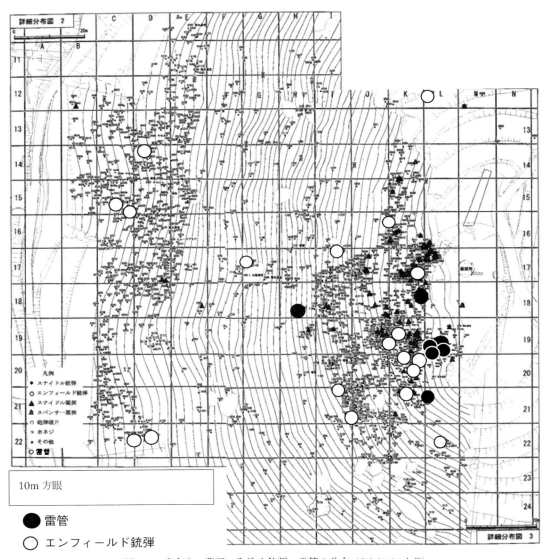

図192　半高山　薩軍の先込め銃弾・雷管の分布（宮本2012に加筆）

範囲が狭く，戦跡の残り具合も悪いので，半高山をとり上げる．半高山では第三者が再検討できるように詳細に記された報告書を利用し，先込め銃弾，スナイドル薬莢，スペンサー薬莢，先込め銃の雷管を特に記号化して強調して示した．その他の遺物の多くはスナイドル銃弾（小さい●）である．種類毎の分布は特徴的である．大きい●で示す雷管は，薩軍が先込め銃で一発撃つごとに捨てた遺物である．L19区を中心に頂上の西縁に分布する状態から，薩軍が西から攻撃してくる官軍に対しここから射撃したことを示す状態である．○は先込め銃弾（エンフィールド銃弾）で，斜面上部に比較的多く分布している．先込め銃弾は薩軍側が発射したとみられるが，仲間が守る半高山上部斜面に撃ち込むとは考えられない．官軍に占拠された時点で，奪い返そうとして下から射撃する場面が生じたのであろう．図193の▲はスナイドル銃の薬莢である．

　半高山上部斜面の分布域から20mくらい離れて麓近くに帯状にも遺物が集中するが，ここにも薩軍陣地があったのだろうか．雷管や薬莢がほとんどないので積極的には麓の遺物帯状分布域に薩軍陣地があったといえないが，その多くは官軍が発射したと考えられるスナイドル銃弾が中心となって密集するので，薩軍が守っていたと考えるべきだろう．結局，遺物の分布からみて薩軍は半高山の麓近くと上部西斜面とに二重に守っていたようである．なお，北斜面については果樹園化しているので戦跡は相当破壊されているようである．薩軍は頂上付近では銃撃し，麓の帯状にスナイドル銃弾が出土した部分では抜刀攻撃の待機をしていたのだろうか．彼らが西から攻めてくる官軍に向かって発射した銃弾は調査範囲の西側に着弾したとみられるが，果樹園化した現在どれぐらい痕跡を留めているのか分からない．

　戦記には戦闘前日，3月2日の吉次峠・半高山の薩軍守備状況を窺える記述がある．以下は，ここの守備についていた熊本隊の古閑俊雄の日記である．

　　二日，予真鍋慎十郎ト共ニ左半隊ヲ率ヒテ吉次半腹立磐ノ小屋ニ守ル，薩兵一小隊バカリ同ジク守ル，東軍若干頭上ノ山ニ夜半ヨリ間道ヲ通リ潜カニ上リ，弗暁一声ニ連發ス，我軍不意ニ出ルヲ以テ一旦驚愕スト雖モ，直チニ衆ヲ指揮シ薩兵ト共ニ東西ニ配兵ス，而シテ予真鍋，沼田等ト地形ヲ熟覧スルニ，到底持ス可ラザルノ地タルヲ以テ一旦軍ヲ纏メ，少シク退キ<u>半行山ノ中腹ニ伏兵ス</u>，或ハ異議ヲ發シテ進ンデ戦ハント言フ者アリト雖モ，予之ヲ聽カズ旗ヲ巻イテ敵ノ来ルヲ待ツ，又佐々友房ハ右半隊ヲ率ヒテ本道ニ出デ吉次ノ中腹ニ臺場ヲ築ヒテ守ル，時ニ篠原国幹，村田新八，別府晋介等自ラ大兵ヲ率ヒテ應援ニ来リ，進ンデ東軍ノ山下ヨリ上リ来ル者ヲ撃ツ，戦利アラズ，薩軍敗走シテ佐々等ガ守ル処ノ臺場ニトナダレ来ル，佐々……

（古閑俊雄「戦袍日記」青潮社 pp.22）

　吉次半腹立磐というのは半高山の西側にある立岩集落のことである．3月2日，熊本隊は立岩を守っていたが，3日，官軍の攻撃を受け東側の半高山・吉次峠に退いた．熊本隊の佐々らは吉次峠の中腹を守っていた．この中腹とは半高山の一部も含んでいただろう．古閑は半高山の中腹に伏兵し，官軍が近づくのを待って不意に襲おうとしたのである．伏兵だから射撃したのでは目立つから，射撃せずに敵の接近を待つ戦法をこの時点ではここで展開したのである．彼らは以後4月1日まで半高山と吉次峠を守り通していた．

　半高山を官軍が奪ったのは4月1日である．その時，官軍は初め吉次峠正面つまり西側から陽動攻撃をし，その後に隙を突いて吉次峠右翼の半高山を北側にある横平山方向から忍び寄って急襲し頂上を奪うと，引き続き南側の低所にある吉次峠を攻撃し容易に占領した．以下は，この日吉次峠

284　第5章　西南戦争の考古学的検証

を守っていた古閑の日記である．

　　四月一日，東軍昧爽ヨリ該隊吉次ノ臺場ニカヽル，予等笑ツテ曰ク，今日ノ獵獲幾何カアルト，
　急ニ臺場ニ配兵シ對戰數時，忽チ後ノ山ニ鬨声アリ，予怪ミテ斥候ヲ遣ハシテ之ヲ伺ハシムル
　ニ，斥候急ギ遽テ，還リ報ジテ曰ク，人吉隊敗レテ已ニ半行山ヲ退カントス卜，予イラツテ曰
　ク，彼地ヲ奪ハレテ腹背皆敵ヲ受ク，進退スル所ナシ，且ツ此ノ嶮ヲ敵ニ与フレバ味方ノ利害
　得失如何ゾヤ，公等速カニ馳セ行キ彼ノ先ンジテ走ル者一両名是レヲ両断ニセヨ，斥候等是ヲ
　諾シテ去ル，予ハ本隊ノ臺場ニ行クコト未ダ數丁ナラズ，忽チ背後ヨリ彈丸ノ来ルコト雨ノ如
　シ，眞鍋，能勢等大ヒニ怪ミテ曰ク，背後ニ見ユル処ノ人ハ東軍ニ非ズヤ，予私語シテ曰ク，
　東軍ナリ，速カニ三ノ嶽ニ向ツテ兵ヲ纏ムベシ，眞鍋曰ク諾，然レドモ佐々未ダ右翼ノ臺場ニ
　在リテ来ラズ，速カニ報知セズンバ危カラン，願クハ公暫ク此ノ地ヲ守レ，予將ニ佐々ト談
　ジ速カニ進退ヲ決スベシ，予曰ク諾，時ニ東軍半行山ニ蟻集シ一声ニ砲發ス，眞鍋陣笠ヲ右手
　ニ持シ大喝彈丸ヲ侵シテ走ル，予是レヲ見テ笑テ曰ク，盛ナル哉眞鍋君義平ノ再生ト謂ツベト
　佐々モ亦牒シテ之ヲ知リ，残隊ヲ纏メ三ノ嶽ニ向テ退ク，予モ此ニ於テ同ジク該地ヲ退ク，此
　敗ヤ東軍吉次ノ到底抜ク可ラザルヲ察シ，□□方面ヨリ大ヒニカヽルノ體ヲナシ，夜半ヨリ半
　行山ノ嶮ヲ奪ハントス，時ニ半行山ヲ守ル者薩ノ一ノ三及ビ人吉隊守リヲ怠リ，敵ノ二十間外
　ニ至ルヲ覚ラズ，俄カニ不意ヲ突カレ一戦ニ及バズ狼狽シテ走ルト云フ，（略）

　　　　　　　　　　　　　　　　　　　　　　　（古閑俊雄「戦袍日記」青潮社 pp. 37・38）

　吉次峠は初め薩軍側の熊本隊が主に守備を担当していたが，北側の横平山方向から来た官軍が南
に進んで半高山頂上を奪い，頂上から中腹や下方の吉次峠を射撃してきたのである．中腹を守って
いた熊本隊は右側面上方からの射撃に為す術もなく，南方の三の岳に敗走した．古閑が守っていた
「吉次ノ臺場」から数百メートル以上先に本隊の台場があり，古閑の隊長である佐々友房は逆に右
翼，吉次峠よりも北側のおそらく半高山の西斜面にいたのだろう．吉次峠に続く南側の三の岳を官
軍が占領したのは，さらに半月後の4月15日である．吉次峠・半高山での戦闘初期に，次頁に引
用するように官軍の一部が西側から頂上まで進んだことがあったが，結局，半高山の西斜面に貼り
付いて官軍が攻めてきたのはこれだけであり，西斜面を薩軍側が銃撃したのもその時だけだった．
　半高山調査では山の西斜面，さらに南部の西半分での銃弾・薬莢等の分布状態が報告されている
（図192・193）．出土した銃弾はスナイドル弾が1,291点（97.7％）であるのに対し，エンフィール
ド弾は26点（3.8％）と少ない．その他はスペンサー銃弾1点（0.08％，ただしこれは未使用のもので
薬莢に付いたままの状態），シャープス銃弾1点，火縄銃弾2点（0.15％）がある．これらの場所は薩
軍が守備していた場所であり，自軍に向かい射撃することが常態化していたとは考えられないので，
エンフィールド弾が少ないのは理解できる．
　客観的に全体の分布状態を眺めると，半高山頂上際の西斜面にスナイドル弾その他の遺物が集中
するのが分かる．さらに外側に水平距離で50mくらいの分布希薄域が頂上を囲むように環状に拡
がり，その外側には遺物の集中域が再び環状に取り巻いている．半高山で戦争当時の地形を残す部
分は西部の等高線が密に引かれた雑木林の場所だけであり，その他は階段状に切り崩されミカン畑
になっているので，意味のある分布状態は雑木林でしか観察できない．濃密な二つの帯状分布は何
を意味するのだろうか．下部の濃密分布域には薩軍側の台場があったとすれば台場の土塁部分はも
ちろん，痕跡も流されたのか現在は残っていないが，戦争当時は麓から攻撃する場合，土塁が高く

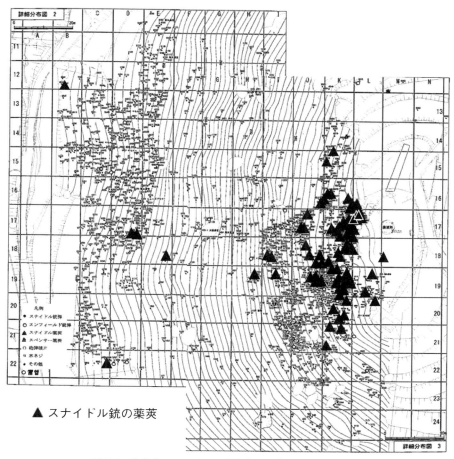

図193 半高山 スナイドル銃薬莢の分布（宮本2012に加筆）

聳えるように位置し，下方からの射弾は薩軍台場前面に命中し，あるいは飛び越えた銃弾は背後すぐ傍には着弾せずにかなり遠くに着弾したと思われる．土塁に高さがあるためである．幅50ｍの希薄な遺物分布域が着弾しにくかった範囲である．頂上にも当然台場があっただろう．その台場は上部の濃密分布に対応し頂上の縁辺部か，少し下った位置にあっただろう．

　スナイドル銃の薬莢も西側斜面上部に分布するので（図193），ここを守備した薩軍はある程度の量のスナイドル銃を装備していた可能性がある．しかし，スナイドル銃を持っていた官軍がこの山を奪取した時は北側から急襲し，引き続き南側の吉次峠や峠続きの南西側の薩軍を攻撃しており，薬莢の分布はそれを反映しているという解釈もできそうだが，薬莢分布状態をよく見ると南側の吉次峠方向よりも西部に多く，薩軍がスナイドル銃を発射したということも否定しにくい．スナイドル薬莢が雷管の分布域と重なるのも，薩軍がスナイドル銃を発射した補強材料になる．

　先込め銃の発射に必要な雷管が半高山から12点出土している．その分布状態は興味深い．半高山の西斜面には二つの帯状遺物集中箇所があるのは前述の通りであるが，雷管11点が上部の遺物集中部で発見されており，そこから薩軍兵士が先込め銃を発射したのは確かだが，下位の集中部では雷管が見つからない．

　以上のように半高山では頂上付近と中腹に銃弾集中部がある．中腹では銃弾が途切れることなく

分布する状態を示すことから，おそらく長い台場が廻っていたのではないだろうか．頂上側の遺物集中域は南北 50 m 強，東西約 30 m に特に多く，北側と南側では希薄である．したがって，吉次峠に近い斜面の上部には薩軍側台場はなかったとみられる．

次の第一旅団の戦闘景況戦闘日誌は，立岩方向から吉次峠を攻めた部隊の日誌である．

　　　立岩山ヲ下リ賊堡ヲ覘視スルニ頗ル天嶮ニシテ頂巓一線ノ臺場左右ニ連絡シ且ツ中腹ニ若干ノ兵ヲ配布シ麓下ハ則谿谷ヲ一帯シ距離凡二百メートル許ニシテ進路蔭蔽物ナク亦タ據ル可キノ地ナシ故ニ我兵一歩ヲ進ムレハ則チ身体ヲ顕出シ午ケ下射セラル事恰モ霙雨ノ降ルカ如ク頗ル困難ノ地ナリ

（防衛研究所蔵 C09083505600「戦闘景況戦闘日誌　明治 10 年 2 月 26 日～10 年 9 月 3 日第 1 聯隊第 3 大隊第 2 中隊戦闘日誌」）

吉次峠を西方から見た官軍によると，薩軍側の台場が頂上に一直線に連なり中腹にも若干の配置がなされていたことが分かる．銃弾の分布と同様である．これに続き戦闘経過の記述がある．

　　　故ニ銃劍ヲ装シ進軍ノ号音ヲ機トシ吶喊シテ臺場ニ迫リ遂ニ之ヲ陥ル然レノモ左右他隊ノ向フ処未タ依然トシテ我カ両側面ニ敵射ヲ受ケ樹木繁茂シテ其ノ塁ヲ目視スル事能ワズ之レニ由テ兵ヲ分チ左右ノ臺場ニ向ハシメ中央ヲ進メテ其逃兵ヲ追撃シ木留村賊ノ本営ヲ臨テ発射シ且一個ノ農家ヲ焼我カ勢ヲ盛ンニス然レ共元来小勢ニシテ應援ノ兵ナク故ニ高地ヲ占領シ援兵ノ来ルヲ待ツ時ニ副官羽入中尉僅ニ兵卒六名ヲ率ヒ應接シ奮戦尤モ勉ムト虽ノモ賊弥々大擧シテ我兵ニ来廻ス爰ニ於テ我兵頗ル死傷多ク遂ニ支ユル能ワズ已ムヲ得ズ一時退テ吉次山ノ麓ニ至リ分隊ヲ集合シテ再ヒ頂上ニ進撃ス時ニ同大隊第一中隊彦坂大尉ニ遭遇ス之レニ由テ兵ヲ併セ並ヒ相進ム然ルニ賊既ニ大兵ヲ以テ頂上ヲ占メ頻リニ我カ兵ヲ下射ス然リト虽ノモ我カ兵撓マス樹木ヲ攀チ猛進シテ殆ント賊兵ニ近接シ互ニ兵ヲ交叉シテ相戦フ事凡ソ二十分間許ニシテ漸ク賊ヲ退カシメ頂上ヲ占領ス然レノモ我兵死傷殊ニ多ク護送ノ為メ殆ント戦兵ヲ失フニ至ル故ニ長谷川中佐ニ援兵ヲ請フ之レニ由テ其護兵十九名ヲ與フ即チ此ノ兵ヲ率ヒテ増加スト虽ノモ賊又タ大軍以テ倍タ劇進ス故ニ我兵奈ントモ守ル事能ハス終ニ退テ麓下ノ地ヲ占メ爰ニ防戦ヲナス姑クアリテ全軍遂ニ退却ヲナスニ至ル由テ隊長ノ命ヲ受ケ全軍共ニ退テ原倉村ニ至リ……（略）……伊倉邑ニ大哨兵ヲ配置ス

（同上）

当時，半高山・吉次峠は樹木が繁茂していたのである．第二中隊は中腹の薩軍台場を奪い，ここで兵を分けて左右の台場を攻め，中央兵は高地を占領し尾根の向こう側，東側にある木留が見える場所まで進んでいる．ただし，木留が見える場所は半高山頂上ではなく吉次峠の頂上らしい．彼等はその後麓まで退却するが，再び頂上を占領しその後結局麓まで退却し，さらに吉次峠の北西側にある伊倉に退いた．半高山および吉次峠の中腹以上の場所から出土した先込め銃弾は，以上の戦闘経過を参考にすれば一時的に官軍が中腹，あるいは頂上近くまで攻め上がった時に薩軍が発射したのであろう．

当時の銃弾は鉛製が主体で，表面は後年のように銅で覆われたりしていない．発射直後は高熱状態で，近くに着弾するとペシャンコに潰れてしまう替わりに，遠くに落下した場合は原型を留める．玉東町報告の実測図を見ると両者がある．

半高山の南側にあたる吉次峠の南側，三の岳から続く尾根の北向き斜面も調査されている．調査範囲が狭く全体像が把握しにくい．ここでは遺物は少ないが，スナイドル弾が発見されエンフィー

ルド弾がないのをみると，ここを占領した官軍に対して薩軍はほとんど反撃せずに退却したことを示すものであろう．半高山では出土した銃弾の3.8％が薩軍側の先込め銃弾で，圧倒的に官軍の銃弾が多い．薩軍が射撃した銃弾は本来，山の外側の未調査区域に濃密に分布したはずである．

② 横平山

横平山の大部分は現在果樹園として階段状に造成されており，雑木林の状態で旧地形を残すのは北斜面の一部である．発掘調査された場所は，頂上の平坦面北部と北側斜面の旧地形を残す雑木林部分である．頂上には薩軍塹壕跡と伝えられる浅い溝が東西方向に残る．直交する方向で試掘溝が入れられ，床面まで現状よりもかなり深いことや，射撃時に兵士が足を置く段差が床面北部に確認され，この塹壕内からは北向きに射撃したことが分かった（宮本 2012）．伝承通り，二俣方向から攻める官軍を攻撃するための塹壕であった．

横平山からは471点の銃弾が出土し，その内訳は先込め銃弾が79点で16.8％，スナイドル銃弾が389点で82.6％，シャープス銃弾が3点で0.6％である．半高山で先込め銃弾が26点3.8％であるのに比べ，横平山では高い比率である．横平山での戦いは比較的早い段階から麓に官軍が攻め入り，頂上までの斜面を舞台に激戦が続けられている．横平山は抜刀隊による攻撃で知られているが，彼らも斜面を進んで頂上付近まで一時的に確保し，また敗走することを繰り返したのである．薩軍は横平山の頂上と頂上近くの斜面に陣取り，斜面下方に対して射撃しており，先込め銃弾の比率が高いことは，両軍が戦い射撃目標となった場所を調査したことを示しており，半高山とは状況が違うことが遺物の分布状態に示されている．

③ 二俣官軍砲台跡

ここでもスナイドル銃弾やペンチ状の銃弾鋳造器で作られた銃弾が出土している．官軍が東側の田原坂丘陵に向けて砲撃した日々も，兵士が銃撃されて死傷していることからみても，薩軍の銃弾が出土する背景が理解できる．スナイドル銃弾についてはどちらが発射したのか不明だが，ペンチ状の銃弾鋳造器で作られた銃弾は官軍のものではなく薩軍が放ったものである．この時点の薩軍の銃弾の一端がこれにより理解できる．

砲台跡であったことを反映し多数の摩擦管が出土したのは予想された通りだが，丘陵の縁に分布の中心がある様子が確認され，大砲を配置した大体の場所を推定できるようになった．基本的に早朝に大砲を持ち込んで砲台に設置したことが記録されており，砲台を置く場所は定まっていたのである．瓜生田では四斤砲の車輪の通った跡である轍痕が二つ平行に検出された．田原坂南方背後の方向に向いており，どこを砲撃したのかが判明した．二俣付近から東側に向かって歩兵も攻撃を繰り返していたが，砲撃は同じ敵に向かってなされ，歩兵を援護するものだったとみられる．轍の向いた方向で将来発掘調査を行えば，砲弾片がどのような分布状態で出土するのか，興味深い．

(3) 佐伯市宇目・直川の戦跡について

6月中旬から8月中旬までの2ヶ月間，大分県南部の佐伯市宇目・直川は戦場になっている．県内で880基の台場跡を確認した結果，これまで両軍の対峙状態は史料からは抽象的に漠然としか理解できなかったが，台場跡が列をなして連なり戦線を形成していることが把握でき，何月何日の記

録が具体的にどこのことであるのか分かるようになるとともに，史料の誤記さえ指摘できるようになった．

　6月中旬，三重町と宇目の境にあたる三国峠周辺の戦線が突破されると，宇目の榎峠と重岡に新たな戦線が形作られた事実は対峙する台場群跡の確認により判明した．当時，一時的に重岡集落が薩軍の本営化しており，官軍の侵入を阻止するために集落のかなり外側に守備を配置していたことは戦記類に全く記されていない．分布調査により史料に記されなかったことが判明したのである．その後，6月下旬には両軍の対峙状態が大分・宮崎県境一帯に南下し，8月中旬まで攻防が繰り返された．大分・宮崎県境である稜線上の宗太郎越・観音山・エゴオノ山の周辺では7月1日に官軍の攻撃が行われた．この日の戦いは，戦跡の分布状態を調べることで官軍がいくつもある尾根のうち，ある一つの尾根に台場を築きながら麓から頂上に向かって進撃したことが明らかになり，退却を余儀なくされた薩軍も後退しつつ台場を築いていたことまで推定できた．宇目の城之越から黒土峠・梓山周辺も台場跡の分布状態から6月下旬から8月中旬に発生した戦線の変動を復元できた．

　(4)　台場跡・稜堡跡について

　官軍が築造した台場の一部に，多稜堡塁系統のものが存在したことを明らかにした．田原坂付近・熊本城付近に築かれた例は消滅しているが，大分・宮崎県境の稜線に築造された大原越多稜堡塁群や宮崎県日之影町舟の尾例・延岡市長尾山一本松例は現物が残っている．これらの遺構が存在する例はどれも史料上では稜堡であるとの記載がなく，戦跡の踏査により判明した．舟の尾例は地元でよく知られた台場跡であるが，稜堡であることは気づかれていなかった．おそらくまだ若干数の稜堡跡がどこかの山中に眠っている可能性がある．稜堡系台場の築造に関わったのは，江戸幕府の一員として幕末に蘭学を学習した経験者か，あるいはそれらの人々に直接指導を受け，維新後の陸軍に入った人達である．戊辰戦争時に北海道で旧幕府軍が築いた同類の例と関連があることも判明した．

　遺構の測量調査に加え，金属探知機により遺物分布状態を明らかにした椎葉山戦跡では，銃弾・薬莢の分布状態から戦闘の様子を復元できる資料が得られた．具体的には攻撃を仕掛けた官軍の進路が判明し，また薩軍陣地の約40 m前方に柵列があったため，官軍がしばらく前進を阻止され，尾根の上の薩軍台場から集中射撃を受けたことが具体的に分かった．このように戦闘の様子が具体的に理解できたのは，考古学的な調査が西南戦争戦跡に対して極めて有効であることを証明している．今後，広域で戦跡の状態を把握し，個別戦跡の調査を行うことが望まれる．台場跡がある場所だけが戦跡ではなく，少なくとも銃砲弾の分布する範囲が戦跡であることも注意すべきである．

　(5)　和田越・可愛岳一帯について

　西南戦争全体についていえることではあるが，その出来事があった場所を特定・確認しないで曖昧なまま語られることが多い．特に和田越や可愛岳の戦いについては有名な割に史料にだけ頼った記述がなされ，史料にないことは誰も触れて来なかった．8月15日午前の和田越の戦いは，史料通りに東部の無鹿から西部の長尾山に薩軍が陣取っていたと考えられてきたが，先述のように東端部には前日の14日午後から官軍が取りついていたし，激戦が行われた長尾山というのは正確には長尾山頂上から1.2 kmも東にあり，当時一本松があった周辺のことであった．

和田越の戦いが終わった15日午後から始まった六首山・小幡山の戦いがどこで行われたのか，78年前に香原建一氏が検討しただけである．残念ながらその想定とは異なり，彼の想定した場所から1.4km南東で戦われたのである．その薩軍部隊は和田越の戦いに参加し，敗れた後に官軍の背後に迂回しようとして，長尾山・可愛岳を通って小幡山・六首山まで至ったと考えられる．和田越で敗れた薩軍は北側の狭い俵野とその周辺において包囲されたが，薩軍はなお周辺の山地に守備を配置していたとされてきた．それがどこだったのか検討したのは「新編西南戦史」だけである．長井山というのがその一つの重要な要の地だった．同書では俵野の南側に長井山の位置を想定しているが，実際は俵野の北側の場所，日の谷集落南側の尾根とすべきであった．これなどは，戦跡の分布状態を調べずに事態の進行を解釈することの難しさを示している．

　8月18日は薩軍の殲滅を期した官軍第一・第二旅団が可愛岳の野営地から南北に分かれて出発し俵野を目指したが，ちょうどその時，薩軍本隊も密かに俵野を抜け出て可愛岳の絶壁の下を通って夜明け前，頂上に出て山上周辺に残っていた官軍第二旅団に対し，午前4時半に攻撃を開始した．次いで後から到着した薩軍本隊が午前6時頃，可愛岳北側尾根にあった第一・第二旅団の本営，北西側尾根にあった砲廠部を奇襲し蹴散らして脱出に成功した．4時半からと6時頃からの2段階に始まった別の場所での出来事は，官軍の公式戦記「征西戦記稿」では混同され同じ時間の同じ場所でのこととして記述されたが，今まで誰も疑問を抱かなかった．しかし，同書編者の誤解に基づくものであることが，防衛省防衛研究所に残り活字化されていない当時の手書き史料群と戦跡の場所を特定することにより分かった．

3　おわりに

　西南戦争の戦跡に残る遺構や遺物を対象に考古学的な検討と併せ，史料の検討を行ってきた．遺構については，考古学研究者や歴史学者・歴史愛好家などからはこれまでほとんど注意されてこず，紹介・報告もされてこなかったが，戦跡に赴いて調べたところ，官軍・薩軍の両軍が攻撃・防御のために台場・塹壕類を多数構築し，未だに痕跡が多く遺存していることが分かった．

　各地の最前線に築かれた台場・塹壕の大部分は小銃の精度が向上したため，19世紀後葉頃に西洋で考案された歩兵用台場を日本に導入したものであった．幕末の長州戦争やその後の戊辰戦争でも戦場に歩兵用の台場を築いたと記録には登場するが，長州戦争の戦跡の調査は全く行われておらず，戊辰戦争も一部しか判明しておらず今後の課題は多い．戊辰戦争の場合は部分的な報告はあるが，延長数km程度の広域を対象にした調査がないので西南戦争と比較しにくい．時間的にそれより数世紀早くから外国に存在した稜堡型式台場も官軍の一部工兵隊が築造したことが判明しつつあるが，五稜郭のような永久的な稜堡築城は行われず，臨時的な野戦用築造物に限られたのが西南戦争の特徴である．北海道内で旧幕府工兵隊が稜堡系統の台場を多数築いていた断片的な資料があるが，彼らの系譜は明治陸軍に引き継がれており旧幕時代の蘭学学習の成果が西南戦争で活かされたことが理解できた．

　遺物についてはここ数年来始められた熊本県内の戦跡発掘調査により，初期の戦場で使われた弾薬の様相が明らかになりつつある．戦争後期の大分県内で使われた弾薬と比べると，時間差による使用弾薬の相違が明瞭である．官軍は初期にはスナイドル銃を持ち込み，しばらく後にはエンフィ

ールド銃の使用が奨励されたと史料には記されていたが，現実の戦場で発見された弾薬もそれを裏づけるものだった．官軍のエンフィールド銃弾は稀な例外を除いて熊本県内からは出土しておらず，逆に大分県内の戦跡で多く発見されている．熊本県内の戦跡だけを検討していたのでは，流動的な弾薬事情は把握できない．薩軍の場合も初期には官軍と同じく鉛製銃弾を使用したが，5月以降は鉛が不足して錫と鉛の合金弾を製造し，次第に錫の割合が増加し，錫と鉛と銅の合金銃弾も現れ，7月には銅製銃弾，鉄製銃弾へと変遷した．初期と後期の薩軍銃弾を比較すると，金属成分が違うだけで同様のペンチ状の銃弾鋳造器で製造したことが理解できる．ただし，銅製銃弾は枝銭状の鋳型造りを行ったことが官軍により捕獲された実物資料の存在で明らかになった．おそらく鉄製銃弾も多くは同じ方法で製造されたのであろう．

　大砲関係は両軍ともに主要な砲だった四斤砲について述べた．砲弾・信管部品・砲弾に詰める弾子が見つかれば，砲弾の種類を判定できる．例えば熊本城飯田丸では射程3km以下の榴霰弾と射程300〜500mの霰弾が撃ち込まれており，異なる場所から砲撃されたと推定できた．摩擦管は大砲，火箭の発射時に火薬に点火する消耗品であり，使用済み摩擦管が見つかればそこで発射した可能性をもつ遺物である．実際に二俣官軍砲台跡では伝承・史料の通りに摩擦管が出土した．四斤砲の轍跡が薩軍のいた方向に向かった状態で検出されており，その砲が射撃した方向まで示していた．西南戦争では国産も始まってはいたが，大砲のかなりの部分は外国製品を輸入しており，武器類は西洋のものに小さな改良を加えた程度で，武器の面でも戊辰戦争と大差ない段階であった．

　戦跡での現物の発見はないが，イギリスから導入した軍用火箭（ロケット）が主に海軍で使われたことを指摘した．1,000発弱が主に軍艦に装備されていたので，今後戦跡で火箭が見つかるのではないかと期待している．日本軍により軍用火箭が戦争で使われたのは西南戦争が最初であり最後と思われたが，そうではなく，新たに第二次大戦では数種類が開発され少数実際に使われていた．大砲ほど大規模な発射装置が不要で持ち運びが便利だったので使われたのである．

　西南戦争に参加した官軍の兵員数は後の戦争と比べると，際立った特徴がある．日本軍の兵員数が日清戦争時に二十数万人，日露戦争時に約100万人だったことと比べると，西南戦争での官軍総兵力は4〜5万人程度と圧倒的に少ない．明治政府が軍隊を保有した当初の目的は国内治安対策であった．1874年（明治7年）に台湾征伐という国外に出る例外はあったが，これも鹿児島県士族の不満を逸らすための国内対策という面が強かった．兵站の面では輸送要員を農民雇用で対応するなど，未発達であった．また，戦闘の方法・制式小銃で統一していなかったこと，わが国で本格的に開発した大砲はまだなく四斤砲が主な大砲だったこと，兵員の数など多くの点で西南戦争は戊辰戦争により近いものがあった．

　戦死者数は官軍側については『征西戦記稿附録』「戦死人員表」pp.1〜14に記録があり，内訳は次の通りである．近衛局877人・東京鎮台971人・仙台鎮台57人・名古屋鎮台330人・大阪鎮台1,242人・広島鎮台617人・熊本鎮台765人・雑種兵壮兵並屯田兵350人・教導団57人・無隊軍人軍属396人・海軍省25人・警視局834人・熊本県322人の合計6,843人である．官軍側の約15％が戦死したことになる．海軍の損害の少なさが際立つのは薩軍が海軍を保有していなかったため，海上での船同士の戦いがなかったためである．薩軍側の従軍者・加担者は約5万1,000人と推定され，8,302人が戦死したと考えられている（友野2014）．戦死者の割合は約16％で，両軍共ほぼ同じ割合の損害を出したことになる．

3　おわりに

　西南戦争に対する考古学的な検討はこれまであまり行われてこなかったが，2月から9月までの7ヶ月間の戦争中に造られた遺構や残された遺物には様々な背景があることが分かってきた．今はまだ比較できる調査例が少ないが，発掘調査と戦跡分布調査が盛んになれば，少し前には想像もしなかった発見が期待される．例えば，植木町山頭戦跡において官軍のスナイドル薬莢がまとまって見つかった場所から数十メートル離れて薩軍の先込め銃雷管がまとまって発見され，激戦の状態を示す発見があったことや，戦跡に登場する山名を確認し可愛岳の戦いに関する定説が修正されたような，西南戦争戦跡が山間部に多数残っていることを明らかにしたが，今後は幕末の戦跡や西南戦争に先立つ佐賀の乱・台湾征伐などについても戦跡の調査が課題であろう．

引用・参考文献

淺川道夫 2011「建軍期の日本陸軍にみる兵器統一の試み」『軍事史学』第47巻第2号　軍事史学会 pp. 1
　～164（23～40）
淺川道夫 2012「西南戦争関係の出土遺物」『玉東町西南戦争遺跡調査総合報告書』玉東町文化財調査報告
　第8集 pp. 165～167
淺川道夫 2012「西南戦争関係の出土遺物」『玉東町西南戦争遺跡調査総合報告書』所収 pp. 165～167
淺川道夫 2013「明治維新と陸軍創設」錦正社 pp. 282～283
穴澤咊光 1988「第七騎兵隊の考古学　カスターは名将ではなかった？」『戦争と平和と考古学』反核考古
　学研究者の会 pp. 81～92
阿部珠理 2001「野津元帥を知っていますか」9月26日朝日新聞記事
網田龍生 1997「健軍神社周辺遺跡群第5次調査区」『熊本市埋蔵文化財発掘調査報告書―平成9年度―』
　熊本市教育委員会 pp. 99～128
有馬成甫 1962「火砲の起原とその傳流」吉川弘文館 pp. 1～731（pp. 34）
飯田博之他 2011「家田古墳群・家田城跡」宮崎県埋蔵文化財センター発掘調査報告書第198集 pp. 1～52
猪飼隆明 1994「戦争と木葉・山北の民衆生活」『玉東町史』玉東町 pp. 1～1412（264～347）
猪飼隆明 2001「熊本城攻防戦と城下町の焦土化」『新熊本市史　通史編』第五巻　熊本市 pp. 602～616
石田明夫 2007「国境に造られた攻守の遺構」(『会津若松市史研究』第九号) pp. 140～160
泉水　巌 1980「新元史速不台伝の噴火箭について」『銃砲史研究』第121号 pp. 23～28
五十川雄也 2002「観音山（黒岩山）踏査記」『西南戦争之記録』第1号 pp. 86～89
五十川雄也 2002「西南戦争の台場跡の分類」『西南戦争之記録』第1号 pp. 135～137
五十川雄也 2005「黒土峠中央尾根の調査」『西南戦争之記録』第1号 pp. 88～96
磯村照明 2005「西南戦跡発見の弾丸・薬莢の同定」第3号 pp. 203～217
市来四郎 1978「丁丑擾乱記」『鹿児島県史料西南戦争』第一巻 pp. 889～1021
宇田川武久 2003「棒火矢の考察」『津島岡大遺跡11―第10・12次調査―岡山大学構内遺跡発掘調査報告
　第16冊』pp. 324～340
宇野東風 1927「硝煙弾雨丁丑感旧録」丁丑感旧会 pp. 1～299
遠藤芳信 1979「西南戦争前後の歩兵操典の考察」『軍事史学』第15巻第2号　軍事史学会 pp. 9～19
大川　信 1927「大西郷全集」第二巻 pp. 1～997
大田幸博他 1989「山田城跡」熊本県文化財調査報告書第102集　熊本県教育委員会 pp. 1～252
大坪志子・平木琢 2012「西南戦争遺跡出土遺物の蛍光X線分析」『玉東町西南戦争遺跡調査総合報告書』
　玉東町文化財調査報告第8集上 pp. 157～164
大鳥圭介 1864「築城典刑」巻一～五（吉母波石児著　陸軍所）の内，巻之二の第二図　国会図書館蔵
大山柏 1968「戊辰役戦史」下巻 pp. 916（上巻 pp. 19引用）　時事通信社
大山元帥伝刊行会 1935「元帥公爵大山巌」本編 pp. 1～931（※pp. 191で棒火矢．pp. 165でフアーブルブ
　ランドの記述．）
大山元帥伝刊行会 1935「元帥公爵大山巌」附図附表 pp. 1～30（薩英戦争鹿児島絵図）
岡本真也 2012「屋敷野・吉尾の台場調査について」『西南戦争之記録』第5号 pp. 16～29
落合弘樹 2013「西南戦争と西郷隆盛」吉川弘文館 pp. 1～269
小野忠幸 2002「祖父の語った陸地の村と西南戦争」『西南戦争之記録』第1号 pp. 14～16
遠部　慎 2002「宗太郎越え北部の踏査」『西南戦争之記録』第1号 pp. 90～97
遠部　慎・高橋信武 2005「高熊山へ」『西南戦争之記録』第3号 pp. 272～279
海軍省 1885「明治十年西南征討志附録」※1987年青潮社復刻本 pp. 1～648
海軍省主船局 1883「英国火工問答　全」pp. 1～351
甲斐寿義 2002「宗太郎越えを歩く―西南戦争跡を訪ねて―」『西南戦争之記録』第1号 pp. 73～84
角田　誠 2013「稜堡式城郭の伝来と変遷」『中世城郭研究全国城郭研究者セミナー30周年記念号』第27
　号　中世城郭研究会 pp. 182～188

鹿児島県維新史料編さん所 1978「鹿児島県史料西南戦争」第一巻 pp.1～1065
鹿児島県維新史料編さん所 1979「鹿児島県史料西南戦争」第二巻 pp.1～1026
鹿児島県維新史料編さん所 1979「河野主一郎上申書」『鹿児島県史料西南戦争』第二巻 pp.233
鹿児島県維新史料編さん所 1979「長倉弥九郎上申書」『鹿児島県史料西南戦争』第二巻 pp.373
鹿児島県維新史料編さん所 1979「野村忍介外四名（奇兵隊）連署上申書」『鹿児島県史料西南戦争』第二巻 pp.928～967
鹿児島県維新史料編さん所 1979「中村信雄他五名（熊本隊戦状上申書）」『鹿児島県史料西南戦争』第二巻 pp.841
鹿児島県維新史料編さん所 1979「南方　実上申書」『鹿児島県史料西南戦争』第二巻 pp.858・859
鹿児島県維新史料編さん所 1979「鹿児島県史料西南戦争」第三巻 pp.1～1048
鹿児島県維新史料編さん所 1980「明治十年役薩軍資料」『鹿児島県史料西南戦争』第三巻 pp.440～542
鹿児島県維新史料編さん所 1988「鹿児島県史料　忠義公史料」第五巻 pp.1～969（スナイドル弾薬に関する下記引用は pp.857・858）

「桂右衛門弾丸鋳造方猶予ノコトヲ兵庫軍務所ニ上申書」
アームストロン
十二斤　弾
シナイトル　弾
右ハ急速御用ニ付，於弊藩精々差急鋳造之上上可差上旨，被仰越趣承知仕候，アームストロン弾之儀ハ，随分製造相整候付，急速鋳造差上候様可仕事候へ共，於弊藩モ諸所へ出兵被仰付，数多之弾製造央ニテ，此節出兵之用途サヘ弁兼候位之事ニテ，甚以困入候次第御座候間，暫御猶予被成下度奉存候，左候テ追々出来次第差上候様可仕候，シナイトル弾之儀ハ，製造不相整候間，左様御聞置可被下候，此段申上越候，以上

御官名内
辰八月廿三日　　　　　　　　　　　　　桂　右衛門
　兵庫
　　軍務
　　　御役所

鹿児島県歴史資料センター黎明館 1994「鹿児島県史料玉里島津家史料三」pp.1～757
加治木常樹 1912「薩南血涙史」pp.1～979（椎葉山は pp.769・770）
梶　輝行 2008「カピタン（商館長）部屋跡出土のピストルと銅製摩擦管について」『国指定史跡出島和蘭商館跡』長崎市教育委員会 pp.167～178
亀岡泰辰 1931「西南戦袍誌　第三旅団」※2021年青潮社復刻本 pp.1～163 を参照
川口武定 1878「従征日記」※1988年青潮社復刻本（引用）「従征日記」巻二 pp.31
香原建一 1937「大西郷突囲戦史」（「渉日録」は同書の引用文 pp.1～306）
北川町教育委員会 1991「西南戦争，戦跡を訪ねて」pp.1～56
玉東町 1996「玉東町史　西南戦争編・資料編」pp.1～1412（引用は pp.284）
久保在久 1987「大阪工廠ニ於ケル製鉄技術変遷史他」『大阪砲兵工廠資料集』上巻 日本経済評論社 pp.1～631
隈昭志・三島格・井上兼利 1971「二子山石器製作址調査報告書」西合志町文化財調査報告第1集 pp.1～25
熊本鎮台 1882「熊本鎮台戦闘日記」巻一・二　1977年復刻本 pp.1～438（一），pp.1～365（二）
軍港堂 1897「海軍掌砲学問答」pp.1～129（pp.61～64には霰弾の説明がある）
慶應義塾 1959「ペル築城書」pp.281～431『福澤諭吉全集』第7巻 pp.1～718（一活字化は維新後一翻訳完了年1856年）
工学会 1929「明治鉱業史　火兵篇・鉄鋼篇」pp.1～268
「工兵沿革大要」（防衛研究所蔵）頁なし
甲元眞之 2014「熊本城関連遺跡」熊本県文化財調査報告書第303集所収 pp.359～370
古閑俊雄 1986「戦袍日記　全」青潮社 pp.1～265

国立公文書館蔵 A07062035400「記録材料　陸軍軍政年報」pp. 29
黒龍会編 1909「西南記伝」中巻 2 pp. 277 巻頭写真に「弾筈」として枝弾の写真が掲載されている．
古賀誠也 2002「田原坂の四斤砲弾」『西南戦争之記録』第 1 号 pp. 9～11
古賀誠也 2005「三の岳の戦跡」『西南戦争之記録』第 3 号 pp. 60～76
小西雅徳編 2008「特別展「所荘吉コレクションと西洋兵学」」板橋区立郷土資料館 pp. 1～112
小柳和宏編 2004「大分の中世城館　第四集総論編」大分県文化財調査報告書第 170 輯 pp. 1～258
近藤義郎編 1992「前方後円墳集成　九州編」株山川出版社 pp. 1～546（pp. 282 引用）
齋藤達志 2016「戦争と地形─戦術的視点からみた山頭遺跡─」『東中原遺跡・山頭遺跡』熊本市教育委員会
斎藤利生 1987「武器史概説」学献社 pp. 1～220（pp. 72）
坂田和弘・師富成香・永松望 2014「熊本城跡遺跡群」熊本県文化財調査報告書第 303 集 pp. 414
佐々友房 1884「硝雨弾雨一斑」上下巻 70 丁
佐々友房 1891「戦袍日記」pp. 1～247 ※ 1986 年青潮社復刻
佐多武彦 1937「回顧六十年」自家本 pp. 1～310
佐山二郎 1992「日本海軍のロケット砲」『軍装操典』全日本軍装研究会 pp. 42～49
C. E. Franklin 2005 *"BRITISH ROCKETS of the NAPOLEONIC AND COLONIAL WARS 1805-1901"* SPELLMOUNT pp. 1～264
篠原　宏 1983「陸軍創設史」株リブロポート pp. 1～450
下関文書館 1983「乃木大将所蔵　西南戦争従軍日誌　第十四聯隊第二大隊」史料叢書 5　pp. 1～69
下関市文書館 1971「資料幕末馬関戦争」pp. 1～329（引用 pp. 164）
菖蒲和弘 2004 以降「西南の役研究文献目録」他
鈴木公雄 2000「古戦場の考古学─最近のアメリカ歴史考古学の新しい試み─」史學雑誌第 109 編　第 11 号　史學會 pp. 35～37
鈴木眞哉 2003「鉄砲隊と騎馬軍団真説・長篠合戦」洋泉社 pp. 1～246
鈴木徳臣 2012「西郷軍の編制と兵力」『季刊ウオーゲーム日本史』国際通信社 pp. 6～11
川内郷土史編さん委員会 1974「川内市史料集 4」『維新戢役従軍記』pp. 1～182
高野和人 1989「西南戦争　戦袍日記写真集」青潮社 pp. 1～262
高野和人編 1997「明治十年　懐古追録（渡辺用馬）」『西南戦争豊後地方戦記』青潮社 pp. 155～226
高野和人 2008「甲斐九等属ヨリ野上エ来書」『明治十年　騒擾一件』青潮社 pp. 230・231
高橋信武編 2002～2012「西南戦争之記録」第 1 号～第 5 号　西南戦争を記録する会
高橋信武編 2002「宗太郎越え周辺のできごと」『西南戦争之記録』第 1 号
高橋信武 2005a「大多尾越の戦跡」『西南戦争之記録』pp. 75～79
高橋信武 2005b「水ケ谷周辺の遺物について」『西南戦争之記録』pp. 172～202
高橋信武 2008a「大峡谷川北側尾根の戦跡」『西南戦争之記録』pp. 189～196
高橋信武 2008b「可愛岳西北尾根の戦跡」『西南戦争之記録』pp. 197～200
高橋信武 2008c「可愛岳北側尾根の戦跡」『西南戦争之記録』pp. 201～203
高橋信武 2008d「日の谷南側尾根の戦跡」『西南戦争之記録』pp. 204～207
高橋信武 2008e「和田越の戦闘から可愛岳の戦闘までの経過」『西南戦争之記録』pp. 208～266
高橋信武・横澤　慈 2009「西南戦争戦跡分布調査報告書」大分県教育庁埋蔵文化財センター調査報告書第 44 集 pp. 1～225
高橋信武 2010「近世・近代の台場」『先史学・考古学論究』V─甲元眞之先生退任記念─龍田考古会　熊本大学文学部考古学研究室内 pp. 811～844
高橋信武編 2012a「西南戦争之記録」第 5 号 pp. 1～289
高橋信武 2012b「日記和帳─中津隊士の記録─」『西南戦争之記録』第 5 号 pp. 223～254
高橋信武 2012c「北川東岸山地の戦跡」『西南戦争之記録』pp. 77～94
高橋信武 2012d 会五山一帯の戦跡」『西南戦争之記録』pp. 108～130
高橋信武 2012e「日の谷南側尾根の台場について」『西南戦争之記録』pp. 104～107
高橋信武 2012f「可愛岳一帯の戦跡」『西南戦争之記録』pp. 108～130

高橋信武 2013a「西南戦争の戦跡」『縄張・考古・文献　城郭研究の明日』第 30 回全国城郭研究者セミナー』中世城郭研究会 pp. 27～46
高橋信武 2013b「西南戦争の陣地の性格」宇多川武久編『日本銃砲の歴史と技術』雄山閣 pp. 159～174
Douglas D. Scott Richard A. Fox. Jr. Melissa A. Connor and Dick Harmon 1989 "Archaeological Perspectives on the Battle of the Little Bighorn" UNIVERSITY OF OKLAHOMA PRESS pp. 1～309
竹内力雄 2002「宇目町の西南戦争――駒木根隊長とツンナール銃――渡辺用馬『懐古追録』より」『西南戦争之記録』第 1 号　西南戦争を記録する会 pp. 17～50
竹内力雄 2003「可愛岳発見の摩擦管」『西南戦争之記録』第 2 号 pp. 23～48
竹内力雄 2005「日本でのシャスポー銃――西南戦争と教導団――」『西南戦争之記録』第 3 号 pp. 11～28
太政官修史局 1886「賊徒処刑及免罪表」『明治史要附録表』博聞本社 pp. 1～245
田中萬逸 1943「大西郷終焉悲史」大日本皇道奉賛会 pp. 1～463
津藩整暇堂 1871「千八百七十年式　英国銃隊練法　銃述書」巻之五　ブリンクレーイ訳述　※国会図書館蔵本を参照
徳富猪一郎 1942「陸軍大将　川上操六」第一公論社 pp.47
所　荘吉 1996「図解古銃事典」（新装版）雄山閣出版 pp. 1～282
戸田敏夫 1988「天草・島原の乱――細川藩史料による――」新人物往来社 pp. 1～317
友野春久 2014「西南戦争薩軍戦没者一覧（四の一）」『敬天愛人』第 32 号 pp. 223～258
中原正二 2006「ロケット弾，ロケット推進薬」『銃砲史研究』第 354 号　日本銃砲史学会 pp. 34～46
中原幹彦 2011「田原坂　西南戦争遺跡・田原坂第 1 次調査」熊本市の文化財第 5 集　熊本市教育委員会 pp. 1～32
中原幹彦 2012「田原坂 II　西南戦争遺跡・田原坂第 2 次調査」熊本市の文化財第 15 集　熊本市教育委員会 pp. 1～32
中原幹彦・鈴木徳臣 2013「田原坂 III　西南戦争遺跡・田原坂第 3・4 次調査の概要」熊本市の文化財第 30 集　熊本市教育委員会 pp. 1～46
中原幹彦・竹下博子・芳野恵子・茶圓龍一郎 2016「東中原遺跡・山頭遺跡 II」熊本市の文化財第 56 集熊本市教育委員会
西川　功・甲斐畩常 1979「西南の役　高千穂戦記」西臼杵郡町村会 pp. 1～564
日本史籍協会 1976「西南戦闘日注並附録」一　日本史籍協会叢書東京大学出版会 pp. 1～423
日本史籍協会 1977「西南戦闘日注並附録」二　日本史籍協会叢書東京大学出版会 pp. 1～448
野口逸三郎編 1997「宮崎県」『日本歴史地名体系』付録地図　平凡社 pp.95
野村祐一・神林哲夫・吉田力他 2006「特別史跡　五稜郭跡　箱館奉行所跡発掘調査報告書」函館市教育委員会 pp. 1～144
服部本之助・玉置正造訳 1871「英国銃隊練法」千八百七十年式巻之五（英国大砲隊指揮官ブリンクレイ原著）整暇堂
原口長之他　校訂 1980「西南戦争隈岡大尉陣中日誌」『熊本史談会史料集成』第 1 集　熊本史談会 pp. 1～135
原　剛 1988「幕末海防史の研究」名著出版 pp. 1～380
原　祐一 2009「向ケ岡弥生町の研究」『東京大学本郷構内の遺跡　浅野地区 I』東京大学埋蔵文化財調査室発掘調査報告書 9　pp. 281～323
樋口雄彦 2004「箱館戦争降伏人と静岡藩」『国立歴史民俗博物館研究報告』第 109 集 pp. 47～93
樋口雄彦 2005「旧幕臣の明治維新――沼津兵学校とその群像」吉川弘文館 pp. 1～206
樋口雄彦 2007「沼津兵学校の研究」吉川弘文館 pp. 1～641
廣瀬元恭 1859「築城新法」（ベクマン著・廣瀬元恭訳 1859「築城新法」）時習堂版
Frank. H. Winter 1997 "The First Golden Age of Rocketry" Smithsonian Institution Press pp. 1～321
福川秀樹 2001「日本陸軍将官辞典」芙蓉書房出版 pp. 793
藤島純高 2003『「古城峠攻略戦記」について』「西南戦争之記録」第 2 号 pp.150～156
兵学校訳 1868「軍事小典」下　国会図書館蔵 pp. 1～95
防衛研究所蔵 C04026717400「大日記 官省使庁府県送達　3 月土　陸軍省第一局」0542

防衛研究所蔵 C04026952000「大日記 各省来書 6月月 陸軍省第一局」0655・0656
防衛研究所蔵 C04026971900「大日記 諸省来書 8月月 陸軍省第一局」0987・0988
防衛研究所蔵 C04027152900「大日記 省内各局参謀近衛病院　教師軍馬局　明治10年1月　水　陸軍省第一局」0018・0019
防衛研究所蔵 C04027200500「大日記 省内各局参謀近衛病院　教師軍馬局　3月水 陸軍省第一局」局第三百四十五号 1170
防衛研究所蔵 C04027248600「大日記 省内各局参謀近衛病院　教師軍馬局　6月水 陸軍省第一局」0500
防衛研究所蔵 C04027256000「大日記　省内各局参謀近衛病院　教師軍馬局 6月水 陸軍省第一局」0218
防衛研究所蔵 C04027360800「大日記 砲兵工兵之部　明治十年二月　木　陸軍省第一局」0310
防衛研究所蔵 C04027461800「明治10年　大日記 砲工兵方面　8月木 陸軍省第一局」0968〜0971
防衛研究所蔵 C04027809700「明治10年　大日記 庶務の部　二 征討陸軍事務所」0630
防衛研究所蔵 C04027809800「明治10年　大日記 庶務の部　二 征討陸軍事務所」0643
防衛研究所蔵 C04027813400「遊撃歩兵六大隊戦闘中死傷明細表」『大日記 壮兵の部 完 征討陸軍事務所』0276
防衛研究所蔵 C06090271000「明治9年公文備考件入巻24 自966至1045」1860〜1862
防衛研究所蔵 C06090513400「明治10年公文備考件入巻12」0389〜0391
防衛研究所蔵 C09080552600「戦闘報告原書　明治10年6月22日〜明治10年9月17日」0293・0294
防衛研究所蔵 C09080553200「戦闘報告原書　明治10年6月22日〜明治10年9月17日」0305
防衛研究所蔵 C09080748400「報告　西南征討関係書類　明治10年2月26日〜明治10年3月5日」00991・0992
防衛研究所蔵 C09080772300「本省　報告　西南征討関係書類　明治10年6月1日〜明治11年5月3日」1144〜1151
防衛研究所蔵 C09080854500「密事雑書　乙　明治10年5月31日〜明治10年8月6日　征討陸軍事務所」1085〜1094
防衛研究所蔵 C09080854300「密事雑書　乙　明治10年5月31日〜明治10年8月6日　征討陸軍事務所」1077〜1079
防衛研究所蔵 C09080855100「密事雑書　乙　明治10年5月31日〜明治10年8月6日　征討陸軍事務所」1107〜1111
防衛研究所蔵 C09080552600「戦闘報告原書　明治10年6月22日〜明治10年9月17日」0293・0294
防衛研究所蔵 C09080553800「戦闘報告原書　明治10年6月22日〜明治10年9月17日」0319
防衛研究所蔵 C09080554900「戦闘報告原書　明治10年6月22日〜明治10年9月17日」0343
防研所蔵 C09080572300「戦闘報告原書　従7月　明治10年7月5日〜明治10年8月15日」0773
防衛研究所蔵 C09080565700「戦闘報告原書　従7月　明治10年7月5日〜明治10年8月15日」0599
防衛研究所蔵 C09080761600「報告　西南征討関係書類　明治10年2月26日〜明治11年3月5日」0991・0992
防衛研究所蔵 C09081028800「受領書綴　明治10年5月1日〜10年5月30日」0334
防衛研究所蔵 C09081037100「受領書綴　3　丙号　明治10年7月9日〜10年10月30日」0675〜0686
防衛研究所蔵 C09081038400「受領書綴　3　丙号　明治10年7月9日〜10年10月30日」0736〜0739
防衛研究所蔵 C09081185000「伺書綴 指令済之1 明治10年5月4日〜10年6月30日」0135〜0141
防衛研究所蔵 C09081229800「伺書綴　既済未決之部　明治10年5月2日〜10年10月29日」0410・0411
防衛研究所蔵 C09081531000「発翰日記　完　大阪三橋楼　1」0155
防衛研究所蔵 C09081595600「電報綴　坤　大阪三橋楼　1　明治10年4月1日〜10年5月1日」0513〜0517
防衛研究所蔵 C09081830700「諸方来翰綴1　明治10年2月13日〜明治10年5月1日」
防衛研究所蔵 C09081899200「電報綴2　明治10年3月1日〜明治10年3月18日」0791
防衛研究所蔵 C09082191200「探偵戦闘報告　1　明治10年6月14日〜10年7月21日」0887
防衛研究所蔵 C09082195900「探偵戦闘報告　1　明治10年6月14日〜10年7月21日」1035・1036

防衛研究所蔵 C09082201300「戦闘報告並部署及賊情探偵書類　明治 10 年 2 月 24 日～10 年 8 月 16 日」0053・0054

防衛研究所蔵 C09082203200「戦闘報告並部署及賊情探偵書類　明治 10 年 2 月 24 日～10 年 8 月 16 日」0135

防衛研究所蔵 C09082210000「別動第 2・第 3 旅団戦闘報告　明治 10 年 3 月 24 日～10 年 7 月 22 日」0303

防衛研究所蔵 C09082266300「来翰及探偵戦闘報告　明治 10 年 7 月 29 日～10 年 8 月 16 日」0185・0186

防衛研究所蔵 C09082273800「探偵戦闘報告　明治 10 年 8 月 17 日～10 年 8 月 27 日」0334・0335

防衛研究所蔵 C09082275600「探偵戦闘報告　明治 10 年 8 月 17 日～10 年 8 月 27 日」0393

防衛研究所蔵 C09082278300「探偵戦闘報告　明治 10 年 8 月 17 日～10 年 8 月 27 日」0427・0428，0459～0464

防衛研究所蔵 C09082279200「探偵戦闘報告　明治 10 年 8 月 17 日～10 年 8 月 27 日」0484・0485

防衛研究所蔵 C09082320900「探偵書　明治 10 年 5 月 1 日～10 年 7 月 18 日」0307～0312

防衛研究所蔵 C09082782200「来翰綴　明治 10 年 4 月 6 日～11 年 5 月 14 日」1076・1079

防衛研究所蔵 C09083162200「発翰録　明治 10 年 8 月 17 日～10 年 9 月 3 日」0552

防衛研究所蔵 C09083508000「戦闘景況戦闘日誌　明治 10 年 2 月 26 日～10 年 9 月 3 日」0333～0335

防衛研究所蔵 C09083509100「戦闘景況戦闘日誌　明治 10 年 2 月 26 日～10 年 9 月 3 日」0360・0361

防衛研究所蔵 C09083512300「戦闘景況戦闘日誌　明治 10 年 2 月 26 日～10 年 9 月 3 日」0457～0460

防衛研究所蔵 C09083791800「戦況通信　明治 10 年 5 月 16 日～10 年 8 月 31 日」1269

防衛研究所蔵 C09083906800「第一旅団　雑綴　明治 10 年 8 月 31 日～12 年 3 月 31 日」

防衛研究所蔵 C09083953500「西南戦闘記　明治 10 年 2 月 14 日～10 年 4 月 30 日」0188

防衛研究所蔵 C09083972900「戦闘報告　明治 10 年 3 月 17 日～10 年 9 月 1 日」0236・0238・0239

防衛研究所蔵 C09083979100「戦闘報告　明治 10 年 3 月 17 日～10 年 9 月 1 日」0662～0665

防衛研究所蔵 C09083994200「戦闘報告　明治 10 年 4 月 15 日～10 年 11 月 12 日（第二旅団）」1064

防衛研究所蔵 C09083996000「戦闘報告　明治 10 年 4 月 15 日～10 年 11 月 12 日」1112～1116

防衛研究所蔵 C09084313600「豊後口達留会報留　各隊各部来翰諸表面　明治 10 年 6 月 14 日～10 年 8 月 19 日」0430・0431

防衛研究所蔵 C09084968400「日記　第 2 号　明治 10 年 4 月 16 日～10 年 10 月 3 日」0085

防衛研究所蔵 C09085035200「探偵書綴　明治 10 年 3 月 2 日～10 年 9 月 29 日」0483

防衛研究所蔵 C09085036400「探偵書綴　明治 10 年 3 月 2 日～10 年 9 月 29 日」0519～0521

防衛研究所蔵 C09085096000「戦闘報告原稿　明治 10 年 3 月 19 日～10 年 9 月 26 日」0572

防衛研究所蔵 C09085095500「戦闘報告原稿　明治 10 年 3 月 19 日～10 年 9 月 26 日」0550～0553

防衛研究所蔵 C09085113300「別働第一旅団　残務往復書類　明治 10 年 2 月 1 日～18 年 4 月 16 日」0777・0778

防衛研究所蔵 C09085355700「諸向来翰　ル第 2 号　乙　明治 10 年 3 月 24 日～10 年 5 月 28 日」0381

防衛研究所蔵 C09085354400「諸向来翰　ル第 2 号　乙　明治 10 年 3 月 24 日～10 年 5 月 28 日 0355

防衛研究所蔵 C09086067400「戦時報告　ト第 12 号　明治 10 年 4 月 7 日～9 月 26 日」1094・1095

防衛研究所蔵 C09090469600「公文類纂　明治 4 年　巻 32　本省公文　器械部」0729・0730

防衛研究所蔵 C09100055100「公文原書　巻 9　本省公文　明治 10 年 2 月 1 日～明治 10 年 2 月 3 日」0099・0100

防衛研究所蔵 C09100105300「公文原書　巻 16　本省公文　明治 10 年 2 月 18 日～明治 10 年 2 月 20 日」0749・0750

防衛研究所蔵 C09100105300「公文原書　巻 16　本省公文　明治 10 年 2 月 18 日～明治 10 年 2 月 20 日」0746～0748

防衛研究所蔵 C09100296300「公文原書　巻 47　本省公文　明治 10 年 5 月 24 日～明治 10 年 5 月 28 日」0836～0845

防衛研究所蔵 C09110817400「公文類纂　明治 5 年　巻 32　本省公文　器械部 3 止」1625・1626，1637・1638

防衛研究所蔵 C09110818300「公文類纂　明治 5 年　巻 32　本省公文　器械部 3 止」1653・1654

防衛研究所蔵 C09110819400「公文類纂　明治5年　巻32　本省公文　器械部3止」1675・1676
防衛研究所蔵 C09110819800「公文類纂　明治5年　巻32　本省公文　器械部3止」1683・1684
防衛研究所蔵 C09111122200「公文類纂　明治5年　巻43　本省公文　図書部2止」1368
防衛研究所蔵 C09111695500「公文類纂　明治6年　巻19　本省公文　器械部」0447
防衛研究所蔵 C09112339000「明治十年公文類纂前編十七　本省公文　器械部　送達第1795号・兵甲第102号」
防衛研究所蔵 C09112351800「公文類纂　明治10年　前編　巻19　本省公文　器械部3」0831・0832
防衛研究所蔵 C09112358100「公文類纂　明治10年　前編　巻20　本省公文　器械部4止」1368・1369
防衛研究所蔵 C09121444100「明治7年8月　諸県　9　32」1211
防衛研究所蔵 C09112273700「拾遺1　本省公文　自明治9年至同11年」0770・0771
防衛研究所蔵 C11018759500「明治16年　普号通覧　巻29　普1911号至1960号　7月分　本省公文」0048～0051
防衛研究所蔵 C11080960400「枢密書類　入　3止　明治11年」1556・1566
防衛研究所蔵 C13080001600「近衛工兵第1小隊　戦闘報告表　明治10年6月24日～10年9月24日」
防衛研究所蔵 C13080020900「明治10年征討第4旅団戦記　全」1123～1125
砲兵第一聯隊 1888「砲兵教科提要　第二篇」
堀田孝博 2008「宮崎県西米良村天包山の戦跡」『西南戦争之記録』第4号　西南戦争を記録する会 pp.44～65
堀田孝博 2015「宮崎県西米良村天包山で採集された西南戦争関連遺物」『宮崎県立西都原考古博物館　研究紀要』第11号 pp.31～38
松尾宇一 1980「日向郷土事典」歴史図書社 pp.1～676
南坊平造 1974「明治維新の銃砲戦力の研究（一）」『銃砲史研究』第62号　銃砲史学会 pp.23～44
三宅宏司 1989「日本の技術8　大阪砲兵工廠」第一法規 pp.1～142
美濃口雅朗他 2014「熊本城跡発掘調査報告書1―飯田丸の調査―」熊本城調査研究センター報告書　第1集 pp.1～317
宮本千恵子 2012「玉東町西南戦争遺跡調査総合報告書」玉東町文化財調査報告第8集 pp.1～309
宮本千恵子 2012「玉東町に残る弾薬箱について」『西南戦争之記録』第5号 pp.164～169
宮本千恵子 2014「西南戦争戦跡　二俣官軍砲台形成についての考察」『先史学・考古学論究VI』龍田考古会 pp.313～324
籾木郁朗 2013「南部九州における西南戦争の戦跡調査と文書史料」『軍事史学』第48号第4巻 pp.83～99
山内万寿次編 1883「皇国海軍舶砲問答　火工之部」（国会図書館蔵）pp.1～194
山口県　2011「山口県史　史料編　幕末維新4」pp.1～1021（大島口 pp.272・285，石州口 pp.746）
山田拓伸 2005「銃弾の分析」『西南戦争之記録』第3号 pp.218～226
山本悦世・岩﨑志保他 2003「津島岡大遺跡11―第10・12次調査―」岡山大学構内遺跡発掘調査報告第16冊 pp.169～356
山本達也 2015「四斤野山砲の弾薬について」『軍装操典』第119号　全日本軍装研究会 pp.8～36
横澤　慈 2008「和田越～無鹿山の戦跡」第4号 pp.171～174
横澤　慈 2008「小梓峠～長尾山～長尾山北方の戦跡」同上 pp.175～182
横澤　慈 2008「可愛岳の踏査」同上 pp.183～188
横澤　慈 2012「豊後大野市三重町周辺の戦跡調査」『西南戦争之記録』第5号 pp.66～76
吉田俊行 2003「可愛岳の摩擦管発見レポート」『西南戦争之記録』第2号 pp.15～18
吉永明・山内淳司・高崎芳美 2002「若宮官軍墓地跡・横手官軍墓地跡」八代市文化財調査報告書第16集　八代市教育委員会 pp.1～258
陸軍参謀本部 1887「征西戦記稿」上・中・下・全
陸軍参謀本部 1887「征西戦記稿」巻六　田原阪戦記 pp.2・3
陸軍参謀本部 1887「征西戦記稿」巻七　田原阪戦記 pp.9
陸軍参謀本部 1887「征西戦記稿」巻七　田原阪戦記 pp.30

陸軍参謀本部 1887「征西戦記稿」巻十七　正面軍戦記 pp.18
陸軍参謀本部 1887「征西戦記稿」巻四　正面軍初戦 pp.33
陸軍参謀本部 1887「征西戦記稿」巻二十一　熊本城戦記 pp.5
陸軍参謀本部 1887「征西戦記稿」巻五十四　三田井口戦記 pp.11
陸軍参謀本部 1887「征西戦記稿」巻五十四　三田井口戦記 pp.15
陸軍参謀本部 1887「征西戦記稿　諸旅團編制表」
陸軍参謀本部 1887「征西戦記稿附録　陸軍職員録十年二月一日改」pp.1～73
陸軍参謀本部 1887「教導團工兵作業表」『征西戦記稿附録』pp.1～53
陸軍兵学寮 1873「工兵操典」巻之一　對壕之部
陸軍省 1873～1875「工兵操典」※野堡之部は 1875 年
陸軍省 1875 年「工兵操典」巻之八　野堡之部
陸軍省 1884「火工教程」第一篇（国会図書館蔵）pp.1～278
陸軍省 1884「火工教程」第二篇（国会図書館蔵）pp.1～91
陸軍文庫 1877「塹溝堡築設教法略則」（国会図書館蔵）pp.1～10
陸軍文庫 1882「砲兵学講本第一版」pp.1～177
陸軍省 1892「工兵沿革大要」（工兵隊系統　工兵隊編制表．勝海舟伯爵兵制論　合編）防衛研究所蔵 C13071362500
陸上自衛隊第八混成団本部 1962「新編西南戦史」pp.1～504
渡辺用馬 1997「明治十年　懐古追録」『西南戦争豊後地方戦記』青潮社 pp.205
和田政雄 1980「乃木希典日記」金園社 pp.1～1021

あ と が き

　本書は，2015年度後半に熊本大学に提出した博士論文を基に若干の加筆・修正を加えたものです．論文提出を勧めて頂いた甲元眞之名誉教授，論文作成で御指導頂いた小畑弘己教授，さらに，論文審査で貴重なご意見を頂いた木下尚子教授，三澤純・杉井健・鈴木寛之准教授にお礼申し上げます．

　このたび，西南戦争を考古学的にみた論文を出版できるというのは，15年近くの間，調査を進めてきた筆者にとって大変うれしいことです．「史料を再構成して西南戦争を叙述するやり方が世間では主流になっている」というか，ほとんどそれしかないのですが，本書のように戦跡や遺物を取り上げて西南戦争を述べるという方法はまだ一般的ではありません．戦場となった大分県臼杵市に生まれた私は，大学生の頃からこの戦争に興味を持ち続け，関連する書物を読むことで興味を満たしてきました．

　十数年前，大分県佐伯市宇目に行ったついでに，書物で馴染みだった戦跡に足を踏み入れてみました．その時，多数の台場跡が静かな森の中に時が止まったかのようにいまだに存在し続けているのを目のあたりにし，これまでの西南戦争関係の読み物では触れられなかった全く別の世界が存在することに気付きました．それからは休日を利用し，同僚だった五十川雄也氏や遠部慎氏その他の人達と大体二人連れで，戦跡の分布状態を調べるため山間部に分け入り，踏査を繰り返してきました．これらは，『西南戦争之記録』第1号〜5号（2002〜2012年）に記録しています．その間，勤務先の大分県教育庁埋蔵文化財センターでも戦跡分布調査を行うことになり，数年間，主体であった他の仕事の合間に踏査を行うことができました．これは『西南戦争戦跡分布調査報告書』（2009年）として刊行しています．その頃から職場の新人，横澤慈氏と大分県内や宮崎県延岡市各地の踏査を共にしました．

　初めの頃は採集した銃弾の種類も分からず，ドライゼ銃弾を漁網の錘と勘違いし，田原坂資料館の古賀誠也氏に過ちを指摘していただいたことがありました．それを縁に熊本市三の岳の台場群に連れて行っていただいたり，合志市の二子山石器製作址が西南戦争当時は「とんのす」と呼ばれた鳥巣であったことを教えていただいたりしました．惜しいことに古賀氏は数年前に亡くなられましたが，娘さんの「父から怒られたことがなかった」という弔辞が印象深く耳に残っています．その後，銃弾・薬莢については日本銃砲史学会の磯村照明氏に御教示いただき，その深い知識に驚かされました．

　踏査では，夏の終わりに350mℓの水分しか持たずに宇目の赤松古道という尾根を五十川氏と歩いたときに非常に喉が渇いて困り果てたことや，踏査の度に必ずといっていいほど噛まれていたマダニが，実は死を招く病原菌を持つ場合があることを当時はまだ誰もが知らず，平気だったこと（服に砂を掛けたようにマダニが付着することもあった），宇目の杉ヶ越付近で帰り道が分からなくなり，意を決して廃れたトロッコ軌道を1時間も歩いて川沿いに下ったことなど，今では二度と経験したくないこともありました．また，十分気を付けていたにもかかわらず，うちに帰って靴を脱ぐときに，血を吸ってナメクジのように巨大化したヒルを靴下の上で発見したことも何回かありまし

た．植林を防護するため張り巡らされた網に鹿の死骸が絡まっていたり，骨が散乱したりというのはよく見ました．時には生きている鹿が角をがんじがらめに網に巻き込んでいるのを解放してやったのは，余計なお世話だったかもしれません．九州には野生の熊が生息していないのは幸いなことでした．いつか北海道の戊辰戦跡を訪ねてみたいのですが，あちらには熊がいるので躊躇しています．森林の中では，陽も差さないので夏の風は涼しく，冬の寒風は弱まり，たまに樹木の少ないところでは遠くの山々の風景を楽しむこともでき，総じて山歩きは爽快な経験でした．

大分・宮崎県境の大原越で見つけた稜堡式台場群跡は，史料には記録がありません．宮崎県延岡市にある西南戦争中の代表的な戦場である和田越・可愛岳一帯も，広範囲に歩き回りました．戦跡の分布状態を調べ戦記と比較することにより，記録に登場する地名がどこにあたるのかを検討し，台場跡の分布状態を調べることにより，それまで抽象的にしか理解できなかった事態が初めて具体的に理解できるようになったと自負しています．

近年，西南戦争の戦跡を発掘調査する例が増えてきました．まだ，大分県佐伯市椎葉山，熊本県玉名郡玉東町や熊本市の植木町田原坂一帯，熊本城跡，鹿児島城跡など一部事例ですが，銃砲弾や薬莢・軍装品等が出土し，具体的な戦闘の状態や半年に及んだ戦争期間中に両軍の銃弾材料や形態が変化したことが分かってきました．従来の解釈では官軍・薩軍の発射した先込め銃弾の区別は不可能でしたが，戦跡から見つかる遺物や史料を広範囲に検討することにより，両者を区別できるようになりました．そのためには，単に発掘調査したその戦跡だけを検討対象にせず，多くの戦跡と比較することが重要です．遺構・遺物に対して考古学的な見方を取り入れることにより，西南戦争は新たな見方が可能であると自信をもって言えます．

当時の史料はまだ活字化されていないものも多く，アジア歴史資料センター（アジ歴）ではインターネット公開されている原史料を見ることができます．西南戦争で「火箭」（ロケット）が使われたと戦記の片隅に記載されていますが，顧みられることはなかったと思います．これらはアジ歴で調べることができました．本題とは無関係ですが，当時の人達の習字や翻訳造語能力には見習うべきものがあると感じています．昨今のように安易に目新しい横文字を使って煙に巻くのは，自らの愚かしさの表明ではないでしょうか．本書が西南戦争について考える一手段となり，戦跡について考える契機になれば，これに過ぎる喜びはありません．

本書が今あるのは，支えてくださった甲元先生をはじめとした諸先生や戦跡調査を共にした方々，種々ご協力いただいた方々のお陰です．刊行に際しましては，小畑先生に御紹介いただき，吉川弘文館様から出版していただけることになりました．同社の石津輝真氏，並木隆氏とともに，編集作業を行っていただいた株式会社制作・校正室に感謝申し上げます．

また，執筆にあたっては，下記の研究機関と方々にお世話になりました．記して感謝の意を表します（敬称略，五十音順）．

お世話になった人・組織
足達計司・穴澤咊光・有川孝行・石田昭夫・五十川雄也・磯村照明・今井真澄・岩﨑志保・大谷正・大津祐司・岡本真也・落合弘樹・遠部　慎・甲斐寿義・甲斐弘美・鹿児島県歴史資料センター黎明館・加治玄遊・川越美穂・北川徹明・木村益雄・旧北川町教育委員会・玉東町教育委員会・児玉剛誠・坂井政治・坂井秀弥・桜井成昭・佐藤喜一・佐藤勇次・島田正浩・島津義昭・菖蒲和弘・

菅付和樹・鈴木淳・鈴木德臣・竹内力雄・竹野孝一郎・田中茂・塚本勝巳・角田誠・中原幹彦・何松美加・久恒隆一・藤木聡・藤島純高・堀田孝博・前迫亮一・槙島隆二・峯田元治・宮本千恵子・諸岡　郁・靖國神社遊就館・八巻孝夫・山崎純男・山田拓伸・山本伊左夫・山本哲也・吉田俊行・綿貫俊一

　最後に，永年の調査には家庭の理解があったことも大きく，休日を山歩きに費やす私に理解を示してくれた妻・雅代に，この場を借りて感謝の意を表します．

　2016 年 10 月

高　橋　信　武

著者略歴

1952年　大分県に生まれる
1975年　熊本大学法文学部卒業
　　　　大分県教育庁埋蔵文化財センター勤務の後，退職
現在　　日本考古学協会・日本銃砲史学会・軍事史学会会員

〔主要報告書・論文〕
『西南戦争戦跡分布調査報告書』(『大分県教育庁埋蔵文化財センター調査報告書』第44集，2009年)
「轟式土器再考」(『考古学雑誌』第75巻第1号，1989年)
「西南戦争の多稜堡塁」(『銃砲史研究』第354号，2008年)

西南戦争の考古学的研究

2017年(平成29)1月10日　第1刷発行
2017年(平成29)5月10日　第2刷発行

著者　髙橋信武(たかはしのぶたけ)

発行者　吉川道郎

発行所　株式会社 吉川弘文館
〒113-0033　東京都文京区本郷7丁目2番8号
電話　03-3813-9151〈代〉
振替口座　00100-5-244
http://www.yoshikawa-k.co.jp/

印刷＝株式会社 三秀舎
製本＝誠製本株式会社
装幀＝清水良洋・宮崎萌美

© Nobutake Takahashi 2017. Printed in Japan
ISBN978-4-642-09349-1

JCOPY 〈(社)出版者著作権管理機構 委託出版物〉
本書の無断複写は著作権法上での例外を除き禁じられています．複写される場合は，そのつど事前に，(社)出版者著作権管理機構(電話 03-3513-6969, FAX 03-3513-6979, e-mail : info@jcopy.or.jp)の許諾を得てください．